Robert Langnickel
Prolegomena zur Pädagogik des gespaltenen Subjekts

Schriftenreihe der Kommission Psychoanalytische Pädagogik in der Deutschen Gesellschaft für Erziehungswissenschaft (DGfE)

Band 11

Die „Psychoanalytische Pädagogik" bezieht sich zwar in besonderer Weise auf die komplexe Theorietradition der Psychoanalyse, sie versteht sich aber nicht als eine „Bindestrichpädagogik", die sich nur auf einen ganz spezifischen Adressatenkreis, auf ganz bestimmte institutionelle Handlungsfelder oder auf ganz begrenzte Zielperspektiven konzentriert. Auch geht es ihr weniger um die „Anwendung" therapeutischer Deutungs- und Handlungsmuster im pädagogischen Feld als vielmehr darum, immer wieder einen besonderen Aspekt in der pädagogischen Reflexion zur Geltung zu bringen, der in sämtlichen pädagogischen Aufgabenbereichen und Feldern von großer Relevanz ist: die Bedeutung der emotionalen Erfahrungen, der Phantasien und Wünsche der von Erziehung betroffenen Subjekte, die Rolle verborgener Aspekte in pädagogischen Beziehungen und die Macht unbewusster Motive im pädagogischen Handeln – auch im erziehungswissenschaftlichen Forschen, Publizieren und Argumentieren. Da diese Frage nach den unbewussten, undurchschauten Rückseiten- und Schattenphänomenen in nahezu allen pädagogischen Kontexten eine Rolle spielt, versteht sich die Psychoanalytische Pädagogik in gewissem Sinn immer auch als „Allgemeine Pädagogik", und vertritt dabei den Standpunkt, dass der Pädagogik grundsätzlich eine wichtige Dimension fehlt, wenn sie diesen Fragestellungen wenig Beachtung schenkt.

Die Kommission „Psychoanalytische Pädagogik" der DGfE-Sektion „Differenzielle Erziehungs- und Bildungsforschung" pflegt dabei seit vielen Jahren die Tradition, mit Vertretern und Vertreterinnen aus anderen Kommissionen/Sektionen der Deutschen Gesellschaft für Erziehungswissenschaft in einen fachlichen Austausch zu treten.

Der Vorstand

Robert Langnickel

Prolegomena zur Pädagogik des gespaltenen Subjekts
Ein notwendiger RISS
in der Sonderpädagogik

Verlag Barbara Budrich
Opladen • Berlin • Toronto 2021

Bibliografische Information der Deutschen Nationalbibliothek
Die Deutsche Nationalbibliothek verzeichnet diese Publikation in der Deutschen Nationalbibliografie; detaillierte bibliografische Daten sind im Internet über http://dnb.d-nb.de abrufbar.

Robert Langnickel
Winterthur, Schweiz

Dissertation, Pädagogische Hochschule Ludwigsburg, 2020

Erstgutachter: Prof. Dr. sc. hum. Stephan Gingelmaier, M.Sc.-Psych., Dipl.-Päd., SL
Zweitgutachter: Univ.-Prof. Dr. phil. habil. Roland Stein, Dipl.-Psych.
Datum des Abschlusses der mündlichen Prüfung: 22.12.2020

Gedruckt auf säurefreiem und alterungsbeständigem Papier

Alle Rechte vorbehalten
© 2021 Verlag Barbara Budrich, Opladen, Berlin & Toronto
www.budrich.de

ISSN 2365-8010
ISBN 978-3-8474-2553-3 (Paperback)
eISBN 978-3-8474-1700-2 (PDF)
DOI 10.3224/84742553

Das Werk einschließlich aller seiner Teile ist urheberrechtlich geschützt. Jede Verwertung außerhalb der engen Grenzen des Urheberrechtsgesetzes ist ohne Zustimmung des Verlages unzulässig und strafbar. Das gilt insbesondere für Vervielfältigungen, Übersetzungen, Mikroverfilmungen und die Einspeicherung und Verarbeitung in elektronischen Systemen.

Umschlaggestaltung: Bettina Lehfeldt, Kleinmachnow – www.lehfeldtgraphic.de
Lektorat: Dr. Andrea Lassalle, Berlin – andrealassalle.de
Satz: Anja Borkam, Jena – kontakt@lektorat-borkam.de
Druck: docupoint GmbH, Barleben
Printed in Europe

Inhalt

Danksagung 9
1 Problemaufriss: Die Pädagogik des gespaltenen Subjekts und der notwendige Riss in der Sonderpädagogik 11
  1.1 Grundbegriffe einer Pädagogik des gespaltenen Subjekts 11
    1.1.1 Der Begriff des »gespaltenen Subjekts« 11
    1.1.2 Der Begriff des »Risses« 17
    1.1.3 Der Begriff des sprachlichen Unbewussten 18
    1.1.4 Die Register des Realen, Symbolischen und Imaginären 20
    1.1.5 Der Begriff des Phantasmas 27
  1.2 Verortungen der Arbeit und der Stand der Forschung in den jeweiligen Disziplinen 28
    1.2.1 Psychoanalytische Pädagogik 28
    1.2.2 Allgemeine Sonderpädagogik und Pädagogik bei Verhaltensstörungen 34
    1.2.3 Bildungs- und Erziehungswissenschaften 40
  1.3 Ziele und Forschungsfragen 40
    1.3.1 Ziele 40
    1.3.2 Forschungsfragen 43
  1.4 Methodische Hinweise 43
    1.4.1 Hermeneutik 45
    1.4.2 Dispositivanalyse 52
    1.4.3 Falldarstellungen 54
    1.4.4 Zusammenfassung der Methodik 57
  1.5 Linguistische Hinweise 58
  1.6 Hinweise zu den Manuskripten 59

2 Verortungen einer Pädagogik des gespaltenen Subjekts innerhalb der Psychoanalyse und der aktuellen Psychoanalytischen Pädagogik 61
  2.1 Forschungsfragen 61
  2.2 Liebe, Hass und andere Obstakel: Ist Psychoanalytische Pädagogik möglich? 73
    2.2.1 Es gibt keine Psychoanalytische Pädagogik! – Nach Millots Freudlektüre 73

	2.2.2	Es gibt Liebe und Hass in der Psychoanalytischen Pädagogik!	83
	2.2.3	Es gibt eine Pädagogik des gespaltenen Subjekts! – Das Beispiel der Experimentalschule von Bonneuil	87
	2.2.4	Fazit	91
	2.2.5	Rückblick und Ausblick	92
2.3	Wissenschafts- und Subjekttheoretische Verortung zwischen Psychoanalyse und Mentalisierungstheorie: Das gespaltene Subjekt der Psychoanalyse im Diskurs		104
	2.3.1	Psychoanalytische Pädagogik und mentalisierungsbasierte Pädagogik – Problemaufriss	104
	2.3.2	Möglichkeiten und Grenzen der Übertragbarkeit des Konzepts der Mentalisierung auf pädagogische Phänomene	105
	2.3.3	Der Subjektbegriff der Mentalisierung und der Subjektbegriff der Psychoanalyse im Vergleich	108
	2.3.4	Mentalisierungsbasierte Pädagogik und Implikationen für die berufliche Praxis	111
	2.3.5	Epilog oder das reine Gold der Analyse und die Legierung der Mentalisierungstheorie	112
	2.3.6	Rückblick und Ausblick	113

3 Das gespaltene Subjekt in seinen Beziehungen: Zum Dispositiv einer Pädagogik des gespaltenen Subjekts in familialen und professionsbezogenen Einbindungen 119

3.1 Forschungsfragen 119
3.2 Das gespaltene Subjekt in der familialen Triade Vater-Mutter-Kind 123

3.2.1	Familienkomplexe – eine Einleitung	123
3.2.2	Familie A. oder die mütterliche und väterliche Funktion	124
3.2.3	Das Versagen der väterlichen Funktion oder die Leerstelle des Symbolischen Vaters	129
3.2.4	Neue und alte Väter – von den alten Patriarchen zu den neuen Vätern oder Veränderungen und Auswirkungen des Vaterbildes	132
3.2.5	Versuch einer Synthese der väterlichen Funktion – gesellschaftlich und singulär	136
3.2.6	Symbolische Mutter und realer Vater	139

    3.2.7   Neue und alte Mütter – Von der Stabat Mater zur
postmodernen Mutter oder Veränderungen des
Mutterbildes und dessen Auswirkungen 142
    3.2.8   Sub-iectum vs. Individuum oder der Subjektbegriff
von Dolto 149
    3.2.9   Komplexe Familien – ein Schlusswort 150
    3.2.10 Rückblick und Ausblick 152
3.3 Das umgekehrte Machtdispositiv der Pädagogik eines
gespaltenen Subjekts: Orte der Psychoanalytischen
Pädagogik als Gegenmacht 159
    3.3.1   Macht und Ohnmacht bei pädagogischen
Fachpersonen: Der pädagogische Alltag zwischen
der Scylla der Hilflosigkeit und der Charybdis der
Allmachtsphantasien 159
    3.3.2   Das Sub-iectum der Macht bei Foucault und in der
Pädagogik eines gespaltenen Subjekts 164
    3.3.3   Orte der Psychoanalytischen Pädagogik als
Gegenmacht 166
    3.3.4   Ausblick: Orte der Psychoanalytischen
(Sonder-)Pädagogik als Orte des Sprechens und
Hörens 168
    3.3.5   Rückblick und Ausblick 169

4 Ausgewählter Förderbereich einer Pädagogik des gespaltenen
Subjekts: Das freie und regelgebundene Spiel und seine
entwicklungspsychologischen Funktionen 175

4.1 Forschungsfragen 175
4.2 Angst und Sprache im kindlichen Spiel: Perspektiven der
Pädagogik des gespaltenen Subjekts 178
    4.2.1   Vorspiel 178
    4.2.2   Am Anfang war das Spiel 179
    4.2.3   Das freie Spiel im Frühbereich 182
    4.2.4   Das regelgebundene Spiel im Licht der
Psychoanalyse 190
    4.2.5   Die Differenzierung von Anspruch, Begehren und
Bedürfnis ist die Geburtsstunde des Spiels 192
    4.2.6   Angst im Spiel 194
    4.2.7   Nachspiel 202
    4.2.8   Rückblick und Ausblick 203

5	Abschlussdiskussion: Ein notwendiger Riss in der Sonderpädagogik	211
	5.1 Zusammenfassung der zentralen Befunde	211
	5.2 Limitationen	213
	5.3 Forschungsperspektiven	217
6	Literaturverzeichnis	221

Danksagung

Mein erster Dank gilt meinem Doktorvater Herrn Prof. Dr. Stephan Gingelmaier, der mich in allen Phasen meines Dissertationsvorhabens fundiert sowie konstruktiv unterstützt hat und mir einen differenzierten sowie kritischen Zugang zur Thematik eröffnete.

Ich bedanke mich insbesondere bei Herrn Prof. Dr. Roland Stein für seine Unterstützung und seine schnellen sowie bereichernden Rückmeldungen. Er zeigte sich stets interessiert und hatte immer ein offenes Ohr für meine Belange.

Herrn Prof. Dr. Bernhard Rauh danke ich für seine präzisen und fruchtbringenden Kommentare zu meinen Manuskripten.

Dem Oberseminar des Lehrstuhls für Sonderpädagogik V – Pädagogik bei Verhaltensstörungen an der Universität Würzburg und insbesondere Herrn (apl.) Prof. Dr. Thomas Müller danke ich für die Gelegenheit, wiederholt Teile meines Dissertationsprojektes vorstellen zu dürfen – die Arbeit hat durch die konstruktive Kritik und zahlreichen Anregungen des Oberseminars umfassend profitieren können.

Dem Lacan-Archiv Bregenz und besonders Herrn Dr. Michael Schmid sei gedankt für die Möglichkeit, mehrere Teile der Dissertation an der Veranstaltung »LienLacan« vorzustellen und kritisch zu diskutieren.

Großer Dank an Dagmar Ambass, Prof. Pierre-Carl Damian Link und Derek Stierli vom Lacan Seminar Zürich – peu à peu gerieten die Signifikanten »Psychoanalyse« und »Pädagogik« erst ins Gleiten und verbanden sich dann zu Polsterknöpfen.

Frau Dr. Annemarie Hamad, Herrn Dr. Hans Hopf und Herrn Dr. Jakob Erne danke ich für ihre differenzierten Rückmeldungen zum Spiel. In Fragen der Macht berieten mich Frau Dr. Mai-Anh Boger und Herr Dr. Erik Porath – vielen Dank.

Die Gastfreundschaft von Tanju Kavlaklı und sein Locus amoenus in Çirali haben dazu beigetragen, dass sich die nötige Muße für das Verfassen der Rahmenschrift einstellen konnte.

Von Herzen danke ich meinen Eltern, sie haben mir erst meine akademische Ausbildung ermöglicht und mich schon als Schüler stets ermuntert, den Weg des Wissens zu gehen.

Meiner Partnerin Kathryn danke ich ganz besonders. Ohne ihren Rückhalt, ihren Zuspruch und ihr liebevolles Verständnis für die endlosen Phasen der Lukubration wäre die Doktorarbeit nicht fertig geworden – jetzt wird geheiratet.

1 Problemaufriss: Die Pädagogik des gespaltenen Subjekts und der notwendige Riss in der Sonderpädagogik

1.1 Grundbegriffe einer Pädagogik des gespaltenen Subjekts

Im Folgenden werden zuerst einige grundlegende Begriffe einer Pädagogik des gespaltenen Subjekts näher bestimmt, um ein Vorverständnis für das Projekt einer Kooperation einer strukturalen Psychoanalyse, einer Variante der Psychoanalyse aus Frankreich mit den wichtigsten Hauptfiguren Jaques Lacan, Maud Mannoni und Françoise Dolto sowie der Wissenschaft der Pädagogik zu legen.

1.1.1 Der Begriff des »gespaltenen Subjekts«

Der strukturale psychoanalytische Ansatz des gespaltenen Subjekts steht im Gegensatz zu behavioristischen Ansätzen, die sich zum Teil nur auf das Beobachtbare beschränken, und im Widerstreit zum kognitivistischen Ansatz, der den Menschen als rationales Wesen sieht und gar in einer selbsterklärten »Physik der Seele« gipfelt (Quentel, 2007, S. 34). Lacan wirft der Wissenschaft, insbesondere der Psychologie, vor, dass diese fälschlicherweise von einer Einheit des Subjekts ausgehe und somit hinter die (Freud'sche) Entdeckung des Unbewussten zurückfalle:

> Genau aus dem heraus, was wir beweisen möchten, dass nämlich die Funktion des Subjekts, so wie die Freud'sche Erfahrung sie einführt, an der Wurzel disqualifiziert, was unter diesem Titel, in welcher Gestalt man die Prämissen auch neu einkleidet, nur ein akademisches Gerüst aufrechterhält. Das Kriterium dafür ist die Einheit des Subjekts, welche auf Voraussetzungen dieser Art Psychologie gegründet ist. (Lacan, 1960/2015a, S. 327)

Schon Freud ging vom Menschen als gespaltenem Subjekt aus, was die erwähnte Einheit des Subjekts erschütterte – aufgrund des dynamischen Unbewussten ist der Mensch gespalten in ein Unbewusstes und Bewusstes und Freud konstatiert, »daß das Ich nicht Herr sei in seinem eigenen Haus« (Freud, 1917a 1916, S. 11).

Gewöhnlich gehen wir im Alltag hinsichtlich unserer mentalen Zustände von einer sogenannten Autorität der Ersten Person aus: Wir sind scheinbar mit unseren eigenen mentalen Zuständen unmittelbar vertraut und nehmen an, es gebe hinsichtlich dieser Zustände eine Selbsttransparenz des Geistes (Frank, 1991, S. 224). Schon Freud skizziert in seiner Schrift *Das Unbehagen in der Kultur* diese Annahme eines sich selbst durchsichtigen und zugänglichen Selbst-Ichs: »Normalerweise ist uns nichts gesicherter als das Gefühl unseres Selbst, unseres eigenen Ichs. Dies Ich erscheint uns selbständig, einheitlich, gegen alles andere gut abgesetzt« (Freud, 1930a, S. 423). Freud bezeichnet jedoch eben diese Annahmen als Trug und das Ich als bloße Fassade des Es (Freud, 1930a, S. 423); das Ich ist gerade nicht das Zentrum des Subjekts, sondern das Subjekt ist durch sein Unbewusstes de-zentriert. Indem die Psychoanalyse beispielsweise dem Unbewussten auch Wünsche zuschreibt, verliert das Subjekt die Autorität über manche seiner propositionalen Einstellungen und somit ist die Autorität der ersten Person hinsichtlich der mentalen Zustände durch die Psychoanalyse insgesamt infrage gestellt. So korrelieren, wie die empirische Forschung belegt, sogar bereits nur kognitiv unbewusste und bewusste Motive nicht (Pang & Schultheiss, 2005; Schüler et al., 2015; Köllner & Schultheiss, 2014) und resultieren in unterschiedlichen Verhaltensweisen (Wegner et al., 2014; Woike, 1995; Woike & Bender, 2009).

Das Ich ist für Freud kein souveräner Herrscher seiner selbst, sondern schwach (Freud, 1933a, S. 83) und abhängig, denn »das arme Ich dient drei gestrengen Herren« (Freud, 1933a, S. 84). Genauer ist das Ich den anderen psychischen Instanzen und der Außenwelt untertan, »vor allem aber des Es, des Unbewussten«, dessen »getreuer Diener« das Ich sein will (Freud, 1933a, S. 84).

Das Subjekt als Gespaltenes ist für Lacans Psychoanalyse grundlegend, er bezieht sich in seinem Werk häufig auf eben diese Spaltung des Subjekts. Zur Klärung zu Beginn einige philologische Anmerkungen: Das Werk von Lacan lässt sich grosso modo in zwei Bereiche einteilen, die *Écrits* und seine Seminare. Die *Écrits* (*Schriften I und Schriften II* auf Deutsch), welche eine äußerst verdichtete Form seiner Lehre enthalten und erstmals 1966 auf Französisch publiziert wurden, wurden von Lacan selbst mit dem Titel *Écrits* versehen. Durch die Wahl dieses Titels soll hervorgehoben werden, dass sich die *Écrits* von Lacans 25 Seminaren, welche sich im Text an der gesprochenen Rede orientieren, grundlegend unterscheiden (Roudinesco, 1993/1996, S. 484). Der Vollständigkeit halber sei erwähnt, dass im Jahr 2001, 20 Jahre nach Lacans Tod, die *Autres écrits* (Lacan, 2001) erschienen, eine Art Ergänzungsband zu den *Écrits,* der 55 Aufsätze enthält, die nicht in die *Écrits* aufgenommen wurden und die nicht in deutscher Übersetzung vorliegen.

Das gespaltene Subjekt wird von Lacan mit drei verschiedenen französischen Begriffen bezeichnet:

- Sujet divisé: Das Adjektiv »divisé« kann mit »geteilt« oder »gespalten« übersetzt werden, das »sujet divisé« kann somit als »gespaltenes Subjekt« übersetzt werden.

- Division du sujet: Das Substantiv »division« bedeutet unter anderem Teilung und Spaltung, so bedeutet »division du travail« Arbeitsteilung und »division du marché« kann mit »Marktaufspaltung« übersetzt werden. Die »division du sujet« kann mit »Spaltung des Subjekts« übersetzt werden.
- Refente du sujet: Das Substantiv »refente« bedeutet unter anderem »Spalte«, »Spalt« und »Riss«. Eine mögliche Übersetzung von »refente du sujet« ist »Spaltung des Subjekts«.

Lacan verwendet in seinen *Écrits* von diesen drei Begriffen primär die Formulierung von der »refente du sujet« oder nur »refente« im Sinne von »refente du sujet«, nämlich genau dreizehnmal, teilweise mehrfach auf einer Seite (Lacan, 1966/2001, S. 233f., S. S. 634, S. 691, S. 752, S. 770, S. 773, S. 816, S. 835, S. 842, S. 855). Der Begriff »sujet divisé« wird in den *Écrits* exakt einmal verwendet (Lacan, 1966/2001, S. 693), »division du sujet« wiederum siebenmal (Lacan, 1966/2001, S. 367, S. 825, S. 840, S. 841, S. 864, S. 877, S. 907). In seinen Seminaren, die sich mehr an der gesprochenen Sprache orientieren, verwendet Lacan hingegen ab dem *Seminar XI – Die vier Grundbegriffe* (1964/2017, S. 229) häufiger den Begriff »division du sujet«. Vorher verwendete Lacan den Begriff »division« in seinen Seminaren I–X auch schon in Bezug auf das Subjekt, aber nicht in der Wortfolge »division du sujet«. Den Begriff »sujet divisé« verwendet Lacan in seinen Seminaren ab Seminar 12 *Schlüsselprobleme für die Psychoanalyse* (Lacan 1964–1965/2000). In den *Autres écrits* (Lacan, 2001) verwendet Lacan den Begriff »sujet divisé« exakt dreimal (Lacan, 2001, S. 280, S. 358, S. 436), der Begriff »division du sujet« wird genau neunmal auf insgesamt acht Seiten verwendet (Lacan, 2001, S. 206, S. 207, S. 219, S. 277, S. 278, S. 299, S. 413, S. 456) und der Begriff »refente du sujet«, im Gegensatz zu der sechzehnmaligen Verwendung in den *Écrits*, nur einmal (Lacan, 2001, S. 199). Freud verwendet den Begriff der Spaltung in den *Gesammelten Werken* insgesamt knapp 40-mal.

Nach diesen philologischen Anmerkungen wird nun im Folgenden die Subjektspaltung inhaltlich näher bestimmt. Die Spaltung des Subjekts verläuft erstens zwischen dem Vorbewussten respektive Bewussten und dem Unbewussten und findet sich »am Ursprung der gesamten Freud'schen Entdeckung« (Lacan, 1966–1967/2000, Sitzung vom 16. November 1966, ohne Seitenzahlen, Übersetzung d. Verf.). Freud fasst pointiert die Spaltung in dem ersten Sinne wie folgt zusammen:

> Ich glaube, wenn die Dichter klagen, daß zwei Seelen in des Menschen Brust wohnen, und wenn die Populärpsychologen von der *Spaltung* des Ichs im Menschen reden, so schwebt ihnen diese Entzweiung, der Ich-Psychologie angehörig, zwischen der kritischen Instanz und dem Ich-Rest vor und nicht die von der *Psychoanalyse* aufgedeckte Gegensätzlichkeit *zwischen dem Ich* und dem *unbewußten Verdrängten*. (Freud, 1919h, S. 248; Hervorhebung d. Verf.; vgl. Freud 1915e; Lacan, 1965–1966/2000, S. 153)

Diese Spaltung ist für die Psychoanalyse zugleich subjektkonstituierend und dasjenige, was uns in unverwechselbarer Weise zum Menschen macht. Es sind primär die (Trieb-)Wünsche aus dem Unbewussten, welche zumindest mittelbar unsere Handlungen determinieren. Es gebe, so Lacan, eine »grundlegende Unterscheidung zwischen dem wahrhaften Subjekt des Unbewussten und dem *Ich* als in seinem Kern durch eine Reihe entäußernder Identifizierungen konstituiert« (Lacan, 1955/2016, S. 491). Das Ich als Einheit und Vollständigkeit ist im Bereich des Imaginären, der Illusionen beheimatet, es ist eine Verkennung. Polemisch spricht Lacan auch von dem Ich als Geisteskrankheit des Menschen: Das »Ich ist genauso wie ein Symptom strukturiert. Im Innern des Subjekts ist es bloß ein privilegiertes Symptom. Es ist das menschliche Symptom par excellence, es ist die Geisteskrankheit des Menschen« (Lacan, 1953-54/1978. S. 24). Diese Vorstellung eines autonomen, vollständigen Ich, welches den Kern des Subjekts ausmache, ist gemäß der strukturalen Psychoanalyse ein Symptom und wie ein Symptom zu befragen. Im Kapitel 3.3 wird erörtert, inwiefern solche imaginären Phantasien eines Ichs grundlegend für Macht- und Ohnmachtsproblematiken in der Sonderpädagogik sind.

Diese Subjektspaltung zwischen dem Unbewussten und Vorbewussten wird zum einen im Alltag einer Psychoanalytischen Praxis hörbar, da gerade auf der Couch »Traum, Versprecher und Witz, [...] [die] Bildungen des Unbewußten« (Lacan, 1960/2015b, S. 383, [Position des Unbewussten]) Rechenschaft über unseren anderen Ort ablegen:

> Den Status des Subjekts in der Psychoanalyse, möchten wir behaupten, wir hätten ihn letztes Jahr begründet? Wir haben erfolgreich eine Struktur etabliert, die dem Spaltung*szustand Rechnung trägt, in dem der Psychoanalytiker es in seiner Praxis ausfindig macht. Diese Spaltung macht er auf gewissermaßen alltägliche Weise ausfindig. Er räumt sie ein von unten an, denn allein schon mit der Anerkennung des Unbewussten ist hinreichend der Grund für sie gelegt, und außerdem überschwemmt sie ihn, wenn ich das so sagen kann, mit ihrer beständigen Manifestation. (Lacan, 1965–1966/2015, S. 401)

Zum anderen sind diese durch die Spaltung des Subjekts hervorgerufenen Manifestationen des Unbewussten nicht an das Setting der Couch gebunden. Sie ereignen sich ebenso im pädagogischen Alltag in Form von Freud'schen Fehlleistungen, Acting-out (Lacan, 1962–1963/2010, S. 155), Übertragungsphänomenen wie Liebe oder Hass oder Symptomen. Aus der Spaltung des Subjekts resultiert eine unüberbrückbare Zusammengesetztheit des Subjekts – es kann nicht die eine Hälfte zur anderen kommen, der andere Schauplatz des Unbewussten bleibt im Subjekt wesenhaft unerreichbar. Denn wenn Unbewusstes vom Bewussten eingeholt werden könnte, wäre es nicht mehr unbewusst. Für Lacan ist die Subjektspaltung irreversibel, das gespaltene Subjekt könne nicht zur Einheit mit sich selbst kommen (Lacan, 1962–1963/2004, S. 385).

Zweitens wird das Subjekt mit dem Eintritt in die symbolische Ordnung, »durch seine Unterwerfung unter die Sprache« (Lacan, 1960-1961/2008, S.

185) zu einem sub-iectum. Die Spaltung im zweiten Sinne hängt also mit der sprachlichen Verfasstheit des Subjekts zusammen: »Diese Spaltung* [...] die das Subjekt dadurch erleidet, dass es Subjekt nur ist, insofern es spricht« (Lacan, 1958/2015, S. 132). Das Subjekt ist »durch die Wirkung der Sprache gespalten« (Lacan, 1964/2017, S. 197, Übersetzung modifiziert).

Die Subjektspaltung ist nicht nur im Subjekt angelegt, sondern die Subjektspaltung ist auch die Bedingung der Möglichkeit des Unbewussten:

> Als Existenz findet sich das Subjekt von Beginn an als Spaltung konstituiert. Warum? Weil sein Sein sich anderswo, im Zeichen, zur Repräsentation bringen muß, und das Zeichen selbst ist an einem dritten Ort. Es ist da das, was das Subjekt in dieser Zerlegung seiner selbst strukturiert, ohne die es uns unmöglich ist, auf eine triftige Weise das zu begründen, was sich das Unbewußte nennt. (Lacan, 1957–1958/2006, S. 303)

Der Eintritt in die Sprache, genauer gesagt das Unterworfensein unter die Sprache, »bedeutet zugleich den Ausgang aus dem ›Paradies‹ der Symbiose [aus der Mutter-Kind-Dyade; Anm. d. Verf.] und damit jene Urverdrängung, die das Subjekt spaltet« (Hiebel, 1990, S. 59). An dieser Stelle ist es wichtig festzuhalten, dass das »das Verlassen des Mutterleibs, die Vertreibung aus diesem Ur-Paradies« (Rank, 2007, S. 131) eine Vertreibung ist aus einem Paradies, was es so nicht gegeben hat. Es ist eine rückprojizierte Phantasie, genauer ein Phantasma (vgl. Langnickel & Link, 2019a, S. 192ff.). Mit dem Eintritt in die Sprache erfüllt sich unser Wesen als sprechendes Sein (Lacan, 2001, S. 211), gleichzeitig bedeutet der Ausgang aus dem »Paradies«, dass es durch die Sprache keinen unmittelbaren Zugang zu den Dingen mehr gibt, da »der Signifikant den Mangel des Seins in der Objektbeziehung einrichtet« (Lacan, 1957/2016, S. 609). Diese Spaltung des Subjekts durch die Sprache symbolisiert Lacan, wie auch Heidegger, der das Wort »Sein« auf verschiedenste Weise im Schriftbild hervorhebt und teilweise auch durchstreicht (beispielsweise in der Schrift *Zur Seinsfrage,* Heidegger, 1977), durch eine spezifische typographische Schreibweise: »Was der Schrägbalken von edler Bastardschaft symbolisiert, mit dem wir das S des Subjekts versehen, um damit festzuhalten, dass es dieses Subjekt da ist: $« (Lacan, 1958/2015, S. 132). Das Subjekt, das gespalten ist, das ein Unbewusstes hat, ist durch die Sprache determiniert. Hiermit geht Lacan über Freud hinaus und entkoppelt das Konzept des Unbewussten von biologistischen Lesarten. Jedoch ist schon für das Werk Freuds die Engführung des Unbewussten und des Instinkts problematisch, da Freud, so Lacan, das Unbewusste von den Instinkten klar trenne:

> Der Trieb, man wird es der Sturheit des Psychologen, der insgesamt und per se im Dienste der technokratischen Ausbeutung steht, niemals genügend in Erinnerung rufen können, der Freud'sche Trieb hat nichts mit dem Instinkt gemein (keiner der Freud'schen Ausdrücke gestattet die Verwechslung). (Lacan, 1964/2015, S. 396)

Solche biologistischen Lesarten des Unbewussten sind beispielsweise immer noch in populären Lexika wie Wikipedia, genauer im Eintrag »Das Unbewusste«, vertreten (»Das Unbewusste«, 2020).

Wichtig ist anzumerken, dass eine Pädagogik des gespaltenen Subjekts gerade nicht versucht, eine Pathologisierung der Klientel der Sonderpädagogik vorzunehmen. Die Subjektspaltung ist keinesfalls im Sinne einer Pathologie zu verstehen, sondern betrifft uns alle. Es ist also beispielsweise keineswegs so, dass nur die Klientel der Pädagogik bei Verhaltensstörungen von der Spaltung des Subjekts betroffen sei und Symptome habe, wohingegen die pädagogischen Fachpersonen vermeintlich nicht gespalten, symptomfrei und souverän seien. Der »klassische Subjektbegriff der Vollständigkeit, der Symptomfreiheit, Einheitlichkeit und Souveränität steht im Gegensatz zum neuen Subjektbegriff« (Langnickel, 2020, S. 210) der strukturalen Psychoanalyse und der Pädagogik des gespaltenen Subjekts. In der Perspektive einer Pädagogik des gespaltenen Subjekts sind vermeintliche Symptomfreiheit und eine postulierte Einheit des Subjekts lediglich Ausdruck eines klassischen, jedoch phantasmatisch aufgeladenen Subjektbegriffs, der sich primär aus dem Feld des Imaginären speist (vgl. Langnickel, 2020, S. 210f.) und zugleich die Existenz des Unbewussten leugnet.

Zwar ist der Vorwurf der Pathologisierung in gewisser Hinsicht gerechtfertigt, da manchen Varianten der Psychoanalyse in der Tat mitunter vorzuwerfen ist, dass sie selbst einer Medizinialisierung und Therapeutisierung unterliegen (Mertens, 2004, S. 95). In der strukturalen Psychoanalyse und in einer Pädagogik des gespaltenen Subjekts wird jedoch, wie oben erwähnt, jedes Subjekt als ein Symptomträger verstanden, welches gespalten ist durch sein Unbewusstes. Schon Freud weist 1913 in einen Brief an C. G. Jung darauf hin, dass jeder Mensch, ob Analytiker oder nicht, mindestens neurotische Anteile habe, die es anzuerkennen gelte. Problematisch sei eher die Nichtanerkennung der eigenen Symptome: »Es ist unter uns Analytikern ausgemacht, daß keiner sich seines Stückes Neurose zu schämen braucht. Wer aber bei abnormem Benehmen unaufhörlich schreit, er sei normal, erweckt den Verdacht, daß ihm die Krankheitseinsicht fehlt« (Freud & Jung, 1984, S. 598f.).

An dieser Stelle noch ein paar klinische Hinweis zur Begriffsklärung: Es ist nicht die Neurose, die zur Spaltung führt, sondern die Spaltung des Subjekts ist die Bedingung der Möglichkeit der Neurose. Der Begriff der Spaltung bezeichnet in der strukturalen Psychoanalyse keinen gespaltenen (schizein) Geist (phren), ist kein Oberbegriff für Psychosen wie die Schizophrenie. Während Freud den Begriff der Spaltung mitunter auch zur Beschreibung von Psychosen verwendet (Freud, 1940a 1938), sieht Lacan die Spaltung als grundlegend für alle »normalen«, d.h. neurotischen Subjekte an – wir alle haben beispielsweise hysterische, zwanghafte oder phobische Anteile in unserer Persönlichkeit. Neurose und Gespaltenheit des Subjekts sind in der strukturalen Psychoanalyse nicht das Kriterium für das Vorliegen eines pathologischen Zustandes.

Nun wirft sich die Frage auf, ob es nicht sinnvoll sei, ein anderes Kriterium einzuführen. Die Pädagogik bei Verhaltensstörungen unterscheidet zwischen »normal« und »gestört« oder »auffällig«. Es ist nicht unbedingt der Symptomträger, der leidet. Mitunter leiden die Eltern und pädagogischen Fachkräfte an den Symptomen der verhaltensauffälligen Kinder und Jugendlichen – das Symptom ist beim Kind und das Leiden bei der Familie und den pädagogischen Fachpersonen. Und der Anspruch auf Behandlung kann wiederum von einer anderen Person gestellt werden. Ein mögliches Kriterium ist, dass im Realen etwas insistiert, seine Wirkungen zeigt, was aus dem Unbewussten des Subjekts stammt – genauer ist es fehlende Symbolisierung, die zu den Verhaltensstörungen führen können.

Eine Pädagogik des gespaltenen Subjekts erkennt an, dass das Subjekt im Symptom die unbewusste Wahrheit seines Begehrens ausdrückt (Lacan 1957/2016, S. 614) – eine reine Symptombeseitigung und eine Zurichtung auf unhinterfragte soziale Verhältnisse sind kontraindiziert. Das Subversive des gespaltenen Subjektes liegt also erstens darin, dass jeder Mensch Symptome aufweist und Symptome nicht mehr nur kranken oder verhaltensauffälligen Kindern, Jugendlichen und Erwachsenen zugeschrieben werden. Zweitens ist das Ziel nicht die Normierung von Kindern und Jugendlichen und ihre Anpassung an bestehende Verhältnisse. Vielmehr kann das Subjekt auch in Formulierungen zum Ausdruck kommen, welche die vertraute Ordnung infrage stellen. Mannoni fasst pointiert zusammen, dass ein Ziel der (psychoanalytischen) Erziehung ist, dass Kinder oder Jugendliche, ohne eine Pathologisierung zu befürchten, sagen können: »Ihr habt euch geirrt, wir wollen eure Welt nicht« (Mannoni, 1973/1987, S. 240). Dieses subversive Element einer Pädagogik des gespaltenen Subjekts ist auch gesamthaft für die strukturale Psychoanalyse zu konstatieren: »Lacan, Maud und Octave Mannoni, Leclaire und last but not least Dolto haben gezeigt, daß auch einem subversiven Verständnis der Psychoanalyse Erfolg beschieden sein kann« (Buhmann, 1997, S. 13).

1.1.2 Der Begriff des »Risses«

Kersten Reich betont die Bedeutung des Risses für Lacan: »Für Lacan ist der Riss, der Subjekte durchzieht, besonders wichtig« (Reich, 2009a, S. 454). Für die strukturale Psychoanalyse gibt es keine prästabilierte Harmonie zwischen dem Subjekt und der Welt, vielmehr ist es das Unbewusste, das eben ein harmonisches In-der-Welt-sein verunmöglicht. Die erwähnte Spaltung des Subjekts erzeugt einen Riss, einen Mangel (Lacan, 1965–1966/2000). Dabei ist der Mangel nichts Pathologisches, sondern das Kennzeichen des normalen, d.h. neurotischen Subjekts, sodass der Mensch auch als ein Mangelwesen bezeichnet werden kann. Den Begriff »Mangelwesen« gebrauche ich in Anlehnung an den Begriff des Mängelwesens von Gehlen (Gehlen, 1940/1993, vgl. hierzu

Schneider-Harpprecht, 2000, S. 14). Die anthropologischen Forschungen von Gehlen beschreiben den Menschen als Mängelwesen vor allem in zweierlei Hinsicht: Erstens ist der Mensch durch einen fast völligen Verlust der Instinkte gekennzeichnet (Gehlen, 1940/1993, S. 32) und zweitens ist der Mensch gerade dadurch ausgezeichnet, dass er und seine Organe nicht spezialisiert sind und er deshalb auf die Kulturwelt zum Überleben angewiesen ist (Gehlen, 1940/1993, S. 32ff.). Festzuhalten bleibt, dass sowohl Gehlen als auch Lacan von einem Paradigma des Mangels ausgehen und der Mangel positiv gewürdigt wird: Bei Lacan ist der Mangel die Bedingung der Möglichkeit des Begehrens des Subjekts (Lacan, 1964/2017, S. 225f.), bei Gehlen ist der Mangel die Bedingung der Möglichkeit der Weltoffenheit des Menschen. Diese Auffassung des Menschen als Mangelwesen mit einem dynamischen Unbewussten steht im Widerspruch zum häufig anzutreffenden cartesischen Subjektbegriff in der heutigen Sonderpädagogik und den Erziehungswissenschaften, welcher von der Kontrastierung von Kognitionen und Rationalität einerseits mit Emotionen und Irrationalität andererseits operiert (vgl. Turner & Stets, 2005, S. 21).

Kurz und provokant: *Ein Riss muss durch die Sonderpädagogik gehen.* Dabei sei an dieser Stelle auf die mehrfachen Konnotationen des Begriffs »Riss« hingewiesen. Erstens bezieht sich der Begriff »Riss« auf das geradezu anthropologische Vorhandensein eines Risses im Subjekt, auf das gespaltene Subjekt also. Zweitens verweist der Begriff »Riss«, wie zu zeigen ist, ebenso auf die drei Register (RIS) von Lacan: das Reale, das Imaginäre und das Symbolische und auf das Symptom. Peter Widmer, der Gründer der lacanianischen Zeitschrift RISS, »erklärte den Namen RISS mit den Initialen der zentralen Theorien Lacans: das *R*eale*, das *I*maginäre*, die *S*ymbolik* und das *S*ymptom« (Roudinesco, 2004, S. 916). Drittens bezeichnet der Begriff »Riss« in diesem Kontext zudem einen Grundriss, einen Entwurf einer Pädagogik des gespaltenen Subjekts. Als viertes und letztes sei auf die Bedeutung hingewiesen, dass die Sonderpädagogik durch den Einbezug der strukturalen Psychoanalyse selbst einen Riss bekommt, und zwar dadurch, dass sie nicht nur primär das Subjekt des Bewussten, sondern ebenso das Subjekt des Unbewussten und somit die Subjektspaltung berücksichtigt.

1.1.3 Der Begriff des sprachlichen Unbewussten

Das Subjekt des Unbewussten ist für Lacan dadurch gekennzeichnet, dass es, wie auch das Wesen des Menschen, ein gesprochenes Sein ist: »Le sujet de l'inconscient est un être parlé, et c'est l'être de l'homme« (Lacan, 1966/2001, S. 211). Die Sprache und das Unbewusste sind innerhalb der strukturalen Psychoanalyse eng verwoben, die Genese des Unbewussten ist genauer gekoppelt an Sprachwirkungen:

Das Unbewußte, das sind die Wirkungen, die das Sprechen auf das Subjekt hat, das ist die Dimension, in der das Subjekt sich bestimmt in der Entfaltung der Sprechwirkungen. (Lacan, 1964/2017, S. 156)

Diese Sprechwirkungen bestehen darin, dass das »Unbewusste eines jeden Sprechwesens von den Signifikanten der Familiengeschichte geprägt [wird], die ihm die Eltern bewusst oder unbewusst vermitteln« (Hamad, 2017, S. 110). Lacan geht so weit, dass er an verschiedenen Stellen seines Werkes insistiert, dass die Psychoanalyse von dem Axiom des sprachlich strukturierten Unbewussten auszugehen habe: »Soll die Psychoanalyse sich als Wissenschaft vom Unbewußten konstituieren, ist davon auszugehen, daß das Unbewußte wie eine Sprache strukturiert ist« (Lacan 1964/2017, S. 213; vgl. auch Lacan 1967/2001, S. 333). Diese Engführung von Sprache und Unbewusstem wird im Rahmen dieser Arbeit immer wieder thematisiert, so z.b. in den Fallgeschichten, bei denen die Wirkmacht der sprachlichen Struktur des Unbewussten sowohl in dem »Sprechen« der Symptome selbst deutlich wird als auch in der psychoanalytischen-pädagogischen Begegnung mit solchen Manifestationen des Unbewussten. Exemplarisch sei hier auf das Fallbeispiel zu Alice im Wunderland aus der Theaterwerkstatt von Bonneuil verwiesen. Ein Jugendlicher reagierte, nachdem er einen Auszug aus der Geschichte von Alice im Wunderland gehört hat, genauen den Teil, als Alice nach einem tiefen Fall im Bau des Kaninchens landet, scheinbar unsinnig, indem er aufspringt und brüllt: »Ich will hier raus!« (Bouquier & Richer, 1978, S. 164f.). Eben dieses Fallbeispiel wird im Kapitel 2.2.3.4 erörtert, das Fallbeispiel von Familie A. in Kapitel 3.2.2. Anna, die Tochter von Herrn und Frau A. ist drei Jahre alt und zeigt ein rätselhaftes Verhalten: Sie befiehlt beispielsweise der Mutter, was diese sagen soll, wenn die Mutter ihr die Milchflasche reicht. Bei einem Abweichen von diesem Skript schreit Anna heftig und ausdauernd.

Das Symptom ist für die strukturale Psychoanalyse eng an die sprachliche Struktur des Unbewussten gekoppelt, es ist kein visuelles, natürliches Anzeichen wie beispielsweise Rauch für Feuer:

> Die Sprachauffassung, die den [analytischen] Arbeiter in seiner grundlegenden Einführung ausbilden soll, wird ihm lehren, vom Symptom zu erwarten, dass es den Beweis seiner Funktion als Signifikant erbringt, das heißt durch das, wodurch es sich vom natürlichen Anzeichen unterscheidet, welches derselbe Ausdruck Symptom gewöhnlich in der Medizin bezeichnet. (Lacan, 1955/2016, S. 492)

Das Symptom, das »etwas wie eine Sprache Strukturiertes und Organisiertes ausdrückt« (Lacan, 1953/2006, S. 27), ist in der strukturalen Psychoanalyse eher ein verdichteter Sprachknoten, der sich auflösen lässt. Lacan postuliert, »dass das Symptom sich in Gänze in einer Sprachanalyse auflösen lässt, weil es selbst strukturiert ist wie eine Sprache, weil es Sprache ist, deren Sprechen befreit werden muss« (Lacan, 1953/2016, S. 316). Auch Mannoni, die sich in ihrem Werk am Sprechen des unbewussten Begehrens orientiert (vgl. Maier-

Höfer, 2016, S. 191), versucht die Symptome zum Sprechen zu bringen und das Begehren zu befreien. Das Unterwerfen des Subjekts unter die symbolische Ordnung evoziert »eine radikale Exzentrizität seiner selbst zu sich selbst« (Lacan, 1957/2016, S. 620). Diese Exzentrizität durch die Sprache ist eine Entfremdung des Subjekts, welche sowohl irreversibel ist, es gibt kein »solus ipse«, als auch nicht über pädagogische Interventionen rückgängig gemacht werden kann, wie es beispielsweise im Freudomarxismus (Tomšič, 2015, S. 10f.) versucht wird. Vielmehr soll eine Pädagogik des gespaltenen Subjekts auf Basis dieses Subjektbegriffs der strukturalen Psychoanalyse von Jaques Lacan, Maud Mannoni und Françoise Dolto die bestehende Psychoanalytische Pädagogik um den Ansatz der strukturalen Psychoanalyse erweitern und als Referenzdisziplin für die Pädagogik bei Verhaltensstörungen fruchtbar werden – dies ist ein Ziel dieser Arbeit.

1.1.4 Die Register des Realen, Symbolischen und Imaginären

Die Trilogie des Realen, Symbolischen und Imaginären sind drei Register respektive drei Ordnungen und ein grundlegendes Klassifizierungssystem für Lacan. Diese sind gemäß Lacan eine grundlegende Voraussetzung für das Verständnis der Freud'schen Psychoanalyse:

> Ohne diese drei Bezugssysteme – unmöglich irgend etwas von der analytischen Technik und der Freudschen Erfahrung zu verstehen. Viele Schwierigkeiten zeigen ihre Berechtigung und klären sich, wenn man diese Unterscheidungen anwendet. (Lacan, 1953-1954/1978, S. 97)

Jedoch dienen die drei Register nicht nur zum Verständnis der Freud'schen Psychoanalyse, sondern Lacan hebt selbst im *Le Séminaire de Caracas* hervor, dass an Stelle der drei Instanzen von Freud, Es, Ich und Über-Ich, die drei Register des Realen, Symbolischen und Imaginären getreten sind: »Voilà: mes *trois* ne sont pas les siens. Mes *trois* sont le réel, le symbolique et l'imaginaire« (Lacan, 1980/1981) [Voilà, meine *drei* sind nicht die seinen. Meine *drei* sind das Reale, das Symbolische und das Imaginäre. Übersetzung d. Verf.]. Das Reale, Symbolische und Imaginäre sind für Lacan Grundbegriffe, sowohl für die Psychoanalyse als auch für die Tätigkeit der Psychoanalytikerin oder des Psychoanalytikers: »Ich halte daran fest, wie man an drei Bändern festhält, welche die einzigen sind, die mir mein Treiben erlauben« (Lacan, 1974/2006, S. 89). Lacan führt die drei Register erstmals in einem Vortrag mit dem Titel *Das Symbolische, das Imaginäre und das Reale,* den er am 8. Juli 1953 vor der Société française de psychanalyse hielt, ein (Lacan, 1953/2006). Im Folgenden werden nun die drei Register skizziert.

1.1.4.1 Das Reale

Das Reale (frz.: le réel) ist das, »was der Symbolisierung absolut widersteht« (Lacan, 1953–1954/1978, S. 89), das Reale ist nicht in und durch Worte zu fassen, es ist etwas außerhalb der Welt des Bedeutbaren (Lacan, 1959–1960/ 2006, S. 69), das Reale ist vom Sinn ausgeschlossen (Lacan, 1975–1976/2005, S. 64f.). So werden auch die folgenden Worte über das Reale dieses nur umkreisen. Jedoch wird die Methode der strukturalen psychoanalytischen Hermeneutik, die in Kapitel 1.4.1.2 näher vorgestellt wird, auf eben diesen Nicht-Sinn bzw. Unsinn in den psychoanalytischen Fallgeschichten in der vorliegenden Arbeit abzielen. Auch ist das Reale nicht abbildbar, ist also nicht durch Bilder, durch die Dimension des Imaginären, fassbar (Lacan, 1954–1955/2015, S. 225). Im Feld der psychoanalytischen Erfahrung ist das Reale gleichsam ein Zusammenstoß des Subjekts mit etwas außerhalb des Feldes des Symbolischen und Imaginären:

> Serge Leclaire – Sie haben zu uns vom Symbolischen, vom Imaginären gesprochen. Aber da war auch das Reale, von dem Sie nicht gesprochen haben.
>
> J. L. – Ich habe dennoch ein wenig davon gesprochen. Das Reale ist entweder die Totalität oder der entschwundene Augenblick. In der analytischen Erfahrung ist es für das Subjekt stets der Zusammenstoß mit etwas, zum Beispiel dem Schweigen des Analytikers. (Lacan, 1953/2006, S. 51f.)

Neben der Qualifikation des Realen als Zusammenstoß des Subjekts mit etwas kann gemäß Lacan das Reale auch als das bezeichnet werden, was vor dem Karren des Subjekts im Wege ist:

> Eh bien ça, ce n'est pas du tout la même chose que le réel, parce que le réel, justement, c'est ce qui ne va pas, ce qui se met en croix dans ce charroi, bien plus, ce qui ne cesse pas de se répéter pour entraver cette marche. (Lacan, 1974/1975, S. 183)
>
> [Nun ja, das ist überhaupt nicht dasselbe wie das Reale, denn das Reale ist das, was nicht läuft, was sich vor dem Karren in die Quere legt, mehr noch, was nicht aufhört, sich zu wiederholen, um diesen Vormarsch zu behindern. Übersetzung d. Verf.]

Malcom Bowie liefert eine wahrhaft durchschlagende Annäherung für den Zusammenstoß des Subjekts mit dem Realen: »Es ist der Dachziegel, der einem Passanten auf den Kopf fällt« (Bowie, 1991, S. 100). Selbstverständlich sind Dachziegel hier nicht als bloße Konfrontation mit der Realität zu verstehen, sondern zentral ist der Zusammenstoß mit dem Dachziegel innerhalb der analytischen Erfahrung (Lacan, 1953/2006, S. 51f.). Bowie führt dieses weiter aus: »Herabfallende Dachziegel sind für die Psychoanalyse nicht ohne Interesse, und der Analytiker muß aus der Richtung der Dummheit in die Phantasien des Analysanden eintreten« (Bowie, 1991, S. 100). Diese »Dummheit« des Analytikers impliziert, dass man nicht aus einem vermeintlichen objektiven Herrschaftswissen auf den Sinn in den Assoziationen der Analysandin bzw. des Analysanden hört, sondern offen ist für das, was Ausdruck des Unbewussten des Subjekts ist.

Das Reale ist etwas, was insistiert, was gleichsam wie ein Wiederholungszwang immer wiederkehrt:

> Je l'ai dit d'abord sous cette forme: le réel, c'est ce qui revient toujours à la même place. L'accent est à mettre sur »revient«. (Lacan, 1974/1975, S. 183)
>
> [Ich habe es zuerst in dieser Form gesagt: Das Reale ist das, was immer wiederkehrt an denselben Ort. Die Betonung liegt auf »wiederkehrt«. Übersetzung d. Verf.]

Seit dem Beginn der Psychoanalyse werde, so Lacan, die Psychoanalytikerin bzw. der Psychoanalytiker durch den traumatischen Wiederholungszwang mit dem Realen konfrontiert:

> Es ist eine bemerkenswerte Tatsache, daß das Reale am Ursprung der analytischen Erfahrung sich als ein *nicht Assimilierbares* zeigt – in Form des Traumas, das für den weiteren Verlauf bestimmend wird – und daß somit diese analytische Erfahrung einen durchaus akzidentellen Ursprung hat! (Lacan, 1964/2017, S. 61)

Die Nicht-Assimilierbarkeit des Realen impliziert, dass es weder imaginierbar noch symbolisierbar ist. Auch ein Trauma ist etwas, was nicht assimiliert werden kann und was sich in der (traumatischen) Wiederholung zeigt. Schon Freud bestimmte in *Jenseits des Lustprinzips* den Wiederholungszwang als etwas, was nicht erinnert werden kann, sich der Symbolisierung widersetzt:

> Der Kranke kann von dem in ihm Verdrängten nicht alles erinnern, vielleicht gerade das Wesentliche nicht, und erwirbt so keine Überzeugung von der Richtigkeit der ihm mitgeteilten Konstruktion. Er ist vielmehr genötigt, das Verdrängte als gegenwärtiges Erlebnis *zu wiederholen,* anstatt es, wie der Arzt es lieber sähe, als ein Stück der Vergangenheit zu *erinnern.* (Freud, 1920g, S. 16)

Was also nicht erinnert werden kann, wird stattdessen wiederholt. Lacan unterstreicht, dass es bei dem von Freud dargestellten Zusammenhang von Erinnern und Wiederholen eine Grenze des Darstellbaren gibt, eine Grenze, die Lacan als das Reale bezeichnet:

> Wie aber wird nun das *Wiederholen** eingeführt? *Wiederholen** bezieht sich auf Erinnerung*. Die Einkehr des Subjekts, das biographische Eingedenken, geht nur bis zu einer bestimmten Grenze, die ich »das Reale« nenne. (Lacan, 1964/2017, S. 56)

Die Frage drängt sich auf, an welchem »Ort« (Lacan, 1974/1975, S. 183) und wie das Reale immer wiederkehrt. Das Reale kommt wieder, so Lacan, am Ort des Subjekts und in der Form des Symptoms:

[...] le sens du symptôme, c'est le réel, le réel en tant qu'il se met en croix pour empêcher que marchent les choses au sens où elles rendent compte d'elles-mêmes de façon satisfaisante [...]. (Lacan, 1974/1975, S. 183)

[Der Sinn des Symptoms, das ist das Reale, das Reale als das, was sich in die Quere legt, um zu verhindern, dass die Dinge in dem Sinne laufen, dass sie zufriedenstellend über sich selbst Rechenschaft ablegen. Übersetzung d. Verf.]

Dieses »macht das Symptom zu etwas, das vor allem nicht aufhört, vom Realen geschrieben zu werden« (Lacan, 1974/1975, S. 194; Übersetzung d. Verf.). Die Psychoanalyse kann jedoch das Symptom dechiffrieren (déchiffrage) beziehungsweise ent-ziffern und so durch die Sprache (langage) zähmen (apprivoiser) – einen Vorgang, den Lacan als den einzigen »Exorzimus« (exorcisme) bezeichnet, »zu dem die Psychoanalyse fähig ist« (Lacan, 1974/1975, S. 194; Übersetzung d. Verf.). Eben diese Zähmungen des Realen werden im Kapitel 2.2.3.4 im Fallbeispiel zu Alice im Wunderland aus der Theaterwerkstatt von Bonneuil sichtbar wie auch im Fallbeispiel von Familie A. im Kapitel 3.2.2.

1.1.4.2 Das Symbolische

Das Symbolische (frz.: le symbolique) ist zum einen die Dimension der Sprache: Das Symbolische ist das, »was uns das ganze System der Welt liefert. Weil der Mensch Worte hat, kennt er Dinge. Und die Anzahl der Dinge, die er kennt, entspricht der Anzahl der Dinge, die er benennen kann. Daran gibt es keinen Zweifel« (Lacan, 1955–1956/2016, S. 210). Auch in »Büchern ist das Symbolische« (Lacan, 1955–1956/2016, S. 66). Der Mensch ist für Lacan wesentlich dadurch ausgezeichnet, dass er als Sprach- und Sprechwesen dem Symbolischen unterworfen ist:

> Ich möchte mich hier nicht an eine Erkenntnistheorie machen, aber es ist wohl evident, daß die Dinge der Menschenwelt Dinge eines als Rede strukturierten Universums sind, daß die Sprache und die symbolischen Vorgänge alles beherrschen und regieren. (Lacan, 1959–1960/2016, S. 58)

Für Lacan ist insbesondere auch »das Unbewußte in Funktion des Symbolischen strukturiert« (Lacan, 1959-1960/2016, S. 20), anders ausgedrückt: das Unbewusste ist, wie oben im Kapitel 1.1.3 erläutert wurde, wie eine Sprache strukturiert. Da der Eintritt in die Dimension der Sprache zu einem Mord am Ding (Lacan, 1953/2016, S. 377) führt – es gibt nach dem Eintritt in die Sprache keinen unmittelbaren Zugang mehr zu den Dingen – wird ein Mangel evoziert, den das Subjekt zeitlebens versucht sein wird, zu beheben.

Zum anderen ist das Symbolische die Dimension des Gesetzes. Es ist das Gesetz des Vaters oder vielmehr der Name-des-Vaters, welcher wiederum das Subjekt in die symbolische Ordnung einführt: »Er [der Name-des-Vaters] ist das wesentliche vermittelnde Element der symbolischen Welt und ihrer Strukturierung« (Lacan, 1956–1957/2011, S. 428), er »führt hier die symbolische

Ordnung mit ihren Verboten ein, die Herrschaft des Gesetzes« (Lacan, 1956–57/2011, S. 269), die symbolische Ordnung ist »die Umwelt von Recht und Gesetz« (Lacan, 1956–57/2011, S. 236). Hierdurch greift die symbolische Ordnung »auf der imaginären Ebene ein« (Lacan, 1956–57/2011, S. 236) und begrenzt diese. Diese Begrenzung der imaginären Allmacht beschränkt auch das Ausgeliefertsein an seine eigenen Phantasmen und dient ebenfalls der Angstbindung beim Kind. Der Name-des-Vaters bezeichnet gemäß Lacan den symbolischen Vater: »Dies ist das, was ich den Namen-des-Vaters [Nom-du-Père] nenne, das heißt der symbolische Vater« (Lacan, 1957–1958/2006, S. 170; vgl. auch Lacan, 1956–1957/2011, S. 428). Die »inzestuöse imaginäre Beziehung« des Kindes zur Mutter erfordert ein Intervenieren, »es ist ein Gesetz notwendig, eine Kette, eine symbolische Ordnung, das Eingreifen der Ordnung des Sprechens, das heißt des Vaters. Die Ordnung, welche die Kollision und das Bersten der Situation insgesamt verhindert, beruht auf dem Bestehen dieses Namens des Vaters« (Lacan, 1955–1956/2016, S. 116). Wichtig ist an dieser Stelle darauf hinzuweisen, dass die väterliche Funktion (Lacan, 1957–1958/2006, S. 212) respektive der Name-des-Vaters weder notwendigerweise an den biologischen Vater gekoppelt ist noch überhaupt an das »männliche« Geschlecht. Lacan weist selbst explizit darauf hin, dass er mit seinen Ausführungen »nicht den natürlichen Vater« (Lacan, 1955–1956/2016, S. 116) bezeichnet habe, der Name-des-Vaters sei vielmehr eine »definierte Funktion« (Lacan 1957–1958/2006, S. 212). Im Kapitel 3.2 wird deutlich, inwiefern diese Funktion auch von einer symbolischen Mutter ausgeführt werden kann.

Das Symbolische interveniert in Form des Namens-des-Vaters in die dyadische imaginäre Beziehung des Kindes zur Mutter, das Symbolische als Dimension des Gesetzes hat seinen Ursprung in der Dimension des Gesetzes der symbolischen Kastration. Der Name-des-Vaters beziehungsweise der symbolische Vater »ist notwendig für jene Entwöhnung, die ursprünglicher ist als die wesentliche Entwöhnung, durch die das Kind aus seiner schlichten und einfachen Verkupplung mit der mütterlichen Allmacht herauskommt« (Lacan, 1956–1957/2011, S. 428). Die trennende Einführung des Namens-des-Vaters respektive des Neins-des-Vaters [non du père] »bringt eine neue, radikale Dimension in die Beziehung des Kindes zur Mutter« (Lacan, 1956–1957/2011, S. 468). Das Nein-des-Vaters ist ein Nein zum Verbleib des Kindes in der Dyade mit der Mutter und weist weit über ein konkretes Verbot eines Vaters im klassischen Ödipuskomplex hinaus, da dieses Nein ein Ja zur Öffnung ist und das Subjekt als sprechendes Sein in das soziale Band eingeschrieben wird (Lacan, 1972–1973/2015, S. 60).

Zusammenfassend kann man die angeführten zwei Dimensionen des Symbolischen wie folgt zuordnen: Einerseits strukturiert das Symbolische als symbolische Ordnung die soziale Ordnung, andererseits strukturiert das Symbolische als Dimension der Sprache unser Unbewusstes.

1.1.4.3 Das Imaginäre

Das Wort »image« im Französischen bedeutet Bild und dem Imaginären (frz.: l'imaginaire) entspricht die Dimension der Bilder. Das Imaginäre umfasst zugleich auch das Trugbild, das Illusionäre, es zeigt uns beispielsweise, dass wir scheinbar vollkommen sind. Solche imaginären Vollkommenheitsvorstellungen (Lacan, 1966/2016, S. 81) manifestieren sich besonders deutlich im sogenannten Spiegelstadium, welches für die Subjektgenese grundlegend ist. Im Alter zwischen sechs und achtzehn Monaten (Lacan, 1949/2016, S. 110), zu einer Zeit, in der das Kleinkind aufgrund der »Vorzeitigkeit der Geburt« (Lacan, 1949/2016, S. 113) den eigenen Körper nicht als Einheit, körperliche Ganzheit, sondern als fragmentiert erlebt (Lacan, 1949/2016, S. 114), zeigt es beim Betrachten seines Spiegelbildes eine jubilatorische Reaktion, ein »Aufsichnehmen seines Spiegelbildes« (Lacan, 1949/2016, S. 114). Lacan beschreibt eindrücklich die imaginäre, vorbildliche Form des Spiegelkörpers und deren Auswirkungen für die Subjektgenese:

> Denn die vollkommene Form des Körpers, wodurch das Subjekt in einem Trugbild der Reifung seiner Kräfte voraus ist, ist ihm nur als Gestalt* gegeben, das heißt in einer Exteriorität, in der gewiss diese Gestalt mehr konstituierend ist denn konstituiert, aber in der sie ihm vor allem in einer Erhabenheit von Statur, die sie erstarren lässt, und unter einer Symmetrie, die ihre Seiten verkehrt, im Gegensatz zu der Turbulenz an Bewegungen erscheint, mit denen es sich erfährt, ihr Leben einzuhauchen. So symbolisiert diese Gestalt*, deren Prägnanz als an die Art gebunden angesehen werden muss, obgleich ihr motorischer Stil noch unkenntlich ist, durch diese zwei Aspekte ihres Erscheinens in der gleichen Zeit die mentale Permanenz des Ichs [je], in der sie seine entäußernde Schicksalsbestimmung [destination alienante] vorzeichnet; sie ist voller Entsprechungen noch, die das Ich [je] mit der Statue, in die der Mensch sich projiziert, sowie mit den Phantomen, die es dominieren, und schließlich mit dem Automaten, in dem in einem zwiespältigen Bezug die Welt (aus) seiner Fertigung sich zu vollenden strebt, vereinen. (Lacan, 1949/ 2016, S. 111)

In Folge dieser Erfahrungen des Spiegelstadiums bildet sich nicht nur das (infantile) Subjekt heraus, sondern es ergibt sich der folgenreiche Irrtum, die Lacan auch als die »konstitutiven Verkennungen des Ichs« bezeichnet, die sich in der »Illusion einer Autonomie« des Ichs manifestieren (Lacan, 1949/2016, S. 111). Projektionen, Idealisierungen und Übertragungsphänomene sind ebenfalls im Feld des Imaginären angesiedelt – auch Liebe hat eine starke imaginäre Dimension. Diese imaginäre Dimension der Liebe zeigt sich in der bildlichen Vorstellung des Eins-sein-wollens, die schon Platon in seinem Symposium durch Aristophanes erzählen lässt: Zu einer Urzeit frevelten die Menschen gegen die Götter. Diese Menschen waren Kugelwesen mit je zwei Köpfen, vier Armen und vier Beinen und fühlten sich so mächtig, dass sie die Götter nicht mehr ehrten. Zur Strafe schnitt Zeus die Kugelmenschen in zwei Hälften mit folgendem Resultat: »Als nun so ihre Gestalt in zwei Teile zerschnitten war, sehnte sich jedes nach seiner Hälfte und vereinigte sich mit ihr« (Platon, 2012, S. 49). Das Bild der Liebe als Eins-sein-wollen führt Platon für die verschiedensten, psychoanalytisch ausgedrückt, hetero- und homosexuellen Objektwahlen näher aus:

> Seit so langer Zeit also ist die Liebe zueinander den Menschen angeboren. Sie führt das ursprüngliche Geschöpf wieder zusammen und versucht, aus Zweien Eins zu machen und die menschliche Natur zu heilen. Jeder von uns ist daher nur ein Teilstück eines Menschen, da wir ja, zerschnitten wie die Schollen, aus einem zwei geworden sind. Jeder sucht demnach beständig sein Gegenstück. Alle Männer also, die ein Teil von jenem Ganzen sind, das damals androgyn genannt wurde, sind Liebhaber der Frauen, und zu dieser Gattung gehören die meisten Ehebrecher, so wie auch alle Frauen dieser Gattung angehören, welche Liebhaber der Männer und ehebrecherisch sind. Alle Frauen dagegen, die Teile einer Frau sind, kümmern sich um Männer überhaupt nicht, sondern sind viel mehr den Frauen zugewandt; [...] Alle aber, die Teile eines Mannes sind, gehen dem Männlichen nach. (Platon, 2012, S. 51)

Diese Suche nach einer »Wiederherstellung der verlorenen Einheit seiner selbst« (Lacan, 1938/1980, S. 59) ist eine Suche nach einer rein imaginären Einheit und weist phantasmatische Momente auf. Wie beim Begriff des Phantasmas noch erörtert werden wird, gibt es einen engen Zusammenhang zwischen unseren Phantasmen und dem Register des Imaginären. Das Imaginäre kann, wie auch das Phantasma, nur über den Umweg des Symbolischen erfasst werden: »Das Imaginäre läßt sich nur entziffern, wenn es in Symbole gefaßt wird« (Lacan & Granoff, 1956, S. 269). Gerade zur Erfassung des Imaginären, unserer (unbewussten) Bilder, eignet sich die strukturale Psychoanalyse als Wissenschaft des Symbolischen. Wenn die imaginären Vorstellungen in Worte übersetzt werden, wird die »Verhaftung an imaginäre Fixierungen« (Lacan, 1953–1954/1978, S. 355) ihre Wirkkraft verlieren. Jedoch besteht die Wirkmacht des Imaginären nicht nur im Verhaftetsein in negativen illusorischen Bildern, sondern kann das Subjekt auch zu Veränderungen motivieren: »Den Antrieb zu handeln gewinnt das Subjekt nicht aus dem Symbolischen, sondern aus dem Bild, das es sich von sich selbst macht« (Langlitz, 2005, S. 204).

Die drei Register kommen insbesondere zur Anwendung im Kapitel 2.2.2 zur Analyse der Phänomene Liebe und Hass in der Pädagogik. Die Trilogie des Realen, Imaginären und Symbolischen wird ebenfalls bei der Analyse von Bildern und Funktionen von Mutter- und Vaterschaft im Kapitel 3.2 verwendet, um zwischen der symbolischen, imaginären und realen Mutter wie auch zwischen dem symbolischen, imaginären und realen Vater zu unterscheiden. Im Kapitel 4.2.6.2 wird das Imaginäre, genauer das Spiegelstadium in seiner Relevanz für das kindliche Spiel erörtert.

1.1.5 Der Begriff des Phantasmas

Das Phantasma (frz. fantasme) ist für Lacan ein weiterer grundlegender Begriff, da das Subjekt aufzufassen sei »als determiniert durch das Phantasma« (Lacan, 1964/2017, S. 193). Das Phantasma kann in einer ersten Annäherung als Wunsch verstanden werden: »Was ist, so aufgefasst, das Phantasma? – wenn nicht das, was wir uns schon ein wenig denken können, ein Wunsch« (Lacan, 1962–1963/2004, S. 68). Wichtig ist jedoch an dieser Stelle zu betonen, dass das Phantasma beziehungsweise der Wunsch unbewusst ist. Lipowatz, ein Lacanianer und ehemaliger Lehrstuhlinhaber für Politische Psychologie und Psychoanalyse, hebt hervor, dass es eine »phantasmatische Vermitteltheit jeder Realität für die Menschen« gebe (Lipowatz, 1998, S. 130). Hierdurch wird deutlich, dass Phantasmen ein Attribut eines jeden Menschen und nicht allein im Feld der Pathologie zu suchen sind.

Lacan verknüpft das Phantasma weiter mit dem Visuellen, dem Reich des Imaginären:

> Dieser Charakter einer Elusion ist nirgendwo offensichtlicher als auf der Stufe der Funktion des Auges. Darin ist der befriedigendste Träger der Funktion des Begehrens, nämlich das Phantasma, stets von einer Verwandtschaft mit den visuellen Modellen geprägt, in denen es gemeinhin funktioniert, und die, wenn man das so sagen kann, den Ton für unser Begehrensleben angeben. (Lacan, 1962–1963/2004, S. 314)

Das Phantasma, welches dem Register des Imaginären angehört, dient auch dazu, »sich gegen die Angst zu verteidigen, sie zu verdecken« (Lacan, 1962–1963/2004, S. 70) – das Phantasma bindet die Angst und zeigt hierbei seine imaginären Wirkungen, die das Verhalten modifizieren und das Leben strukturieren. Genauer werden im vorgestellten Bild beispielsweise traumatische Ereignisse oder Momente der Ohnmacht und Hilflosigkeit abgewehrt, es ist der (unbewusste) Wunsch, solches Erleben durch diese bildhafte Darstellung umzudeuten und dadurch abzuwehren. Problematisch ist, dass der phantasmatische Zugang zur Welt stark komplexitätsreduzierend ist und nur noch primär zu einer Affirmation dessen führen kann, was das Subjekt sich wünscht. Auf eben diese Momente der Ohnmacht und Hilflosigkeit und der phantasmatischen Abwehr wird in Kapitel 3.3 näher eingegangen, es wird dort am Beispiel des »Phantasma der Allmacht« (Lacan, 1962–1963/2004, S. 420) gezeigt, inwiefern Phantasmen das Subjekt konstituieren (Lacan, 1964/2017, S. 193). Die Phantasmen von Mutter- und Vaterschaft werden im Kapitel 3.2 eingehend behandelt und die phantasmatische Dimension des pädagogischen Eros in Kapitel 2.2.

1.2 Verortungen der Arbeit und der Stand der Forschung in den jeweiligen Disziplinen

Diese Dissertation ist in zwei verschiedenen pädagogischen Feldern verortet. Dieses sind die Felder der

1. Psychoanalytischen Pädagogik und
2. der Sonderpädagogik mit dem Fokus auf die Pädagogik bei Verhaltensstörungen.

Im Folgenden wird der jeweilige Forschungsstand in diesen beiden pädagogischen Feldern hinsichtlich der strukturalen Psychoanalyse vorgestellt.

1.2.1 Psychoanalytische Pädagogik

Innerhalb der deutschsprachigen Psychoanalytischen Pädagogik wird, abgesehen von einzelnen Ausnahmen wie Weber & Strohmer (2015), der strukturale Ansatz der Psychoanalyse weitgehend ignoriert oder stark negativ kritisiert (vgl. Bittner & Fröhlich, 2019). In einem aktuellen Standardwerk *Psychoanalytische Pädagogik. Theorien – Methoden – Fallbeispiele,* welches von der Psychoanalytikerin, Sonderpädagogin und emeritierten Professorin für Allgemeine Sonderpädagogik Evelyn Heinemann und dem Kinder- und Jugendanalytiker Hans Hopf herausgegeben wird, werden viele sonderpädagogische Arbeitsbereiche wie Frühförderung, therapeutische Heime, Erziehungshilfen für Schülerinnen und Schüler, die Arbeit mit Migrantinnen und Migranten oder mit geistig behinderten Menschen berücksichtigt. Einerseits wird in diesem Werk auf Lacan verwiesen, andererseits sind die Bezüge jedoch sehr marginal und insgesamt nur in zwei Beiträgen auf zwei Seiten knapp skizziert (Heinemann & Hopf, 2010, S. 48, S. 229). Der Ansatz von Dolto wird gar nicht einbezogen, wohl aber wird Mannonis *Das zurückgebliebene Kind und seine Mutter. Eine psychoanalytische Studie* berücksichtigt – jedoch nur dieses Werk, alle weiteren für die Psychoanalytische Pädagogik relevanten Schriften Mannonis bleiben unberücksichtigt. Helmwart Hierdeis, der ehemalige Lehrstuhlinhaber für Allgemeine Pädagogik an der Universität Innsbruck, bestimmt in seinem Werk *Psychoanalytische Pädagogik – Psychoanalyse in der Pädagogik* (Hierdeis, 2016) das Verhältnis von Psychoanalyse und Pädagogik genauer und geht auch auf historische und aktuelle Vertreterinnen und Vertreter ein. Indes wird hierbei weder der Ansatz von Lacan noch der von Dolto oder Mannoni berücksichtigt. Rattner und Danzer (2010) widmen sich in der Schrift *Pädagogik und Psychoanalyse* dem Thema Erziehung und Bildung. Neben Freud werden vor allem die Individualpsychologie Adlers und die Analytische

Psychologie Jungs berücksichtigt, ein Einbezug der Schule der französischen strukturalen Psychoanalyse findet nicht statt.

Im französischen Sprachraum wird die strukturale Psychoanalyse hingegen auch im Feld der Pädagogik rege rezipiert, weswegen nur exemplarisch auf einige Titel verwiesen sei: Dorothée Muraro untersucht in dem Werk *Enseigner et apprendre: un acte pédagogique* (Muraro, 2015) unter anderem das Phänomen der Schulabbrüche sowie Lernschwierigkeiten und verwendet die strukturale Psychoanalyse, vor allem Lacan, als Referenzmodell. Michèle Picchiotti entwickelt in ihrer Dissertation *L'apprendre chez l'enfant: un acte pédagogique?* (Picchiotti, 2014) eine Pädagogik des Begehrens, die im Widerstreit zu einer Pädagogik der Diagnosen steht, und bezieht sich hierbei primär auf Lacan, Maud Mannoni wird hierbei auf einer Seite erwähnt (Picchiotti, 2014, S. 31). Fabre, Xypas und Hétier (2011) untersuchen die Bedeutung der Triangulierung in der Erziehung für das Subjekt und stellen hierbei Überlegungen an, unter welchen Bedingungen Pädagogik als Drittes wirken kann. Lévine und Moll erforschen in *Je est un autre: Pour un dialogue pédagogie-psychanalyse* (Levine & Moll, 2001) die Beziehung zwischen Psychoanalyse und Pädagogik, plädieren für einen offenen Dialog zwischen beiden und möchten Lehrpersonen, Erzieherinnen und Erzieher dabei unterstützen, noch besser zu hören, was ihre Schülerinnen und Schüler sagen. Für diesen Dialog werden hierbei neben Zulliger, Bernfeld und Adler auch Lacan und Dolto fruchtbar gemacht.

Kurz: Innerhalb der deutschsprachigen Psychoanalytischen Pädagogik ist der Ansatz der strukturalen Psychoanalyse marginalisiert. Ähnliches gilt übrigens auch für die Lacan-Rezeption innerhalb der Psychoanalyse Deutschlands, die, im Gegensatz zu Frankreich, eine Ausnahme bleibt.

Ein Grund für die fehlende Rezeption Lacans könnte der Schwierigkeitsgrad seiner Texte und die damit einhergehende mangelnde Zugänglichkeit sein: »Der französische Psychoanalytiker Jacques Lacan (1901–1981) gilt als der Dunkelste, Unverständlichste der sogenannten Poststrukturalisten« (Althans, 2001, S. 219). Sogar Lacan selbst weist explizit auf die Schwierigkeiten des Verstehens seiner Texte hin, er gibt unumwunden zu: »Es ist wahr, daß ich unverständlich bin« (Lacan, 1974/2006, S. 88). So wirft Althans zu Recht die Frage auf, dass, wenn schon die damaligen Zeitgenossinnen und -genossen, Besucherinnen und Besucher von Lacans Vorlesungen und Seminaren, unter denen viele Theoretikerinnen und Theoretiker, Philosophinnen und Philosophen waren, »ihn [Lacan] nicht verstanden, warum sollten dann gerade ErziehungswissenschaftlerInnen und gar noch die SozialpädagogInnen sich mit Lacan beschäftigen?« (Althans 2001, S. 219). Die vorliegende Dissertation schließt sich jedoch dem Diktum von Althans (2001) an, dass »Lacans Begriffe in Situationen, in denen die sozialpädagogische Klientel quer zur Vernunft schießt, aus dem Ruder läuft, in ihren Aktionen und Reaktionen nicht mehr zu verstehen ist, sehr hilfreich sein können, um das eigene pädagogische Handeln zu reflektieren [...] und die Situation aus einem anderen Blickwinkel zu betrachten« (Althans, 2001, S. 219). Dieses allein wäre auf den ersten Blick noch kein Alleinstellungsmerkmal, da Psychoanalytische Pädagogik generell auch als Mittel der Reflexion genutzt wird. Jedoch liegt das Primat der strukturalen Psychoanalyse und der Pädagogik des gespaltenen Subjekts nicht auf dem Verstehen eines Sinns.

Lacan spricht ausdrücklich davon, dass man in der strukturalen Psychoanalyse »von der grundsätzlichen Idee des Missverständnisses« (Lacan, 1955-1956/2016, S. 29; vgl. Lacan, 1955-1956/2016, S. 194f.) ausgehen solle und der Un-Sinn beziehungsweise Nicht-Sinn Priorität habe. Als Methode zur Erfassung des Nichtsinns ist die strukturale psychoanalytischen Hermeneutik indiziert, welche in Kapitel 1.4.1.2 näher beschreiben wird. Eine Haltung, die von einem grundlegenden Missverständnis ausgeht, verunmöglicht eine leichtfertige *Reduktion* von *Komplexität,* wie sie, so Schad, oft typisch für die evidenzbasierte Pädagogik sei:

> Weil die komplexe Wirklichkeit mit den schlichten Methoden einer kausal erklärenden Wissenschaft nicht annähernd erfasst werden kann, können über diese Wirklichkeit auch lediglich dürftige Aussagen gemacht werden. Präzise Aussagen mit dem Anspruch auf Gültigkeit beziehen sich dann notwendigerweise auf schlichte, häufig ziemlich irrelevante Sachverhalte. Sie korrespondieren dem vorausgesetzten Credo empirischer Wissenschaft: messen, was messbar ist und was nicht messbar gemacht werden kann – dies existiert nicht im Wirklichkeitsgebäude dieser Art von Wissenschaft. »Not everything that can be counted counts, and not everything that counts can be counted«. (Schad, 2016, S. 132)

Das Unbewusste und seine unsinnigen Manifestationen im pädagogischen Alltag sind nicht direkt messbar und lassen sich nicht in das Prokrustesbett einer evidenzbasierten Pädagogik zwingen. Es ist zu konstatieren, dass eine alleinige Orientierung am Evidenzparadigma, Ansätze und Verfahren, die sich nicht am Ideal der Naturwissenschaft orientieren, exkludiert werden (Schad, 2015, S. 337), worunter auch die strukturale Psychoanalyse fällt. Diese einseitige Orientierung am Evidenzparadigma könne, so Schad, dazu führen, dass die pädagogische Forschung mehr und mehr monothematisch wird, da zunehmend auf beobachtbare und damit auch messbare Phänomene fokussiert wird (Schad, 2015). Dieses könne wiederum dazu führen, dass die pädagogischen Fragen zugeschüttet werden durch eine »Flut an Zahlenwerten und statistischen Zusammenhängen« (Schad, 2012, S. 33). Aus Perspektive der strukturalen Psychoanalyse wirft sich die Frage auf, ob eine Reduktion von Komplexität im Sinne einer Orientierung an der Messbarkeit und somit auch an der Kontrollierbarkeit nicht Ausdruck eines Phantasmas ist, eines Phantasmas der Kontrollierbarkeit der Welt das letzten Endes der Angstabwehr (Lacan, 1962-1963/2004, S. 70) dient, dass die soziale Welt gerade nicht vermessbar und klar vorhersehbar ist. Georges Devereux, ein Ethnologe und Psychoanalytiker, beschreibt solch eine Art der methodischen Angstabwehr anhand des Beispiels der verhaltenswissenschaftlichen Methodologie: »Jeder Verhaltenswissenschaftler hat bestimmte Bezugsrahmen, Methoden und Verfahrensweisen zu seiner Verfügung, die – nebenbei – auch die Angst abbauen« (Devereux, 1967/ 2018, S. 109).

Kommen wir nach diesem Exkurs zum Nicht-Verstehen zurück zur strukturalen Psychoanalyse. Die vorliegende Dissertation beschränkt sich nicht nur auf Lacan, sondern es soll gesamthaft der Ansatz der strukturalen Psychoanalyse berücksichtigt werden, genauer auch diejenigen Vertreterinnen, die schon einen Übertrag auf das Feld der Pädagogik leisten und die sich in ihrer Praxis und Theoriebildung explizit auf Lacan beziehen: Maud Mannoni und Françoise Dolto.

Dolto gründete 1979 mit ihren Mitstreitern in Paris das Maison Verte, eine Begegnungsstätte für kleine Kinder im Alter von null bis vier Jahren. An diesem Ort der strukturalen Psychoanalytischen Pädagogik wirkt ein Dispositiv, welches durch die Anerkennung des Unbewussten die Subjektwerdung der Kinder fördert (vgl. zum Dispositiv des Maison Verte Langnickel et al., 2019 sowie Ambass, 2018a). Die Methode der Dispositivanalyse wird in Kapitel 1.4.2 näher erläutert. In einer ersten Annäherung kann ein Dispositiv grosso modo als Komplex verstanden werden, der Diskurse, Praktiken und Institutionen miteinander verbindet. Die Psychoanalytikerin Christine Buhmann, die durch ihre Monographie *Kind-Körper-Subjekt Therapie, Erziehung und Prävention im Werk von Françoise Dolto* wesentlich dazu beigetragen hat, den Ansatz Doltos im deutschsprachigen Raum bekannter zu machen, weist erstens explizit darauf hin, dass das Maison Verte ein Ort der Psychoanalytischen Pädagogik ist: »Die Gründung des Maison-Verte ist ihr Beitrag zur Geschichte der Begegnungen von Psychoanalyse und Pädagogik. Dolto ist Reformpädagogin und Psychoanalytikerin« (Buhmann, 1997, S. 10). Zweitens fasst sie die Verbindung von Psychoanalyse und Pädagogik im Werk Doltos wie folgt zusammen: »Durch sie [Dolto, Anm. d. Verf.] ist die Psychoanalyse eine neue Verbindung mit der Pädagogik eingegangen« (Buhmann, 1997, S. 13). Dolto wurde im deutschsprachigen Raum sowohl innerhalb der Allgemeinen Pädagogik als auch innerhalb der Sonderpädagogik bisher kaum rezipiert. Dies ist umso verwunderlicher, da Dolto sich in ihren Werken explizit auf sonderpädagogische Phänomene wie beispielsweise geistige Behinderung, (Dolto, 1977/1998, S. 69ff.), Autismus (Dolto, 1985/1992, S. 33–52), Inklusion (Dolto, 1977/1998, S. 45ff.) und Verhaltensstörungen im Allgemeinen (Dolto, 1985/1992, 38f.) bezieht. Da Dolto die Psychoanalyse in das Feld hineinträgt und ihre Arbeit mit Kindern und Eltern jenseits des traditionellen Settings mit der Couch verortet, das bei Kindern auch nie so gedacht war, wird ihr mitunter vonseiten der Psychoanalyse vorgeworfen »die Couch auf die Straße zu verlegen« (Roudinesco, 2004, S. 192) – ein Vorwurf, den man auch der Pädagogik eines gespaltenen Subjekts machen könnte. Jedoch ist dieses Jenseits der Couch und das Durchbrechen des klassischen Settings der Couch und der freien Assoziation erstens die Bedingung der Möglichkeit dafür, dass Psychoanalyse und Pädagogik sich überhaupt begegnen können. Zweitens ereignet sich das Unbewusste eben nicht nur auf der Couch, sondern gerade auch besonders häufig im pädagogischen Alltag, wie man an mannigfaltigen Übertragungsphänomenen wie Liebe und Hass feststellen kann. Drittens ist die Psychoanalyse eben gerade nicht auf eine Art von Psychotherapie auf der Couch reduzierbar. Vielmehr wies schon Freud selbst 1923 bei der Definition des Begriffs Psychoanalyse auf die weite Begriffsextension hin:

> Psychoanalyse ist der Name 1. eines Verfahrens zur Untersuchung seelischer Vorgänge, welche sonst kaum zugänglich sind; 2. einer Behandlungsmethode neurotischer Störungen, die sich auf diese Untersuchung gründet; 3. eine Reihe von psychologischen, auf solchem Wege gewonnenen Einsichten, die allmählich zu einer neuen wissenschaftlichen Disziplin zusammenwachsen. (Freud, 1923a, S. 221)

Eine Grundvoraussetzung der Psychoanalytischen Pädagogik ist, dass die Couch »zu den Menschen in ihren verschiedenen Lebensbereich gebracht werden« muss (Garstick, 2019, S. 119), es gelte »die Couch in die Institutionen« (Garstick, 2019, S. 119) zu tragen. Neben Dolto trägt auch Maud Mannoni, die Couch in eine Institution. Bei Mannoni wird das subversive Potential des Ansatzes der strukturalen Psychoanalyse besonders deutlich. Es zeigt sich, so Maier-Höfer, eine der führenden Mannoni-Forscherinnen im deutschsprachigen Raum, an der »Gesellschaftskritik, Kritik am Diagnosesystem der Medizin [und] der ›normalisierenden Pädagogik‹« (Maier-Höfer, 2016, S. 22). Wie Dolto schuf auch Mannoni einen Ort der strukturalen Psychoanalytischen Pädagogik, *die École Expérimentale de Bonneuil,* eine inklusive Versuchsschule für autistische, psychotische und schwer neurotische Kinder und Jugendliche (Rouff, 2007), in der sowohl die »pädagogische Psychoanalyse« wirkt (Maier-Höfer, 2016, S. 93) als auch das Begehren des Subjekts im Zentrum der psychoanalytisch-pädagogischen Arbeit steht und nicht ein psychoanalytisches Herrschaftswissen, mit dem man in die Kinder hineindeutet (Maier-Höfer, 2016, S. 92f.).

In Frankreich ist die umfangreiche Rezeption der Werke Mannonis auch noch nach ihrem Tod ungebrochen (vgl. Avet, 2014; Caïtucoli, 2014; Roudinesco, 2014), wohingegen ihre Arbeiten im deutschsprachigen Raum kaum bekannt sind. Dies mag sicherlich auch der Tatsache geschuldet sein, dass etliche ihrer Arbeiten nicht übersetzt sind. Bis auf wenige Ausnahmen wurden ihre Schriften, welche sie von 1977 bis zu ihrem Tod 1998 auf Französisch publizierte, bis heute nicht ins Deutsche übertragen. Ob die mangelnde Rezeption auch an der problematischen Übersetzung des französischen Titels *Education impossible* – eines ihrer Hauptwerke – liegt, ist fraglich, sollte aber dennoch mitgedacht werden:

> Sogar fremdsprachige Buchtitel wurden in deutsche Fäkalsprache übersetzt: so geschehen mit der durchaus kritischen, jedoch kultivierten Schrift von Maud

Mannoni, »Education impossible« (Paris, 1973), die der deutschen Leserschaft unter dem Titel »Scheißerziehung« (Frankfurt 1976) präsentiert wurde. (Kobi, 2005, S. 153)

Vor allem zur *École Expérimentale de Bonneuil* gibt es im deutschsprachigen Raum Studien, genauer sind vier Werke einschlägig: Judith Roedel (1986) untersucht in ihrer Dissertation im ersten Teil, wie die *École Expérimentale de Bonneuil* in die Geschichte der Psychoanalyse Frankreichs eingebettet ist. Im zweiten Teil ihrer Dissertation stellt sie wesentliche theoretische Bezugspunkte zum Verständnis von Bonneuil vor, erörtert die für Bonneuil grundlegenden Theoreme Lacans aber eher knapp. Im dritten Teil stellt Roedel die praktische Arbeit in Bonneuil, da sie selbst am Leben und an der Arbeit in Bonneuil teilgenommen hat, eindrücklich vor. Maier-Höfer publizierte zwei umfassende Monographien zur *École Expérimentale de Bonneuil* und Maud Mannoni. In ihrer Dissertation *Von der bösen Mutter zur gesprengten Institution. Zur Umsetzung von pädagogischen Theorien in Bildungsinstitutionen, dargestellt am Beispiel von Maud Mannonis École Expérimentale de Bonneuil* (Maier-Höfer, 1999) und in ihrer späteren Studie *Spielräume einer Sprache der Nicht-Segregation* (Maier-Höfer, 2016) verwendet Maier-Höfer den methodischen Ansatz der biographischen Bildungsforschung (Schäfer, 1994) und kann aufgrund ihrer Aufenthalte in Bonneuil und der mit Mannoni selbst geführten Interviews ein eindrückliches Bild der Institution vermitteln. Die Bezüge zur strukturalen Psychoanalyse, genauer die des sprachlich strukturierten Unbewussten und des Wunsches beziehungsweise Begehrens, werden herausgearbeitet und dadurch anschlussfähig für die weitere Forschung. In ihrer zweiten Publikation hat Maier-Höfer (2016) Auszüge aus vielen wichtigen französischen Arbeiten selbst übersetzt und so einem größeren Publikum zugänglich gemacht. Die jüngste Publikation zu Bonneuil und Mannoni ist die umfangreiche Dissertation von Miriam Anne Geoffroy *»Gesprengte Institution« in der Bredouille – Die École Expérimentale de Bonneuil-sur-Marne im Spannungsfeld von Inklusion, Psychiatriekritik, Psychoanalyse und neoliberalen Veränderungen* (Geoffroy, 2019). Methodisch wurde der Zugang einer ethnografischen Dispositivanalyse gewählt. Die zentrale These der Dissertation »lautet, dass die École Expérimentale de Bonneuil-sur-Marne zwar auch mehrere Jahrzehnte nach ihrer Gründung immer noch eine außergewöhnliche Einrichtung darstellt und weiterhin mehr Handlungsmöglichkeiten eröffnet als andere Einrichtungen, dass sie aber immer weniger als ›gesprengte Institution‹ funktioniert« (Geoffroy, 2019, S. 23). Geoffroy berichtet auch über die Entwicklungen und Schwierigkeiten in Bonneuil nach dem Tod von Mannoni, wodurch sie die Forschungen von Maier-Höfer (2016) und Roedel (1986) ergänzt.

Trotz einiger weniger Versuche, den Ansatz der strukturalen Psychoanalyse von Lacan, Mannoni und Dolto für die deutschsprachige Psychoanalytischen Pädagogik zu nutzen, ist, so lässt sich resümieren, seine Rezeption bis heute in den Anfängen stecken geblieben.

1.2.2 Allgemeine Sonderpädagogik und Pädagogik bei Verhaltensstörungen

Die Disziplin der Sonderpädagogik hat verschiedene alternative Bezeichnungen wie beispielsweise Heilpädagogik, Integrationspädagogik oder auch Rehabilitationswissenschaft, wobei diese diversen Begriffe auf die differenten Traditionen der Sonderpädagogik wie auch unterschiedliche Schwerpunktsetzungen verweisen (Loeken, 2012, S. 361). Heilpädagogik ist von diesen genannten Begriffen der älteste (Loeken, 2012, S. 361), da er schon im Jahr 1861 von Georgens und Deinhardt (Bleidick, 1999, S. 249) verwendet wurde. Heinrich Meng, ein Psychoanalytiker und Mitherausgeber der *Zeitschrift für Psychoanalytische Pädagogik,* beschäftigte sich mit Fragen der Pädagogik im Allgemeinen (Meng, 1973a; 1973b) sowie mit Fragen der Heilpädagogik im Speziellen. 1933 erschien, noch vor seiner Emigration in die Schweiz, ein Artikel mit dem Titel »Psychoanalyse und Heilpädagogik« in der *Zeitschrift für Psychoanalytische Pädagogik,* in dem er explizit die Frage stellt, was Psychoanalyse für die Heilpädagogik geleistet habe:

> Was hat die Psychoanalyse für die Heilpädagogik geleistet? Sie hat unser Verständnis und unsere Kenntnis der verschiedenen Arten von Fehlentwicklung vermehrt; sie läßt uns viele Fehlanlagen als quantitative Steigerung auch sonstiger normaler Teilanlagen richtig einordnen und läßt dadurch schon prognostisch das erreichbare und dem einzelnen Menschen eigene Erziehungsziel eher abstecken, Sich [sic] einem allgemeinen und gleichen Ziel für alle Heilfälle annähern zu wollen, scheint nicht möglich; das Ziel der Anlage nach abzustecken, erspart manche Sisyphusarbeit der Erziehung. (Meng, 1933, S. 176)

Die Psychoanalyse hebe also, in der Lesart von Meng, die starre Dichotomie und Gleichsetzung von einerseits »gesund« und »normal« sowie andererseits »krank« und »anomal« auf, da bei vielen Störungsbildern es nur quantitative und keine qualitativen Unterschiede gebe. Auch steht für die Psychoanalyse das einzelne Subjekt mit seinen Symptomen, die wir alle als Menschen haben, im Zentrum und nicht ein normatives Erziehungsziel. Oliver Hechler weist ebenfalls auf die Aufhebung einer rigiden Grenze von gesund versus krank, von Psychoanalyse versus Pädagogik hin:

> Die Psychoanalyse teilt mit der Pädagogik zunächst, dass sie die Grenze zwischen normal und nicht-normal mit Blick auf die Entwicklung des Menschen einerseits und auf die darauf aufbauende Ausgestaltung der Lebenspraxis durch den Menschen andererseits nur bedingt ziehen. (Hechler, 2019, S. 249)

Gesamthaft stellt Hechler im Jahr 2019 (Hechler, 2019) eine ganz ähnliche Frage, wie sie Meng schon 1933 (Meng, 1933, S. 176) gestellt hat: »Welchen Nutzen kann nun also die Psychoanalyse für die Sonderpädagogik haben?« (Hechler, 2019, S. 247). Die Antwort Hechlers lautet, ohne auf Meng (Meng, 1933) einzugehen, wie folgt:

Zunächst geht es um den Nutzen der Psychoanalyse für die sonderpädagogische Interventionspraxis, dann um den für die sonderpädagogische Theoriebildung und schließlich um den Nutzen der Psychoanalyse für die sonderpädagogische Forschung. (Hechler, 2019, S. 247)

Hechler bezieht sich dabei auf die Psychoanalyse im Allgemeinen, worunter aber auch die strukturale Psychoanalyse gefasst werden kann. Was Hechler für die Psychoanalyse im Allgemeinen konstatiert, will die vorliegende Arbeit für die strukturale Psychoanalyse leisten. Dieses Ziel wird noch näher bestimmt werden in Kapitel 1.3.1.

Für das heterogene Feld der sonderpädagogischen Praxis liegen schon einige Arbeiten der Psychoanalytischen Pädagogik vor, welche einen Transfer der Psychoanalyse auf die Praxis leisten. Für Lernen und Lernstörungen sind Dammasch und Katzenbach mit dem Werk *Lernen und Lernstörungen bei Kindern und Jugendlichen – Zum besseren Verstehen von Schülern, Lehrern, Eltern und Schule* (Dammasch & Katzenbach, 2004) einschlägig wie auch Eggert-Schmid Noerr, Pforr und Voß-Davies mit *Lernen, Lernstörungen und die pädagogische Beziehung* (Eggert-Schmid Noerr et al., 2006) sowie Gerspach zum Schwerpunkt ADHS (Gerspach, 2014).

Innerhalb der Sonderpädagogik erfolgt, im Gegensatz zu den anderen Strömungen der Psychoanalyse, bis auf wenige Ausnahmen eine eher spärliche Auseinandersetzung mit der strukturalen Psychoanalyse. In grundlegenden deutschsprachigen Werken zur psychoanalytischen Sonderpädagogik fehlt der Ansatz der strukturalen Psychoanalyse häufig entweder ganz oder der Bezug ist nur ein marginaler. So berücksichtigt Gerspach (2009) in seiner als »klassisch« zu wertenden Psychoanalytischen Heilpädagogik weder die Werke von Lacan noch von Dolto, jedoch ein Werk Mannonis, nämlich *Das zurückgebliebene Kind und seine Mutter* und plausibilisiert, inwiefern die Überlegungen Mannonis für einen psychoanalytisch-pädagogischen Zugang zur geistigen Behinderung relevant sind. Die anderen ebenfalls für eine psychoanalytische Heilpädagogik grundlegenden Schriften Mannonis werden jedoch nicht einbezogen. In seinem späteren Werk *Psychodynamisches Verstehen in der Sonderpädagogik: Wie innere Prozesse Verhalten und Lernen steuern* erwähnt Gerspach bei der Darstellung des Konzepts der Triangulierung nach Klitzing kurz die väterliche Funktion nach Lacan (Gerspach, 2018b, S. 49).

Mit Bezug auf Peter Widmers Lacan-Rezeption verweist auch Rödler (1987; 1998) auf die Bedeutung dieser psychoanalytischen Theorie für die Integrative Pädagogik. Die Erkenntnis, dass es sich beim Phänomen »Behinderung« nicht um ein eindeutig beschreibbares handelt, mag als Chance für den sonderpädagogischen Diskurs begriffen werden. Hierdurch könnte es gelingen, Machtstrukturen, welche durch die Fixierung auf das Symbolische evoziert werden, zu reduzieren. Gerade auch mit Blick auf Prengels *Pädagogik der Vielfalt* ist die aus der Lacan-Schule hervorgegangene Psychoanalytikerin Luce Irigaray (1979; 1980) zu berücksichtigen. Sie und damit Lacans Theorie stellt eine maßgebliche Voraussetzung für das Verständnis von Prengels Begriffen von Differenz, Intersubjektivität und Dialog dar (vgl. Prengel, 1995, S. 54f.).

Die Forschungen Kastls, Inhaber einer Professur für Soziologie der Behinderung und sozialer Benachteiligung, beziehen Lacan und die strukturale Psychoanalyse mit ein. Insbesondere in seiner zweiten völlig überarbeiteten und erweiterten Auflage der *Einführung in die Soziologie der Behinderung* (2017) legte Kastl vor allem auch eine Weiterentwicklung zentraler Konzepte vor, so etwa die an Lacan anknüpfende Begriffstriade Imaginäres–Reales–Symbolisches (vgl. Kastl, 2017, S. 27ff.). Eben diese Anwendung der drei Register des Realen, Symbolischen und Imaginären ist ein Ziel auch dieser Arbeit. Dass die Theorien Lacans in einem Grundlagenwerk der Sonderpädagogik rezipiert werden, verweist ebenfalls auf die Relevanz dieses psychoanalytischen Forschungsansatzes und die Bedeutung seiner Weiterbearbeitung in der Sonderpädagogik.

Mit dem sonderpädagogischen Diskurs um Behinderung und Lacan haben sich Desiree Laubenstein (2008; 2011) und Simone Danz (2015) auseinandergesetzt, die in diesem Feld Pionierarbeit leisteten.

Laubenstein (2008) setzte sich in ihrer Dissertation *Sonderpädagogik und Konstruktivismus: Behinderungen im Spiegel des Anderen, der Fremdheit und der Macht* mit Lacan auseinander und fokussierte sich auf das Phänomen der Behinderung. In *Über die Wirkmacht von Sprache im sonderpädagogischen Diskurs* (Laubenstein, 2011) rezipiert Laubenstein primär das Lacan'sche Modell der Sprache und des Sprechens und geht hierbei vor allem auf die Signifikantentheorie und auch auf die Theorie der Diskurse von Lacan ein. Als Zugang zu Lacan wählt Laubenstein vorrangig den Umweg vermittelt über die deutschsprachige Sekundärliteratur und amalgamiert ihn mit dem Konstruktivismus von Kersten Reich (Reich, 2009a; 2009b). Dabei geht Laubenstein davon aus, dass die Wirkmacht der Sprache den sonderpädagogischen Diskurs und seine Annäherung an das Phänomen Behinderung maßgeblich bestimme (Laubenstein, 2011). Unter Berücksichtigung der psychoanalytischen Theorie Lacans und des interaktionistischen Konstruktivismus nach Reich versucht sie zu zeigen, dass die Suche nach der Bestimmung dessen, was Behinderung sei, notwendigerweise scheitern muss, mischen sich doch in die symbolischen Bestimmungen immer wieder Elemente des Imaginären und des Realen, die sich einer eindeutigen Erfassung entziehen.

Die Suche des sonderpädagogischen Diskurses nach der Klärung des Phänomens Behinderung beschreibt Laubenstein (2008) als eine niemals an ihr Ende kommende Suche. Laubenstein (2008) stellt zurecht fest, dass der Begriff der Behinderung in den drei Registern des Realen, Symbolischen und Imaginären es verunmögliche, Behinderung als ein »natürliches« Phänomen zu bezeichnen. Insofern leistet Laubensteins einen Beitrag zur De-Ontologisierung und Ent-Biologisierung des Behinderungsbegriffs in der Sonderpädagogik (vgl. hierzu Ackermann, 2009), der mit Blick auf unterschiedliche Phänomene und Handlungsfelder anschlussfähig erscheint.

Auch wenn *Sonderpädagogik und Konstruktivismus* nach der Rezension Wagners (2009) unterschiedliche theoretische Positionen und damit verbundene Beobachtungsperspektiven vereint und deren Bedeutung im Kontext eines sonderpädagogischen Diskurses thematisiert, sollte eine kritische psychoanalytisch-pädagogische Analyse prüfen, ob die Argumentation Laubensteins (2008) haltbar ist. In nuce ein Bündel möglicher Kritikpunkte:

- Mit Bezug auf Lacan wendet sich Laubenstein (2008) im dritten Kapitel ihrer Dissertationsschrift »differenzierten theoretischen Reflexionen zu; sie untersucht etwa die Sprache als durch unbewusste Prozesse bestimmt sowie in Hinblick auf ihre Bedeutung bei der Erzeugung des Phänomens der ›Behinderung‹« (Ackermann, 2009). Dabei kommt sie zu dem Ergebnis, dass »Sprache [...] nicht länger [als] bloßes Austauschmedium zwischen zwei Subjekten« (S. 120) angesehen werden kann. Vielmehr sei diese als »reziprokes Konstitutionsmittel von Subjektivität und Sozietät« (S. 120) zu analysieren. Hierbei wird das Konzept des Realen von Lacan missverstanden, da das Reale der Auffassung, dass unsere soziale Wirklichkeit nur sprachlich konstruiert sei, entgegensteht. Auch versteht Lacan unter dem Begriff der symbolischen Ordnung zwar auch wesentlich die sprachliche Ordnung, aber der Ordnung von Signifikanten und Signifikantensystemen liegt ein anderes Konzept von Sprache zugrunde als dem von Laubenstein. Aber auch aus poststrukturalistischer Perspektive ist es inkohärent zu behaupten, dass »[j]ede Wirklichkeit [...] subjektiv konstruiert« sei (Laubenstein, 2008, S. 345). So geht Foucault (vgl. Foucault, 2003) bspw. davon aus, dass es wesentlich soziale und nicht individuelle Diskurse sind, welche die Wirklichkeit konstituieren. Psychoanalyse und Konstruktivismus sind nicht vereinbar, da es ein grundlegendes Missverständnis von Freuds Redeweise über die psychische Wahrheit ist, dass es nur subjektive Wahrheiten gebe (vgl. bspw. Bruder, 1998; 2003).
- Im vierten Kapitel stellt Laubenstein das Imaginäre und das sog. Spiegelstadium in den Vordergrund der Analyse. Das Spiegelstadium beschreibt nach Lacan einen Prozess der Selbstwerdung »durch die Spiegelung des Anderen« (Laubenstein, 2008, S. 127), welcher das ursprünglich fragmentierte Körperbild durch seine Anerkennung zu einer (imaginären) Einheit macht. Laubenstein spricht von einer »Notwendigkeit der Anerkennung« (Laubenstein, 2008, S. 210), welche »sich als existentielles Moment des sonderpädagogischen Diskurses« (Laubenstein, 2008, S. 127), zeige und verkennt die problematische Dimension des Imaginären, welches auch durch narzisstische Größen- und Allmachtsphantasien, die eben auf dem Bild der Vollständigkeit beruhen, gekennzeichnet ist.
- Insgesamt sieht sich Laubenstein dem Interaktionismus von Reich im großen Ausmaß verpflichtet und sagt expressis verbis, dass der Forschungs-

gang ihrer Arbeit »sich damit mit dem von Reich identisch« zeige (vgl. Laubenstein, 2008, S. 342) – ein Umstand, den Ackermann in seiner Rezension (2009) äußerst kritisch bewertet, da diese Bezüge nicht notwendig seien und die Forschungsleistung eher schmälerten denn stärkten. Die vorliegende Dissertation wird die problematische Amalgamierung von Konstruktivismus und strukturaler Psychoanalyse nicht übernehmen und hierdurch weitergehende Schlussfolgerungen zulassen, auf die Ackermann (2009) hingewiesen hat.

- Problematisch ist, dass Laubenstein, wie ihr Doktorvater Reich selbst in der Einleitung zu ihrer Dissertation feststellt, »in ihrer Darstellung auf der Ebene der (zwar nicht immer widerspruchsfreien) anerkannten Deutungen zu Lacan« bleibt, sich dabei auf die deutschsprachige Sekundärliteratur beschränkt (Reich, 2008, S. 7) und sich so in der Exegese des Werkes von Lacan leiten lässt. Auf andere Vertreterinnen der strukturalen Psychoanalyse, genauer auf Dolto und Mannoni, geht Laubenstein in ihrer Dissertation kurz ein, jedoch sind sowohl Mannoni als auch Dolto nur mit einer Quelle vertreten.

Simone Danz setzt sich in ihrer 2015 erschienenen Dissertationsschrift *Vollständigkeit und Mangel. Das Subjekt in der Sonderpädagogik* mit dem Phänomen der Behinderung auseinander. Ihre Dissertation »beschäftigt sich mit der Frage, ob das Problem der Abwertung und Ausgrenzung von Behinderung nicht auch in der allgemeinen Funktionsweise des wahrnehmenden und denkenden Subjekts zu suchen ist« (Danz, 2015, S. 14). Anbei einige Punkte zur kritischen Würdigung:

- Danz versucht einen Transfer Lacans auf die Sonderpädagogik, genauer soll das Konzept des Menschen als Mangelwesen auf die Sonderpädagogik und auf den Diskurs der Behinderung übertragen werden. Danz legt jedoch das Konzept des Mangels zu konkretistisch aus, da sie »Mangel« und »Behinderung« engführt und so den Mangel, der bei Lacan ein konstitutioneller Mangel ist, der alle Menschen auszeichnet, nicht erfasst und missversteht. Ihre Doktormutter Vera Moser fasst pointiert den Ansatz von Danz zum Mangel wie folgt zusammen: »In der vorgelegten Perspektive steht Behinderung für *Mangel* und wird, so die Autorin [Simone Danz; Anm. d. Verf.], als schwer erträglich erfunden« (Moser, 2015, S. 11).
- Ein weiterer Kritikpunkt an Danz ist, wie schon bei Laubenstein konstatiert, dass sich die Lacan-Exegese sowohl in ihrer Doktorarbeit (2015) als auch in ihren anderen Werken, in denen sie sich mit Lacan auseinandersetzt (2011), primär auf die deutschsprachige Sekundärliteratur zu Lacan stützt und in ihrer Dissertation (2015) nur vier Arbeiten Lacans rezipiert. So schreibt Danz selbst in der Monografie *Behinderung – Ein Begriff voller Hindernisse*: »Lacans schriftliches Werk ist demzufolge schwer zugänglich. Ich habe mich daher bei der Erschließung der lacanianischen

Sichtweise hauptsächlich mit Sekundärliteratur befasst« (Danz, 2011, S. 58).

Gesamthaft gibt Danz, so May in ihrer Rezension (May, 2016), einen »knappen Abriss über die psychoanalytischen Theorien«, in dem »Lacan [...] für sie in diesem Zusammenhang vor allem deshalb von Bedeutung [ist], da er den Gedanken der reziproken Anerkennung als ›reziproke Entfremdung‹ in Form einer Leugnung des Mangels erweitert«. Eben um diese Problematisierung der Anerkennung – eine vollständige reziproke Anerkennung ist nicht möglich – und um die Verfasstheit des Menschen als notwendig gespaltenes Subjekt, dessen Spaltung nicht überwunden werden kann, wird es in der vorliegenden Dissertation, welche diese Gedanken unter Einbezug der psychoanalytischen Theorien Freuds und Lacans erweitern wird, gehen.

Die Frage wirft sich auf, wie in der deutschsprachigen Pädagogik bei Verhaltensstörungen die strukturale Psychoanalyse rezipiert wird. Die Pädagogik bei Verhaltensstörungen stellt eine immer noch recht junge sonderpädagogische Disziplin dar. Bundesweit unterscheiden sich die Begrifflichkeiten: Pädagogik bei psychosozialen Beeinträchtigungen (Humboldt-Universität zu Berlin) und Förderschwerpunkt Emotionale und Soziale Entwicklung (PH Ludwigsburg) sind nur einiger der vielen Bezeichnungen. Seit Beginn dieser Disziplin war die Psychoanalyse respektive die Psychoanalytische Pädagogik stark prägend für das Verständnis und den Umgang mit Auffälligkeiten und Störungen im Erleben und Verhalten von Kindern und Jugendlichen – insbesondere die Psychoanalytische Pädagogik nach Aichhorn, Bettelheim, Redl und Zulliger (Stein, 2019, S. 228–245). Bittner wurde beispielsweise 1969 auf die Professur für Psychologie und Pädagogik der Verhaltensgestörten an der Pädagogischen Hochschule Reutlingen berufen, wo er den Studiengang im Fach Verhaltensgestörtenpädagogik aufbaute. Damit hatte Bittner als erster Psychoanalytiker in Deutschland einen pädagogischen Lehrstuhl inne. In Reutlingen und an den Universitäten Bielefeld und Würzburg führte Bittner im Rahmen seiner Tätigkeit als Lehrstuhlinhaber die Psychoanalyse ins Feld (Gerspach, 2018a).

Hinsichtlich einer möglichen Rezeption von Lacan und der strukturalen Psychoanalyse in der Pädagogik bei Verhaltensstörungen ist zu konstatieren, dass ein Transfer noch aussteht. An dieser Stelle zeigt sich ein erhebliches Forschungsdesiderat. Ahrbeck (2008, S. 497–507) plausibilisiert eindrücklich in seinem Beitrag *Psychoanalytische Handlungskonzepte* für das Handbuch *Sonderpädagogik der sozialen und emotionalen Entwicklung,* wie die Psychoanalyse Handlungskonzepte für die Sonderpädagogik bereitstellen kann. Der Ansatz der strukturalen Psychoanalyse wird aber nicht einbezogen.

Es bleibt gesamthaft festzuhalten, dass der Übertrag der strukturalen Psychoanalyse auf das Feld der Sonderpädagogik im Allgemeinen und der Pädagogik bei Verhaltensstörungen im Speziellen noch ganz am Anfang steht und intensive Pionierarbeit zu leisten ist. Eben diesen Transfer zu verwirklichen ist ein erklärtes Ziel der vorliegenden Arbeit.

1.2.3 Bildungs- und Erziehungswissenschaften

Innerhalb des pädagogischen Feldes der deutschsprachigen Bildungs- und Erziehungswissenschaften hat sich nach und nach eine Lacan-Rezeption etabliert (vgl. hierzu beispielsweise Althans 2001; Armbruster, 2019; Boger, 2019; Tervooren et al. 2001; Koller 2001; 2011; Pazzini, 2007a). Auch Wulf verweist in seiner *Einführung in die pädagogische Anthropologie* unter Bezugnahme auf Lacans Theoriegebäude auf die Bedeutung mimetischer Prozesse für die Psychogenese und für die Entstehung von sog. Familienkomplexen (vgl. Wulf, 1994, S. 33–40). Weber und Strohmer nahmen eine epistemologische Positionierung eines lacanianischen Ansatzes innerhalb der Erziehungswissenschaft vor (Weber & Strohmer, 2015, 29–42). Sie leisten primär einen Praxistransfer mit Bezug auf die Lehrerbildung und führten außerdem eine qualitative Längsschnittstudie durch. Kersten Reich, der der Systematischen Bildungs- und Erziehungswissenschaft zuzuordnen ist, verweist als Voraussetzung für seine systemisch-konstruktivistische Pädagogik auf die Theorien Lacans (Reich, 2009a; 2009b; 2010). Mit Blick auf Konstruktion, Rekonstruktion und Dekonstruktion verwendet Reich (2010, S. 122f.) Lacans Register des Symbolischen, Realen und Imaginärem und leitet daraus Folgen für die Pädagogik ab.

1.3 Ziele und Forschungsfragen

1.3.1 Ziele

Wie im Kapitel 1.2 aufgezeigt wurde, steht eine Übertragung der strukturalen Psychoanalyse und insbesondere von Lacan auf das Feld der Psychoanalytischen Pädagogik und der Sonderpädagogik bis anhin aus beziehungsweise ist noch ganz am Anfang. Damit die strukturale Psychoanalyse und speziell Lacan, dessen Texte im Vergleich zu Mannoni und Dolto am schwierigsten zugänglich sind, innerhalb der Psychoanalytischen Pädagogik und der Sonderpädagogik überhaupt rezipiert werden kann, ist es notwendig, wie Gondek allgemein für Lacan konstatiert, »Lacan aus dem engen Kreis der Expertenkultur herauszuholen« (Gondek, 2001, S. 8). Das erste allgemeine Ziel der vorliegenden Arbeit ist daher, wichtige Theoreme der strukturalen Psychoanalyse zu übersetzen und so die Bedingungen der Möglichkeit eines Transfers auf die Psychoanalytische Pädagogik und die Pädagogik bei Verhaltensstörungen zu schaffen. Als Methode wird hierbei die klassische Hermeneutik aus Kapitel 1.4.1.1 verwendet.

Hechler konstatiert einen dreifachen generellen Nutzen der Psychoanalyse für die Sonderpädagogik, nämlich 1. für die Interventionspraxis, 2. für die Theoriebildung und 3. für die Forschung (Hechler, 2019, S. 247). Dieser festgestellte Nutzen der Psychoanalyse im Allgemeinen für die Sonderpädagogik soll im Rahmen dieser Arbeit auch für die strukturale Psychoanalyse aufgezeigt werden, sowohl für die Pädagogik bei Verhaltensstörungen als auch für die Psychoanalytische Pädagogik – ein weiteres Ziel dieser Arbeit. Hinsichtlich der Psychoanalytischen Pädagogik konstatiert Bittner (2010a) einen gleichzeitigen Reichtum an Fallgeschichten und eine »Theoriearmut« (Bittner, 2010a, S. 12). Die Rezeption der strukturalen Psychoanalyse mit ihren hochgradig differenzierten Modellen und umfassender klinischer Erfahrung könnte dieser Theoriearmut entgegenwirken. Die Interventionspraxis wird an Fallbeispielen erläutert, wobei hier von der Methode der strukturalen psychoanalytischen Hermeneutik Gebrauch gemacht wird, wie sie im Kapitel 1.4.1.2 vorgestellt wird. Für die Theoriebildung und die Forschung wird vor allem die Methode der klassischen Hermeneutik Kapitel 1.4.1.1 verwendet. Dieses Ziel wird in allen Kapiteln verfolgt.

Ein weiteres Ziel dieser Arbeit ist, die Alleinstellungsmerkmale einer strukturalen Psychoanalytischen Pädagogik zu verdeutlichen. Hierzu werden beispielsweise wiederholt Axiome wie das sprachlich strukturierte Unbewusste oder das Konzept des Phantasmas anhand von Phänomenen aus der Pädagogik plausibilisiert. Um diese Alleinstellungsmerkmale zu fassen, wird die Pädagogik des gespaltenen Subjekts mit anderen Varianten der Psychodynamischen Pädagogik, vor allem der der Mentalisierungstheorie, kontrastiert. Dieses Ziel wird in Kapitel 2.3 behandelt. Ebenfalls wird auf Kritik innerhalb der strukturalen Psychoanalyse eingegangen, welche die Unmöglichkeit einer Verbindung von Psychoanalyse und Pädagogik postuliert, wie beispielsweise Millot (1979/1982, S. 186). Dieses Ziel ist Gegenstand des Kapitels 2.2.1.

Neben diesen allgemeinen Zielen ein kursorischer Überblick über die untersuchten Phänomene und die damit zusammenhängenden Forschungsfragen. In den Kapiteln 2.1, 3.1 und 4.1 werden diese noch weiter beschreiben.

Als Phänomene der Pädagogik wurden als erstes die Übertragungsphänomene Liebe und Hass ausgewählt. Diese sind erstens die Grundlage der pädagogischen und psychoanalytischen Arbeit – ohne Übertragung gäbe es weder Lehrerinnen und Lehrer noch Analytikerinnen und Analytiker, da die Lernenden beziehungsweise Analysandinnen und Analysanden den Lehrpersonen und Analytikerinnen und Analytikern Wissen unterstellen. Zweitens stellen Liebe und Hass für die pädagogischen Fachkräfte besondere Herausforderungen dar und man wird in der beruflichen Praxis notwendigerweise mit diesen Phänomenen konfrontiert – oft jedoch ohne über entsprechende Konzepte hierfür zu verfügen:

»Der pädagogische Eros, die pädagogische Liebe und ihre Fehlentwicklungen sind Belege für die Risiken« (Rauh et al., 2020, S. 15) – Risiken, auf die die vorliegende Arbeit eingehen wird. Die strukturale Psychoanalyse verfügt sowohl über eine differenziert ausgebildete Theorie der Übertragung als auch kann sie die Affekte mit Hilfe der drei Register von Lacan auf eine Weise reflektieren, die einen Erklärungsgewinn gegenüber anderen psychoanalytischen Zugängen verspricht. In Kapitel 2.2. werden eben diese Phänomene der Liebe und des Hasses reflektiert. Neben der Methode der klassischen Hermeneutik wird hierbei die Methode der strukturalen psychoanalytischen Hermeneutik verwendet.

Im Kapitel 3 wird das Subjekt in seinen familialen und auch professionsbezogenen Einbindungen näher untersucht. In Kapitel 3.2 wird das Subjekt mit seinen Einbindungen innerhalb der Familie und in Kapitel 3.3 innerhalb von pädagogischen Institutionen mit einem besonderen Schwerpunkt auf Machtphänomene untersucht. Da Mütter- und Väterbilder heute mehr denn je Wandlungen unterworfen sind und traditionelle Rollen sich zunehmend auflösen, postulieren psychoanalytische Pädagogen wie Gerspach eine Entwertung der Vaterrolle (Gerspach, 2009, S. 98) und sprechen von einer entödipalisierten Gesellschaft. Dieser Wandel muss von der Pädagogik mitgedacht werden und es ist zu überlegen, was dies für Implikationen hat. Die strukturale Psychoanalyse, welche davon ausgeht, dass die jeweilige gesellschaftliche Ordnung die Subjekte affektiv und psychisch konstruiert (Reckwitz, 2006, S. 52), hat für die Analyse dieser Phänomene wichtige Konzepte. Für eine Untersuchung dieser gesellschaftlichen Veränderungen kann sie mit den drei Registern des Realen, Symbolischen und Imaginären eine Analyse jenseits ideologischer Grabenkämpfe vollziehen. Ebenfalls können Elternbilder und ihre Auswirkungen, welche phantasmatisch besetzt sind, mithilfe des Konzepts des Phantasmas von Lacan näher untersucht werden. Eben diese Phantasmen zeigen auch ihre Wirkungen hinsichtlich des Phänomens der Macht und Ohnmacht respektive Hilfosigkeit. Dieses Phänomen wurde ausgewählt, weil Ohnmacht sowie Hilfosigkeit, neben den erwähnten Phänomenen der Liebe und des Hasses, prototypisch für das Erleben pädagogischer Fachpersonen im Feld der Pädagogik bei Verhaltensstörungen sind (Weiß et al., 2013) und große Herausforderungen darstellen. Aber auch für die Klientel in der Pädagogik bei Verhaltensstörungen ist aufgrund von deren spezifischer Vulnerabilität (Sutterlütty, 2003) ein sorgsamer Umgang mit dem Phänomen der eigenen und fremden Macht und Ohnmacht indiziert. Damit weder die Fachpersonen noch die Klientel der Pädagogik bei Verhaltensstörungen Ohnmachtserlebnisse ausagieren, ist zuerst eine Reflexion dieser Phänomene notwendig, um dann zu ihnen in ein neues Verhältnis treten zu können. Als Methode wird neben der klassischen Hermeneutik die Dispositivanalyse zur Analyse von Institutionen verwendet.

In Kapitel 4 wird das freie und regelgebundene kindliche Spiel und sein Einfluss auf die Subjektwerdung in Kontext von Affektregulation und Sprachentwicklung beleuchtet. Das Kinderspiel wurde ausgesucht, weil es erstens für die soziale, emotionale und kognitive Entwicklung eine hohe Relevanz hat (vgl. Gingelmaier et al., 2020). Zweitens hat das kindliche Spiel als ein sonderpädagogisches Förder- und Therapieangebot eine lange Tradition (Heimlich, 2014, S. 176). Drittens ereignet sich gerade das freie Spiel häufig im pädagogischen Alltagskontext und ist ein Medium der leichten Kontaktaufnahme für die pädagogischen Fachpersonen (Stein, 2019, S. 278). Viertens ist das kindliche Spiel im deutschsprachigen Raum zwar schon Gegenstand psychoanalytischer und psychodynamischer Reflexionen, wie Gingelmaier, Schwarzer und Schiefele (Gingelmaier et al., 2020) demonstrieren, indem sie die Mentalisierungstheorie mit Gewinn auf das freie Spiel anwenden. Eine Übertragung der strukturalen Psychoanalyse auf das freie und regelgebunden Kinderspiel ist jedoch ein Desiderat. Anschließend seien überblicksartig die allgemeinen Zielsetzungen des Dissertationsvorhabens aufgeführt:

- Das erste allgemeine Ziel ist die Theoriebildung: Gesamthaft sollen zentrale Theoreme der strukturalen Psychoanalyse »übersetzt« werden, um so die Bedingungen der Möglichkeit eines Transfers auf die Pädagogik bei Verhaltensstörungen und der Psychoanalytischen Pädagogik zu schaffen.
- Das zweite allgemeine Ziel ist die Herausarbeitung der Alleinstellungsmerkmale einer Pädagogik des gespaltenen Subjekts. Hierbei erfolgt sowohl eine Verortung der Pädagogik des gespaltenen Subjekts innerhalb der strukturalen Psychoanalyse wie auch eine Kontrastierung zu der mentalisierungsbasierten Pädagogik, der aktuell dominanten Strömung der psychodynamischen Pädagogiken.
- Das dritte allgemeine Ziel ist darzulegen, inwiefern eine Pädagogik des gespaltenen Subjekts sowohl für die Prävention als auch für die Intervention bei Verhaltensstörungen genutzt werden kann.

1.3.2 Forschungsfragen

Die jeweiligen genauen Forschungsfragen und ihre ausführlichen Herleitungen finden sich eingebettet in die entsprechenden Kapitel 2.1, 3.1 und 4.1.

1.4 Methodische Hinweise

Erziehungswissenschaft im Allgemeinen und Sonderpädagogik im Besonderen als deskriptive und empirische, aber auch hermeneutische Wissenschaften finden durch unterschiedliche methodische Ansätze Zugang zu ihren Forschungsgegenständen. Sonderpädagogik ist multidisziplinär und multiperspektivisch (vgl. Link et al., 2017). Verschiedene Referenzdisziplinen wie Soziologie, Psychologie, Soziale Arbeit, Philosophie etc. sind mit den verschiedenen quantitativen, qualitativen und theoriebildenden Methoden, die aus dem jeweiligen fachwissenschaftlichen Blick und seinem Diskurs betrachtet und geführt werden, innerhalb der Sonderpädagogik etabliert. Es ist jedoch eine Tendenz feststellbar, theoriebildende Forschung innerhalb der Sonderpädagogik mehr und mehr zu marginalisieren und durch die Bevorzugung quantitativer Methoden eine »measurement revolution« in Gang zu setzen (Love, 2001, S. 437f.; vgl. Schad 2012, S. 25). Die Annahme, »dass nur solches Wissen als erfahrungsbasiert gelten kann, das letztlich auf objektivierbare Beobachtungsdaten zurückgeführt werden kann«, setzt sich mehr und mehr durch (Dederich et al., 2019a, S. 5). Der damit einhergehende »Verzicht auf die Methoden geisteswissenschaftlicher Pädagogik und auf ihren theoretischen Zugang zu Erziehung [hat] fatale Konsequenzen für pädagogische Theoriebildung mit allen Implikationen«, wie Schad (2014, S. 250) konstatiert. Besonders problematisch ist es jedoch, und dies ist seit über 20 Jahren bekannt, wenn die Theorie- und Konzeptforschung in der Pädagogik als etwas zu Überwindendes angesehen wird:

> Wo immer Vertreter der Pädagogik das Eintreten für empirisch-pädagogische Forschung mit der Vorstellung verbinden, die GP [Geisteswissenschaftliche Pädagogik, Anm. d. Verf.] und die von ihr vertretene Hermeneutik sei eine überwundene Phase der Entwicklung der Pädagogik zur Wissenschaft, sei eine noch vorwissenschaftliche Phase des pädagogischen Denkens gewesen, da ist sie selbst wissenschaftstheoretisch naiv, ist unreflektiert und betreibt »halbierten Rationalismus«. Denn sie verkennt dann, daß empirische Forschung durch und durch – von ihren Fragestellungen bis zur Auswertung ihrer Daten – von hermeneutischen Problemen durchzogen ist, von geschichtlichen Voraussetzungen, von Bedeutungs- Setzungen, von Sinn-Fragen, die folglich nur mit Hilfe hermeneutischer Methoden aufgeklärt werden können. (Klafki, 1998)

Dederich und Felder postulieren, dass sich diese Entwicklung »zu einem Theoriedefizit der Heil- und Sonderpädagogik verdichtet hat«, welche »in der weit verbreiteten Auffassung, nur empirische Forschung sei ›gute Forschung‹ gipfele« (Dederich & Felder, 2019, S. 78). Mit Dederich & Seitzer ist die Frage aufzuwerfen, »ob die Ausklammerung des Subjekts in forschungsmethodischer Hinsicht nicht auch eine Entsubjektivierung der pädagogischen Praxis forciert« (Dederich & Seitzer, 2019, S. 19).

Für die vorliegenden Untersuchungen wurden, um die »Position des Subjekts zu verbessern« (Lacan, 1962–1963/2004, S. 78), methodisch drei sich ergänzende Ansätze im Sinne einer Triangulation (Flick, 2020, S. 192) gewählt. Triangulation im Kontext von Forschungsmethoden wird wie folgt bestimmt: »Triangulation beinhaltet die Einnahme unterschiedlicher Perspektiven auf einen untersuchten Gegenstand oder allgemeiner: bei der Beantwortung von Forschungsfragen« (Flick, 2011, S. 10). Diese drei Methoden sind:

1. Hermeneutik
2. Dispositivanalyse
3. Fallgeschichten

1.4.1 Hermeneutik

Der erste Zugang dieser Arbeit ist ein hermeneutischer. Die Hermeneutik bildet in vorliegender Dissertation in zwei Varianten methodisch einen Zugriff auf die zu untersuchenden Phänomene:

1. Klassische Hermeneutik als Erfassen des Sinns: Auslegungen von hochkomplexen Texten
2. Strukturale Psychoanalytische Hermeneutik als Erfassen des Unsinns: Erschließung der Dimension des Unbewussten

1.4.1.1 Klassische Hermeneutik als Erfassen des Sinns von hochkomplexen Texten

»Hermeneutik ist die Lehre vom Verstehen« (Jung 2001, S. 7) – dieses ist ein Gemeinplatz. Nun gilt es erst einmal zu verstehen, was »verstehen« bedeutet. Hierbei sei als Erstes eine Differenz eingeführt zwischen »Verstehen« und »Erklären«. Der Philosoph Wilhelm Dilthey fasst diese Differenz pointiert wie folgt zusammen: »Die Natur erklären wir, das Seelenleben verstehen wir« (Dilthey, 1894, S. 1314). Seit Windelband, der in seinen Forschungen auf Dilthey zurückgeht, ist es in der Wissenschaft üblich geworden, von einem grundlegenden Unterschied zwischen Erklären und hermeneutischem Verstehen auszugehen. Grosso modo wird das Erklären den Naturwissenschaften zugeordnet und das Verstehen den Geisteswissenschaften:

> Die Geisteswissenschaften mit ihrer Methode des Verstehens haben das Individuelle, Einmalige und Unwiederholbare in eben dieser Einmaligkeit, Individualität und Unwiederholbarkeit zu erfassen, während die Erfahrungswissenschaften mit der Methode des Erklärens in völligem Gegensatz hierzu auf das Allgemeine, Gesetzmäßige, Wiederholbare in Gestalt universeller Gesetzesaussagen abzielen. (Windelband, 1924, S. 145)

Stein und Müller fassen die Unterscheidung von »Verstehen« und »Erklären« wie folgt zusammen: »*Verstehen* wird in diesem Sinne abgegrenzt vom naturwissenschaftlichen Ziel der (insbesondere kausal orientierten) *Erklärung*« (Stein & Müller, 2016, S. 55). Erklären fragt nach Ursache-Wirkungs-Verhältnissen, kurz: nach Kausalität (Jandl, 2010) und verlangt nach einer Objektivierung und Messbarmachung des Untersuchungsgegenstandes, wodurch, so Washner, das Subjekt »ausgeschaltet« (Wahsner, 1998, S. 46) wird. Das Subjekt, genauer das gespaltene Subjekt, steht sowohl im Zentrum dieser Arbeit als auch in der strukturalen Psychoanalyse, welche das Ziel hat, die Stellung des Subjekts zu verbessern (Lacan, 1962–1963/2004, S. 78). Aus diesem Grund ist der Ansatz des hermeneutischen Verstehens indiziert.

Im Gegensatz zu Dilthey jedoch, der, so Bittner, vermittels des Verstehens von Texten letzten Endes die Urheberinnen bzw. Urheber der Texte besser verstehen wollte (Bittner, 2005, S. 7), steht in dieser Arbeit nicht das bessere Verständnis der Hauptfiguren der strukturalen Psychoanalyse im Vordergrund, sondern deren Werke. Hierfür soll das Verfahren der klassischen Hermeneutik, wie es Gadamer in seinem Klassiker *Wahrheit und Methode* ausführte und welches den Text von der ihn verfassenden Person trennt, als Orientierung dienen:

> Es ist ganz abwegig, die Möglichkeit des Verstehens von Texten auf die Voraussetzung der »Kongenialität« zu gründen, die Schöpfer und Interpret eines Werkes vereinigen soll. Wäre das wirklich so, dann stünde es schlecht um die Geisteswissenschaften. Das Wunder des Verstehens besteht vielmehr darin, daß es keiner Kongenialität bedarf, um das wahrhaft Bedeutsame und das ursprünglich Sinnhafte in der Überlieferung zu erkennen. Wir vermögen uns vielmehr dem überlegenen Anspruch des Textes zu öffnen und der Bedeutung verstehend zu entsprechen, in der er zu uns spricht. (Gadamer, 1990, S. 316)

Der Zugang zum Werk von Jacques Lacan ist gemäß dem Urteil vieler Lesender aufgrund der Verfasstheit seiner Texte erheblich erschwert: »Jacques Lacans Werk gilt als ausgesprochen schwer zugänglich, ja, als geradezu kryptisch« (Heil, 2010, S. 56). Ein Urteil, dem sich auch Christoph Braun in seinem Werk *Die Stellung des Subjekts – Lacans Psychoanalyse* anschliesst, wenn er den Stil Lacans für die Lesenden als »hermetisch, dunkel und schwer verstehbar« bezeichnet (Braun, 2010, S. 5) und darauf hinweist, dass »Lacans Vorhaben, seine *Écrits* unlesbar zu machen, […] zu trauriger Berühmtheit gelangt« sei (Braun, 2010, S. 6). Nina Ort beschreibt in ihrem Vorwort zu Lacans Zeichentheorie *Das Symbolische und das Signifikante* ebenfalls die Schwierigkeiten, die sich möglicherweise beim Zugang zum Werk Lacans einstellen können: »Das Werk Jacques Lacans ist umgeben vom Nimbus des Rätselhaften, des überwältigend Komplizierten und sogar des Monströsen, seine Lehre gilt als schwer zugänglich, seine sprachliche Attitüde als letztlich einfach unverständlich« (Ort, 2014, S. 7).

Jedoch ist diese Unverständlichkeit lediglich eine scheinbare, »nur auf den ersten Blick also scheint der Text sinnlos« (Buchmann, 2006, S. 110). So hat Jürgen Buchmann in seinem Aufsatz *Lacan à la lettre – Lacan beim Buchstaben* genommen anhand einer genauen Lektüre demonstriert, wie »die Dunkelheit der Ausdrucksweise auf gezielte literarische Strategien zurückgeht«, denn »trotz seiner erratischen Oberfläche [ist] Lacans Text nirgendwo inkonsistent oder vage […]; er ist stringentes Ergebnis eines didaktischen Kalküls« (Buchmann, 2006, S. 81) – ein Urteil, das der Autor dieser Arbeit als für das gesamte Oeuvre von Lacan gültig postuliert.

Diese Doktorarbeit will Lacan auch beim Buchstaben nehmen, weswegen die Methode der klassischen Hermeneutik im Sinne Gadamers gewählt wurde. Sie will sich gerade nicht den Zugang zu Lacans Werk über die Umwege der deutschsprachigen Sekundärliteratur erschließen, einem Zugang, der trotz der mehr als marginalen Rezeption von Lacan und trotz der damit einhergehenden Schwierigkeiten innerhalb der deutschsprachigen Sonderpädagogik üblich ist, wie beispielhaft Laubenstein (Reich, 2008, S. 7) und Danz (2011, S. 58) demonstrieren. Vielmehr soll in dieser Dissertation das Werk von Lacan und Mannoni selbst zur Sprache kommen, ohne primär auf einen Vermittlungszugang der Sekundärliteratur angewiesen zu sein. Hinsichtlich der Primärliteratur von Lacan, Mannoni und Dolto wird ein Kompromiss gewählt: Diejenigen Werke, welche in deutscher Übersetzung vorliegen, werden als Standardquelle verwendet. Hierbei wird bei Lacan die deutschsprachige zweibändigen Neuübersetzung der *Écrits* von Gondek zugrunde gelegt, da in ihr auch die vielen philologischen Debatten der Lacan-Übersetzungen der letzten Jahrzehnte im deutschsprachigen Raum berücksichtigt wurden. Eine Ausnahme hiervon bildet beispielsweise der Aufsatz *Die Familie* (Lacan, 1938/1980), welcher nicht mehr in der Neuübersetzung von Gondek inkludiert ist, da dieser Aufsatz aus den *Autres écrits* stammt (Lacan, 2001). Diejenigen relevanten Werke, welche nicht auf Deutsch, sondern nur auf Französisch verfügbar sind, werden in der französischen Fassung rezipiert. Analog wird bei der französischen und englischen Sekundärliteratur verfahren. Auch wird diese Arbeit nicht den Weg wählen, dem sich leider zu viele Exegeten Lacans verpflichtet sahen und sehen: »Viele Lacan-Interpretationen übernehmen diese verrätselte Schreibweise deshalb, um auf diese Weise seinem Gegenstand gerecht zu werden« (Ort, 2014, S. 7). Dieser Weg der Rätselhaftigkeit führt letztendlich in die Aporie. Will man die strukturale Psychoanalyse auf ein anderes Feld, das Feld der Sonderpädagogik und der Psychoanalytischen Pädagogik übertragen, gilt es, die Grundannahmen der strukturalen Psychoanalyse verständlich zu erklären.

Kurz: Die Werke von Lacan, Mannoni und Dolto können nicht im Sinne einer Objektivierung erklärt werden. Die klassische Hermeneutik in der Tradition Gadamers wird als Methode verwendet, um im Rahmen dieser Dissertation die schwierigen Texte von Lacan, Dolto und Mannoni zu verstehen und diese für die Sonderpädagogik und die Psychoanalytische Pädagogik verständlich und fruchtbar zu machen. Hierbei sind Konsistenz und Kohärenz das erklärte Ziel.

1.4.1.2 Die strukturale Psychoanalytische Hermeneutik als Erfassen des Unsinns

Einerseits eignet sich die Methode der klassischen Hermeneutik sehr gut, um eine kohärente Exegese hochkomplexer Texte zu ermöglichen. Andererseits gibt es hinsichtlich des verstehenden Zugangs der klassischen Hermeneutik einige Schwierigkeiten, weshalb dieser durch eine Hermeneutik, die ich als strukturale Psychoanalytische Hermeneutik bezeichnen möchte,[1] ergänzt werden muss. In ihrem Zentrum steht die Kritik des Verstehensbegriffs in der strukturalen Psychoanalyse. Lacan kritisiert die Haltung des Verstehens gleich in mehrfacher Hinsicht. Erstens bestehe die Gefahr, etwas in den Diskurs der Analysandin bzw. des Analysanden auf der Couch oder des Kindes oder der bzw. des Jugendlichen in der pädagogischen Arbeit hineinzuprojizieren, was diese eben gar nicht gesagt haben:

> Wie oft schon habe ich nicht diejenigen, die ich kontrolliere, darauf hingewiesen, wenn sie mir sagen – Ich glaubte zu verstehen, daß er das und das sagen wollte – daß eines der Dinge, vor denen wir uns am meisten hüten müssen, dies ist, zu viel zu verstehen, mehr zu verstehen als im Diskurs des Subjekts gesagt ist. Deuten und sich einbilden, daß man versteht, ist ganz und gar nicht dasselbe. Das ist genau das Gegenteil. Ich würde sogar sagen, daß wir die Tür des analytischen Verstehens erst auf der Basis einer bestimmten Verständnisverweigerung aufstoßen. (Lacan, 1953–1954/1978, S. 97)

Zweitens, so schreibt Lacan im *Seminar III* hinsichtlich des Verstehens überspitzt: »Sie verstehen, Sie haben Unrecht. Was es genau gilt zu verstehen, das ist, warum es etwas gibt, das man zu verstehen gibt« (Lacan, 1955–1956/2016, S. 60). Anstatt zu Verstehen sollte man sich also die Frage stellen, warum man beispielsweise als Pädagogin bzw. Pädagoge ein problematisches Verhalten eines Kindes oder einer bzw. eines Jugendlichen, welches man »übersetzen« möchte, glaubt zu verstehen. Die Gefahr beim Verstehen ist, dass man aus der Situation heraustritt und nicht mehr beim Subjekt und seinen Manifestationen des Unbewussten ist: »Wenn ich verstehe, überspringe ich, ich halte mich nicht dabei auf, nachdem ich schon verstanden habe« (Lacan, 1955–1956/2016, S. 60). Lacan geht drittens sogar so weit, das Verstehen als eine der zwei großen Gefahren für die psychoanalytische Arbeit mit Kindern zu postulieren:

> Die zweite ist, zu verstehen. Wir verstehen immer zu viel, speziell in der Analyse. Die meiste Zeit täuschen wir uns. Man glaubt eine gute analytische Therapeutik machen zu können, wenn man begabt ist, einsichtig, wenn man den Kontakt hat, wenn man jenes Talent zur Anwendung bringt, das jeder in der interpersonellen Beziehung entfaltet. Und von dem Moment an, wo man sich nicht äußerste begriff-

---

1 Der Begriff strukturale Psychoanalytische Hermeneutik soll eine Hermeneutik des Unsinns bezeichnen und verbindet den Begriff der strukturalen Psychoanalyse mit dem der Hermeneutik. Hiermit sei nicht der Ansatz von Hechler bezeichnet, welcher ebenfalls den Begriff einer strukturalen psychoanalytischen Hermeneutik verwendet, jedoch ohne sich hierbei auf die strukturale Psychoanalyse zu beziehen (Hechler, 2015; Hechler, 2019). Die Begriffswahl der »strukturalen Psychoanalytischen Hermeneutik« ist auch motiviert durch Lacans Ausführungen zum Symbolischen in seinem Vortrag *Das Symbolische, das Imaginäre und das Reale*: »Auch dabei kommt es […] darauf an, dass man von einem strukturalen […] Verständnis der Bedeutung des Symbols ausgeht« (Lacan, 1953/2006, S. 40).

liche Strenge abverlangt, findet man immer Mittel und Wege, um zu verstehen. Aber man bleibt ohne Kompaß, man weiß weder, von wo man ausgeht, noch wo man hinzugelangen sucht. (Lacan, 1954–1955/2015, S. 135)

Ein Zuviel an Verstehen ist beispielsweise genau dann für eine psychoanalytische Pädagogin oder einen psychoanalytischen Pädagogen in Feld der Sonderpädagogik problematisch, wenn sie oder er das Verhalten primär auf eine einmal gegebene Diagnose hin deutet oder die Manifestationen des Unbewussten im Verhalten nicht erfassen kann, weil sie bzw. er nur theoriekonform, d.h. so, wie das Verhalten in vielen Fällen übersetzt werden kann, pädagogisch arbeitet. Das vermeintliche Verstehen lenkt gerade ab von dem Subjekt des Unbewussten, man landet an einem anderen Ort: »Nehmen Sie sich immer in acht vor Leuten, die Ihnen sagen – *Sie verstehen*. Das ist immer, um Sie anderswo hinzuschicken als dahin, wo man hingehen soll« (Lacan, 1955-1956/2016, S. 68).

In der »Hermeneutik geht es letztlich immer um Sinnverstehen« (Greiner, 2016, S. 31f.), wobei das Sinnverstehen der klassischen Hermeneutik einen universellen Anspruch hat (van Kerckhoven, 2000, S. 308). In einer strukturalen Psychoanalytischen Hermeneutik wiederum geht es um das Nicht-Verstehen: »Zuerst einmal sollen Sie nicht glauben, daß Sie verstehen. Gehen Sie von der Idee des grundsätzlichen Mißverständnisses aus« (Lacan, 1955–1956/2016, S. 29). Lacan weist explizit darauf hin, dass das Missverständnis, das Nicht-Verstehen, kennzeichnend für die Kommunikation im Allgemeinen ist und begründet auf diese Weise auch, warum sein Werk schwer verständlich ist:

> Anders gesagt, wenn ich mich so einrichtete, daß ich sehr leicht verstanden würde, das heißt, daß Sie ganz und gar die Gewißheit hätten, daß Sie richtig liegen, ja, dann wäre, gerade aufgrund meiner Prämissen betreffs des zwischenmenschlichen Diskurses, das Mißverständnis nicht wiedergutzumachen. (Lacan, 1955–1956/ 2016, S. 194f.)

Es gilt also, die vermeintlichen Gewissheiten hinsichtlich des Verstehens des Sinns zu erschüttern. Bei diesen Erschütterungen handelt es sich um Phänomene, die, wenn man sich darauf einlassen möchte, »dem Subjekt im Alltagsleben zustoßen. Weiters die Versprecher, Gedächtnisstörungen, Träume, dazu noch das Phänomen des Witzes« (Lacan, 1955–1956/2016, S. 195). Ganz grundlegend ist noch das Symptom zu erwähnen, auch hier offenbart sich hinter dem vordergründigen Unsinn eine andere Ordnung (Lacan, 1955–1956/ 2016, S. 195), das Symptom ist »bloß eine Metapher« (Lacan, 1956–1957/ 2011, S. 172). Zum Un-Sinn des Symptoms und zum (häufigen) Scheitern des klassischen hermeneutischen Zugangs anbei das Fallbeispiel eines muslimischen Mannes, der unter einer hysterischen Lähmung der Hände litt:

> Da ist einer meiner Patienten. Er hat schon eine Analyse mit einem andern gemacht, bevor er sich an mich gewendet hat. Er hatte ganz eigenartige Symptome

im Bereich der Handbewegungen, signifikantes Organ für bestimmte vergnügliche Aktivitäten, auf die die Analyse lebhafte Lichter geworfen hat. Eine nach der klassischen Linie durchgeführte Analyse hätte sich, ohne Erfolg, bemüht, um jeden Preis seine verschiedenen Symptome um die, aufgepaßt, frühkindliche Masturbation und die Verbote und Repressionen, die sie in ihrer Umgebung nach sich gezogen hatte, zu organisieren. Diese Verbote hat es gegeben, weil es sie immer gibt. Unglücklicherweise hatte das nichts erklärt und nichts gelöst. (Lacan, 1953–1954/ 1978, S. 251)

Mittels einer klassischen (psychoanalytischen) Hermeneutik, die sich um das Verstehen und den Sinn bemüht, wird der Un-Sinn des Symptoms nicht erkannt. Vielmehr wird vorschnell und vermeintlich ganz theoriekonform nur im Feld des Sexuellen gedeutet, dass die unsinnige hysterische Lähmung der Hände darauf zurückzuführen sei, dass es einen Konflikt gibt zwischen einem unbewussten infantilen Triebwunsch zur Masturbation einerseits und andererseits dem Schuldgefühl, das durch das Über-Ich ausgelöst wird und als Gewissensangst bezeichnet werden kann (Freud, 1926d, S. 170), der sich nun in der hysterischen Lähmung der Hände zeige. Diese Art der Hermeneutik greift aber zu kurz und erfasst das Subjekt mit seinen unsinnigen Symptomen gerade nicht, wie Lacan eindrücklich erläutert:

Der Patient gehörte – man kann dieses Element seiner Geschichte nicht verschweigen, auch wenn es immer heikel ist, einzelne Fälle in einer Lehrveranstaltung mitzuteilen – der islamischen Religion an. Aber eines der überraschendsten Elemente der Geschichte seiner subjektiven Entwicklung war seine Entfernung, seine Aversion gegen das Gesetz des Koran. Dieses Gesetz nun ist etwas unendlich viel Umfassenderes, als wir es uns in unserm Kulturkreis vorstellen können, der durch das *Gib dem Kaiser, was des Kaisers, und Gott, was Gottes ist* definiert worden ist. Auf islamischem Gebiet dagegen hat das Gesetz einen totalitären Charakter, der absolut nicht erlaubt, den juristischen Bereich vom religiösen zu isolieren.

Bei diesem Patienten lag also eine Verkennung des koranischen Gesetzes vor. Bei einem Subjekt, das durch seine Vorfahren, seine Funktionen, seine Zukunft diesem Kulturkreis angehört, war das etwas, was mich beiläufig überrascht hat aufgrund der Vorstellung, die ich für ziemlich gesund halte, daß man die symbolischen Zugehörigkeiten eines Subjekts nicht verkennen sollte. Das hat uns geradewegs auf das geführt, worum es ging. Tatsächlich enthält das Gesetz des Koran für diejenige Person, die sich des Diebstahls schuldig gemacht hat, folgende Vorschrift – *Man schneide die Hand ab*. Nun, das Subjekt war, während seiner Kindheit, in einen privaten und öffentlichen Strudel geraten, der ungefähr darauf zurückzuführen war, daß er gehört hatte – und das war ein ganzes Drama, sein Vater war Beamter gewesen und hatte seinen Posten verloren – daß sein Vater ein Dieb sei und daß man ihm also die Hand abschneiden müsse. (Lacan, 1953–1954/1978, S. 251f.)

Die unsinnige Lähmung der Hand war also nicht dadurch zu verstehen, dass unbefriedigte und zensierte masturbatorische Phantasien niedergehalten werden mussten und sich im Symptom gezeigt haben. Vielmehr identifizierte sich der Sohn unbewusst mit seinem Vater, einem Vater, der angeblich ein Dieb gewesen sei. Gemäß der Scharia hätte dem Vater aufgrund dieses Gesetzesverstoßes die Hand abgetrennt werden müssen. Der Sohn identifizierte sich mit seinem Vater ohne Hand und konnte deshalb seine eigene Hand nicht verwenden – sie war hysterisch gelähmt.

Auch Norbert Haas, Psychoanalytiker und Übersetzer von Lacans Werken, unterstreicht, dass mit der klassischen (psychoanalytischen) Hermeneutik die Phänomene des Unbewussten nicht zu erfassen sind:

> Mit Hermeneutik, der Aufdeckung eines mehrfachen Schriftsinns, hat Psychoanalyse nichts zu tun. Das Problem ist nicht, daß das Subjekt nicht weiß, *was* es sagt. Das Problem ist, daß das Subjekt nicht weiß, *wer* in seiner Rede spricht und *wo* der Ort ist, von dem aus spricht, was in seiner Rede spricht. (Haas, 1980, S. 13)

Das Subjekt des Unbewussten spricht von einem anderen Ort, dem Ort des Unbewussten. Wurde Freud aufgrund der Redeweise von einem unbewussten Sinn in seinen *Vorlesungen zur Einführung in die Psychoanalyse* (Freud, 1916–17a 1915–17, S. 289) noch mitunter dem Feld der Hermeneutik zugeordnet (Ricoeur, 1974), ist das Gleiten des Sinns bei Lacan, der Unsinn, wie er beispielsweise im Symptom oder in den Fehlleistungen auftaucht, nicht mehr den Mitteln einer traditionellen (psychoanalytischen) Hermeneutik zugänglich, weil diese letzten Endes auf den Sinn abzielt. Aus diesem Grund bedarf es einer strukturalen Psychoanalytischen Hermeneutik, welche wesentlich auf das Missverständliche und Unsinnige fokussiert, um so die Manifestationen des Unbewussten zu erfassen. Bruce Fink, ein US-amerikanischer Psychoanalytiker, der das Lacan'sche Werk durch seine Übersetzungen und eigenen Forschungen einem breiten akademischen Publikum zugänglich gemacht hat, radikalisiert die Kritik am Verstehensbegriff. Verstehen wird zu einem Phantasma: »Um das einen Schritt weiter zu tragen, möchte ich dafür argumentieren, dass jegliches Verstehen als irreführend, wenn nicht als schlichtweg falsch anzusehen ist, da Verstehen immer partiell, vorläufig, vielschichtig, unvollständig und projektiv (imaginär) ist« (Fink, 2012, S. 315). Das Verstehen im Sinne Finks kann dazu führen, dass das Unbewusste auf Distanz gehalten, ja abgewehrt wird.

Kurz: Sind bei der klassischen Hermeneutik das Verstehen und der Sinn das Wesentliche, wird bei einer strukturalen Psychoanalytischen Hermeneutik ein anderer Schwerpunkt gesetzt. Eine strukturale Psychoanalytische Hermeneutik ist die Kehrseite der klassischen Hermeneutik. Anstelle des Sinns und der Vollständigkeit stehen der Unsinn und der Mangel im Zentrum. Das Anerkennen des Un-Verstandenen ist das Ziel und dem Un-Sinn in den Texten und im Leben soll nachgespürt werden. Ein Beispiel, wie sich dieser Un-Sinn in Fallgeschichten manifestiert, ist das Exempel des Handmundes in Kapitel 4.2.3.1.

1.4.2 Dispositivanalyse

Eine weitere Forschungsmethodik der vorliegenden Arbeit ist die Dispositivanalyse. Zuallererst sei darauf hingewiesen, dass der Begriff des Dispositivs eine große Extension hat. Im Folgenden seien in nuce zuerst vier häufige Bedeutungen des Begriffs skizziert:

1. In der französischen Alltagssprache bezeichnet der Begriff »dispositif« unter anderem »die Art und Weise, in der die Teile eines Apparates angeordnet sind; den Mechanismus selbst [eigene Übersetzung]« (Le Robert, 2020).
2. Ebenfalls wird im Französischen »ein Satz von Mitteln, die nach einem Plan angeordnet sind, Angriffs- und Verteidigungsmittel« [eigene Übersetzung] als »dispositif« bezeichnet (Le Robert, 2020).
3. Ein Dispositiv im Sinne Michel Foucaults: Foucault erweitert mit dem Dispositiv die Ebene des Diskursiven um Gegenstände und vor allem auch Praktiken und bestimmt Dispositive als »Strategien von Kräfteverhältnissen, die Typen von Wissen stützen und von diesen gestützt werden« (Foucault, 1978, S. 123).
4. Ein Dispositiv im Sinne von Jean-Louis Baudry: Baudry (1975/1986) bezieht den Begriff des Dispositivs auf das Kino und bestimmt das Kinodispositiv als ein Netzwerk aus sozialen Konventionen, technischen Voraussetzungen und ideologisch wirksamen Effekten auf das Kinopublikum.

Im Rahmen dieser Dissertation ist vor allem die dritte Bedeutung, das Dispositiv im Sinne Foucaults, relevant. Nun gilt es, sich dem Begriff des Dispositivs im Sinne von Foucault anzunähern: Für diesen ist ein Dispositiv

ein entschieden heterogenes Ensemble, das Diskurse, Institutionen, architekturale Einrichtungen, reglementierende Entscheidungen, Gesetze, administrative Maßnahmen, wissenschaftliche Aussagen, philosophische, moralische oder philanthropische Lehrsätze, kurz: Gesagtes ebensowohl wie Ungesagtes umfaßt. Soweit die Elemente des Dispositivs. Das Dispositiv selbst ist das Netz, das zwischen diesen Elementen geknüpft werden kann. (Foucault, 1978, S. 119f.)

Ein Dispositiv hat also einen Nicht-Ort, da es nicht einfach aus der Summation verschiedener Elemente besteht, sondern ein Netz ist, »das *zwischen* diesen Elementen geknüpft« (Foucault, 1978, S. 119f.; Hervorhebung d. Verf.) wird. Deutlich wird auch, dass ein Dispositiv bzw. eine Dispositivanalyse im Sinne Foucaults über Diskurse bzw. eine reine Diskursanalyse hinausgeht, da beispielsweise auch Institutionen, Reglemente und administrative Maßnahmen miteinbezogen werden. In Kapitel 3.3.3 wird auf diese Bestimmung des Dispositivs von Foucault (1978, S. 119f.) ausführlicher Bezug genommen.

Dispositive können, kurzgefasst, auch »als strukturierende und strukturierte Instanzen« verstanden werden (Bührmann & Schneider, 2007, S. 136). Bei einer Dispositivanalyse geht es um die Analyse der Verbindungen und Wechselwirkungen von gesellschaftlichen Macht- und Herrschaftsstrukturen,

von alltäglichen pädagogischen Praktiken und normativen Diskursen (Geoffroy, 2019, S. 65).
Foucault selbst weist explizit auf die Verknüpfung von Dispositiv und Macht hin. In einem Dispositiv gibt es »Strategien von Kräfteverhältnissen, die Typen von Wissen stützen und von diesen gestützt werden« (Foucault, 1978, S. 123), ein Dispositiv ist »immer in ein Spiel der Macht eingeschrieben, immer aber auch an eine Begrenzung oder besser gesagt: an Grenzen des Wissens gebunden, die daraus hervorgehen, es gleichwohl aber auch bedingen« (Foucault, 1978, S. 123).

Die Methode der Dispositivanalyse ist aus mehreren Gründen für das vorliegende Forschungsprojekt indiziert:

Erstens ist die Dispositivanalyse besonders gut geeignet, um das Phänomen der Macht im Rahmen dieser Arbeit zu untersuchen, welches gesamthaft in Kapitel 3.3 im Zentrum stehen wird:

1. Machtphänomene sind in der sonderpädagogischen Praxis besonders virulent (vgl. Herz & Zimmermann, 2018, S. 164). Eine Dispositivanalyse impliziert, auch Aspekte der Macht und Herrschaft in die Analyse miteinzubeziehen.
2. Macht soll nicht individualpsychologisch (miss-)verstanden werden, weswegen das Konzept eines Machtdispositives jedweden Solipsismus überwindet.
3. Da auch der strukturelle Umgang von Institutionen mit Macht analysiert werden soll, ist die Dispositivanalyse die Methode der Wahl, da sich mit ihr Institutionen methodisch erfassen lassen.

Zweitens sollen in dieser Arbeit ebenfalls Facetten einer Institution der strukturalen Psychoanalytischen Pädagogik, genauer die *École Expérimentale de Bonneuil* exemplarisch untersucht werden, was primär im Kapitel 2.2.3 und im Kapitel 3.3.3 geschieht. Auch hierfür ist die Dispositivanalyse indiziert:

1. Es sollen methodisch Ausschnitte einer Institution erfasst werden – genau dieses leistet eine Dispositivanalyse.
2. Es soll aufgezeigt werden, inwiefern dieses Dispositiv einer Institution der strukturalen Psychoanalyse die Subjektwerdung unterstützt. Foucault selbst beschreibt in *Subjekt und Macht* rückblickend über seine Forschungen, dass das Ziel die Analyse der »verschiedenen Formen der Subjektivierung des Menschen in unserer Kultur« gewesen sei (Foucault, 1982/2005a, S. 269).

Sowohl für das Thema «Macht» als auch zur Analyse *der École Expérimentale de Bonneuil* ist der Zugang über eine Dispositivanalyse angezeigt. Die zugrundliegenden Quellen für die Dispositivanalyse der Institution *École Expérimentale de Bonneuil* sind offizielle Texte: Die auf Deutsch und auf Französisch publizierten Schriften der Hauptgründerin von Bonneuil, Maud Mannoni, die Texte ihrer Schülerinnen und Schüler sowie die Sekundärliteratur werden hierfür einbezogen.

1.4.3 Falldarstellungen

Neben dem hermeneutischen Forschungsansatz und der Dispositivanalyse wird die vorliegende Dissertation auch, ganz in der Tradition Freuds und Lacans, Falldarstellungen aus der psychoanalytisch-pädagogischen Praxis verwenden. Nun könnte scheinbar ein einfacher Hinweis genügen, da Fallstudien erstens für »Freud das zentrale Erkenntnismittel« (Ahrbeck & Rauh, 2006b, S. 9) waren und zweitens auch später gewöhnlich innerhalb der psychoanalytischen Community als »Basis einer empirischen Annäherung an psychoanalytische Prozesse« (Leuzinger-Bohleber et al., 2002, S. 41ff.) dienten. Somit hätte diese Dissertation auch Anteil am Feld der Empirie. Da aber die Methode der Falldarstellungen in der Psychoanalyse einen besonderen Stellenwert hat, sei an dieser Stelle zur Darlegung der gewählten Methodik hierauf noch einmal ausführlicher eingegangen. Die Fallgeschichte als Methode stammt aus den frühesten Anfängen der Forschungen, die Freud die Psychoanalyse entdecken ließen.

> Ich bin nicht immer Psychotherapeut gewesen, sondern bin bei Lokaldiagnosen und Elektroprognostik erzogen worden wie andere Neuropathologen, und es berührt mich selbst noch eigentümlich, daß die Krankengeschichten, die ich schreibe, wie Novellen zu lesen sind, und daß sie sozusagen des ernsten Gepräges der Wissenschaftlichkeit entbehren. Ich muß mich damit trösten, daß für dieses Ergebnis die Natur des Gegenstandes offenbar eher verantwortlich zu machen ist als meine Vorliebe; Lokaldiagnostik und elektrische Reaktionen kommen bei dem Studium der Hysterie eben nicht zur Geltung, während eine eingehende Darstellung der seelischen Vorgänge, wie man sie vom Dichter zu erhalten gewohnt ist, mir gestattet, bei Anwendung einiger weniger psychologischer Formeln doch eine Art von Einsicht in den Hergang der Hysterie zu gewinnen. (Freud & Breuer, 1895d 1893–1895, S. 227)

Diese Passage Freuds aus dem Jahr 1895 wird häufig als die Gründungsszene der Psychoanalyse gedeutet (Prasse 2004; Schuller, 2006), da Krankengeschichten und Novellen gleichgesetzt werden und sich eine neue Form der Wissensgenerierung jenseits der Dichotomie von bloß Gedachtem und Wirklichem in der Wissenschaft etabliert: »Mit der Reflexion darauf, dass eine bislang der Literatur vorbehaltene Darstellungsweise in den wissenschaftlichen Diskurs einzieht, wird das, was unter dem Titel der ›Realität‹ verhandelt wird, innerhalb und mit der Psychoanalyse problematisch« (Schuller, 2006, S. 207). Freud selbst weist explizit darauf hin, dass das literarische Verfahren, die Kranken*geschichten,* als der »Natur des Gegenstandes« angemessen für die sich gerade entwickelnde Psychoanalyse sei. Nota bene: Der heute übliche Begriff von »Fallgeschichte« ist jüngeren Ursprungs und hat sich im deutschsprachigen Raum erst nach dem Zweiten Weltkrieg durchgesetzt (vgl. Goldmann, 2011, S. 44).

Diese »Wahrheit der Fiktion« in den Fallgeschichten (Prasse, 2004, S. 190) führt Freud in einen Brief an seinen Freund Wilhelm Fließ später näher aus. Ursprünglich sah Freud die Ätiologie der Neurosen, genauer von Hysterie und von Hysterie mit Zwangsvorstellungen in realen sexuellen Übergriffen von Erwachsenen in der Kindheit (Freud & Breuer, 1895d 1893–1895, S. 444), was in der Forschung gewöhnlich als *Verführungstheorie* (Masson, 1984) bezeichnet wird (womit durch die Bezeichnung »Verführungstheorie« keinesfalls der sexuelle Missbrauch an Kindern bagatellisiert werden soll). Genauer widerrief Freud am 21. September 1897 in dem erwähnten Brief an Fliess die sogenannte Verführungstheorie der Neurosen: »Und nun will ich Dir sofort das große Geheimnis anvertrauen, das mir in den letzten Monaten langsam gedämmert hat. Ich glaube an meine Neurotica nicht mehr« (Freud, 1887–1904/1999, S. 283). Aus mehreren Gründen verwarf Freud diese Verführungstheorie. Seine »Motive zum Unglauben« (Freud, 1887–1904/1999, S. 283) sind unter anderem erstens die Unmöglichkeit, unter diesen Annahmen «eine Analyse zum wirklichen Abschluß zu bringen« und zweitens die angenommene, ausschließliche väterliche Ätiologie bei den Neurosen, welche zum Schluss führt, »daß in sämtlichen Fällen der Vater als pervers beschuldigt werden mußte, mein eigener nicht ausgeschlossen« (Freud, 1887–1904/1999, S. 283). Für die methodische Bedeutung der Fallgeschichten ist aber der dritte Grund, der maßgeblich zum Aufgeben der sogenannten Verführungstheorie beitrug, der entscheidendste:

> Dann drittens die sichere Einsicht, daß es im Unbewußten ein Realitätszeichen nicht gibt, so daß man die Wahrheit und die mit Affekt besetzte Fiktion nicht unterscheiden kann. (Demnach blieb die Lösung übrig, daß die sexuelle Phantasie sich regelmäßig des Themas der Eltern bemächtigt.). (Freud, 1887–1904/1999, S. 284)

Wollte Freud ursprünglich noch zu Zeiten seiner Verführungstheorie »auf das Tatsächliche, auf die Wirklichkeit, die er hinter den Entstellungen der Erinnerung und der Vieldeutigkeit der Symptome seiner Neurotiker zu erfassen suchte« (Prasse, 2004, S. 191) stoßen, bemerkte er mit dem Aufgeben der Verführungstheorie die schon erwähnte »Wahrheit der Fiktion« (Prasse, 2004, S. 190) in den Erzählungen seiner Patientinnen – und erkannte, dass den (hysterischen) Symptomen eben keine unmittelbaren Realitätszeichen entsprechen. Hiermit erfolgt ein Anerkennen der psychischen Realität, welche, obzwar wesentlich aus Fiktionen bestehend, realitätsbildend wirkt und zu Symptomen führen kann. Keinesfalls geht es um ein Feststellen der historischen Wahrheit. Durch die gewählte Form der Fallgeschichten ist, so Prasse, der »Weg frei für sein neues Denken, daß es hier um eine andere Wahrheit ging als um eine naturwissenschaftlich nachweisbare ›Wirklichkeit‹« (Prasse, 2004, S. 191). In Fallgeschichten ist diese »Wahrheit der Fiktion«, so Schuller, »nicht nur als ein Thema der Psychoanalyse, sondern als ein Moment ihres eigenen Verfahrens inauguriert« (Schuller, 2006, S. 209). Fallgeschichten sind demnach bestens geeignet, um die psychische Realität und damit einhergehend das Unbewusste als den anderen Schauplatz in eine literarische und nachvollziehbare Form zu bringen.

Diese mit der Methode der Fallgeschichte vorgenommene Abkehr von der Methodik der Naturwissenschaften bleibt freilich nicht ohne Protest. Thomä und Kächele (2006) weisen auf den weitverbreiteten Vorwurf hin, der auf F. Kraus zurückgehen soll, dass in Fallgeschichten häufig »der Psychoanalytiker die Ostereier [finde], die er vorher selbst versteckt habe« (Thomä & Kächele, 2006, S. 79) – ein Einwand, den die vorliegende Dissertation bedenken wird. Andere Kritiker wiederum bemängeln beispielsweise das von Freud selbst (Freud & Breuer, 1895d 1893–1895, S. 227) erwähnte Fehlen »des ernsten Gepräges der Wissenschaftlichkeit« (Brockmann & Kirsch, 2012, S. 220; Meyer, 1994). Gemäß Brockmann und Kirsch demonstrierten Fallgeschichten, »wie weit sich wissenschaftliche Diskurse in der Psychoanalyse von aktuellen, wissenschaftlichen Standards (Systematik, Methodik und Überprüfbarkeit etc.) entfernt haben« (Brockmann & Kirsch, 2012, S. 222) und plädieren dafür, dass die Hauptgütekriterien der psychometrischen Testtheorie wie Reliabilität und Validität für psychoanalytische Fallgeschichten anzuwenden seien (Brockmann & Kirsch, 2012, S. 226). Dieses ist jedoch in mehreren Hinsichten problematisch: Erstens wird hier Wissenschaft mit Naturwissenschaft gleichgesetzt. Dieses würde aber »einen methodologischen Monismus und einen sehr normativen Begriff von Wissenschaft voraussetzen, der methodisch kontrolliertes Handeln, wie es zum Beispiel die Psychoanalyse vornimmt, nicht als hinreichendes Kriterium für Wissenschaftlichkeit akzeptiert« (Langnickel & Markowitsch, 2009, S. 161). Zweitens wird versucht, Gütekriterien, welche ursprünglich für quantitative, psychometrische Messverfahren entwickelt wurden, auf ein anderes Feld, das der Psychoanalyse, zu übertragen. In Fallgeschichten steht das Subjekt mit seinem Begehren im Zentrum, was nicht ohne Verlust des Unbewussten quantifiziert werden kann. Quantitative Methoden sind, so Green, »weit davon entfernt […] einer Untersuchung des psychischen Unbewussten angemessen zu sein« (Green, 2004, S. 41). Jeder Fall, wenn das Subjekt des Unbewussten in Betracht gezogen wird, ist einzigartig und erfordert, immer auch aus einer Position des Nicht-Wissens angesehen zu werden.

Kommen wir nun zu einem möglichen Übertrag der Methodik der psychoanalytischen Fallgeschichten auf das Feld der Psychoanalytischen Pädagogik. Datler plädiert klar dafür, Fallgeschichten als Methode der Wahl sowohl für die Psychoanalyse als auch für die Psychoanalytische Pädagogik anzusehen: »[D]ie Bezugnahme auf Falldarstellungen [entspricht] dem spezifischen Gegenstand von Psychoanalyse – und somit auch dem spezifischen Gegenstand von Psychoanalytischer Pädagogik« (Datler, 2004, S. 9). Da sowohl die Psychoanalyse als auch die Psychoanalytische Pädagogik Manifestationen des Unbewussten zum Gegenstand haben, ergibt sich aus dem gleichen Gegenstand auch eine gleiche Methodik.

Ahrbeck und Rauh konstatieren in ihrem Werk *Der Fall des schwierigen Kindes. Psychoanalytische Beiträge zu Therapie, Diagnostik und Schulpädagogik* (2006a), dass in der Pädagogik bei Verhaltensstörungen Falldarstellungen eher selten zu finden sind (Ahrbeck & Rauh, 2006b, S. 7). Dieses ist, so Ahrbeck und Rauh, ein Desiderat: Der Klientel der Pädagogik bei Verhaltensstörungen, welche unter anderem durch dramatisches Ausagieren für die pädagogischen Fachpersonen oftmals zum »Fall« wird, kann mit allgemeinen didaktischen, pädagogischen oder therapeutischen Konzepten nicht angemessen pädagogisch begegnet werden (Ahrbeck & Rauh, 2006b, S. 7) – das Leiden am Symptom ist häufig auf Seiten der pädagogischen Fachpersonen. Der primäre Rückgriff auf Theorien, die nur das Allgemeine in einem konkreten Fall erfassen, berücksichtigt einerseits gerade nicht das konkrete Subjekt. Dieser Fall wird dann, »›ein Fall von‹, ein Fall von Alkoholismus, ein Fall von autoritärer Gegenabhängigkeit usw.« (Körner, 1995, S. 711). Andererseits sind »modisch geschickt verpackte Praxisanleitungen« oft zu anspruchslos (Ahrbeck & Rauh, 2006b, S. 7). Um »den oft tiefen Graben zwischen theoretischen Erkenntnissen und einer gehaltvollen Praxis zu überwinden« (Ahrbeck & Rauh, 2006b, S. 8), votieren Ahrbeck und Rauh klar für den vermehrten Einsatz von Fallgeschichten in der Pädagogik bei Verhaltensstörungen. Fallgeschichten sind auch deshalb ein wichtiger Bestandteil für die Transmission der Methode der Psychoanalytischen Pädagogik, da sie das Subjekt ins Zentrum stellen. Fallgeschichten pendeln zwischen dem Besonderen, dem Einzelfall und dem Allgemeinen und zwar so, »daß sich entlang dieser Bewegung die Geschichte einer Betreuung, Beratung oder Therapie erzählen läßt« (Körner, 1997, S. 710). Die klassische Dichotomie in der Forschung aus top-down und bottom-up kann mit der Methode der Fallgeschichte überwunden werden, wenn aus dem Besonderen, dem konkreten Fall, etwas Allgemeines entwickelt wird und wenn sich aus dem Allgemeinen, der Theorie, das Besondere des konkreten Falls erschließen lässt (Storck, 2016, S. 17).

1.4.4 Zusammenfassung der Methodik

Durch den Einbezug von Fallgeschichten und den hermeneutischen Ansatz folgen die Methoden dieser Arbeit der Erkenntnistheorie der klassischen Psychoanalyse (Warsitz & Küchenhoff, 2015). Durch den Einbezug einer strukturalen Psychoanalytischen Hermeneutik wird auch die Methodik der strukturalen Psychoanalyse berücksichtigt. Der Ansatz der Dispositivanalyse von Foucault (1978) erweitert das Korpus der Methoden der klassischen und strukturalen Psychoanalyse um eine (post-)strukturalistische Methodik. Anbei eine kurze Übersicht, wofür welche Methode angewendet wird:

1. Die klassische hermeneutische Methode wird für die Exegese der Primärliteratur verwendet. Diese ist vor allem für die Theoriebildung der Psychoanaly-

tischen Pädagogik und der Sonderpädagogik relevant, da zentrale Theoreme und die Klinik der strukturalen Psychoanalyse für die sonderpädagogische Theoriebildung (Hechler, 2019, S. 247) und für die Psychoanalytische Pädagogik übersetzt werden sollen.
2. Die Methode der Fallgeschichten wird für einzelne Subjekte verwendet, um den Effekt der Berücksichtigung der Gespaltenheit des Subjekts im Sinne der Verminderung von Leiden zu demonstrieren und um das Subjekt selbst zu Wort kommen zu lassen.
3. Die Methode der strukturalen psychoanalytischen Hermeneutik wird zur Interpretation der Fallgeschichten angewandt, da auf diese Weise auf die unsinnigen Manifestationen des Unbewussten angemessen eingegangen werden kann.
4. Die Methode der Dispositivanalyse wird für strukturelle Fragen einer pädagogischen Institution verwendet.

1.5 Linguistische Hinweise

Die Sprache und das Sprechen nehmen innerhalb des Strukturalismus und der strukturalen Psychoanalyse eine besondere Rolle ein. Der Ethnologe Claude Lévi-Strauss arbeitet in seinem Artikel *Die Wirksamkeit der Symbole* (1949/1967) strukturelle Homologien zwischen der Sprache und dem Unbewussten heraus, die sich wesentlich in der symbolischen Funktion beider zeigen.

Jacques Lacan wiederholte an verschiedenen Stellen seines Werkes, dass das Unbewusste wie eine Sprache strukturiert sei, so beispielsweise in seinem elften Seminar *Die vier Grundbegriffe der Psychoanalyse:* »Soll die Psychoanalyse sich als Wissenschaft vom Unbewußten konstituieren, ist davon auszugehen, daß das Unbewußte wie eine Sprache strukturiert ist« (Lacan, 1964/2017, S. 213; vgl. Lacan 1967/2001, S. 333).

Aus diesem Grund folgen einige kurze Anmerkungen zu den gewählten Schreibweisen in dieser Arbeit: Der Begriff »Psychoanalytische Pädagogik« wird, dem Vorschlag von Datler, Fürstaller und Winninger folgend, als feststehender Begriff gebraucht und großgeschrieben »um zum Ausdruck zu bringen, dass der Begriff ›Psychoanalytische Pädagogik‹ – den Begriffen ›Allgemeine Pädagogik‹ oder ›Empirische Pädagogik‹ ähnlich – eine erziehungswissenschaftliche Teildisziplin bezeichnet« (Datler et al, 2015, S. 16).

In Hinblick auf eine mögliche gendersensible Schreibweise ist Folgendes zu konstatieren: Prioritär werden neutrale Formulierungen verwendet. Wo dieses inhaltlich oder stilistisch unpassend ist, werden Doppelformulierungen gewählt, wobei die weibliche Form in der Regel zuerst genannt wird – es sei denn, die Aussagen beziehen sich beispielsweise nur auf Männer.

1.6 Hinweise zu den Manuskripten

Diese Dissertation ist eine publikationsbasierte Publikation, welche aus insgesamt fünf Beiträgen, von denen alle schon veröffentlicht sind und von denen zwei Beiträge ein Peer-Review-Verfahren durchlaufen haben, besteht. Diese Beiträge sind in eine Rahmenschrift eingebettet. Aus Gründen der Vereinheitlichung und der besseren Orientierung für die Leserin und den Leser wurden alle Literaturverzeichnisse der Manuskripte und der Rahmenschrift in ein allgemeines Literaturverzeichnis überführt und die Zitationsweise in den Manuskripten wurde durchgehend an den APA-Style angepasst, genauer an die aktuelle siebte Fassung (APA, 2020). Bei den Quellenangaben wird in einigen wenigen Ausnahmefällen vom APA-Style abgewichen. Dieses betrifft die Werke Freuds, Lacans, Mannonis und Doltos. Freud wird, sofern die Quelle in die Gesammelten Werke aufgenommen ist, nach dem Werkverzeichnis in chronologischer Ordnung von Meyer-Palmedo und Fichtner (1999) zitiert. Bei dieser Zitationsweise erfolgt, im Gegensatz zu der üblichen a/b Regel bei Dopplungen, für jeden Titel neben dem Jahr der Erstveröffentlichung auch die Angabe eines festgelegten Buchstabens, mit dem jedes Werk innerhalb eines Jahres eindeutig identifizierbar ist. Die Buchstaben markieren in aufsteigender Reihenfolge chronologisch das Erscheinen innerhalb eines Jahres. Bei Dolto und Mannoni wird jewouls auch das Jahr der französischen ersten Publikation angegeben, bei den Seminaren Lacans das Jahr, in dem das Seminar gehalten wurde. Dieses, um die Chronologie des Denkens nachvollziehbar zu machen.

Nicht übernommen wurden die Abstracts, da erstens nicht jedes publizierte Manuskript ein Abstract enthielt und zweitens aus Gründen der Vereinheitlichung für jeden Beitrag innerhalb der Rahmenschrift eine neue Hinführung geschrieben wurde. Es wurden nur kleinere sprachliche Änderungen an den Manuskripten vorgenommen.

Aus Präzisionsgründen wird in der vorliegenden Arbeit auch bei vergleichenden Zitaten in der Regel die Seite der jeweiligen Quelle angegeben, wo die sinngemäß entnommenen Aussagen ursprünglich verortet sind. Dies dient nicht nur der Nachvollziehbarkeit und Transparenz, sondern es soll neugierig machen auf die Originale und die Lesenden motivieren, insbesondere die Texte Freuds, Lacans, Mannonis und Doltos selbst zu rezipieren.

Folgende Manuskripte liegen den entsprechenden Kapiteln zugrunde:

- Kapitel 2.2.1 – Kapitel 2.2.4: Ambass, D., & Langnickel, R. (2020). Liebe, Hass und andere Obstakel: Ist psychoanalytische Pädagogik möglich? In D. Zimmermann, B. Rauh, & N. Welter (Hrsg.), Pädagogische Professionalisierung im Spannungsfeld von Integration der Emotionen und »neuen« Disziplinierungstechniken. Schriftenreihe der Kommission für Psychoanalytische Pädagogik (S. 149–171). Barbara Budrich Verlag.

- Kapitel 2.3.1– 2.3.5: Langnickel, R., & Link, P.-C. (2018). Freuds Rasiermesser und die Mentalisierungstheorie. In S. Gingelmaier, S. Taubner, & A. Ramberg (Hrsg.), Handbuch Mentalisierungsbasierte Pädagogik (S. 120–132). Vandenhoeck & Ruprecht.
- Kapitel 3.2.1 – Kap. 3.2.9: Langnickel, R., & Ambass, D. (2019). Vater-Mutter-Kind im frühkindlichen Bereich – drei gespaltene Subjekte? In Verein für Psychoanalytische Sozialarbeit (Hrsg.), Vermeidung der Welt und des Anderen: Überwiegen des Mütterlichen – Fehlen am Väterlichen? (S. 107–146). Brandes & Apsel.
- Kapitel 3.3.1 – Kapitel 3.3.4: Langnickel, R. (2020). Das umgekehrte Machtdispositiv der Pädagogik eines gespaltenen Subjekts: Orte der Psychoanalytischen Pädagogik als Gegenmacht. ESE – Emotionale und Soziale Entwicklung in der Pädagogik der Erziehungshilfe und bei Verhaltensstörungen – Macht und Ohnmacht bei psychosozialen Beeinträchtigungen, 2, S. 80–91. [peer-reviewed]
- Kapitel 4.2.1 – Kapitel 4.2.7: Langnickel, R., & Ambass, D. (2020). Das Spiel im Licht der strukturalen Psychoanalyse. Kinder- und Jugendlichen-Psychotherapie – Zeitschrift für Psychoanalyse und Tiefenpsychologie, 187(3), S. 355–385. [peer-reviewed]

2 Verortungen einer Pädagogik des gespaltenen Subjekts innerhalb der Psychoanalyse und der aktuellen Psychoanalytischen Pädagogik

2.1 Forschungsfragen

In diesem Kapitel wird eine Verortung der Pädagogik des gespaltenen Subjekts auf mehrfache Weise vorgenommen und es werden primär fünf Forschungsfragen erörtert. Zuerst erfolgt ein kurzer Überblick über diese Forschungsfragen, die im weiteren Verlauf noch mehr erläutert werden.

1. Welche Schwierigkeiten und Möglichkeiten gibt es bei einer Verbindung der beiden unterschiedlichen Disziplinen Psychoanalyse und Pädagogik?
   Dieses ist die grundlegendste Frage, da einige Protagonistinnen und Protagonisten der strukturalen Psychoanalyse wie Catherine Millot in Frankreich postulieren, dass eine Psychoanalytische Pädagogik nicht möglich, sondern vielmehr Ausdruck eines Phantasmas der Beherrschbarkeit des Unbewussten sei (Millot, 1979/1982, S. 186). Auch die deutschsprachigen lacanianischen Psychoanalytiker Schrübbers (Schrübbers, 1986, S. 120) und Karl-Josef Pazzini (Pazzini, 1993) argumentieren aus einer Perspektive der strukturalen Psychoanalyse und negieren die Möglichkeit einer Psychoanalytischen Pädagogik. Diese wichtigen Einwände sind zu prüfen, da eine Pädagogik des gespaltenen Subjekts die strukturale Psychoanalyse auf die Psychoanalytische Pädagogik und auch auf die Pädagogik bei Verhaltensstörungen übertragen will. Sollten gewichtige theorieimmanente Gründe der strukturalen Psychoanalyse gegen eine Kooperation der strukturalen Psychoanalyse und Pädagogik sprechen, müsste das Projekt einer Pädagogik des gespaltenen Subjekts im Status der Prolegomena verharren, da eine Umsetzung dieses Vorhabens dann nicht möglich wäre.
2. Wie lässt sich die französische Tradition dieser Verbindung für eine Pädagogik des gespaltenen Subjekts im deutschsprachigen Raum fruchtbar machen?
   Die zweite Frage wird dann virulent, wenn die Antwort auf die erste Frage positiv ausgefallen ist, d.h., wenn die Grundannahmen einer Pädagogik des gespaltenen Subjekts nicht in Widerspruch zu den Grundannahmen der strukturalen Psychoanalyse stehen sollten. In diesem Fall, wäre zu prüfen, welche Theoreme und welche Haltungen aus der psychoanalytischen Praxis relevant sein könnten.
3. Welche Rolle spielen Übertragungsphänomene, insbesondere Liebe und Hass als besonders wirkmächtige und häufige Formen der Übertragung, in einer Pädagogik des gespaltenen Subjekts?
   Diese Übertragungsphänomene sind sehr wirkmächtig und können die gesamte pädagogische Arbeit beeinflussen. Aufgrund dieser Wirkmacht wurden sie ausgesucht, um zu zeigen, welchen Erkenntnisgewinn eine Pädagogik des

gespaltenen Subjekts liefern kann – eben diese Erkenntnisse sind Voraussetzungen für mögliche Interventionen in der pädagogischen Praxis.
4. Wie wirkt ein Dispositiv einer strukturalen Psychoanalytischen Pädagogik an einem konkreten sozialen Ort?
Diese Frage prüft, ob es schon Orte einer realisierten strukturalen Psychoanalytischen Pädagogik gibt. Hierzu wird exemplarisch einen Ort, die Versuchsschule von Bonneuil, anhand des Dispositivs, das an diesem Ort wirkt, vorgestellt. Diese Frage ist ebenfalls grundlegend, weshalb sie bereits am Beginn der Arbeit erörtert wird. Ist eine strukturale Psychoanalytische Pädagogik möglicherweise eine bloße Utopie, die zwar innerhalb der Theorie Verbindungen herstellen kann, aber nicht in die Praxis umsetzbar ist?
5. Wie verhält sich eine Pädagogik des gespaltenen Subjekts zur jüngsten Form einer psychodynamischen Pädagogik, der mentalisierungsbasierten Pädagogik?
Mit dieser Frage soll die strukturale Psychoanalytische Pädagogik in Verbindung gesetzt werden zu der neuesten Variante der psychodynamischen Pädagogik. Durch einen Vergleich sollen Gemeinsamkeiten und Unterschiede herausgearbeitet werden, um Anschlussmöglichkeiten und Differenzen aufzuzeigen. Möglicherweise haben eine Pädagogik des gespaltenen Subjekts und die mentalisierungsbasierte Pädagogik verschiedene Anwendungsbereiche. Diese Frage ist relevant, weil hiermit auch die notwendige wissenschaftstheoretische Verortung einer Pädagogik des gespaltenen Subjekts erfolgen soll.

Die Fragen eins bis vier werden im Kapitel 2.2 erörtert und die fünfte Frage im Kapitel 2.3.

In den französischsprachigen Regionen in Europa wie in Frankreich und in der romanischen Schweiz entstand eine explizite Psychoanalytische Pädagogik erst relativ spät. Dieses steht im Gegensatz zur Geschichte der Psychoanalytischen Pädagogik im deutschsprachigen Raum. Im französischen Sprachraum ist dieser Begriff, entgegen der Verwendung im deutschen Sprachraum, eher wenig verbreitet. Mireille Cifali, ehemalige Lehrstuhlinhaberin der Professur mit dem Thema Psychoanalytische Beiträge zum Erziehungsfeld an der Genfer Fakultät für Psychologie und Erziehungswissenschaften, fasst diesen Umstand wie folgt zusammen:

> Im Gegensatz zu den deutschsprachigen Ländern in Europa gab es in den 20er und 30er Jahren weder in der romanischen Schweiz noch in Frankreich eine sogenannte »Psychoanalytische Pädagogik«. Vielleicht ist dies mit ein Grund, warum heute der Begriff in diesen Ländern nicht benutzt wird, ja sogar umstritten ist. (Cifali & Moll, 1994, S. 449)

Eine interessante Erklärung, warum dies nicht an theoretischen Vorbehalten gegenüber einer solchen Kooperation liegen müsse, liefert Patrick Bühler, ein ausgewiesener Experte zur Geschichte der Pädagogik. Er weist darauf hin, dass am Anfang die französische Psychoanalyserezeption über die französischsprachige Schweiz vermittelt wurde und an der Genfer Universität, einem »einflussreichen reformpädagogischen Zentrum [...] Psychoanalyse eben Teil der pädagogischen Psychologie [war]. Man braucht daher eine eigene psychoanalytische Pädagogik gar nicht erst zu entwickeln« (Bühler, 2014, S. 52). Zur damaligen Zeit war die Pädagogische Psychologie, im Gegensatz zu ihrer heutigen wissenschaftstheoretischen Positionierung, nicht positivistisch und noch offen für die Psychoanalyse. Umgekehrt werden in der gegenwärtigen Psychoanalytischen Pädagogik in Deutschland die Beiträge der romanischen Schweiz eher selten rezipiert. Jedoch wurde später innerhalb der französischen strukturalen Psychoanalyse nicht nur der Begriff der Psychoanalytischen Pädagogik negativ kritisiert, sondern das Projekt einer Psychoanalytischen Pädagogik in toto galt mitunter als disputabel:

> Die Lacan-Anhänger bestreiten, daß es zwischen Psychoanalyse und Erziehung überhaupt ein Verhältnis geben kann; sie denken, beide Bereiche hätten nichts miteinander zu tun. Die Psychoanalyse habe keine Relevanz für das pädagogische Handlungsfeld, außerdem werde die Psychoanalyse nur verfälscht, wenn sie sich auf das pädagogische Territorium wagt. (Cifali & Moll, 1995, S. 65)

Catherine Millot, Psychoanalytikerin und Professorin an der Universität Paris VIII, ist eine der wirkmächtigsten französischen Kritikerinnen lacanianischer Provenienz einer Psychoanalytischen Pädagogik. Die Annahme, dass das Unbewusste existiere, verunmögliche, so Millot, eine Psychoanalytische Pädagogik, da diese aufgrund dieses nicht regierbaren anderen Schauplatzes nicht über ein instrumentelles Wissen verfügen könne:

> Die Entdeckung des Unbewußten hat die notwendige Folge, jeden Versuch zur Errichtung einer pädagogischen Wissenschaft, die es erlauben würde, die Mittel zu bestimmen, die zur Erreichung eines gegebenen Ziels anzuwenden sind, zunichte zu machen. Aufgrund der Existenz des Unbewußten entzieht sich das Wesentliche der psychischen Entwicklung des Individuums jedem Beherrschungsversuch. Das in der psychoanalytischen Erfahrung erworbene Wissen über das Unbewußte kann nicht darüber hinaus von der Pädagogik angewandt werden, denn wenn auch die Psychoanalyse die psychischen Mechanismen klärt, auf die sich der Erziehungsprozess gründet, so vergrößert diese Klärung doch nicht die Beherrschung des Prozesses. (Millot, 1979/1982, S. 186)

Auch im deutschsprachigen Raum wird mitunter von Lacanianern bestritten, dass es eine Psychoanalytische Pädagogik geben könne. So plädiert die lacanianische Psychoanalytikerin Christiane Schrübbers dafür, dass Psychoanalyse und Pädagogik gerade nicht zusammengedacht werden können, da sie zwei völlig disparate Gegenstandsbereiche seien: »Psychoanalyse und Pädagogik, welche logische Bedeutung hat diese Kopula? Ich werde [...] zu zeigen versuchen, daß die Psychoanalyse mit der Pädagogik ungefähr so viel zu tun hat wie mit dem Schiffsbau« (Schrübbers, 1986, S. 120). Jedweder Versuch einer Kooperation von Psychoanalyse und Pädagogik berge, so Schrübbers, die Gefahr in sich, dass die Psychoanalyse verfälscht beziehungsweise hinter der Radikalität von Freuds Begrifflichkeiten zurückbliebe: »Dabei wird dann das Unbewußte zu einem Vorbewußten, die Triebe zu Emotionen, die Übertragung zu einer Interaktionstheorie: kurz, die Psychoanalyse verliert ihre radikalen Konzepte, die Freud immer als die Stützen seiner Lehre ausgezeichnet hat« (Schrübbers, 1986, S. 120). Den Kernkonzepten der Psychoanalyse wie dem Unbewussten, dem Trieb und der Übertragung drohe ein ungewisses Begriffsschicksal, weshalb Schrübbers für eine klare Separation der beiden Disziplinen votiert, es solle »der Psychoanalytiker dem Pädagogen die Pädagogik überlassen […] und der Pädagoge dem Psychoanalytiker die Psychoanalyse« (Schrübbers, 1986, S. 120). Jedoch sei kritisch angemerkt, dass die Radikalitätsmetapher zur Kennzeichnung von Freuds pädagogischer Auffassung, welche interessanterweise auch von Gerspach verwendet wird (Gerspach, 2018a), teilweise selbst Ausdruck eines Phantasmas sein könnte, welches Radikalität als Ausweis von theoretischer Güte begreift. Man kann in der negativen Kritik von Schrübbers (Schrübbers, 1986, S. 120) aus dem Jahr 1986 jedoch auch avant la lettre eine Beschreibung der Mentalisierungsbasierten Pädagogik sehen, welche weniger radikal eine Kooperation von Pädagogik und psychodynamischen Ansätzen verwirklicht hat und mit Erfolg vom Vorbewussten, Emotionen und der Interaktionstheorie ausgeht.

Auch der Lacanianer Karl-Josef Pazzini führt gleich mehrere Gründe für eine klare Trennung von Psychoanalyse und Pädagogik an: Erstens sei die Pädagogik eine Praxis des Sehens im Gegensatz zur Psychoanalyse, die eine Praxis des Hörens sei (Pazzini, 1993). Fraglich ist jedoch, ob die Pädagogik wirklich keine Praxis des Hörens ist. Denn die pädagogische Praxis des Hörens fängt beim Zuhören im pädagogischen Gespräch an, geht über Hörübungen in der Musikpädagogik und hat ihren festen Platz in einer sich als ästhetische Pädagogik verstehenden geisteswissenschaftlichen Pädagogik. Zweitens werde idealtypischerweise in der Psychoanalyse gerade nicht moralisch gewertet, doch ebensolche moralischen Wertungen seien für die Pädagogik unverzichtbar. Die Geschichte der Psychoanalyse zeigt jedoch, dass manche Proponentinnen und Proponenten der Psychoanalyse durchaus und problematisch moralisch gewertet haben, wie am Beispiel der Homosexualität deutlich wird. Die wirkmächtigen Positionen von Anna Freud und Otto Kernberg trugen dazu bei, dass es innerhalb der Geschichte der Psychoanalyse zu einer Stigmatisierung und Pathologisierung der Homosexualität (Henze et al., 2019, S. 14) kommen konnte und zu mehr als fragwürdigen Normalisierungstendenzen. Homosexuelle wurden auch nach der Entpathologisierung weiterhin an manchen psychoanalytischen Instituten von der Ausbildung zur Psychoanalytikerin bzw. zum Psychoanalytiker exkludiert (Henze et al., 2019, S. 14). Drittens habe die Psychoanalyse, im Gegensatz zur Pädagogik, ein Setting, welches klar vom Alltag abgegrenzt sei. Eben dieses Setting ermögliche aber erst die Analyse (vgl. Figdor, 1993). Allerdings ist es fraglich, warum das Unbewusste sich nicht auch im (pädagogischen) Alltag zeigen sollte, da unser anderer Schauplatz immer wirkmächtig ist und nicht nur auf der Couch seine Wirkungen zeigt.

Und trotz dieser Einwände gibt es, wie Cifali und Moll konstatieren, im frankophonen Raum eine Psychoanalytische Pädagogik, es »wird an Universitäten, in pädagogischen Instituten, in der Weiterbildung der Lehrer und an einigen Schulen im Sinne einer psychoanalytischen Pädagogik gearbeitet« (Cifali & Moll, 1994, S. 449). Als Reaktion auf das Werk von Millot (1979/1982) publizierte Cifali 1982 *Freud pédagogue? Psychanalyse et éducation*. In diesem Werk zeichnet Cifali ein gänzlich anderes Bild von der Anwendung der Psychoanalyse auf die Pädagogik als Millot und demonstriert, dass Freud erstens die Bedeutung der Ausweitung der Entdeckungen der Psychoanalyse auf das Feld der Pädagogik bewusst ist und dass er zweitens für einen solchen Transfer ausdrücklich votierte (Cifali, 1982). Und auch der Zulligerexperte und Übersetzer des Werks von Cifali, Beat Manz, ordnet Françoise Dolto und Maud Mannoni, welche sich explizit in ihrer theoretischen und praktischen Arbeit auf Lacan beziehen, in seinem geschichtlichen Abriss der Psychoanalytischen Pädagogik in die Ahnenreihe der Psychoanalytischen Pädagogik ein (Manz, 2013, S. 175).

Exemplarisch beschäftigt sich das Kapitel in einem ersten Schritt mit dem Werk *Freud, Antipädagoge* von *Millot* (1979/1982). Dieses Werk ist bis heute eine der wichtigsten Quellen für eine Kritik an einer Psychoanalytischen Pädagogik aus lacanianischer Perspektive und wird beispielsweise auch von Jean-Marie Weber (2015) als grundlegende Quelle für die »Thematik der Verhältnisbestimmung und des Selbstverständnisses einer Psychoanalytischen Pädagogik« (Weber, 2015, S. 15) angegeben. Gezielte erzieherische Eingriffe in die Triebstruktur der Kinder seien aufgrund der Verfasstheit der Triebe und des Unbewussten so gut wie unmöglich (Millot, 1979/1982), was zu einer klaren Separation von Psychoanalyse und Pädagogik führen müsse. Zuerst wird in dem Beitrag die vermeintliche Unmöglichkeit einer Psychoanalytischen Pädagogik dargestellt, die auf der Annahme beruht, dass es ein Wissen über das Unbewusste gebe, welches ermögliche, über dieses zu herrschen. Leitend ist die Frage, ob und wie sich Pädagogik und Psychoanalyse zu einer Disziplin verbinden lassen und ob die französische Tradition dieser Verbindung, trotz der vorgebrachten Einwände Millots, für die Psychoanalytische Pädagogik im deutschsprachigen Raum fruchtbar gemacht werden kann. Hierzu werden unter Bezugnahme auf Millots *Freud, Antipädagoge* die einzelnen Stationen der Auseinandersetzung Freuds mit neurotischen Entwicklungen und ihrem Bezug zur Erziehung dargestellt.

In einem zweiten Schritt werden wirkmächtige Manifestationen unserer Triebstruktur, genauer Liebe und Hass, ins Zentrum der Analyse gestellt, da diese im pädagogischen Alltag ständig vorkommen und fundamentale Auswirkungen haben können. Die freudsche und strukturale Psychoanalyse sowie die Psychoanalytische Pädagogik heben den Zusammenhang zwischen Liebe, Hass und Erziehung hervor. So postulierte Hans Zulliger, einer der Pioniere der Psychoanalytischen Pädagogik, in drastischen Worten den Zusammenhang zwischen Liebe, Hass und Erziehung:

> Wenn wir die Triebfedern, die uns Erwachsene dazu bringen, die Kinder zu erziehen, vereinfachen, stoßen wir zuletzt auf die Liebe und auf Regungen der Abneigung – und diese ist ein Abkömmling des Hasses. Unser Haß ist als eine Grundbedingung bei der Erziehung ebenso mittätig wie die Liebe […] Wir können grob, aber scharf formuliert sagen: Wir erziehen unsere Kinder, weil wir sie lieben […] und wir erziehen sie um sie nicht totschlagen zu müssen. Bewußt ist uns jedoch nur der Teil, die Liebe. (Zulliger, 1960, S. 250)

Bemerkenswert ist, dass schon Zulliger darauf hinweist hat, dass von den Erziehenden in der Regel der Hass verleugnet wird. In der Geschichte der Pädagogik und auch der Psychoanalytischen Pädagogik ist der Hass etwas, was zumeist als überwunden erscheint. Die Ermangelung des Hasses zeigt sich schon bei Pestalozzi. Im sogenannten Stanser Brief schreibt dieser: »Meine Hand lag in ihrer Hand, mein Aug' ruhte auf ihrem Aug. Meine Tränen flossen mit den ihrigen und mein Lächeln begleitete das ihrige« (Pestalozzi, 1980, S. 13f.). Aus diesem Grund wird Pestalozzi beziehungsweise der Stanser Brief mitunter auch als Werk bezeichnet, in dem »der pädagogische Eros geradezu besungen wird« (Ackermann, 1997, S. 71). Auch psychoanalytischen Pädagogen scheint, wie von Zulliger postuliert, mitunter der Hass nicht bewusst zu sein. So äußert sich Aichhorn in dem Klassiker *Verwahrloste Jugend:* »Ich erinnere mich noch der Spannung, mit der wir den ersten Zögling erwarteten, und seines Behagens, als wir uns auf ihn stürzten, um ihn zu verwöhnen« (Aichhorn, 1925, S. 192; vgl. hierzu Fickler-Stang, 2019, S. 194). Nun könnte man einwenden, dass, nur weil ein Pädagoge an manchen Stellen seines Werkes über seine »Liebe« zu jungen Menschen schreibt, diese nicht impliziere, dass er fortwährend dem Phantasma des pädagogischen Eros folge und nicht auch den Hass an anderer Stelle seiner Werke einbeziehe. Dieses aus dem Grund, da man nicht verlangen könne, dass ein Pädagoge Gefühle stets ambivalent empfinden kann oder muss, die ja durchaus in Bezug auf verschiedene Menschen und Zeiten unterschiedlich sein können. Dennoch sei an dieser Stelle festgehalten, dass es in der Pädagogik bei Pestalozzi und Aichhorn eine Tendenz gibt, welche das Phänomen des Hasses bei sich selbst verdrängt respektive aufseiten ihrer Klientel verleugnet.

Diesen Linien folgend, empfiehlt Aichhorn ganz im Sinne eines Postulats bedingungsloser Liebe, mit delinquenten Jugendlichen wie folgt umzugehen: »Die Aussprache mit ihnen und mildes Verzeihen bis zur äußersten Grenze hatten wir immer als das wertvollste Erziehungsmittel kennen gelernt« (Aichhorn, 1925, S. 208). Diese grenzenlose Liebe wurde schon früh kritisiert. So warnte die Kinderanalytikerin und Psychoanalytische Pädagogin Stefanie Bornstein vor dem Missverständnis, dass eine Psychoanalytische Pädagogik nur noch »verzeiht, irgendwie versteht« (Bornstein 1937, S. 89).

Später wurde diese Haltung der bedingungslosen Liebe von Bruno Bettelheim wieder aufgegriffen, der in seiner Milieutherapie von einer unbegrenzten Bedürfnisbefriedigung ausging (Bettelheim, 1970, S. 36). Ein Umstand, den später Schäfer nach den »*notwendigen Grenzen der Liebe* in der Pädagogik [Hervorhebung im Original]« (1997, S. 58) fragen ließ. Fickler-Stang weist pointiert in ihrer Dissertation auf die konzeptuellen Mängel der Übertragung bei Aichhorn und Bettelheim hin:

> Fast gänzlich ausgespart blieb die negative Übertragung und im Zusammenhang damit Fragen der Entidealisierung und des Neubeginns. Die Auseinandersetzung mit der negativen Übertragung ist gerade im Umgang mit dissozialen und delinquenten Kindern und Jugendlichen von besonderer Bedeutung, wenn vor allem Gefühle wie Hass und Wut in die Beziehung eingebracht werden. Gefährliche Beziehungskonstellationen bei schwer gestörten Kindern zeigen sich beispielsweise in der Biografie Bruno Bettelheims, der selbst in eine schwierige Position gegenüber den Kindern gekommen ist. (Fickler-Stang, 2019, S. 194)

Für eine Pädagogik des gespaltenen Subjekts steht nicht die umfassende und sofortige Befriedigung der Bedürfnisse im Zentrum, sondern das Subjekt mit seinen Wünschen, seinem Begehren. Hierzu bedarf es aber keiner absoluten Fülle, sondern es genügt das Einführen und Aushalten des Mangels, da bei einer umfassenden Bedürfnisbefriedung das Subjekt als solches gerade nicht adressiert wird, es ist reduziert auf seine physiologischen Grundbedürfnisse, kann so nicht zu seinem eigenen Begehren kommen und verbleibt in einer Abhängigkeit zur erziehenden Person. Die heftigen Manifestationen des Hasses nach dem Suizid von Bruno Bettelheim zeigen, so die von Schäfer geäußerte Vermutung, dass es ein »Reservoir individuell und kollektiv verdrängten Hasses gegeben habe« (Schäfer, 1997, S. 65), dass eine Institution »die noch mehr als Liebe geben wollte, auch Gewalt und Haß erzeugte« (Schäfer, 1997, S. 57) – die in Theorie und Praxis verdrängten und verleugneten Hassphänomene haben sich nun vielleicht eine Bahn gesucht und tauchten im Realen wieder auf. Es ist ein Ziel dieses Kapitels, dass nicht nur die Liebe, sondern auch der Hass in der Psychoanalytischen Pädagogik und in der Pädagogik bei Verhaltensstörungen anerkannt wird, um durch diese Anerkennung einen anderen pädagogischen Umgang mit diesem Phänomen zu erreichen.

Die Liebe ist aber auch in anderer Hinsicht relevant für die Psychoanalytische Pädagogik, sie ist gemäß Freud Voraussetzung für die konkrete pädagogische Arbeit, genauer die Bedingung der Möglichkeit von Erziehung:

Die Erziehung kann ohne weitere Bedenken als Anregung zur Überwindung des Lustprinzips, zur Ersetzung desselben durch das Realitätsprinzip beschrieben werden; sie will also jenem das Ich betreffenden Entwicklungsprozeß eine Nachhilfe bieten, bedient sich zu diesem Zwecke der Liebesprämien von Seiten der Erzieher und schlägt darum fehl, wenn das *verwöhnte Kind* glaubt, daß es diese *Liebe ohnedies besitzt* und ihrer unter keinen Umständen verlustig werden kann (Freud, 1911b, S. 236, Hervorhebung d. Verf.).

Zumindest die Möglichkeit, dass das Kind glaubt, die Liebe verlieren zu können, ist notwendig dafür, dass das Kind sich dem Realitätsprinzip unterordnet. Ohne ein Liebesverlangen des Kindes kann das Lustprinzip nicht aufgegeben werden. Auch Millot betont den Zusammenhang zwischen Liebe und Erziehbarkeit, die Liebe ist die pädagogisch gangbare Münze, die man für den pädagogisch verlangten Triebverzicht erhält:

> Die erzieherischen Maßnahmen bestehen im Wesentlichen darin, vom Kind zu fordern, daß es ein gewisses Maß an Unlust; wie der Verzicht auf unmittelbare Triebbefriedigung sie darstellt, erträgt, um eine andere Lust zu erlangen. Die *Liebe als Entschädigung,* das heißt eine Befriedigung sexueller Ordnung, stellt diese Lust dar, um derentwillen das Kind die auferlegte Unlust akzeptieren wird. (Millot, 1979/1982, S. 69)

Ein weiteres wichtiges Moment der Liebe für die Pädagogik eines gespaltenen Subjekts ist die Liebe als eines der wichtigsten Übertragungsphänomene. Freud wies in einen Brief an C. G. Jung hinsichtlich des Falls Sabina Spielrein darauf hin, dass die Psychoanalyse mit der Liebe arbeiten müsse. Gleichwohl gelte es, auf die Gefahren dieses Übertragungsphänomens zu achten: »Verleumdet und von der Liebe, mit der wir operieren, versengt zu werden, das sind unsere Berufsgefahren, derentwegen wir den Beruf wirklich nicht aufgeben werden« (Freud & Jung, 1984, S. 102). In der psychoanalytischen Arbeit werde man, so Freud, mit der Allgegenwart des Liebesphänomens immer wieder konfrontiert: »Jede psychoanalytische Behandlung ist der Versuch, verdrängte Liebe zu befreien, die in einem Symptom einen kümmerlichen Kompromißausweg gefunden hat« (Freud, 1907a 1906, S. 118). Weiter führt Freud aus, dass die Psychoanalyse eigentlich »eine Heilung durch Liebe« sei und ordnet die Liebe explizit den Übertragungsphänomenen zu (Freud & Jung, 1984, S. 10). Wer von der Liebe redet, darf also von der Übertragung nicht schweigen. Auch Lacan setzt Übertragung und Liebe in eins: »Die Übertragung, das ist Liebe« (Lacan, 1953–1954/1978, S. 118) und weist, in Anspielung auf den Fall Anna O., darauf hin: »Im Anfang der analytischen Erfahrung, rufen wir es uns in Erinnerung, war die Liebe« (Lacan, 1960–1961/2008, S. 15).

Was passiert, wenn man Liebe und Hass als Übertragungsphänomene nicht genügend konzeptuell erfasst, zeigt sich im Kontext sexualisierter Gewalt in der Pädagogik. Manche reformpädagogischen Ansätze proklamierten eine Überwindung der traditionellen bürgerlichen Schranken auch in der Sexualmoral. Dort war leider zu oft von der Liebe des Knaben zum männlichen Erzieher und vice versa die Rede und das Phantasma des »pädagogischen Eros« (Hentig, 2009) konnte seine Wirkungen zeigen. Folgendes Zitat von Hartmut von Hentig, einem Reformpädagogen und Initiatoren zweier renommierte Reformschulen in Bielefeld, der Laborschule (Lehrergruppe Laborschule, 1977) und des Oberstufenkollegs, veranschaulicht die phantasmatische Dimension des pädagogischen Eros mitsamt seinen Abgründen:

Dass man Kinder mögen muss, um ihr Erzieher sein zu können, wird leicht dahergeredet. Man erspart sich damit die Einsicht, dass dieses »Mögen« mehr sein muss als die Abwesenheit von Unlust und Ungeduld oder bloßes Aushalten aus Pflicht. Es muss eine Freude an ihrer Lebhaftigkeit und zunehmenden Freiheit, Neugier auf ihren Wandel, Wohlgefallen an ihrer Wohlgestalt einschließen – und von daher eine Bereitschaft, mit ihnen zu teilen, zu rechten, zu leiden, zu fantasieren, die Zeit zu vergessen, längst Bekanntes neu zu entdecken. Eine solche Liebe zu Kindern erleichtert dem Erzieher seine Aufgabe nicht nur, sie fordert Opfer von ihm, die nur dann taugen, wenn er sie gern bringt. Früher hat man das den »pädagogischen Eros« genannt. Diesen Gott hat Platon in die Erziehung eingeführt *[...] Unsere aufgeklärte Gesellschaft ist in diesem Punkt kleinmütig. Sie blickt misstrauisch auf jede Zärtlichkeit und errichtet fürsorgliche Schutzvorkehrungen gegen den scheuen Gott.* (v. Hentig, 2009, S. 519; Hervorhebung d. Verf.)

Neben Hentig (2009) war auch Gerold Becker ein Proponent des »pädagogischen Eros« in Wort und Tat. Becker beschrieb die imaginäre und erwünschte dyadische Beziehung des Kindes beziehungsweise Jugendlichen und der pädagogischen Fachperson eindrücklich:

Der eine, das Kind, der Jugendliche will »wachsen«, will erwachsen werden, will sich orientieren (auch wenn das durch Auflehnung und ostentatives Desinteresse geschieht) und sucht darum den schon erwachsenen Menschen, dem er vertrauen kann, der ihm beim Erwachsenwerden hilft, dem er »folgen« kann, um dabei und dadurch immer selbständiger zu werden – aber er sucht ihn eben zugleich gerade nicht als Mittel zum Zweck, sondern als den »anderen« in einer menschlichen (Freundschafts-)Beziehung. (Becker, 1990, S. 112)

Diese »(Freundschafts-) Beziehung« wird von Becker aufseiten des bzw. der Erziehenden als »Liebe des Erziehers zum Kind« qualifiziert (Becker, 1990, S. 112).

Hentig gibt selbst Beispiele für den (pädagogischen) Eros in dyadischen (Liebes-)Beziehungen und bedauert, dass solche Paare nur in der Literatur als angemessen gewertet werden: »Und auch Athene und Telemachos, Wilhelm und Mignon, Kapitän Vere und Billy Budd lässt sie [die Gesellschaft, d. Verf.] nur in der Literatur zu« (v. Hentig, 2009, S. 519). Auffällig ist, dass es sich bei den angeführten Beispielen der Liebes-Paare um Beziehungen handelt, welche ein klares hierarchisches Gefälle hinsichtlich des Wissens und des Alters haben und nicht auf Gleichheit beruhen. Das Missbrauchspotential solcher Beziehungen zeigt sich besonders deutlich in der Beziehung von Wilhelm und Mignon. Mignon ist ein Mädchen im Alter von 12 bis 13 Jahren (Goethe, 1796/1981, S. 98f.) aus dem Roman *Wilhelm Meisters Lehrjahre,* die von dem Protagonisten Wilhelm aufgrund von körperlichen Misshandlungen der Zirkusgruppe, bei der sie sich aufhält, freigekauft wird. Zunächst ist Mignon (frz. Liebling, Herzchen) die Dienerin von Wilhelm, später ist die Beziehung von Wilhelm zu Mignon eher eine väterliche Beziehung zu seinem Kind:

»Mein Kind!« rief er [Wilhelm, d. Verf.] aus, »mein Kind! Du bist ja mein! Wenn dich das Wort trösten kann. Du bist mein! Ich werde dich behalten, dich nicht verlassen!« [...] »Mein Vater!« rief sie [Mignon, d. Verf.], »du willst mich nicht verlassen! willst mein Vater sein! – Ich bin dein Kind!«. (Goethe, 1796/1981, S. 143–144)

Nach und nach gibt es jedoch immer wieder (inzestuöse) Überschreitungen in der Beziehung zwischen Wilhelm und Mignon:

Wenn sie [Mignon, d. Verf.] kam oder ging, guten Morgen oder gute Nacht sagte, schloß sie ihn [Wilhelm, d. Verf.] so fest in ihre Arme und küßte ihn mit solcher Inbrunst, daß ihm die Heftigkeit dieser aufkeimenden Natur oft angst und bange machte. Die zuckende Lebhaftigkeit schien sich in ihrem Betragen täglich zu vermehren, und ihr ganzes Wesen bewegte sich in einer rastlosen Stille. (Goethe, 1796/1981, S. 262)

Auch beabsichtigt Mignon, sich zu Wilhelm nachts ins Bett zu schleichen. Dieses kann sie jedoch nicht umsetzen, da schon eine Nebenbuhlerin bei Wilhelm liegt. Als Wilhelm dieses vom Arzt erfährt, er hatte eine Nacht mit der ihm unbekannten weiblichen Person verbracht, bringt er selbst dieses mit Mignon in Verbindung:

»Erinnern Sie sich«, sagte der Arzt, »eines geheimen nächtlichen weiblichen Besuchs nach der Aufführung des ›Hamlets‹?« »Ja, ich erinnere mich dessen wohl!« rief Wilhelm beschämt, »aber ich glaubte nicht, in diesem Augenblick daran erinnert zu werden.« »Wissen Sie, wer es war?« »Nein! Sie erschrecken mich! um's Himmels willen, doch nicht Mignon? wer war's? sagen Sie mir's!« »Ich weiß es selbst nicht.« »Also nicht Mignon?« »Nein, gewiß nicht! aber Mignon war im Begriff, sich zu Ihnen zu schleichen, und mußte aus einem Winkel mit Entsetzen sehen, daß eine Nebenbuhlerin ihr zuvorkam«. (Goethe, 1796/1981, S. 523)

Letzten Endes endet der Roman für Mignon tragisch, sie stirbt, als Wilhelm ihre Nebenbuhlerin küsst. Aus den obengenannten Ausführungen ist klar ersichtlich, dass sich die Beziehung von Mignon und Wilhelm gerade nicht als Paradigma für pädagogische Beziehungen eignet. Bei Goethe ist der Pädagoge beziehungsweise Erzieher ein Meister-Vater, mit dem erotische Überschreitungen aufseiten der Klientin intendiert sind und auch vom Erzieher mindestens hingenommen werden respektive Ausdruck des männlichen Begehrens sind. Wetzel (1999) hat in seiner Habilitationsschrift *Die Kindsbraut als Phantasma der Goethezeit,* in der er die Theoreme Lacans wie die des Phantasmas (Wetzel, 1999, S. 351ff.) und des Realen (Wetzel, 1999, S. 367) anwendet, eine umfassende Analyse der Figur der Mignon vorgelegt und bezeichnet sie als Kindsbraut (Wetzel, 1999, S. 7) sowie als Phantasma (Wetzel, 1999, S. 7) der Goethezeit. Es ist die Frage, ob Hentig (v. Hentig, 2009, S. 519) diese Hintergründe der Beziehung von Mignon und Wilhelm nicht bekannt waren oder ob seine Äußerungen nicht Manifestation eines unreflektierten Phantasmas sind, das erotische Beziehungen zwischen Jugendlichen und Erwachsenen rechtfertigt. Dies könnte sich auch darin zeigen, dass Hentig bis heute nicht die systematische sexuelle Gewalt an der Odenwaldschule, die sein Lebensgefährte Gerold Becker geleitet hat, verurteilt. So bestritt Hentig einen Zusammenhang zwischen seiner Reformpädagogik und den zahlreichen Missbrauchsfällen:

> Aber kann man umgekehrt von »regelmäßigem« oder »massivem Missbrauch« oder gleich von einem »Kulturprogramm«, also einer pädagogischen Instrumentalisierung pädophiler Verhältnisse reden? Müsste man nicht zunächst sagen, wie sich die Vorkommnisse auf welche Zeit verteilen und wie sich die Verteilung in anderen Lebensbereichen verhält? Davon abgesehen, dass ja bisher nur Aussagen gesammelt, nicht aber geprüft, Personen zugeordnet und kategorisiert worden sind. (Spiegel Online vom 14.3.2010)

Becker und Hentig haben bis heute die systematische sexuelle Gewalt an der Odenwaldschule und den Bezug auf den pädagogischen Eros nie wirklich verurteilt.

Wie phantasmatisch aufgeladen der pädagogische Eros auch in Hinsicht auf Vollkommenheitsvorstellungen ist, zeigt sich ebenfalls in folgender Äußerung Hartmut von Hentigs: »Ein Vorbild ist man nicht durch Vollkommenheit rundum, man ist es durch das, was dem anderen zu seiner Vervollkommnung fehlt« (v. Hentig, 2009, S. 519). Ein angemessenes Verständnis des *Gastmahls* von Platon und auch der Psychoanalytischen Pädagogik hätte die imaginäre Dimension dieser phantasmatischen Liebesvorstellung schnell identifizieren können. Es ist notwendig, die imaginäre Dimension der Liebe als das, was dem anderen zu seiner Vervollkommnung fehlt, anzuerkennen, damit dem Narzissmus des Pädagogen Einhalt geboten werden kann und eine symmetrische Liebesvorstellung überwunden werden kann:

> We thus confront an asymmetry – not only the asymmetry between subject and object, but asymmetry in a far more radical sense of a discord between what the lover sees in the loved one and what the loved one knows himself to be. Here we find the inescapable deadlock that defines the position of the loved one: the other sees something in me and wants something from me, but I cannot give him what I do not possess – or, as Lacan puts it, there is no relationship between what the loved one possesses and what the loving one lacks. (Žižek, 1994, S. 103)

Das *Gastmahl* von Platon (2012) sei nämlich, so Lacan, der das Gastmahl ausführlich in seinem *Seminar VIII Die Übertragung* kommentiert, äußerlich »eine Art Tuntenversammlung [...] es ist eine Zusammenkunft alter Schwuchteln« (Lacan, 1960–1961/2008, S. 58) und »[d]ie griechische Liebe, an diese Vorstellung muss ich Sie schon gewöhnen, ist die Liebe zu schönen Knaben. Und dann, Gedankenstrich, nichts weiter« (Lacan, 1960–1961/2008, S. 58). Es bleibt festzuhalten, dass dem Begriff der pädagogischen Liebe und des pädagogischen Eros ein Missbrauchspotential innewohnt und er nur allzu oft pädagogisch zur Legitimation von Missbrauch und seiner Vertuschung verwendet wurde (vgl. Bittner, 2010b, S. 27ff.; Oelkers, 2011).

Liebe und Hass als Übertragungsphänomene sind grundlegend für die pädagogische Arbeit. Schon Freud weist darauf hin, dass sich beispielsweise im schulpädagogischen Kontext häufig wirkmächtige Übertragungen wie Liebe und Hass ereignen. So charakterisiert er in seiner Schrift *Die Psychologie des Gymnasiasten* das Erleben der Lernenden hinsichtlich der Lehrpersonen wie folgt: »Aber es ist nicht zu leugnen, wir waren in einer ganz besonderen Weise gegen sie [die Lehrpersonen, Anm. d. Verf.] eingestellt, in einer Weise, die ihre Unbequemlichkeiten für die Betroffenen haben mochte. Wir waren von vornherein gleich geneigt zur *Liebe* wie zum *Haß*, zur Kritik wie zur Verehrung gegen sie« (Freud, 1914f, S. 206, Hervorhebung d. Verf). Ebenfalls beschreibt Aichhorn die Relevanz der Liebe als Übertragungsphänomen für die Psychoanalytische Pädagogik, mit der es gilt, einen Umgang zu finden: »Die Gefühle der Zuneigung brechen mit einer Vehemenz durch und haben für den Zögling derart zwingende Kraft, daß er, ganz gleich, ob Kind oder Jugendlicher, den Erzieher hochgespannt erwartet, sich so benimmt, daß er diesem auffällig werden muß« (Aichhorn, 1925, S. 177). Ackermann (1997) hebt hervor, wie gerade in der sonderpädagogischen Arbeit mit schwer behinderten Erwachsenen Hass als Übertragungsphänomen möglichst schon auf konzeptueller Ebene von Einrichtungen mitgedacht werden sollte, da ansonsten die pädagogische Arbeit häufig scheitere und eine Entlassung der Klientel drohe (S. 76). Dieser Beitrag wird sich, wie es der lacanianische Psychoanalytiker Roni Weissberg mit Gewinn für den Hass in der psychoanalytischen Redekur vollzogen hat (Weissberg, 2020), mit Hilfe der drei Register von Lacan, dem Realen, Symbolischen und Imaginären, den Phänomenen der Liebe und des Hasses in der psychoanalytisch-pädagogischen Arbeit nähern und hierfür die Erkenntnisse der strukturalen Psychoanalyse fruchtbar machen. Auf diese Weise sollen sowohl die disparaten Liebes- und Hassphänomene auf Basis der Pädagogik eines gespaltenen Subjekts systematisiert werden als auch zur Professionalisierung im psychoanalytisch-pädagogischen Umgang mit Emotionen beigetragen werden: »Emotionen und Affektlogiken sind genuine Themen der Psychoanalytischen Pädagogik. Emotionen begleiten unser Handeln oder gehen ihm voraus. In einem psychoanalytisch-pädagogischen Professionsverständnis ist eine Kultivierung der Emotionen Programm. Pädagog*innen sind für einen gezielten und reflektierten Umgang mit Emotionen, den eigenen und fremden, zu professionalisieren« (Rauh et. al, 2020, S. 15f.).

In einem dritten Schritt wird das Dispositiv von Institutionen der strukturalen Psychoanalytischen Pädagogik befragt, um aufzuzeigen, wie dieses Dispositiv wirkt. Exemplarisch wird erläutert, wie das Dispositiv einer Pädagogik des gespaltenen Subjekts in einer Institution, der *École Expérimentale de Bonneuil,* das Unbewusste anerkennt. Da eine Herrschaft über das Unbewusste an diesem inklusiven Ort der Psychoanalytischen Pädagogik nicht intendiert ist, kann das Dispositiv dort seine pädagogischen Wirkungen zeigen und das Subjekt erhält eine Stimme. Maud Mannoni, die Mitgründerin der École Expérimentale de Bonneuil, betont im Gegensatz zu Millot (1979/1982), wie wichtig die Anwendung der Psychoanalyse auf die Pädagogik ist:

> Denn ich glaube, dass die *Psychoanalyse* sowohl die *Pädagogik* als auch die Psychiatrie erhellen und damit den Ausgangspunkt für große Umbrüche in den etablierten Praxen bilden kann (und dies im Dienste der Patienten, die allzu oft als bloße Illustration eines Theorieansatzes verwendet werden). (Mannoni, 1988b, S. 87) [eigene Übersetzung]

Diese Anwendung der Psychoanalyse auf die Pädagogik in einer inklusiven psychoanalytisch-pädagogischen Institution von Bonneuil als Praxisbeispiel wird beleuchtet und es werden Möglichkeiten des Umgangs im Rahmen einer *Pädagogik des gespaltenen Subjekts* ausgelotet.

2.2 Liebe, Hass und andere Obstakel: Ist Psychoanalytische Pädagogik möglich?

2.2.1 Es gibt keine Psychoanalytische Pädagogik! – Nach Millots Freudlektüre

Zu Beginn des 20. Jahrhunderts stieß die Psychoanalyse im deutschsprachigen Raum in pädagogischen Kreisen auf ein breites Interesse. Eine konkrete Anwendung der Psychoanalyse auf die Erziehung verortete Sigmund Freud besonders in der Kinderanalyse. Er überließ es seinen Nachfolgern, Anwendungsmöglichkeiten im Feld der Pädagogik aufzuspüren (Cifali & Imbert, 2012, S. 10f.). Im frankophonen Raum entstand im ersten Drittel des 20. Jahrhunderts keine Bewegung der Psychoanalytischen Pädagogik und bis heute kommt der Begriff Psychoanalytische Pädagogik kaum zur Anwendung. Trotzdem gibt es, ausgehend vom 1912 gegründeten *Institut Rousseau* in Genf, eine Entwicklungslinie in der die Psychoanalyse in pädagogischen Instituten gelehrt und im Sinne einer psychoanalytisch orientierten Pädagogik angewendet wird (Cifali & Moll, 1994, S. 449ff.). Obwohl Françoise Dolto die beiden Disziplinen scharf voneinander trennte, arbeitete sie ab den 1940er Jahren in ihrer Praxis mit Lehrkräften und Erzieherinnen und Erziehern zusammen und forderte diese unablässig auf, »Kinder als Subjekte ihrer Lebensgeschichte […] zu behandeln« (Cifali & Moll, 1994, S. 450). Cifali und Moll konstatieren zusammenfassend, dass »die frankophonen Erziehungswissenschaftler im Sinne einer Ethik arbeiten« (1994, S. 451; vgl. Manz, 2013). Es ist Anliegen dieses Kapitels, die genannten Aspekte für die Psychoanalytische Pädagogik im deutschsprachigen Raum zugänglich zu machen. Im Folgenden wird hauptsächlich auf Catherine Millot Bezug genommen, welche kritisch fragt, ob es eine Psychoanalytische Pädagogik überhaupt geben kann. Acht Thesen sollen die Analyse Millots zusammengefasst wiedergeben.

2.2.1.1 Die Unterdrückung der kindlichen Sexualität führt zu Verdrängung und Neurose

Zunächst bringt Freud die Verdrängung und die Entstehung von psychischen Störungen mit realen Erlebnissen in der Kindheit in Verbindung, welche im Zuge der sexuellen Reifung nachträglich traumatisierend wirkten (Freud, 1950c). Diesen Gedanken gibt er wieder auf und macht nun die Unterdrückung der polymorph-perversen Sexualität im Kindesalter und der genitalen Sexualität im Pubertätsalter dafür verantwortlich (Freud, 1909a, S. 247). Millot weist darauf hin, dass Freud das Augenmerk auf das Sprechen über Sexualität legt. Er plädiert dafür, den Kindern die Wahrheit über ihre Entstehung zu sagen. Damit vertritt er gleichzeitig eine psychoanalytische Ethik. Dem Kind nicht zu antworten, ihm zu vermitteln, dass es seine Fragen nicht stellen darf, dieses Denkverbot – zumal das Schuldgefühl nicht nur verbotene Handlungen, sondern auch verbotene Gedanken erfasst – führten zur Verdrängung der Gedanken aus dem Bewusstsein und damit zur Neurose (Freud, 1909a, S. 244ff.; vgl. Millot, 1979/1982, S. 54f.).

Freuds Interesse für die kindliche Entwicklung mündet in der Analyse des kleinen Hans, welche eine indirekte war, da sie eigentlich von dessen Vater durchgeführt wurde. Damit war die Anwendung der Psychoanalyse auf die Erziehung geboren. Ein Unterschied zwischen der psychoanalytischen Behandlung und der Erziehung besteht für Freud darin, dass erstere die Verdrängung aufheben und letztere deren Entstehung verhindern will (Millot, 1979/1982, S. 63). Er wehrt sich gegen eine gewalttätige Unterdrückung der Triebe von außen, da diese »niemals das Erlöschen oder die Beherrschung derselben zustande [bringt], sondern […] eine Verdrängung, welche die Neigung zu späterer neurotischer Erkrankung setzt« (Freud, 1913j, S. 419f.).

2.2.1.2 Das Drängen des Triebes ist die Bedingung der Möglichkeit der Sublimierung

Freud wird gewahr, dass sich die Kinder durch wahrheitsgetreue Aufklärung nicht von ihren eigenen Sexualtheorien abbringen lassen. Er zweifelt zunehmend daran, dass Reformen, die auf die Befreiung der Sexualität hinauslaufen, die Entstehung von Neurosen verhindern können. Vielmehr stellt er fest, dass die »bequeme Befriedigung« (Freud, 1912d, S. 88) das Begehren tötet, während Hindernisse es anwachsen lassen (Millot, 1979/1982, S. 37f.). Trotzdem

hält er an seiner Ethik einer möglichst freien, an der Wahrheit orientierten Erziehung fest.
Aus der Entdeckung der perversen Strebungen der kindlichen Sexualität folgert Freud, dass »das Böse« beim Kind existiere (Freud, 1913j, S. 419f.). Für die Erziehung ist relevant, dieses nicht auszumerzen, sondern es vielmehr auf einen sozial akzeptablen Ausgang hin abzulenken (Millot, 1979/1982, S. 27). Gerade weil die infantile menschliche Sexualität auf kein instinktmäßig determiniertes Objekt hin festgelegt ist, kann sie sich in sozial wertvollen Aktivitäten befriedigen. Daher gilt: keine Sublimierung ohne Perversion (Millot, 1979/1982, S. 27). Pervers ist in diesem Sinn jede sexuelle Aktivität, bei der nicht-genitale erogene Zonen vorherrschen und das Objekt, das sie befriedigt, gleichgültig ist (Millot, 1979/1982, S. 24f.). Dies trifft auf die frühkindlichen Sexualtriebe zu. Deren übermäßige Unterdrückung kann in die Neurose führen. Gleichzeitig ermöglichen die Eigenschaften der Triebe eine Sublimierung, wenn sie in sozial verträgliche Bahnen gelenkt werden. Jedwede menschliche Aktivität, sei es Sport, Kunst oder intellektuelle Betätigung, ist letztendlich Sublimierung von aggressiven und sexuellen Trieben. Die sexuelle Neugier entspringt derselben Quelle wie die intellektuelle Neugier. Wird die sexuelle gehemmt, leidet auch die andere, gilt doch, so Freud, die »Vorbildlichkeit des Sexuallebens für andere Funktionsausübung« (1908d, S. 162).

2.2.1.3 Aufgrund eines Triebdualismus ist die Entstehung von Neurosen der menschlichen Sexualität inhärent

Freud beharrt darauf, »daß eine Ausgleichung der Ansprüche des Sexualtriebes mit den Anforderungen der Kultur überhaupt nicht möglich ist« (1912d, S. 91). Daraus folgert Millot, dass die Kultur »auf dem Mangel im Inneren des menschlichen Genusses aufgebaut« sei (1979/1982, S. 39). Weiter gehen Freuds Überlegungen nach Millot dahin, »dass die [gesellschaftlich verankerte] Moralität des Subjekts, statt die Ursache der Verdrängung, ein Mittel der Abwehr gegen eine dem sexuellen Register innewohnende Unlust sein könnte. [...] Die Sexualtriebe gefährden den Organismus und bedrohen die Selbsterhaltung des Individuums« (Millot, 1979/1982, S. 24). Diese Erkenntnis führt Freud dazu, die erste Theorie eines Triebdualismus zu erarbeiten, wobei die Ichtriebe (oder Selbsterhaltungstriebe) den Sexualtrieben gegenübergestellt werden (1905d, S. 95f.).

Obwohl Freud den Konflikt zwischen Individuum und Gesellschaft nun in die Triebe selbst verlagert, hält er an der Möglichkeit fest, dass die Erziehung die Entwicklung des Kindes günstig beeinflussen kann. Allerdings konstatiert er: »Wenn sie das Optimum findet und ihre Aufgabe in idealer Weise löst, dann kann sie hoffen, den einen Faktor in der Ätiologie der Erkrankung, den Einfluß der akzidentellen Kindheitstraumen, auszulöschen. Den anderen, die Macht einer unbotmäßigen Triebkonstitution, kann sie auf keinen Fall beseitigen« (1933a, S. 160f.).

2.2.1.4 Die Entstehung der Kultur und die Erziehbarkeit des Menschen verdanken sich dem Triebdualismus

Freud nimmt die Antinomie zwischen Kultur und Sexualität immer wieder auf (1912–13a). Wenn es sich beim Triebdualismus vor allem um einen Konflikt zwischen Sexualtrieben und sozialen Trieben, die aus egoistischen und erotischen Komponenten zusammengesetzt sind, handelt, könne dieser Widerspruch gerade die Quelle der Kultur sein, die somit ihre Entstehung der Unterdrückung sexueller Triebe verdankte (Freud, 1912–13a, S. 91ff.). Diese Überlegungen führen Freud zur Frage des Ursprungs der Kultur, was schließlich in die Konstruktion eines Mythos mündet. Die Ermordung des Urvaters, der alle Frauen für sich beansprucht hat, durch die Brüderhorde, führt über das Schuldgefühl zum verinnerlichten Verzicht auf den Genuss, zur Anerkennung des Gesetzes und damit zur Sublimierung. Diese bildet die Voraussetzung für die Kulturarbeit, welche auch die Basis der Erziehbarkeit darstellt.

Der Ödipuskomplex stellt ontogenetisch als Organisator der libidinösen Entwicklung eine Parallele zum phylogenetischen Mord am Urvater dar (Freud, 1916–17a 1915–17, S. 368), wobei dem Kind der Verzicht auf die libidinöse Besetzung der Mutter und die Hinwendung zum Vater abverlangt werden,[2] um die Fähigkeit zur Sublimierung zu erlangen. Freud fragt sich, was den Menschen dazu bewegt, auf die größtmögliche sexuelle Lust, das erste Sexualobjekt, die Mutter, zu verzichten. Da das Inzestverbot universal ist, sucht er die Antwort in der Kultur. Es hat den Anschein, als verbünde sich der dem Triebdualismus inhärente Konflikt mit den Anforderungen der Kultur, weshalb die Unterdrückung der Sexualität durch die Erziehung mitunter sogar über ihr Ziel hinausschießt. Freud vermutet beim Inzest- und beim Tötungsverbot eine direkte Übertragung vom Unbewussten der Eltern und sogar der Großeltern auf dasjenige der Kinder (1912–13a, S. 190f.). Aber auch diese Übertragung erklärt für Freud nicht restlos die Unabänderlichkeit des Inzestverbots und des Ödipuskomplexes über die Jahrtausende. Millot schließt daraus »daß es keine Gesellschaft geben kann, die das Recht auf Genuß verkündet, weil sie sich auf nichts anderes gründet als das Gesetz, das ihn verbietet« (1979/1982, S. 91).

Was bedeutet das für die Erziehung? Der direkte, bewusste Einfluss auf das Real-Ich, wie Freud das Ich nennt, welches sich »gegen die Forderungen des Sexualtriebs aufgelehnt hat« (Millot, 1979/1982, S. 79), ist nach Millot vernachlässigbar gegenüber den Übertragungen von Unbewusstem zu Unbewusstem (Millot, 1979/1982, S. 79ff.). Möglicherweise trägt das strenge Über-

---

2 Die weibliche Form des Ödipuskomplexes wird hier aus Platzgründen nicht behandelt.

Ich der bzw. des Erziehenden die Unterdrückung, die sie oder er einst selbst erlebt hat, zu der besonderen Strenge gegenüber dem »Zögling« bei (Freud, 1933a, S. 73). Somit bestünde der erfolgversprechendste Beitrag, den die Psychoanalyse zur Erziehung leisten kann, darin, dass sich die erziehende Person selbst einer Psychoanalyse unterzieht (Freud, 1933a, S. 161).

2.2.1.5 Die Erziehung dient als Stütze des Realitätsprinzips und damit des Ichs

Schließlich setzt Freud den Akzent auf die Notwendigkeit der Erziehung zur Realität (Freud, 1927c, S. 373; vgl. Millot, 1979/1982, S. 62). Während die Sexualtriebe zunächst kein Objekt haben und dem Lustprinzip unterliegen, benötigen die Ichtriebe zu ihrer Befriedigung äußere Objekte und unterstehen dem Realitätsprinzip. Lässt die Befriedigung, z.B. des Hungers, in der Realität auf sich warten, kann die Phantasietätigkeit des Lustprinzips die Unlusterfahrung überbrücken. Umgekehrt »bedeutet die Ersetzung des Lustprinzips durch das Realitätsprinzip keine Absetzung des Lustprinzips, sondern nur eine Sicherung desselben« (Freud, 1911b, S. 235). Was die Erziehung anbelangt, »kann [diese] ohne weitere Bedenken als Anregung zur Überwindung des Lustprinzips, zur Ersetzung desselben durch das Realitätsprinzip beschrieben werden« (Freud, 1911b, S. 236). Das Kind erlebt das Realitätsprinzip zunächst vermittelt durch die Eltern. Sich an ihre Gebote und Verbote zu halten, ist mit Lust verbunden. »Die Liebe stellt für das Kind nicht allein eine Befriedigung libidinöser Ordnung dar, sondern auch die Gewähr, vor der Außenwelt geschützt zu sein, wodurch sie für die Ichtriebe bedeutsam wird« (Millot, 1979/1982, S. 70).

Erziehung bedeutet, die Ichtriebe zu stärken, um die Sexualtriebe, die nicht direkt beeinflussbar sind, einzudämmen. Die Realität, der sich das Kind unterordnen muss, das ist vor allem der Wille der Eltern, und nicht die nackte Notwendigkeit, die Natur bearbeiten zu müssen, um seine Bedürfnisse zu befriedigen, sondern »aus dem Leben in der Gesellschaft erwachsene Anforderungen, nämlich diejenigen, sein Verhalten an soziale Normen anzupassen. In diesem Sinn vermischt sich die *Realität* des *Realitätsprinzips* mit der *sozialen Realität*« (Millot, 1979/1982, S. 70; Hervorh. i. Original). Millot folgert, dass diese Realität von Sprache und Sprechen durchwoben ist und es sich dabei um diejenige des (elterlichen) Anderen handelt (Millot, 1979/1982, S. 71 und 77, FN 16). Der äußere Zwang der Umgebung, und damit auch der durch die Erziehung auferlegte Zwang, tritt später an die Stelle der Eltern und formt die Moralität des Subjekts (Freud, 1927c, S. 332; vgl. Freud, 1915b, S. 333ff.).

Frau E. und Enea – Eine Falldarstellung aus der Erziehungsberatung

Frau E. sucht mich [Dagmar Ambass] mit ihrem drei Jahre alten Sohn Enea auf. Frau E. gehörte in ihrem Herkunftsland zu einer Minderheit. Sie sprach zunächst ausschließlich die Sprache ihrer Ethnie. Mit dem Schuleintritt wurde sie für den Gebrauch ihrer Muttersprache bestraft und musste sich unter massiven Drohungen die offizielle Landessprache aneignen. In der psychoanalytischen Erziehungsberatung berichtet Frau E., dass in ihrer Kultur über unangenehme Wahrheiten nicht gesprochen wurde. Konflikte wurden häufig mit Gewalt ausgetragen. Kinder wurden zwar liebevoll versorgt, wenn sie jedoch gewisse Grenzen überschritten, drohte der »Pantoffel der Mutter« (Frau E.), d.h., die Kinder wurden weniger mit Worten als mit Schlägen diszipliniert. Frau E. möchte diese Erziehungsmethode nicht mehr anwenden, was jedoch zur Folge hat, dass Enea ihr häufig nicht gehorcht. Geduldig geht sie auf seine Wünsche ein und versucht, ihn zu überreden, kooperativ zu sein. Manchmal wird sie wütend, schreit ihn an und entschuldigt sich sogleich wieder. »Zum Aufzeigen von Grenzen«, so sage ich Frau E., »ist es auch mal nötig, laut zu werden oder das Kind am Arm zu fassen. Es gibt einen Unterschied zwischen Schlagen und mit Autorität sprechen. Enea braucht Grenzen, die zwar einerseits eine Versagung bedeuten, andererseits aber auch Sicherheit geben. Wenn er zu viel bestimmen kann, werden seine Ängste zunehmen.«

Enea bringt uns Spielzeug-Tiere und wir sollen die Namen nennen. Frau E. berichtet, dass er wütend wird, wenn sie die Tiere nicht jedes Mal identisch benennt. Wenn er die Mutter mit seinem Wutausbruch nicht dazu bringt, seinem Willen nachzugeben, verfällt er ins Gegenteil: Er klammert sich an sie und leckt sie ab. Ich frage Frau E., wie sie die körperliche Anhänglichkeit von Enea in diesen Momenten erlebt. Sie sei von diesen Zärtlichkeiten irritiert und empfinde das Verhalten als »nicht normal«. Ich ermuntere Frau E., wenn Enea sich an sie klammert, mit ihren Händen eine körperliche Distanz zu schaffen und Enea mit Worten zu wiederholen, was vorgefallen ist, z.B., dass die Mama gesagt habe, sie wolle jetzt nicht spielen, sondern mit Frau Ambass sprechen, und dass Enea dann wütend und schließlich traurig geworden sei. Enea kann sich in den folgenden Sitzungen zunehmend über längere Phasen beschäftigen, ohne die Mutter zu stören.

Eneas Vater ist mehrfach abwesend: Er ist psychisch labil, was zu aggressivem Verhalten sowohl gegenüber Frau E. als auch gegenüber Enea führt. Dazu kommt, dass sich Frau E. schon lange von ihm trennen will, es aber nicht schafft, da sie sich für ihn verantwortlich fühlt. Außerdem kann Herr E. aktuell aus aufenthaltsrechtlichen Gründen nach einer Auslandsreise für ein Jahr nicht in die Schweiz einreisen. [Ambass, unveröffentlicht]

Im Fall kommt zum Ausdruck, dass es viele Wahrheiten gibt, die Enea nur ansatzweise kennt, und die es gilt, in seine Lebensgeschichte zu integrieren. Bezogen auf die Frage der Erziehung zeigt der Fall, dass das Kind dem Ansturm seiner Triebe und der Kraft des Lustprinzips mehr oder weniger hilflos ausgesetzt ist, solange die Mutter, die veraltete Disziplinierungspraktiken berechtigterweise ablehnt, noch keine Möglichkeiten gefunden hat, für das Kind auf eine neue Weise als strukturgebende *Stütze des Realitätsprinzips* zu fungieren. Außerdem gibt es Hinweise darauf, dass sich Unbewusstes der Eltern auf das Kind überträgt. Dazu gehört z.b. der Sprachentwicklungsrückstand von Enea, der möglicherweise einen Zusammenhang mit der Geschichte der Mutter aufweist. Durch die psychoanalytische Erziehungsberatung wird die Mutter einerseits praktisch angeleitet, für das Kind als Stütze des Realitätsprinzips zu fungieren, andererseits werden die lebensgeschichtlichen Aspekte *gehört*. Die Mutter wird darin begleitet, die gewünschte Trennung vom Vater zu realisieren und dem Kind Orientierung über die bevorstehende Trennung zu geben, wobei Vater und Mutter als Eltern verfügbar bleiben sollen.

2.2.1.6 Der Narzissmus des Erziehenden gefährdet die Entwicklung des Subjekts

Schließlich wendet sich Freud dem Konzept des Narzissmus zu. Er unterscheidet zwischen primärem und sekundärem Narzissmus. Der primäre Narzissmus folgt der Autoerotik in Form der libidinösen Besetzung von Körperteilen und deren Integration in eine imaginäre Einheit, das Ich. Ein Teil der Libido, welche im primären Narzissmus an das Ich geheftet ist, wird auf das Objekt übertragen. Die Libido kann sich jedoch vom Objekt wieder ablösen und zum Ich zurückkehren (sekundärer Narzissmus) (Freud, 1914c, S. 160). Die Illusion des anfänglich allmächtig erlebten Ichs wird durch das Bild eines imaginären Idealichs ersetzt, welches, ausgehend von Eigenschaften, die dem Vater und seinen Substituten zugeordnet werden, zum Ichideal umgeformt und ins Über-Ich aufgenommen wird (Millot, 1979/1982, S. 106). Dies geschieht mittels der Bewegung der libidinösen Besetzung des Objekts und des Rückzugs der Libido ins Ich. Die singuläre Ausformung des Ödipuskomplexes ist von dieser wechselseitigen libidinösen Besetzung zwischen Eltern und Kind geprägt. Sie ist paradigmatisch dafür, wie das Kind seine späteren Erzieherinnen und Erzieher besetzen wird. Erziehung ist für Freud ohne libidinöse Besetzung nicht denkbar. Er warnt aber auch, dass Eltern und Erziehungspersonen, übrigens ebenso wie Analytikerinnen und Analytiker, dem Kind ihre eigenen narzisstisch gefärbten Ideale nicht aufoktroyieren dürfen, sondern der Entwicklung der Wünsche des Kindes Raum geben müssen (Freud, 1919a 1918, S. 190; vgl. Millot, 1979/1982, S. 95ff.). Im Ablösungsprozess nehmen die Erziehungspersonen den Platz des Vaters ein. Nach Millot ist das Kind »erst dann endgültig erwachsen [...], wenn es ihm gelungen ist, sich von allen Vater-Substituten zu lösen« (1979/1982, S. 106).

2.2.1.7 Liebe gibt es nicht ohne den Hass und die Aggression – auch nicht in der Erziehung

Freud arbeitet heraus, dass die Emotionen Liebe und Hass mit der Entwicklungsgeschichte der Triebe verknüpft sind und durch das Lustprinzip moduliert werden. Zunächst existiert keine Grenze zwischen Innen und Außen. In der Folge wird das, was Lust bereitet, dem Innen und das, was Unlust bereitet, dem Außen zugeordnet. Anhand der Dichotomien Lust–Unlust, Innen–Außen, Passivität–Aktivität organisiert sich die Beziehung zu den Objekten (Freud, 1915c, S. 225ff.) »Das Ich haßt, verabscheut, verfolgt mit Zerstörungsabsichten alle Objekte, die ihm zur Quelle von Unlustempfindungen werden, gleichgültig ob sie ihm eine Versagung sexueller Befriedigung oder der Befriedigung von Erhaltungsbedürfnissen bedeuten« (Freud, 1915c, S. 230). Für Freud liegt der Ursprung der Moral in der Verteidigung gegen den Hass. Der Hass ist ursprünglicher als die Liebe, er sei »als typisch für die menschliche Natur hinzustellen und die Fähigkeit zur Entstehung der Moral in dem Umstand begründet zu finden, daß nach der Entwicklung der Haß der Vorläufer der Liebe ist« (1913i, S. 451). Dagegen gilt für die Liebe: »Wenn wir nicht gewohnt sind zu sagen, der einzelne Sexualtrieb liebe sein Objekt, aber die adäquateste Verwendung des Wortes *lieben* in der Beziehung des Ichs zu seinem Sexualobjekt finden, so lehrt uns diese Beobachtung, daß dessen Verwendbarkeit in dieser Relation erst mit der Synthese aller Partialtriebe der Sexualität unter dem Primat der Genitalien und im Dienste der Fortpflanzungsfunktion beginnt« (Freud, 1915c, S. 230; Hervorh. i. Original).

Ein Phänomen, welches dem Vorherrschen des Lustprinzips in den seelischen Vorgängen widerspricht, ist der Wiederholungszwang. Während Wiederholungen beispielsweise im Kinderspiel unter dem Primat des Lustprinzips stehen können, indem sie erlauben, sich von der passiven in die aktive Position zu versetzen, erklärt Freud z.B. Träume, die Unlust erzeugende *traumatische* Erlebnisse wiederholen, indem er zwischen Schreck, Furcht und Angst unterscheidet. Diese definiert er in ihrer Beziehung zur Gefahr. »Angst bezeichnet einen gewissen Zustand wie Erwartung der Gefahr und Vorbereitung auf dieselbe, mag sie auch eine unbekannte sein; Furcht verlangt ein bestimmtes Objekt, vor dem man sich fürchtet; Schreck aber benennt den Zustand, in den man gerät, wenn man in Gefahr kommt, ohne auf sie vorbereitet zu sein, betont das Moment der Überraschung« (Freud, 1920g, S. 10). Dabei stellt die Angst einen Schutz vor dem Schreck und der damit verbundenen Schreckneurose dar. In diesem Sinn dient die Angstentwicklung im Traum der nachträglichen Bewältigung der Schreckneurose (Freud, 1920g, S. 10ff.). Diese Funktion des Wiederholungszwangs erachtet Freud als ursprünglicher als die Absicht des Lustgewinns und der Unlustvermeidung (Freud, 1920g, S. 32). Er führt den Wiederholungszwang auf den Trieb selbst zurück: »Hier muß sich uns die Idee aufdrängen, daß wir einem allgemeinen, bisher nicht klar erkannten […] Charakter der Triebe, vielleicht alles organischen Lebens überhaupt, auf die Spur gekommen sind. Ein Trieb wäre also ein dem belebten Organischen innewohnender Drang zur Wiederherstellung eines früheren Zustandes […]« (Freud, 1920g, S. 38), letztlich hin zum Tod. Freud geht nun von der Existenz eines Todestriebes aus. Dieser tritt niemals in Reinform auf, sondern gebunden

durch die Lebenstriebe, den Eros (Freud, 1920g, S. 3ff.; vgl. Millot, 1979/ 1982, S. 110f.).
Den Kräften des Zerfalls, des Todestriebs, widersetzt sich die Kultur, die im Dienst des zur Einheit tendierenden Eros steht (Millot, 1979/1982, S. 131). Auf der individuellen Ebene lässt sich »die Introjektion der Aggressivität [...] während der Bildung des Über-Ichs beobachten, die auf die Auflösung des Ödipuskomplexes folgt. Die elterliche Autorität wird dann interiorisiert und bildet die Instanz des Über-Ichs, die die Aggressivität übernimmt, die das Subjekt anfänglich gegen jene Autorität richtete und die sich nun ans Ich wendet. Die Aggression des Über-Ichs gegenüber dem Ich wird in Form des Schuldgefühls erlebt« (Millot, 1979/1982, S. 132; vgl. Freud, 1930a, S. 484).

Lacan gibt zu bedenken, dass Freuds Konzeption von Libido und Todestrieb der unmittelbaren psychologischen Erfahrung zuwiderläuft. Das Lustprinzip sorgt dafür, Spannungszustände auszugleichen, wobei ein gänzlich spannungsloser Zustand dem Tod gleichkommt. Dagegen steckt die Kraft, die vorantreibt, die Aggression, im Lebenstrieb. Sie entspricht dem Realitätsprinzip, das sich dem spannungslosen Zustand entgegensetzt. Der Todestrieb, die Libido, bewegt sich auf den Tod zu, jedoch nicht auf dem kürzesten Weg, sondern auf dem Umweg einer diskursiven, d.h. von der Sprache getragenen Bahn (Lacan, 1954–1955/2015, S. 86ff.). Gemäß Millot ist es das Reale, welches Freud hier umkreist, jedoch noch nicht benennen kann (1979/1982, S. 114). Zum Wiederholungszwang, der sowohl eine restitutive als auch eine repetitive Seite hat (Lacan, 1954–1955/2015, S. 88), sagt Lacan: »[Ich schlage Ihnen] vor, das Wiederholungsbedürfnis [...] in Form eines aus der Vergangenheit aufgestiegenen und in der Gegenwart in einer kaum der vitalen Anpassung gemäßen Weise reproduzierten Verhaltens zu begreifen. Wir finden da das wieder, [...] daß das Unbewußte der Diskurs des anderen ist. [...] Es ist der Diskurs des Kreislaufs, in den ich integriert bin. Ich bin eins seiner Kettenglieder. Es ist der Diskurs meines Vaters zum Beispiel, insofern mein Vater Fehler gemacht hat, zu deren Reproduktion ich absolut verdammt bin – das ist das, was man *super-ego* nennt« (Lacan, 1954–1955/2015, S. 118f.; Hervorh. i. Original).

Die Unmöglichkeit einer harmonischen Beziehung zu einer Sexualpartnerin bzw. einem Sexualpartner schreibt Freud nicht zuletzt dem Todestrieb zu. Lacan bringt diese Unmöglichkeit mit dem Realen in Verbindung, welches ein Loch ins Symbolische reißt, das mit Worten und Bildern nicht gefüllt, sondern nur umkreist werden kann. In dieser Zerrissenheit ortet Millot die Ablehnung der Erziehungswissenschaften gegenüber der analytischen Theorie, zumal die Erziehung stets auf der Seite des Wohls, der Harmonie des Menschen mit der Welt angesiedelt und nicht gewillt ist, den Antagonismus zwischen dem Menschen und der Welt, zwischen seinem Wohl und seinem Begehren, zu akzeptieren (Millot, 1979/1982, S. 114f.).

2.2.1.8 Erziehung zur Realität bedeutet Erziehung zur Wahrheit und Anerkennung des Wunsches

Freud identifiziert die Religion als das Mittel, welches auf der kulturellen Ebene dazu dient, den Narzissmus aufrechtzuerhalten, analog zur Verdrängung auf der individuellen Ebene. Er hält es nicht für undenkbar, sie durch eine »Erziehung zur Realität« (Freud, 1927c, S. 373) zu ersetzen, auch wenn »die Stimme des Intellekts [...] leise« ist (Freud, 1927c, S. 377).

Millot interpretiert Freuds Auffassung einer neuen Erziehung in dem Sinne, dass er sich für die Anerkennung der Wünsche einsetzt. Dies habe eine Frieden stiftende Wirkung: »[...] der Erzieher möge von der Psychoanalyse Gebrauch machen, um die Verdrängung durch die Urteilsverwerfung zu ersetzen: Nein sagen zu einem Wunsch, das heißt, ihn als Gesagtes anerkennen, ihn anerkennen als Begehren. Daß der Wunsch sich dabei *befriedigen* kann, zeigt der Traum: der Wunsch *realisiert* sich im Sagen« (Millot, 1979/1982, S. 124; Hervorh. i. Original).

Die Ethik des Wunsches wird bei Lacan mit dem Begriff des Begehrens präzisiert. Der Mensch ist zu Beginn des Lebens darauf angewiesen, dass seine Bedürfnisse vom Anderen erfüllt werden. Sobald das Kind diesen Anderen aufgrund erster protosprachlicher Zeichen wie der Stimme, dem Blick, dem Geruch etc. wiedererkennt, gesellt sich zum Anspruch auf Bedürfnisbefriedigung auch der Anspruch auf Liebe. Durch diese Operation konstituiert sich das Begehren als irreduzibler Rest. Es ist das, was offen bleibt, weil immer ein Mangel bleibt, und gleichzeitig ist es der Platzhalter für das Wünschen, für neue Objekte. »Für jedes Subjekt formuliert sich die Frage seines Begehrens von vornherein als Fragestellung nach dem Begehren des Anderen, von dem es eine Antwort zu erhalten sucht, die insoweit nur trügerisch sein kann, als es, anstelle einer struktural nicht formulierbaren Antwort hinsichtlich des Begehrens, nur einen Anspruch vonseiten des Anderen erhalten kann. Wenn es ihn erhält und sich ihm fügt, findet sich die Antwort seines Begehrens geschlossen und es entfremdet sich in dem Versuch, dem Anspruch des Anderen zu genügen« (Millot, 1979/1982, S. 180).

2.2.1.9 Zwischenfazit

Aus ihrer Freudlektüre folgert Millot: »Aus der von der Psychoanalyse bewiesenen Existenz des Unbewußten kann man ableiten, daß es keine Wissenschaft der Erziehung in dem Sinne geben kann, daß es möglich wäre, zwischen den angewandten pädagogischen Mitteln und den erzielten Wirkungen eine *Kausalitäts*-Beziehung herzustellen. Und aus diesem Grund eben kann es keine Anwendung der Psychoanalyse auf die Pädagogik geben. Ein solches Unterfangen kann nur auf einem Mißverständnis beruhen, auf dem Glauben, daß ein Wissen über das Unbewußte erlaubt, sich zu seinem Herrscher zu machen, daß

in diese[m] Bereich Wissen Macht ist« (Millot, 1979/1982, S. 178; Hervorh. i. Original).
Freud zählt die Psychoanalyse als Therapie neben der Erziehung und der Regierungskunst zu den unmöglichen Berufen. Unmöglich seien diese Berufe, da man sich »des ungenügenden Erfolgs von vornherein sicher sein kann« (Freud, 1937c, S. 94). Ist dann eine Psychoanalytische Pädagogik eine Unmöglichkeit in mehrfacher Hinsicht, und zwar einerseits als Kombination der unmöglichen Berufe von Psychoanalyse und Pädagogik und andererseits als Kombination von Pädagogik und Libido? Benötigt doch Pädagogik die Libido, gleichzeitig ist aber die Libido eine der größten Gefahren für die Pädagogik? Trotzdem wertet Freud »die Anwendung der Psychoanalyse auf die Pädagogik, die Erziehung der nächsten Generation« als »vielleicht das Wichtigste von allem, was die Analyse betreibt« (1933a, S. 157).
Kann es einer Psychoanalytischen Pädagogik gelingen, zur Realität zu erziehen und die Frage des Begehrens des Subjekts offen zu lassen?

2.2.2 Es gibt Liebe und Hass in der Psychoanalytischen Pädagogik!

Freud stellt die Affekte Liebe und Hass in den Kontext der Triebentwicklung und hält sie für unumgänglich (vgl. 1.7). Sie tauchen bei ihm – wie bereits in der Antike der pädagogische Eros – auch in pädagogischen Zusammenhängen auf. Mannoni beschäftigte sich im Kontext ihrer psychoanalytischen und pädagogischen Arbeit intensiv mit diesen Affekten. Die Lacansche Theorie der drei Register des Realen, Symbolischen und Imaginären (RSI) lässt sich auch auf die Affekte Liebe und Hass anwenden, ermöglicht ihr vertieftes Verständnis im Kontext der Freud'schen Triebtheorie und erlaubt es auch, in Zusammenhang mit der Pädagogik zwischen eher schädlichen und förderlichen Ausformungen und Umgangsformen mit diesen Affekten zu differenzieren. Wie Freud stellt Mannoni fest, dass zu starke Triebunterdrückung Hass evoziert (Mannoni, 1973/1987, S. 235).
Im Folgenden werden die Fallstricke der Beziehung zwischen Pädagoginnen und Pädagogen und den zu Erziehenden unter Einbezug dieser Phänomene aufgezeigt. Zuerst wird das Phänomen der Liebe und danach das des Hasses in der psychoanalytisch-pädagogischen Arbeit beleuchtet.

2.2.2.1 Liebe

Im Folgenden soll dargestellt werden, wie sich die Liebe in den drei Registern RSI manifestiert und wie psychoanalytisch-pädagogisch mit diesem Phänomen umgegangen werden kann.

2.2.2.1.1 Die Liebe im Register des Imaginären

Die Liebe im Register des Imaginären ist eine *narzisstische Liebe der Idealisierung* (Mannoni, 1988a, S. 28f.). Das kleine Kind idealisiert seine ersten Liebesobjekte, die Eltern (Freud, 1909c, S. 231). Diese erste Liebe weist Elemente des Imaginären auf – die Eltern werden zumindest partiell als vollkommen und allmächtig erlebt. Die *Idealisierung,* welche aus dem narzisstischen Ideal-Ich erwächst (Freud, 1930a, S. 211), und dessen Ideal »Ersatz für den verlorenen Narzißmus seiner Kindheit ist« (Freud, 1914c, S. 161), stellt eine besonders wichtige Quelle für die Verdrängung des Mangels dar und trägt somit zur Genese neurotischer Symptome und Persönlichkeitsstrukturen bei. Aufgrund der notwendigen libidinösen Besetzung der Erziehenden gerät das Subjekt jedoch in Gefahr, Pädagoginnen und Pädagogen zu sehr zu idealisieren und das eigene Begehren zu vernachlässigen. Die pädagogische Fachperson wiederum kann ihrem eigenen Narzissmus erliegen, ihre Idealisierung durch die Kinder und Jugendlichen übermäßig genießen und sogar in schädlicher Weise fördern – und dennoch kann sie nicht gänzlich auf das Register des Imaginären und den Narzissmus verzichten, weil diese auch die »Mittel [ihrer] Tätigkeit als Pädagoge« bleiben (Millot, 1979/1982, S. 182f.). Einerseits fördert die imaginäre Liebe das Lernen durch Identifizierung, andererseits verhindert sie die vollständige Ablösung von Vater-Substituten und ist als identifikatorische Liebe durch Konformismus und Heuchelei gekennzeichnet (Lipowatz, 1998, S. 190).

2.2.2.1.2 Die Liebe im Register des Symbolischen

Eine Liebe im Register des Symbolischen, die auf *Sublimierung* beruht, erkennt den Mangel an und führt nicht zu Verdrängung und neurotischen Symptomen. Liebe als Gabe dessen, was man nicht hat, bedeutet, die Tatsache anzuerkennen, dass wir einen Mangel haben. Bei dieser Art der Liebe verschenken wir, was am wichtigsten ist, nämlich die Möglichkeit des Wünschens bzw. Begehrens. Ich kann meinen Mangel dem anderen nur schenken, wenn ich erstens erstens meinen eigenen Mangel anerkenne und ich zweitens die Andersheit des Anderen bzw. den Mangel des Anderen anerkenne (Widmer, 2006, S. 65). Diese Art der Liebe ist für die Psychoanalytische Pädagogik eine wichtige Arbeitsgrundlage. Die symbolische Liebe ist eine nicht identifikatorische, sie ist kein Tauschakt eines Objekts, sondern ein Schenken des Mangels (Lipowatz, 1998, S. 254).

Erst wenn die pädagogische Fachperson anerkennt, dass ihr von ihrer Klientel etwas im Imaginären unterstellt wird, z.B. ein Wissen oder Fertigkeiten, und dass sie selbst einen Mangel hat, vermag sie sich der narzisstischen Verstrickungen zu enthalten und kann der Idealisierung Einhalt gebieten. Die notwendige Entidealisierung kann erleichtert werden, indem pädagogische Fachpersonen Idealisierungen seitens der Kinder und Jugendlichen am Ende einer

Phase (z.B. vor einem Schulabschluss oder am Ende eines Aufenthalts in einer Erziehungseinrichtung) abbauen. Dies kann bspw. im schulischen Kontext dadurch geschehen, dass die Lehrperson der Klasse eingesteht, dass sie *nicht* alles weiß, und in außerschulischen Kontexten dadurch, dass Pädagoginnen und Pädagogen dem *nicht* alles Können Raum geben. Andernfalls verbleiben die Lernenden bzw. die Klientinnen und Klienten oftmals in der imaginären Übertragungsbeziehung.

2.2.2.1.3 Die Liebe im Register des Realen

Während die Liebe im Imaginären sich im vermeintlich vollkommenen Anderen spiegelt, identifikatorisch und narzisstisch ist, die Liebe im Register des Symbolischen auf dem Mangel basiert und dem Subjekt hilft, sein Begehren zu entwickeln, zeigt sich die Liebe im Realen ex negativo primär nur im Wiederholungszwang, im Ausagieren und im Symptom. Die Liebe im Register des Realen versperrt dem Subjekt den Zugang zu seinem Begehren, da es keine Abwesenheit, keinen Mangel und keinen Riss gibt. Etwas aus der Biografie des Subjekts, was insistiert, aber nicht verbalisiert wurde, führt zum Wiederholungszwang. Seine unbewussten Wünsche zeigen sich, wenn sie nicht gehört werden, im Realen als Symptom (Lefort, 1987, S. 207) und treten als »störende Wahrheit« (Mannoni, 1973/1987, S. 138) in Erscheinung – eine Wahrheit, die eine Abweichung von der gesellschaftlichen Norm enthalten kann. Eine Herrschaft über eine solche Wahrheit ist in der Pädagogik nicht möglich (Mannoni, 1973/1987, S. 154), da sie »nichts mit einem objektivierten Wissen zu tun hat« (Mannoni, 1976/1978, S. 196). Wenn wir uns dieser Wahrheit verschließen, schließen wir das Subjekt aus (Mannoni, 1970/1983, S. 244). Eine Erziehung zur Realität im psychoanalytischen Sinn bedeutet dagegen Erziehung zur Wahrheit und Anerkennung des Wunsches.

Konkret zeigt sich die Liebe im Register des Realen auch in professionellen pädagogischen Beziehungen, da die Fachpersonen für die Kinder im Unbewussten oft Stellvertretungen und Projektionsfläche für die Elternfiguren sind. Wenn zum Beispiel ein Vater seine Frau und seine junge Tochter, deren erstes Liebesobjekt er war, plötzlich verlässt, kann das Mädchen künftig dazu neigen, Beziehungen – auch zu pädagogischen Fachpersonen – abzubrechen, um nicht wieder verlassen zu werden (vgl. Fink, 2016, S. 93). Erst wenn die Angst von den Pädagoginnen bzw. Pädagogen gehört und in Sprache gefasst ist, wird der Wiederholungszwang durchbrochen und das Mädchen muss diese Beziehungserfahrung nicht re-inszenieren.

2.2.2.2 Hass

Im Folgenden wird der Hass in den drei Registern beleuchtet und dargelegt, wie psychoanalytisch-pädagogisch mit ihm umgegangen werden kann.

2.2.2.2.1 Der Hass im Register des Imaginären

Der imaginäre Hass zeigt sich innerhalb von dyadischen Beziehungen: »Das Ich eines jeden ist in Gefahr, in Situationen fundamentaler Instabilität vom anderen überwältigt zu werden. Das Verhältnis des Ichs zum anderen ist daher, wie Lacan betont, zunächst ein Verhältnis der Objektivierung und beinhaltet zwangsläufig eine aggressive Antwort« (Mannoni, 1973/1987, S. 72). Hier besteht die Gefahr, dass das Kind vom anderen vereinnahmt wird.

Auch in anderer Hinsicht tritt der Hass durch seine Bezugspersonen in das Leben des Kindes: »Das Kind bringt den Liebe-Haß Konflikt nicht mit sich, es *begegnet* ihm bei Eltern, die von ihm erwarten, daß es sie pflichtgemäß liebt« (Mannoni, 1973/1987, S. 19; Hervorh. i. Original). Für Lacan ist das Streben nach einer imaginären Verschmelzung Ausdruck des Hasses, weil die bzw. der Andere nicht in ihrer bzw. seiner Andersheit anerkannt wird, sondern ein Anspruch auf Besitz des Anderen besteht (Widmer, 2006, S. 100), die bzw. der Andere wird assimiliert. Eros steht demnach im Dienst der Aggressivität und des Hasses.

Der imaginäre Hass zeigt sich auch darin, dass man bei den erwähnten imaginären Verschmelzungsphantasien wie sein Spiegel-Ideal sein möchte. Man versucht, die (imaginären) Ansprüche des Anderen, der als mächtig und vollkommen erlebt wird, zu erfüllen. Wenn man feststellt, dass man diesem Idealbild nicht gerecht wird, können Frustration und vor allem Hass evoziert werden.

Der Hass wird in der Pädagogik auf Seiten der Erziehenden häufig verdrängt und kehrt in der Form einer imaginären Liebe und in Verschmelzungsphantasien wieder. So äußert sich Aichhorn (1977) über seinen pädagogischen Eros folgendermaßen: »Ich erinnere mich noch der Spannung, mit der wir den ersten Zögling erwarteten, und seines Behagens, als wir uns auf ihn stürzten, um ihn zu verwöhnen« (Aichhorn, 1977, S. 142).

2.2.2.2.2 Der Hass im Register des Symbolischen

Der Hass im Register des Symbolischen ist eine Reaktion auf die Begrenzung, das Gesetz und die Vertreterinnen und Vertreter des Gesetzes: die pädagogischen Fachpersonen. Diese Einführung des Mangels ist aber notwendig, da Pädagoginnen und Pädagogen möglichen dyadischen Verschmelzungsphantasien etwas entgegensetzen sollen, um die Subjektwerdung zu unterstützen. Erst wenn eine dritte Instanz, die Sprache, interveniert, kann das Kind sich aus der dyadischen Gefangenschaft befreien. Psychoanalytische Pädagoginnen und Pädagogen müssen die Differenz einführen, da ein imaginäres Eins-sein-wollen die Andere bzw. den Anderen in ihrer bzw. seiner Andersheit nicht anerkennt. Sie sollten keinen Anspruch auf Liebe gegenüber ihrer Klientel vertreten, sie müssen nicht geliebt werden, sie sollen das Jenseits der identifikatorischen Liebe einführen, was auch im Register des symbolischen Hasses erfolgen kann.

2.2.2.2.3   Der Hass im Register des Realen

Mannoni anerkennt die Verwobenheit von Hass und Liebe (1976/1978, S. 182). Wenn Aggressivität und Hass verdrängt werden, zeigt sich im Agieren des Subjekts, dass etwas via Wiederholungszwang im Realen insistiert (vgl. 1.7). Das Subjekt provoziert mit seinem Verhalten die Andere bzw. den Anderen, um sich die negative Selbstvergewisserung zu holen, dass es z.B. böse (Mannoni, 1976/1978, S. 281) und somit auch hassenswert sei. Wenn kein trennendes Element zwischen die Kinder und Jugendlichen auf der einen und die Erziehungspersonen auf der anderen Seite tritt, kann keine Symbolisierung stattfinden. Eine *Pädagogik des gespaltenen Subjekts* versucht, ein Stück des Hasses einem Jenseits des Sprechens, dem Realen, zu entreißen und in einen Hass diesseits des Sprechens zu verwandeln und so die Kinder und Jugendlichen bei ihrer Subjektwerdung zu unterstützen.

2.2.3   *Es gibt eine Pädagogik des gespaltenen Subjekts! – Das Beispiel der Experimentalschule von Bonneuil*

Freud hat sich zwar mit den kulturellen Gegebenheiten für die Entwicklung des Menschen und deren Fallstricken befasst (1912–13a; 1920g), kaum jedoch mit den Konsequenzen für die institutionellen Rahmenbedingungen der Erziehung – abgesehen von denjenigen der Familie. Für Lacan gibt es den Einen ohne den Anderen nicht, vielmehr erscheint das Subjekt lediglich zwischen den signifikanten Gliedern der diskursiven Kette, welche das *Soziale Band* darstellt (Schmid, 2016). Daraus ergibt sich die Notwendigkeit, die menschliche Entwicklung nicht nur im Singulären und in der Dyade, sondern auch in einem gesellschaftlichen bzw. institutionellen Kontext zu betrachten. Proponentinnen und Proponenten der Lacan'schen Psychoanalyse, welche die Psychoanalyse mit der Pädagogik in Institutionen zu verbinden suchen, beziehen sich auf den Foucault'schen Begriff des *Dispositivs* (Agamben, 2008, S. 7; vgl. Foucault, 1978, S. 119f.). Dispositive können andere an der Entwicklung ihres Potenzials hindern und damit eine Tendenz der De-Subjektivierung fördern (Langnickel & Ambass, 2019, S. 193) oder aber die Subjektwerdung unterstützen (Agamben, 2008, S. 37). Eine Pädagogik, die, freudianisch gesprochen, vom Unbewussten ausgeht, und lacanianisch von einem doppelten Mangel beim Subjekt, ist eine Pädagogik des gespaltenen Subjekts. Gerade das Dispositiv von Institutionen kann den Platz des gespaltenen Subjekts sicherstellen. Orte, an denen die Dispositive einer *Pädagogik des gespaltenen Subjekts* ihre Wirkmacht entfalten, sind zum Beispiel das *Maison Verte* in Paris (Dolto, 1985/1992), die

École Expérimentale de Bonneuil (Mannoni, 1976/1978) sowie die École Freinet in Vence (Freinet, 1985).

Die *Experimentalschule von Bonneuil* wurde 1969 von Maud Mannoni, Robert Lefort und dem Ehepaar Rose-Marie und Yves Guérin, die als Erzieherin bzw. Erzieher tätig waren, als Ort zum Leben für sog. systemgestörte Kinder und Erwachsene im Rahmen der Antipsychiatriebewegung gegründet. Systemgestört wird hier verwendet in dem Sinn, dass die Systeme, in denen die Kinder lebten, die Familien, psychiatrischen Kliniken, Heime für behinderte Kinder und Schulen, ihnen keinen Lebensraum zur Verfügung stellen konnten, wo Platz für ihr Begehren blieb. Bei der Anwendung diagnostischer Kriterien würden die Kinder von Bonneuil in die Kategorien autistische, geistig behinderte und schulverweigernde Kinder und Jugendliche fallen. In der Experimentalschule leben bis zu 40 Kinder und Jugendliche im Alter von 6 bis 20 Jahren. Dazu kamen Erzieherinnen und Erzieher sowie Volontärinnen und Volontäre, Praktikantinnen und Praktikanten, die alle höchstens drei bis vier Tage pro Woche in Bonneuil arbeiteten. Nachstehend wird exemplarisch das Dispositiv der Experimentalschule anhand von vier Merkmalen vorgestellt, denen sich ihre Wirkung verdankt.

2.2.3.1 Die örtliche Anordnung der Experimentalschule ist konstitutiv für das Dispositiv und repräsentiert psychische Räume

Die Experimentalschule besteht aus drei Häusern, zwei Schuppen und einem großen Garten. Diese Infrastruktur dient als »beschützender Schoß«, wo der Wahnsinn gelebt und diesem ein Sinn zugesprochen werden kann (Geoffroy, 2019, S. 94). Weitere Räume sind die Ateliers, Versammlungen in unterschiedlichen Zusammensetzungen (z.B. auch mit den Eltern der Kinder) sowie Orte außerhalb der Experimentalschule: Arbeitsplätze (bei Bauern, in Werkstätten etc.), Gastfamilien auf dem Lande, Nachtunterkünfte, Ferienlager, Therapiestunden außerhalb, Einkäufe tätigen etc. Der Tagesablauf enthält folgende Elemente: die Mahlzeiten, den Unterricht, die »Plauderstündchen« (causettes) und die Zwischenräume. Ein Kind hat die Möglichkeit, sich zu verweigern, dann kann es beispielsweise die *Zwischenräume* aufsuchen. Es steht immer eine ausreichende Anzahl Erwachsener zur Verfügung, die »innerhalb dieser *Zwischenräume* dem *Wahnsinn* die Möglichkeit eines Zuhörens oder eines Dialogs bieten […]« (Geoffroy, 2019, S. 96; Hervorh. i. Original).

Die verschiedenen Räume, schulinterne und -externe, sowie die Zwischenräume können als Repräsentationen von psychischen Räumen fungieren (vgl. Feuling, 2000). Im Sinne von Weyl (2017) evozieren der Ort bzw. dessen »architekturale Anordnung« (Foucault, 1978, S. 119) als konstitutive Bestandteile des Dispositivs Wirkungen.

2.2.3.2 Die Experimentalschule ist eine gesprengte Institution und entzieht sich der Regentschaft des Einen

In den ersten Jahren des Bestehens wurde in der Experimentalschule das Konzept der gesprengten Institution entwickelt. Die Schule stellt sowohl für die Kinder als auch für die Erwachsenen einen passageren Ort dar, d.h., der Aufenthalt ist zeitlich begrenzt und es finden vielseitige Kontakte mit der Außenwelt statt. Die Erwachsenen sollten in der Experimentalschule nicht ihren gesamten Lebensunterhalt verdienen. »Man ist nicht *für* die Kinder da, sondern *mit* den Kindern« (Geoffroy, 2019, S. 90; Hervorh. i. Original). Bei vielen Mitarbeitenden ist der Wunsch entstanden, eine eigene Psychoanalyse auf sich zu nehmen. Gleichzeitig wurde die Anwesenheit von nicht psychoanalytisch Denkenden von Anfang an als wichtig erachtet, um eine »geistige Schließung der Institution zu vermeiden« (Geoffroy, 2019, S. 91). Die häufig wechselnden Praktikantinnen und Praktikanten gewährleisten den steten Blick von außen – sie können und sollen die Institution in Frage stellen, um ihre Erstarrung zu verhindern.

Um die Besonderheit der gesprengten Institution zu veranschaulichen, kann die Unterscheidung Jean Ourys zwischen *Kollektiv* und *Gruppe* dienen. Eine Gruppe wird durch ein Ideal oder Merkmal zusammengehalten und tendiert zur Uniformierung und zum Ausschluss anderer (Oury, 1977; zit. n. Hofmann, 1983, S. 35). Entfremdete Gruppen beziehen ihr Gesetz von außen, sind hierarchisch angeordnet und lassen sich nicht in Frage stellen (Roedel, 1986, S. 114). Sie entsprechen der totalen Institution nach Goffman (1973). Totale Institutionen sind immer auch Konservatoren der Symptome der Kinder, da diese in mehrfacher Hinsicht eine Funktion für die Institution erfüllen können. Sie sind bspw. der Grund, warum die Institution überhaupt existiert.

Für Dimitri Weyl liegt die Machtproblematik in der Tendenz der Menschen zur *Regentschaft des Einen*. Die Wurzel dieser Eigenschaft liege im primären Narzissmus, welcher dazu verführe, sich selbst eine Allmacht zuzuschreiben und die oder den Anderen nicht als Seinesgleichen anzuerkennen. Weyl unterscheidet zwischen der Macht über jemanden *(pouvoir sur)* und der Macht, etwas zu tun *(pouvoir de),* welche auf das Vermögen *(puissance)* verweist. Bezogen auf das *Maison Verte* spricht er von einem umgekehrten Dispositiv (2017, S. 47ff.). Der Platz der Leitung sollte leer bleiben. Der bzw. dem Vereinspräsidentin oder -präsidenten kommt lediglich eine repräsentative Funktion zu (Ambass & Langnickel, 2019, S. 192). Wie im psychoanalytischen Diskurs kann der Platz (der Analytikerin bzw. des Analytikers, der Führerin bzw. des Führers, des großen Anderen) nicht besetzt, sondern lediglich repräsentiert werden. In diesem Sinn bleibt er leer. Erst der Bezug auf den leeren Platz ermöglicht das Sprechen des Subjekts (vgl. Lacan, 1969–1970/2007).

In der Weise eines umgekehrten Dispositivs und im Gegensatz zur Gruppe beruht die Offenheit, welche die Experimentalschule sicherstellen will, auf dem Kollektiv. Dieses ist gekennzeichnet durch eine »Struktur von Beziehungen« zwischen den Individuen, denen je ein spezifischer Platz eingeräumt wird (Oury, 1977; zit. n. Hofmann, 1983, S. 35). Die Struktur bleibt flexibel und soll immer wieder an die Erfordernisse, die die Kinder stellen, angepasst werden (Geoffroy, 2019, S. 123f.).

Aufgrund der dem Menschen inhärenten Neigung zur Regentschaft des Einen ist die ständige und sorgfältige Reflexion des Dispositivs erforderlich. Wie schwierig es ist, das labile Gleichgewicht eines Kollektivs aufrechtzuerhalten, zeigt nicht zuletzt die Krise, welche die experimentelle Schule nach dem Tod Mannonis 1994 durchlaufen hat. Diese führte dazu, dass einige Mitglieder die Auflösung der Institution forderten (Geoffroy, 2019, S. 437ff.). Nichtsdestotrotz existiert die Experimentalschule bis heute, auch wenn sie verschiedene Anpassungsprozesse an veränderte äußere und innere Bedingungen durchlaufen musste (vgl. Geoffroy, 2019).

2.2.3.3 Die Experimentalschule fördert die Übertragung auf mehrere Personen und mehrere Orte – und begrenzt den Narzissmus

Der Begriff der Übertragung wird in der gesprengten Institution in einem weitgefassten Sinn verstanden. Sie geschieht nicht nur in einem therapeutischen Zweiersetting, sondern *an* jedem Ort, *auf* jeden Ort (Geoffroy, 2019, S. 127f.), auch an schulexternen Orten. Durch diese Möglichkeit rückt die pädagogische Fachperson als ideales Modell in den Hintergrund und ihr Narzissmus wird eingedämmt.

Eine Institution, die darauf ausgelegt ist, *alle* Bedürfnisse der Bewohnerinnen und Bewohner zu erfüllen, beinhaltet die Gefahr, zum imaginär aufgeladenen Muttererersatz zu werden (Mannoni, 1973/1987, S. 200). Eine solche Institution verhält sich wie die Mutter eines psychotischen Kindes, von der das Kind sich nicht trennen kann (Mannoni, 1976, S. 53). Um dieser Gefahr zu entgehen, muss in einer Institution der *Schnitt* verankert sein. Dieser wird durch den passageren Charakter und die Möglichkeit der Übertragung auf mehrere Personen und Orte begünstigt (Razon et al., 2017, S .8).

2.2.3.4 Die Experimentalschule hält den Mangel offen und stellt einen Ort des Sprechens und der Wahrheit des Subjekts zur Verfügung

Die Experimentalschule stützt sich auf zwei symbolische Gesetze, nämlich einerseits das Inzestverbot und andererseits das Verbot, als »Parasit« zu leben. Mit dem Inzestverbot ist gemeint, dass die Kinder in Bonneuil als Geschwister betrachtet werden und daher keine sexuellen Beziehungen untereinander erlaubt sind. Mit dem Verbot, als »Parasit« zu leben, ist das Gebot eines gegenseitigen Gebens und Nehmens verbunden. Erst die Einführung des symbolischen Gesetzes ermöglicht dem Subjekt, den Mangel anzuerkennen, zu wünschen und zu begehren (vgl. 1.3 bis 1.5).

Analog zur Ethik der Psychoanalyse (Lacan, 1959–1960/2016) wird bei den Dispositiven der Psychoanalytischen Pädagogik von einer Ethik des Begehrens und der Wahrheit gesprochen (vgl. Ambass & Langnickel, 2019). Die Experimentalschule ist, wie die Couch, ein »Ort des Sprechens« (Mannoni, 1976/1978, S. 237) und des Hörens. Man erhält einen Platz in der symbolischen Ordnung (Mannoni, 1970/1983, S. 76) und es besteht die Möglichkeit, dass das Subjekt mit seinem Begehren auftauchen kann.

Ziele der institutionellen Psychoanalytischen Pädagogik sind nicht die Symptombeseitigung oder Heilung der Patientinnen und Patienten (Mannoni, 1976/1978, S. 101), jedoch können sich therapeutische Effekte einstellen. Ein Beispiel gibt die folgende von Bouquier & Richer (1978) geschilderte Szene einer Theaterwerkstatt zu „Alice im Wunderland":

> Nach ihrem tiefen Fall in den Bau des Kaninchens versucht Alice vergeblich, die Türen des langen, niedrigen Raumes, in dem sie gelandet war, zu öffnen. Traurig geht sie in die Mitte des Raumes zurück und fragt sich, wie sie da bloß wieder herauskommen könnte. Als er [Armand] diese Erzählung hört, springt Armand plötzlich auf und brüllt: »Ich will hier raus!« Er versucht, mit dem Kopf ein Loch in die Wände zu bohren, rempelt die anderen Teilnehmer um und schreit: »Ich habe Angst. Laßt mich raus!« Wir lassen nun das Echo auf diesen Schrei ertönen: »Alice will raus. Sie hat Angst. Es ist dunkel.« Dann hämmern wir mit unseren Fäusten an die Wände. Armand scheint einen Augenblick starr vor Erstaunen, dann wiederholt er, allerdings schon weniger heftig: »Ich will heraus, Armand will raus, Alice will raus, ich habe Angst, Armand hat Angst, Alice hat Angst!« Bald darauf nimmt er ganz ruhig mit uns zusammen die Worte wieder auf: »Alice hat Angst, sie will raus.« Doch dieses Mal bleibt er voll und ganz auf der Ebene des Darstellers im Spiel. (Bouquier & Richer, 1978, S. 164f.)

Dieses Theaterereignis ist ein wechselseitiger Austausch; Armand gibt an die anderen Teilnehmenden sein wahres Sprechen und erhält etwas zurück. Er bewegt sich nicht »auf der Ebene eines Parasitentums« (Mannoni, 1976/1978, S. 162). Sein vermeintlich unsinniges Symptom, welches sich im Mechanismus der Verschiebung und in der Identifikation mit Alice zeigt, bekommt durch die Antwort der anderen Spielenden einen universellen Sinn, wodurch Armand zu einer Symbolisierung gelangen kann (Mannoni, 1976/1978, S. 165) – seine eigene Angst wurde symbolisiert und er litt in der Folge weniger darunter.

2.2.4 Fazit

Nach der Analyse der Fallstricke, welche die Entwicklung des Subjekts in der Gesellschaft umschiffen muss, wagen wir die Behauptung: Es gibt eine Pädagogik des gespaltenen Subjekts, wenn sich die Pädagogik der Erkenntnisse der Psychoanalyse bedient. Diese gemahnt sie, das geliebte Ideal zu entmystifizieren, den Mangel und das Begehren sowie die Wahrheit des Subjekts anzuerkennen und einen Umgang mit der menschlichen Aggression und dem Hass zu finden. Sie fordert eine Abstinenz gegenüber einem absoluten Wissen, hegemonialen Machtverhältnissen und Disziplinierungstechniken. Diese Aufgabe lässt sich eher bewerkstelligen, wenn sie vom Sozialen Band getragen ist, beispielsweise repräsentiert durch eine Institution, die sich einer Ethik der Wahrheit und des Begehrens verpflichtet fühlt, die sich der Fallstricke ihrer Aufgabe bewusst und bereit ist, sich in einem fort selbst zu reflektieren und zu hinterfragen.

2.2.5 Rückblick und Ausblick

Hinsichtlich der ersten eingangs erwähnten Forschungsfrage im Kapitel 2.1 nach den Schwierigkeiten und Möglichkeiten bei einer Verbindung der beiden unterschiedlichen Disziplinen von Psychoanalyse und Pädagogik ist Folgendes zu konstatieren:

Millots Vorbehalte gegenüber einer Wissenschaft der Erziehung sind wohlbegründet (Millot, 1979/1982). Eine Erziehungswissenschaft, welche einen eindeutigen und linearen Kausalzusammenhang zwischen den Umweltreizen, den pädagogischen Mitteln und dem erwünschten Verhalten postuliert (Millot, 1979/1982, S. 178), kann es primär entweder allein in der Fiktion eines behavioralen Missverständnisses des Menschen geben, bei welchem die Psyche des Menschen als Black Box ausgeklammert wird, oder bei einem Menschenbild respektive einer Pädagogik, welche davon ausgeht, dass, wenn Menschen durch soziale Einflüsse nur nicht daran gehindert würden, rational zu sein, sie an sich durchaus rationale Wesen seien, deren Verhalten eindeutig vorhersehbar sei (Warsitz & Küchenhoff, 2015). Hierzu ist zu konstatieren, dass erstens die Psyche keine Black Box und zweitens der Mensch nicht rational ist – zumindest, wenn man unter dem Begriff rational die Orientierung an vernunftmäßigen und bewussten Gründen versteht. Es ist in beiden Fällen die Existenz des Unbewussten, welche die Wünsche eines (naiven) Behaviorismus und eines (naiven) Rationalismus zerschellen lässt. Das Unbewusste zeigt Wirkungen und legt somit Rechenschaft ab von dem anderen Schauplatz des Menschen. Im Alltag vergessen wir etwas, wir versprechen uns oder wundern uns darüber, dass wir uns auf eine Weise verhalten, die uns schadet. Eine selbsterklärte *Wissenschaft* der Erziehung geht gerade nicht von dieser Subjektspaltung durch das Unbewusste aus und kann nur in fiktionalen Systemen eine Kausalitätsbeziehung zwischen den pädagogischen Mitteln und den erwünschten Wirkungen postulieren.

Problematisch an der Position Millots ist jedoch, dass sie der Psychoanalytischen Pädagogik in toto einen Herrschaftsanspruch über das Unbewusste attestiert: »Diese würde auf dem Mißverständnis beruhen, auf dem Glauben, daß ein Wissen über das Unbewußte erlaubt, sich zu seinem Herrscher zu machen, daß in diese[m] Bereich Wissen Macht ist« (Millot, 1979/1982, S. 178; Hervorh. i. Original). Eine Pädagogik des gespaltenen Subjekts verzichtet hingegen auf ein imaginäres Ideal der Beherrschbarkeit (Cifali & Moll, 1994, S. 451) und versucht so »zu einem fruchtbaren und immer offenen Dialog zwischen den zwei Disziplinen beizutragen« (Cifali & Moll, 1994, S. 451). Auf diese Weise muss der Psychoanalytiker nicht mehr, wie von Millot gefordert, »die Pädagogik den Pädagogen überlassen und der Pädagoge die Psychoanalyse den Psychoanalytikern« (Millot, 1979/1982, Klappentext) und es besteht eben doch die Möglichkeit einer Kooperation von (strukturaler) Psychoanalyse und Pädagogik. Eine Pädagogik kann die Existenz des Unbewussten anerkennen, wie es die sich etablierende Pädagogik des gespaltenen Subjekts vollzieht. Diese psychoanalytisch inspirierte Pädagogik ist darum bemüht, pädagogische Allmachtsphantasien zu begrenzen, und setzt an die Stelle einer einfachen linearen Kausalität im Sinne einer causa efficens etwas ganz anderes: die Tyche (glückliche Fügung) und erkennt an, dass es in pädagogischen Kontexten keine simplen Kausalitäten gibt. Sie bietet Raum für die Inszenierungen des Unbewussten, welche den (rationalen) Sinnzusammenhang überschreiten (vgl. Ambass, 2018a, S. 109).

Zur zweiten Forschungsfrage im Kapitel 2.1, wie sich die französische Tradition der Verbindung von Psychoanalyse und Pädagogik für eine Pädagogik des gespaltenen Subjekts im deutschsprachigen Raum fruchtbar machen lässt: Eine Pädagogik des gespaltenen Subjekts versucht gerade nicht, wie z.B. Bettelheim mit seiner psychodynamischen Milieutherapie, unbegrenzt die Bedürfnisse der Kinder zu erfüllen (vgl. Schäfer, 1997, S. 58f.). Zwar ist Bettelheim unbedingt zuzustimmen, dass es, postmodern ausgedrückt, toxische Umwelten gibt, die durch eine »ungeheuer zerstörerische Macht« ausgezeichnet sind (Bettelheim, zit. n. Schäfer, 1997, S. 68). Das Begehren des Kindes kann sich jedoch nur dann ausbilden, wenn nicht alle Bedürfnisse und Ansprüche erfüllt werden, wenn ein Mangel übrig bleibt. Es ist von Bedeutung, dass eine Psychoanalytische Pädagogik die Signifikanten des Verlangens des Kindes nicht, wie die Neurotiker, mit einem empirischen Objekt des Verlangens verwechselt (Mannoni, 1970/1983, S. 141). Wenn die artikulierten Ansprüche des Kindes sofort erfüllt werden, klingt die Spannung des Begehrens ab und das Kind wird den Mangel nie als kreativ erleben (Dolto, 1981/1996, S. 191). Ansonsten besteht die Gefahr, dass das Kind abhängig bleibt von der Erziehungsperson und »sich nicht außerhalb der Vorstellungen und der guten Absichten seiner Betreuer selbst entwerfen« kann (Schäfer, 1997, S. 60). Diese Abhängigkeit mag gerade in sonderpädagogischen Kontexten temporär erforderlich sein, es ist aber notwendig, dies zu problematisieren. Das Menschsein zeichnet sich für Mannoni dadurch aus, dass wir nicht nach einem konkreten empirischen Objekt suchen, sondern nach einem Mangel, welcher der Garant unseres (unbewussten) Wunsches sein wird (Mannoni, 1973/1987, S. 192).

Diese Aussagen zum Mangel könnten, gerade hinsichtlich der sonderpädagogischen Klientel in der Pädagogik bei Verhaltensstörungen, missverstanden werden, sind es doch häufig Kinder und Jugendliche, die Misshandlungen und Traumata erlitten haben. Man könnte sich dem Verdacht aussetzen, diesen mit einer unangemessenen Härte begegnen zu wollen. Aus diesem Grund ist es erstens wichtig, daran zu erinnern, dass Mannoni sich in ihrer Praxis und Theorie »psychisch schwer beeinträchtigen Kindern und Jugendlichen« widmete (Rodel & Kaufhold, 1998, S. 121) und sich gerade hinsichtlich der Symptomatik einer mentalen Entwicklungsverzögerung oder einer Psychose fragt, »wie man in unserer Gesellschaft technisch mit diesen Erscheinungen umgeht und wie man sie dadurch verstärkt, daß man sie in Entfremdung umwandelt« (Mannoni, 1973/1987, S. 8). Diese Entfremdung besteht nach Mannoni darin, dass »Eltern, Heilpädagogen und Ärzte gar nicht mehr versuchen, das Kind als wünschendes Subjekt zu begreifen, sondern es als Pflegeobjekt in verschiedene Systeme der Wiederherstellung integrieren und ihm so jede persönliche Sprache ›rauben‹« (Mannoni, 1973/1987, S. 8). Um den Subjekten wieder die Sprache zurückzugeben, ist es notwendig, diese mit dem Mangel zu konfrontieren, da durch die Erfahrung des Mangels das Verbleiben in dyadischen Beziehungen, welche die Subjektwerdung eher hindern als fördern, aufgehoben wird.

Zweitens ist hinsichtlich von Traumata zu konstatieren, dass das, was häufig als Trauma bezeichnet wird, für die strukturale Psychoanalyse eine Retraumatisierung ist (Langnickel & Link, 2019c). Gewöhnlich wird ein Trauma auf ein empirisches Ereignis im Leben des Subjekts zurückgeführt, wie es beispielsweise Laplanche und Pontalis (1975) in ihrem Standardmodell des Traumas referieren. Ein Trauma wird von Laplanche und Pontalis wie folgt definiert:

> Ereignis im Leben des Subjekts, das definiert wird durch seine Intensität, die Unfähigkeit des Subjektes, adäquat darauf zu antworten, die Erschütterung und die dauerhaften pathogenen Wirkungen, die es in der psychischen Organisation hervorruft. Ökonomisch ausgedrückt, ist das Trauma gekennzeichnet durch ein Anfluten von Reizen, die im Vergleich mit der Toleranz des Subjekts und seiner Fähigkeit, diese Reize psychisch zu bemeistern und zu bearbeiten, exzessiv sind. (Laplanche & Pontalis, 1975, S. 513)

In der strukturalen Psychoanalyse gibt es, wie Peter Widmer herausgearbeitet hat, einen anderen Traumabegriff: Das primäre Trauma ist ein allgemein menschliches Trauma, welche das Subjekt erleidet, wenn der Mangel durch Sprache evoziert wird, genauer, wenn die Signifikanten eine Wunde in das Subjekt geschlagen haben (Widmer, 2016, S. 20f.). Wenn durch eine Retraumatisierung an das ursprüngliche Trauma, den Mangel durch die Sprache gerührt wird, kann der Fluss der Signifikanten zum Erliegen kommen, eine Fixierung, genauer das sekundäre Trauma entsteht. Das sekundäre Trauma ist dasjenige, das sich im Feld des Realen ereignet und vom Subjekt nicht assimilierbar ist, es widersetzt sich »sowohl der Symbolisierung, des In-die-Sprache-Bringens als auch der Verbildlichung, dem Feld des Imaginären« (Langnickel & Link, 2019c, S. 70). Bei einem neurotischen Subjekt kreist das Begehren um den Mangel, durch das Trauma kommt das Kreisen zum Erliegen, das Trauma »verstopft« den Mangel. Das Subjekt ist dann im Wiederholungszwang und nicht mehr im Symbolischen, sondern gefangen in seinem Acting-out. Eine alleinige Orientierung am sekundären Trauma vernachlässigt eben diese Dimension der Sprache und des Mangels. Gerade aus diesem Grund ist es wichtig, dass das Symbolische, genauer die Signifikanten, im Zentrum der psychoanalytisch-pädagogischen Arbeit mit traumatisierten Kindern und Jugendlichen stehen und die Signifikanten wieder ins Fließen geraten. Das sekundäre Trauma drückt sich mitunter nicht im Feld des expliziten Sprechens aus. Da es auf einem Versagen des Sprechens beruht (Clavier, 2017, S. 10), kann das Trauma sich gerade in Handlungen des ganzen Körpers ausdrücken (Widmer, 2016, S. 100). Genauer: Kinder und Jugendliche zeigen ihre Traumatisierungen sowohl in ihrem Reden als auch in ihrem unbewussten Körperbild (Dolto, 1987, S. 20), was sich in motorischen Spielen, Töpfern, Zeichnen oder auch Theaterspielen manifestiert. In der psychoanalytisch-pädagogischen Arbeit können anlässlich des Theaterspiels, der kunsthandwerklichen Tätigkeiten oder auch durch eine passende Arbeit Vorformen der Symbolisierung entstehen und indem über diese Vorformen gesprochen wird, kann die Fixierung an das ursprüngliche Trauma abgemildert werden und das Trauma verstopft nicht mehr den Mangel.

Der Mangel kann gemäß Mannoni auf vielfache Weise erfahren werden, wie zum Beispiel durch die regelmäßige »Arbeit außerhalb« (Roedel, 1986, S. 203) der Kinder und Jugendlichen in Bonneuil – Bonneuil hat den Status einer Versuchsschule, weshalb das Verbot der Kinderarbeit nicht gilt (Roedel, 1986, S. 203). Diese »Arbeit außerhalb soll einen Wunsch zur Sprache kommen lassen, d.h. den Eintritt des Kindes in die symbolische Ordnung fördern« (Roedel, 1986, S. 203). Die Arbeit repräsentiere »das dritte Element, das durch die Trennung einen Mangel erzeugt [...], [es] soll ein Wunsch zur Sprache kommen können, der nicht die Mutter zum Objekt hat« (Roedel, 1986, S. 205). Die Arbeit konfrontiert das Kind oder die Jugendliche bzw. den Jugendlichen mit dem Namen-des-Vaters, mit dem Gesetz, welches »den Zugang zum Wunsch ermöglichen soll« (Roedel, 1986, S. 205). Roedel berichtet aus ihrem dortigen Aufenthalt das Fallbeispiel des Jugendlichen Michel aus der Institution Bonneuil, welcher in seiner Arbeit produktiv mit dem Mangel konfrontiert wird.

> Michel, der zur Arbeit außerhalb in eine KFZ-Werkstatt ging, um bei der Reparatur mitzuhelfen, hatte den Wunsch; ein defektes Auto ganz alleine zu reparieren. Als sein Meister ihm dies mit dem Hinweis, daß er seinen Kunden gegenüber eine gewisse Verantwortung trage, untersagen mußte, reagierte Michel sehr aggressiv und wollte die Ar-[sic] aufgeben. Da die reine Lust nicht ohne Hindernisse erreichbar

ist, wurde Michel mit der Frage konfrontiert, ob er bereit sei, den entsprechenden Preis zu zahlen, d.h. gewisse Omnipotenzvorstellungen aufzugeben. (Roedel, 1986, S. 206)

In die imaginäre dyadische Beziehung des Jugendlichen mit dem »als allmächtig empfundene[n] Meister« (Roedel, 1986, S. 206) interveniert das symbolische Gesetz, die Omnipotenzvorstellungen des Jugendlichen müssen aufgegeben werden und an die Stelle der Lust (jouissance) tritt das Begehren, das der symbolischen Ordnung unterliegt.

Diese Intervention des Mangels ist besonders bei Kindern und Jugendlichen mit Psychosen von besonderer Bedeutung. Die strukturale Psychoanalyse erklärt das Wesen der Psychose damit, dass das Subjekt in der (mütterlichen) Dyade verbleibt, die Dyade nicht auf einen Dritten hin geöffnet wird. Der Kern der Psychose ist etwas Verschwiegenes, was ausgesprochen werden muss (Dolto, 1985/1989, S. 189f.). Aus ätiologischer Perspektive ist für die strukturale Psychoanalyse die Psychose dadurch gekennzeichnet, dass »es des Mangels ermangelt« (Widmer, 1997, S. 128).

Die Abweichung von gesellschaftlichen Normen, aber auch die Unterwerfung unter sie, stehen im Zusammenhang mit den unbewussten Wünschen des Subjekts, die, wenn sie nicht gehört werden, sich im Realen als Symptom zeigen:

> Es ist unabdingbar, daß man die Struktur des sprechenden Subjekts nicht aus den Augen verliert; daß ihm die Chance bewahrt wird, Kenntnisse über sich selbst, das heißt über seinen unbewussten Wunsch zu erlangen; daß in der Realität nicht das wiederholt wird, was es zum Devianten – man könnte genausogut sagen, zum Angepaßten – gemacht hat. (Lefort, 1987, S. 207)

Eine Aufgabe einer Pädagogik des gespaltenen Subjekts ist es, diese unbewussten Wünsche des Subjekts ins Zentrum zu stellen, damit es diese nicht mehr ausagieren muss. Diese Herausforderung impliziert jedoch, dass man sich an den Platz der fachunkundigen Person begibt: »Wenn der Diskurs sich an einen Spezialisten wendet, dem unterstellt wird, er verfüge über die Antwort, wird jedes Sprechen unmöglich. Dann bleibt man auf der Ebene von Rezepten und verliert die Dimension der Wahrheit, wie sie jeder Konfliktsituation inhärent ist« (Mannoni, 1976/1978, S. 274). Dies impliziert jedoch nicht, dass, wenn beispielsweise ein sexuell missbrauchtes Kind versucht, ob aus Gründen des Wiederholungszwangs oder aus Gründen einer vorbewussten manipulativen Inszenierung, mir körperlich zu nahe zu kommen und sich zum Missbrauch anbietet, dieses in einer Pädagogik des gespaltenen Subjekts nicht zu sehen bzw. nicht zu hören, da man über keinerlei Wissen verfügt, um mit einer solchen Situation umgehen zu können. Aufgrund der eigenen psychoanalytischen Selbsterfahrung und auch von Kenntnissen der psychoanalytischen Theorie und Klinik werden diese Inszenierungen des Unbewussten anerkannt und versucht zu deuten. In dieser konkreten Situation des sexuell missbrauchten

Kindes würde ein Psychoanalytischer Pädagoge als Repräsentant des Gesetzes gegenüber dem Kind auf das Gesetz rekurrieren, das letztlich auf das Inzestverbot zurückgeht und dem wir alle unterworfen sind. Es erfolgt jedoch keine vorschnelle Diagnostik, kein primäres Beobachten auf lehrbuchkonforme Störungen hin, da ansonsten folgende Gefahr besteht, die Geoffroy treffend charakterisiert: »Wenn pädagogische Fachpersonen von ihrer Ausbildung her vorgefertigtes ›Wissen‹ mitbringen, sind sie nicht mehr in der Lage, selber zu beobachten und sich zu fragen: Was sagt der andere mir?« (Geoffroy, 2019, S. 499).

Auch wenn die sonderpädagogische Wissenschaft Fachleute ausbildet, gilt es doch, die lieb gewonnenen Gewissheiten des Status einer fachkundigen Person und der Expertise im Sinne eines »Bescheidwissens« immer wieder zu hinterfragen und manchmal eben auch fachunkundig zu sein beziehungsweise zu werden: »Man muss wissen, was man wissen kann, man muss gleichzeitig zum Laien werden« (Pazzini, 2019, S. 94). Wenn man die vermeintliche Expertise nicht hinterfragt, mag das Wissen so verfasst sein, wie das Wissen in dem Essay *Zur soziologischen Psychologie der Löcher* von Tucholsky (1990) dargestellt wird – nur vermeintlich tiefsinnig, aber nicht auf das konkrete Subjekt eingehend. Maier-Höfer beschreibt treffend, dass eine Fachperson »mit dem Wissen Macht ausüben kann, die es heranzieht, um sich vor dem Aufsteigen der eigenen Angst vor Verletzlichkeit und Hilfsbedürftigkeit zu schützen« (Maier-Höfer, 2016, S. 241). Für eine Pädagogik des gespaltenen Subjekts ist es indiziert, »sich seiner Ohnmacht zu stellen und das Risiko ein[zugehen], die Stabilisierung in der eigenen Überlegenheit zu verlieren« (Maier-Höfer, 2016, S. 242).

Als Psychoanalytische Pädagogin oder Psychoanalytischer Pädagoge gilt es, darüber zu reflektieren, dass pädagogischen Fachkräften Wissen unterstellt wird und eben diese Zuschreibung zu Rezepten führt und sowohl die Frage als auch die Wahrheit, die das Subjekt in seinem Symptom ausdrückt, verdeckt. An dieser Stelle ist es wichtig, zu betonen, dass Psychoanalytische Pädagogik gerade nicht verstehen sollte – hierin ist Fröhlich (1997, S. 64) zuzustimmen. Auch Lacan fokussiert auf das Nicht-Verstehen: *Im Seminar II, Das Ich in der Theorie Freuds und in der Technik der Psychoanalyse* (1953–1954/1978, S. 135) hebt Lacan hervor, dass es einer der zwei Kardinalfehlers des Analytikers sei zu glauben, dass er verstehe. Eine Pädagogik des gespaltenen Subjekts ist auf Ohrenhöhe: Sowohl in der Redekur als auch im Feld der Psychoanalytischen Pädagogik gilt es, ein Ohr für das vermeintlich Sinnlose zu haben und nicht auf den Sinn zu fokussieren. Sobald die pädagogische Fachkraft sich primär auf den Sinn fokussiert, ist das Unbewusste als Manifestation des Unsinns exkludiert, weil die Manifestationen des Unbewussten übersehen respektive überhört werden.

Zur eingangs aufgeworfenen dritten Frage im Kapitel 2.1, welche Rolle Liebe und Hass als besonders wirkmächtige und häufige Formen der Übertragung in einer Pädagogik des gespaltenen Subjekts spielen: Gerspach weist zu Recht darauf hin, dass jede Übertragung in der Pädagogin bzw. im Pädagogen eine Gegenübertragung auslöst (Gerspach, 2009, S. 115) – dieses gilt insbesondere für Liebe und Hass als prototypische Übertragungsphänomene, die auch schon ganz am Anfang der Geschichte der Psychoanalyse in der Übertragung von Josef Breuer und seiner Patientin Anna O. virulent wurden (Jones, 1960/1962, S. 287). Es besteht die Gefahr, dass ohne eine psychoanalytisch-pädagogische Reflexion »dieser sich hauptsächlich unbewusst entfaltenden Dramatik […] es schnell zu einer gefährlichen Zuspitzung des Geschehens kommt« (Gerspach, 2009, S. 115), was sich gerade im Umgang mit schwer verhaltensgestörten Kindern zeigen kann.

Psychoanalytische Pädagogik hat nicht die Aufgabe, den Kindern das zu geben, an was es ihnen mangelt, z.B. zusätzliche Liebe (Mannoni, 1976/1978, S. 281). Pädagogische Fachpersonen sollten den Kindern nicht nur Liebe geben, sondern auch Mangel und Frustration – eine Institution, die nur unbedingte Liebe geben möchte und den Hass konzeptuell verleugnet, ist eine Institution, bei der Hass sich unweigerlich seine Bahn suchen wird (Schäfer 1997, S. 69). Psychoanalytische Pädagogik ist kein Lückenfüller, vielmehr soll sie Gelegenheit schaffen, dass das Kind sich öffnet und nicht mehr gezwungen ist, in seinem Agieren, seinem Wiederholungszwang, seiner Beziehung zum anderen eine negative Selbstvergewisserung zu evozieren (Mannoni, 1976/1978, S. 281).

Liebe in der Erziehung ist oft gekennzeichnet durch die imaginäre Dimension der Liebe, die Idealisierung des Erziehers durch das Kind oder die Jugendliche bzw. den Jugendlichen. Einerseits fördert diese imaginäre Liebe das Lernen und die Übernahme von Normen und Werten durch Identifizierung, andererseits verhindert sie die vollständige Ablösung von Vater- und Muttersubstituten, da das Kind oder der Jugendliche in der Übertragungsbeziehung zu Erzieherin oder Erzieher stecken bleiben kann. Mannoni differenziert mit Rekurs auf Lacan zwei Arten von Liebe: Eine Liebe, welche im Imaginären gefangen bleibt und mit dem Narzissmus vermengt ist, und Liebe als Gabe von etwas, das man nicht hat (Mannoni, 1988a, S. 28f.), eine Unterscheidung, die aus dem *Seminar I* stammt:

> »Lernen Sie nun, die Liebe als imaginäre Leidenschaft von der aktiven Gabe, die sie auf der symbolischen Ebene darstellt, zu unterscheiden« (Lacan, 1953–51/1978, S. 346).

Erst wenn die Erzieherin bzw. der Erzieher anerkennt, dass ihr bzw. ihm von den Kindern und Jugendlichen etwas im Imaginären unterstellt wird, zum Beispiel ein Wissen oder Fertigkeiten, und den eigenen Mangel wahrnehmen kann, vermag sie oder er sich narzisstischen Verstrickungen zu enthalten. Bei der Liebe als Gabe von etwas, was man nicht hat, weiß die Erzieherin bzw. der Erzieher um eben diesen eigenen Mangel und kann damit aufgrund einer weniger starken Anfälligkeit für den Narzissmus produktiver umgehen. Strukturelle Aspekte psychoanalytisch-pädagogischer Institutionen wie in Bonneuil können einer übermäßigen Idealisierung der Erzieherin bzw. des Erziehers entgegenwirken. Das Setting kann, analog zum Setting der Redekur, das Erstarken des imaginär aufgeladenen Narzissmus eindämmen.

Zur vierten Frage im Kapitel 2.1, wie wirkt ein Dispositiv einer strukturalen Psychoanalytischen Pädagogik an einem konkreten sozialen Ort: Mannoni vertritt ebenfalls mit Rekurs auf Lacan eine Ethik der Wahrheit (Mannoni, 1988a, S. 28), eine Ethik der Wahrheit des Begehrens. Mannoni hebt hervor, dass das Feld der Sprache und der Psychoanalyse nicht die objektive Realität ist. Wahrheit kann demzufolge nicht korrespondenztheoretisch verstanden werden, im Sinne der klassischen Formel veritas est adaequatio intellectus et rei, also der Übereinstimmung des Denkens mit der empirischen Realität. Wahrheit bedeutet gerade nicht eine objektive Wahrheit (Mannoni, 1976/1978, S. 199). Psychoanalytisch verstanden ist Wahrheit die Wahrheit des (unbewussten) Wunsches (Mannoni, 1973/1987, S. 45). Schon für Freud war der Wunsch der Schlüssel zur Wahrheit (Mannoni, 1970/1983, S. 200). Wahrheit produziert neue Worte, die über etwas hinausgehen (Mannoni, 1988a, S. 22), und sprengt so manche (pädagogischen) Systeme. In der Erziehung durch Fachpersonen wird diese Wahrheit des Wunsches nur allzu oft überhört (Mannoni, 1973/1987, S. 176), es gilt, sich im Sprechen an sogenannten normativen Kompetenzen (Seifert & Schaper, 2010, S. 182) zu orientieren, die Dimension der Phantasien und Wünsche ist exkludiert (Mannoni, 1973/1987, S. 176). Dieses ist jedoch nicht verwunderlich, ist es doch eine Wahrheit, die dem Subjekt in der Regel entgeht und die auch als eine »störende Wahrheit« bezeichnet werden kann (Mannoni, 1973/1987, S. 138). Auch in der Erziehung innerhalb der Familie verweisen die Symptome des Kindes nach Mannoni auf die Wahrheit, genauer auf den elterlichen Umgang mit dieser: »Das Kind ist die Wahrheit, die seinen Eltern mangelt und von der sie nichts wissen wollen« (Mannoni, 1970/1983, S. 34). Diese Wahrheit stört das reibungslose Funktionieren eines Familiensystems oder eines pädagogischen Systems, weist aber zugleich darauf hin, dass ein anderer Schauplatz im Menschen sich Gehör verschaffen möchte. Eine Herrschaft über eine solche Wahrheit (Mannoni, 1973/1987, S. 154) ist, und hierin ist Millot (1979/1982) zuzustimmen, in der Pädagogik eben gerade nicht möglich, da diese Wahrheit »nichts mit einem objektivierten Wissen zu tun hat« (Mannoni, 1976/1978, S. 196). Mannoni streicht heraus, dass eine »administrative (oder erzieherische) Macht sich stets bemüht, die Wahrheit, die in der beharrlichen Wiederholung des Symptoms ablesbar wird, über irgendwelche Umwege durch das zu ersetzen, was sie ›Realität‹ nennt« (Mannoni, 1973/1987, S. 175f.) und andere Positionen als utopisch verunglimpft (Mannoni, 1973/1987, S. 175). Gerade wenn wir uns dieser Wahrheit verschließen, schließen wir das Subjekt aus (Mannoni, 1970/1983, S. 244). Wenn für die Wünsche von Kindern und Jugendlichen kein Platz mehr im pädagogischen System ist, werden sich diese als Störungen wie z. B. Verhaltensauffälligkeiten manifestieren, »diese Wahrheit [kehrt] in Gestalt des Symptoms zurück« (Mannoni, 1973/1987, S. 45). Auch wenn wir nicht über die Wahrheit des anderen Schauplatzes, das Unbewusste, herrschen können, ist es, wie in Bonneuil praktiziert, dennoch möglich, durch eine Anerkennung dieser unbewussten Wahrheit Kinder und Jugendliche in ihrer Subjektwerdung zu unterstützen und hierdurch unnötiges Leid aufseiten des Subjekts zu verhindern. Das Dispositiv der Pädagogik des gespaltenen Subjekts in Bonneuil umfasst eine Ethik des Wünschens und Begehrens sowie der Wahrheit und auch eine ebensolche Praxis. Diese Ethik des Wünschens führt nicht zu einem objektivierbaren Rezeptwissen, sondern zu geistigen Haltungen, welche es ermöglichen, eine Art Übersetzung des Verhaltens der Kinder und Jugendlichen in den Wunsch zu finden (Maier-Höfer, 2016, S. 290f.) und zeigt somit ganz konkrete psychoanalytisch-pädagogische Wirkungen.

Wichtig ist, an dieser Stelle darauf hinzuweisen, dass die Institution Bonneuil eine »gesprengte Institution in der Bredouille« ist (Geoffroy, 2019, S. 329). Es bestehen seit einiger Zeit externe Schwierigkeiten wie die finanzielle Abhängigkeit vom Staat und der Gesundheits- und Sozialversicherung sowie der Akkreditierung von Krankenhäusern, welche von außen maßgeblich Druck auf die Institution aufbauen. Hinzu kommen interne Schwierigkeiten wie zum Beispiel der Tod von Maud Mannoni und ihr Wegfall als Gründungsfigur sowie Veränderungen im Team und generationelle Konflikte (Geoffroy, 2019, S. 329ff.). Beispielsweise erfolgte 2016 ein Appell von betroffenen Eltern gegen die damals kurzfristige Schließung der nächtlichen therapeutischen Aufnahme der Schule (Collectif des parents des jeunes de l'école expérimentale de Bonneuil, 2016).

Kann ein Ort wie Bonneuil als Vorbild für eine Pädagogik des gespaltenen Subjekts dienen? Mannoni selbst räumt dieses ein, wenn sie trotz gelegentlicher Kritik an einer möglichen Modellfunktion Bonneuils (Mannoni, 1976, hinteres Deckblatt) die Bedeutung von Bonneuil für die Pädagogik betont: »Durch die marginale Arbeit am Rande der Gesellschaft, in der wir uns hier engagiert haben, treiben wir auf der Ebene der Erziehung im allgemeinen [sic!] etwas sehr Wichtiges voran. Andere Versuche können daraus hervorgehen« (Mannoni, 1976/1978, S. 54).

Verdichtungen

Herrschaft über das Unbewusste

Es gibt keine pädagogische Herrschaft über das Unbewusste, keinen eindeutigen Ursache-Wirkungszusammenhang von pädagogischen Mitteln und der Entwicklung – somit auch keine pädagogischen Rezepte. Insofern existiert auch kein psychoanalytisch-pädagogischer Werkzeugkoffer. Dieser ist selbst ein Phantasma, ein Phantasma der Kontrollierbarkeit. Es gibt jedoch psychoanalytisch-pädagogische Haltungen, die den Wünschen, unbewussten Inszenierungen und Symptomen Raum geben und so das Subjekt ins Zentrum stellen. Eine solche Haltung kann Pädagoginnen und Pädagogen entlasten, da sie nicht mehr alles können und alles wissen müssen.

Liebe und Hass in den drei Registern

Liebe und Hass im Imaginären zeigen sich typischerweise in dyadischen Beziehungen, in denen kein drittes Moment interveniert. Häufig manifestiert sich das Phänomen des Hasses in Verschmelzungsphantasien seitens der Kinder und Jugendlichen. Sie möchten das Spiegel-Ideal der Pädagogin bzw. des Pädagogen sein und werden frustriert und hasserfüllt, wenn sie dieses Ideal nicht erfüllen können. Aus diesem Grund gilt es, die Identifizierungen und die Idealisierungen bei der imaginären Liebe im Laufe der pädagogischen Arbeit mit Kindern und Jugendlichen durch die Einführung des Symbolischen abzubauen und sich nicht narzisstisch verführen zu lassen. Dies, damit die Kinder und Jugendlichen sich der Welt gegenüber und ihrem eigenen Begehren öffnen können.

Wie das Symbolische in der imaginären Dimension von Liebe und Hass interveniert, zeigt sich zum einen in der Reaktion auf Begrenzungen und Gesetze, welche durch pädagogische Fachkräfte in der Arbeit mit Kindern und Jugendlichen notwendigerweise eingeführt werden. Begrenzungen und Gesetze evozieren häufig Hass. Pädagoginnen und Pädagogen sollten jedoch trotz des Hasses Begrenzungen einführen, da hierdurch der imaginären Dimension der Liebe, nichts anderes als Identifizierungen und Idealisierungen, der Verschmelzung von Kindern und Jugendlichen mit den pädagogischen Fachpersonen, Einhalt geboten wird und die Kinder und Jugendlichen in ihrer Subjektwerdung unterstützt werden. Die Liebe im Symbolischen unterliegt zum anderen nicht mehr irgendwelchen Vollkommenheitsphantasien oder Idealisierungen. Diese Liebe ist eine Entidealisierung und in der konkreten pädagogischen Arbeit dadurch zu fördern, dass Pädagoginnen und Pädagogen gerade nicht als diejenigen auftreten, die alles wissen oder alles können, kurz: dass sie auch einen Mangel haben. Auf diese Weise wird das eigene Begehren der Kinder und Jugendlichen unterstützt und sie verbleiben nicht in der Identifikation mit vermeintlich allmächtigen Personen und gefangen in der Welt der Phantasien. Wenn Pädagoginnen und Pädagogen es mit Verschmelzungsphantasien von Eltern und Kindern zu tun haben, sollten sie selbst triangulierend zum Dritten werden.

Liebe und Hass im Realen zeigen sich in den Reinszenierungen des Wiederholungszwangs bei den Kindern und Jugendlichen, dessen Objekte häufig Pädagoginnen oder Pädagogen als Stellvertretung der Elternfiguren sind. Diese sind gleichsam Projektionsflächen. Um das eigene berufsmäßige Sich-zur-Verfügung-Stellen als Projektionsfläche zu wissen und es anzuerkennen entlastet die Pädagogin bzw. den Pädagogen, weil sie oder er aner-

> kennt, dass der Hass, wie auch die Liebe, nicht ihr oder ihm persönlich gilt, sondern dem, was sie oder er für das Kind repräsentiert. Das Sehen, das Hören und das In-die-Sprache-Bringen der Reinszenierungen der Kinder und Jugendliche entlastet wiederum diese. Die eigene Aggressivität aufseiten der Pädagogin oder des Pädagogen sollte nicht verdrängt, sondern anerkannt werden. Häufig stammt die Aggressivität aus der eigenen pädagogischen Hilflosigkeit, die nicht anerkannt werden kann und sich dann im Ausagieren, bspw. im hart und unangemessen Strafen, manifestiert.

Nachdem gezeigt worden ist, dass trotz der gewichtigen Argumente gegen eine Psychoanalytische Pädagogik vonseiten der strukturalen Psychoanalyse diese durchaus möglich und auch notwendig ist, gilt es nun eine Positionsbestimmung einer Pädagogik des gespaltenen Subjekts innerhalb der Psychoanalytischen Pädagogik vorzunehmen. Hierfür wird aber nicht die Pädagogik des gespaltenen Subjekts mit allen etwaigen historischen und aktuellen Varianten der Psychoanalytischen Pädagogik verglichen (was künftig noch zu leisten wäre, im Rahmen der vorliegenden Arbeit jedoch nicht möglich ist). Es erfolgt vielmehr eine exemplarische Verortung anhand einer aktuellen Variante der Psychoanalytischen Pädagogik, der mentalisierungsbasierten Pädagogik. Die mentalisierungsbasierte Pädagogik wurde ausgewählt, weil diese erstens »viele pädagogische Traditionen aufgreift« (Gingelmaier, 2017, S. 109), zweitens viele psychoanalytische respektive psychodynamische Traditionen wie die Bindungstheorie von Bowlby, das Konzept des Containments von Bion (1962a) oder das Konzept der fremden Geste von Winnicott (1971/2019) amalgamiert (Kalisch, 2012). Drittens ist die mentalisierungsbasierte Pädagogik in der psychoanalytisch-pädagogischen Forschungslandschaft aktuell stark aufgestellt. So fördert beispielsweise die Deutsche Forschungsgemeinschaft (DFG) das *Projekt Mentalisierungsbasierte Pädagogik (MentEd) – Having the Child in Mind.*

Im nächsten Kapitel, *Freuds Rasiermesser und die Mentalisierungstheorie,* werden die Grundannahmen einer Pädagogik des gespaltenen Subjekts mit der mentalisierungsbasierten Pädagogik verglichen. Das Mentalisierungskonzept wurde deshalb ausgewählt, weil es gemäß Taubner und Sevecke als »eine der bedeutsamsten neuen Theorien im Bereich der Psychoanalyse« (Taubner & Sevecke, 2015, S. 170) zu bewerten ist und »in der aktuellen psychoanalytischen« Debatte ganz oben steht« (Gerspach, 2009, S. 93). Dieser jüngste Ansatz einer psychodynamisch inspirierten Pädagogik wird zunehmend auch sowohl für die psychoanalytisch-pädagogische Theoriebildung verwendet (Gerspach, 2009, S. 98), sowie mehr und mehr im konkreten pädagogischen Feld angewendet (Twemlow et al., 2005; Datler et al., 2008; Gerspach, 2009; Gingelmaier et al., 2018). Für diese kritische Würdigung werden die subjekttheoretischen Voraussetzungen der mentalisierungsbasierten Pädagogik, welche wesentlich auf Annahmen der Bindungstheorie fußen, mit denen des freudschen Subjektbegriffs verglichen. Dieser Vergleich ist von besonderer Relevanz, da es auch um den Status des Unbewussten gehen wird, worin sich sie mentalisierungsbasierte Pädagogik und die Psychoanalytische Pädagogik scheinbar unterscheiden:

> Anders als in der Psychoanalytischen Pädagogik wurde die Rolle des Unbewussten in der mentalisierungsbasierten Pädagogik bislang weniger explizit herausgearbeitet. Es stellt sich die Frage, inwiefern ein dynamisch Unbewusstes – wie es für die Psychoanalytische Pädagogik konstitutiv ist – auch in der mentalisierungsbasierten Pädagogik eine ähnliche Relevanz erfährt. (Koch & Behringer, 2020, S. 277)

Problematisch wird es, wenn Proponentinnen und Proponenten der Mentalisierungstheorie postulieren, dass nun »sämtliche basalen Annahmen der traditionellen Psychoanalyse auf dem Prüfstand stehen (Eagle 2010). Dies betrifft selbst den Begriff des Unbewussten« (Venrath & Döring, 2011a, S. 9). Fraglich ist, welche Instanz prüft und welches Wissenschaftsverständnis einem solchen Postulat zugrunde liegt. Ist es ein eher naiver wissenschaftlicher Reduktionismus, der nur diejenigen Phänomene als wissenschaftlich gelten lässt, welche sich in einem quantifizierenden experimentaltpsychologischen Design überprüfen lassen? Hierfür spricht die Aussage von Venrath und Döring, dass »die relevanten Erkenntnisse moderner empirischer Forschung bezüglich der psychischen Funktionsweise des Menschen nicht nur akquiriert, sondern das neue Wissen spezifisch in die psychoanalytische Theorie; in die Basiskonzepte und in die klinische Anwendung integriert werden müsste« (2011a, S. 10). Leider ist gerade hinsichtlich der experimentalpsychologischen Untersuchung des menschlichen Erlebens zu konstatieren, dass, wenn überhaupt unbewusste mentale Phänomene untersucht werden sollen, häufig das kognitiv Unbewusste im Sinne von nicht-bewusst verwechselt wird mit einem dynamischen Unbewussten, welches sich wesentlich aus verdrängten Vorstellungen zusammensetzt (vgl. Langnickel & Markowitsch, 2009, S. 164f.). Fraglich ist, wie bei einer solchen Operationalisierung diese Forschungsergebnisse in die psychoanalytische Theorie mit Gewinn integriert werden können, ohne dass als Ergebnis ein Eklektizismus sich widersprechender Theoriebestandteile resultierte. Ist der Versuch, die Psychoanalyse, ohne ein gemeinsames Modell des menschlichen Geistes zu haben, durch die Einbindung von experimentalpsychologischen Forschungsergebnissen wissenschaftlicher zu machen, nicht ein szientistisches Selbstmissverständnis (Habermas, 1968)? Die Psychoanalytikerin Marianne Leuzinger-Bohleber und der Kognitionswissenschaftler Rolf Pfeifer weisen explizit auf die konzeptuellen Schwierigkeiten einer Kooperation der Psychoanalyse mit den Naturwissenschaften hin: »Wir sprechen oft nicht dieselbe Sprache und wenden verschiedene Konzepte an, selbst wenn wir identische Worte gebrauchen« (2006b, S. 64). Aus diesem Grund wird dieser Beitrag auch eine wissenschaftstheoretische Verortung der Mentalisierungstheorie im Vergleich zur freudschen Psychoanalyse vornehmen. Im Ergebnis zeigt sich, dass eine Pädagogik des gespaltenen Subjekts, welche grosso modo auf den freudschen Subjektbegriff aufbaut, sich vom Subjektbegriff einer mentalisierungsbasierten Pädagogik und somit von einer bindungsorientierten Pädagogik dadurch unterscheidet, dass sie von zwei grundlegenden Axiomen, denen des dynamischen Unbewussten und des Triebs, ausgeht.

2.3 Wissenschafts- und Subjekttheoretische Verortung zwischen Psychoanalyse und Mentalisierungstheorie: Das gespaltene Subjekt der Psychoanalyse im Diskurs

2.3.1 Psychoanalytische Pädagogik und mentalisierungsbasierte Pädagogik – Problemaufriss

Auf der einen Seite ist in den letzten Jahren Mentalisierung das Kernkonzept vieler psychoanalytischer Erklärungsansätze geworden (vgl. Fischer-Kern & Fonagy, 2012, S. 225; Galgut, 2010, S. 915; Taubner, 2015, S. 9). Auf der anderen Seite wird von psychoanalytischen Kritikerinnen und Kritikern wiederholt infrage gestellt, ob Mentalisierung überhaupt als ein psychoanalytisches Konzept aufgefasst werden kann (vgl. Target, 2008, S. 261–279).

Mentalisieren ist, wie Evidenzbasierung, Traumapädagogik und Inklusion, ein Wort à la mode, das sich – subjektiv betrachtet – zunächst gut, das heißt professionell anfühlt. Das Selbstverständnis der Pädagogik als mentalisierungsbasierte Erziehungswissenschaft, wie dieser Band[3] propagiert, legt darüber Rechenschaft ab, dass die Pädagogik nunmehr auch im 21. Jahrhundert angekommen zu sein beansprucht und, etwas überspitzt formuliert, nun vollends anschlussfähig an die Naturwissenschaften geworden ist. Schließlich hat sich beispielsweise auch die Psychologie, welche der Pädagogik oftmals als paradigmatisches Vorbild dient, schon vor vielen Jahrzehnten klar als Experimentalpsychologie positioniert. Zu fragen bleibt, ob dieses pädagogische Selbstverständnis nicht vielleicht als Selbstmissverständnis zu charakterisieren ist.

Oder ist die Mentalisierungstheorie, wie Taubner (2015) schreibt, »als ein Brückenkonzept anzusehen, das auch jenseits klinischer Aspekte empirisch überprüft und weiterentwickelt wird« (Taubner, 2015, S. 9)? Könnte das Mentalisierungskonzept sogar als eine Brücke über die Gräben innerhalb der Erziehungswissenschaften dienen? Scheint es doch z.B. in der Sonderpädagogik

---

3 Gemeint ist der Band, in dem dieser Text zuerst erschien: Langnickel, R., & Link, P.-C. (2018). Freuds Rasiermesser und die Mentalisierungstheorie. In S. Gingelmaier, S. Taubner, & A. Ramberg (Hrsg.), Handbuch Mentalisierungsbasierte Pädagogik (S. 120–132). Vandenhoeck & Ruprecht.

eine zunehmende Spaltung zwischen Theorieverfechterinnen und -verfechtern einerseits und Empirikerinnen und Empirikern andererseits zu geben (vgl. Brodkorb, 2017). Und auch innerhalb der allgemeinen Pädagogik lässt sich eine Demarkationslinie zwischen systematischen Erziehungswissenschaften und empirischer, primär quantitativ ausgerichteter Bildungsforschung finden. Fast scheint es, als sei die Redeweise Snows (1959/1987) von den zwei Kulturen in der Wissenschaft nicht nur inter-, sondern auch intradisziplinär auf die Pädagogik anwendbar.

Die Psychoanalyse ist nicht nur ein »exquisit geselliges Unternehmen« (Freud, 1968, S. 373), sondern eben auch ein exquisit interdisziplinäres (Freud, 1913j, S. 390–420), bei dem die Pädagogik eine Sonderrolle spielt, ist doch, so Freud, »die Anwendung der Psychoanalyse auf die Pädagogik, die Erziehung der nächsten Generation [...] vielleicht das Wichtigste von allem, was die Analyse betreibt« (Freud, 1933a, S. 157; vgl. auch Freud, 1925f, S. 565). Sein Diktum »Ein Erzieher kann nur sein, wer sich in das kindliche Seelenleben einfühlen kann« (Freud, 1913j, S. 419) könnte als Votum für eine Mentalisierungstheorie avant la lettre verstanden werden, da pädagogische Fachpersonen primär über die Fähigkeit verfügen müssen, das subjektive Erleben anderer Menschen zu erfassen, und eben diese Fähigkeit im Zentrum des Konzepts der Mentalisierung steht (Fonagy, 2006, S. 498).

Die Psychoanalytische Pädagogik ist im deutschsprachigen Raum weitgehend wissenschaftlich marginalisiert. Der Doyen der deutschsprachigen Psychoanalytischen Pädagogik, Günter Bittner (2010a, S. 12, 2010b, S. 32), diagnostiziert eine »Theoriearmut« (Bittner, 2010a, S. 12, 2010b, S. 32) bei gleichzeitigem kasuistischem Reichtum und schlägt vor, dass durch die Integration der Mentalisierungsforschung dieses Defizit der Theoriebildung behoben wird (vgl. Bittner, 2010a, S. 12). Ist die Mentalisierung, welche eine dem Selbstverständnis nach integrative Theorie ist (Fonagy et al., 2004), der Ausweg aus der selbstgewählten Nabelschau der Psychoanalytischen Pädagogik? Im Sinne Bittners soll das stumpfgewordene Seziermesser der psychoanalytischen Kritik geschärft werden, indem das Vorhaben einer mentalisierungsbasierten Pädagogik, dem Wortsinn von Kritik entsprechend, prüfend beurteilt wird.

2.3.2 Möglichkeiten und Grenzen der Übertragbarkeit des Konzepts der Mentalisierung auf pädagogische Phänomene

Da das Mentalisierungskonzept in der akademischen Psychologie und Psychotherapieforschung entwickelt wurde, ist die Frage durchaus berechtigt, inwiefern sich dieses für die Pädagogik überhaupt eignet, bedenkt man die zur Professionalisierung der Berufe notwendigen Versuche der Abgrenzung von Psychotherapie/Psychologie und Pädagogik (vgl. Stein, 2005, S. 112ff.). So könnte man die Pädagogik mit Huschke-Rhein (2003) als auch kurative »Lebensbegleitungswissenschaft« (Huschke-Rhein, 2003, S. 23) verstehen, unter die sich die Psychotherapieansätze subsumieren lassen. Strittig bleibt, ob die Psychoanalyse überhaupt eine Therapie im Sinne eines Heilverfahrens ist, da die Psychoanalyse keine Heilslehre ist (vgl. Freud & Jung, 1984, S. 424; Freud, 1912e, S. 381).

Inwiefern das Konzept des Mentalisierens auf erziehungswissenschaftliche Theorie und Praxis übertragbar ist, hängt also mit dem jeweiligen Verständnis von Pädagogik zusammen. Eine Pädagogik, die sich als kurative Heil- und Sonderpädagogik betrachtet, würde damit genauso wenig in wissenschaftstheoretische Konflikte kommen wie eine Bildungsforschung, die sich qua empirisch quantitativer Forschungsdesigns von einer sich als Naturwissenschaft begreifenden Psychologie und deren Methodologie – außer eventuell über den Gegenstandsbereich – kaum noch abgrenzen lässt. Die Frage wird auch sein, inwiefern es der Pädagogik gelingt, einer De-Professionalisierung und einer Psychologisierung (Willmann, 2012) entgegenzuwirken bzw. ihre jeweiligen Verhältnisse zu diesen Wissenschaften (selbst) zu bestimmen. Dies wird mit Blick auf die Psychoanalyse deshalb wichtig sein, damit Pädagogik sich ihre Eigenständigkeit bewahrt. Eine mentalisierungsbasierte Pädagogik wirft somit die alte Frage nach dem Spannungsverhältnis zwischen *Bilden und Heilen* (Datler, 1997) in anderer Form wieder auf. Können die primär klinisch gewonnenen Annahmen überhaupt für pädagogische Alltagssituationen verwendet werden oder ist die Anwendung beschränkt auf die Arbeit mit Klientinnen und Klienten, welche unter schweren Persönlichkeitsstörungen leiden? Erinnern wir uns an die Anfänge der Psychoanalyse: Indem Freud das Leiden und das Sprechen der Hysterikerinnen ernst nahm, entdeckte er die Psychoanalyse, die eben nicht nur eine Behandlungsmethode ist, sondern Aufschluss über das Wesen des Menschen im Allgemeinen gibt (Freud, 1933a, S. 169). Auch Fonagy, Target, Gergely und Jurist (2002, S. 314) argumentieren, dass die gleichen psychologischen Mechanismen bei unterschiedlichen Personengruppen zugrunde liegen und somit die gewonnenen Ergebnisse übertragbar seien.

Schon Freud versuchte das Verhältnis von Psychoanalyse und Pädagogik näher zu bestimmen. So erläutert er die psychoanalytische Behandlungsmethode mit pädagogischem Vokabular und verwendet explizit die Begriffe »Erziehungsarbeit« und »Nacherziehung« (Freud, 1905c, S. 118). Wie Bittner treffend bemerkte, »stellte sich die Frage nach der erzieherischen Komponente im therapeutischen Prozeß« (Bittner & Rehm, 1966, S. 11). Allerdings weist Freud später auch auf die Schwierigkeiten einer möglichen Synthesis von Psychoanalyse und Pädagogik hin (Freud, 1925f, S. 566) und wendet sich erstens gegen eine Verschmelzung von Pädagogik und Psychoanalyse, da sich das psychoanalytische Setting – die Couch und die freie Assoziation – nicht ohne Weiteres auf die pädagogische Praxis übertragen lässt. Zweitens bestimmt Freud die »Nacherziehung« genauer und weist auf den Unterschied zwischen

Erziehung von Kindern und Nacherziehung von erwachsenen Neurotikerinnen bzw. Neurotikern hin (Freud, 1925f, S. 566). Die Möglichkeit der psychoanalytischen Beeinflussung sei, so Freud weiter, an die »Ausbildung gewisser psychischer Strukturen« gebunden, die beim Kind und, modern ausgedrückt, dissozialen Jugendlichen (noch) nicht vorlägen (Freud, 1925f, S. 566). Gelten diese Warnungen Freuds nicht genauso für die *Verschmelzung* von Psychotherapie und Pädagogik, wie sie die mentalisierungsbasierte Pädagogik impliziert?

Autoren wie Michels (2009) versuchen zwar, das Konzept der Mentalisierung aus dem »medizinischen Modell der Pathologie und Therapie« herauszulösen und unter dem »Blickwinkel der Psychoedukation« zu betrachten (Michels, 2009, S. 457). Indes könnte solch ein Vorhaben problematisch sein, da die Psychoanalyse, wie eben erwähnt, an ein typisches Setting gebunden ist, welches nicht ohne Schwierigkeiten auf andere Felder übertragen werden könne (vgl. Körner & Ludwig-Körner, 1997). Ein weiteres Beispiel hierfür ist, dass Psychoanalytikerinnen und Psychoanalytiker Personen sind, die, wie Foucault es trefflich ausdrückt, »ihre Ohren vermietet haben« (Foucault, 1977, S. 16). Es trifft also die psychoanalytische *Praxis des Hörens* auf die pädagogische *Praxis des Sehens* (vgl. Pazzini, 1993; vgl. für eine *Praxis des Zeigens* Hechler, 2018). Gegen eine solche *Amalgamierung* von Psychoanalyse und Pädagogik im Sinne einer Psychoedukation, wie Michels sie vorschlägt, spricht auch, dass die Psychoanalyse keine moralischen normativen Wertungen vornehmen sollte, Pädagogik aber eben solche Wertungen zumindest voraussetzt (vgl. Figdor, 1993).

Einige der Schwierigkeiten hinsichtlich der Verschmelzung von verschiedenen Disziplinen und verschiedenen Techniken ließen sich verringern, wenn, der Einteilung Freuds folgend (Freud, 1926f, S. 300), schärfer zwischen Psychoanalyse als Behandlungsmethode und Psychoanalyse als Wissenschaft des Unbewussten unterschieden würde – als ein Drittes könnte die Psychoanalyse als Reflexionswissenschaft für erzieherische Alltagshandlungen angeführt werden. Indes ist eine solche Grenzziehung aus mehreren Gründen problematisch. Erstens besteht in der Psychoanalyse seit jeher »ein Junktim von Heilen und Forschen« (Freud, 1927a, S. 293). Zweitens besteht die Gefahr, dass sich bei einer solchen Trennung der Metapsychologie entledigt wird, die für die (Konzept-)Forschung unentbehrlich ist (Freud, 1937c, S. 69). Bowlby lehnte bekanntlich die freudsche Metapsychologie ab, da diese ein bloßer spekulativer Zugang zum menschlichen Geist sei und somit jenseits einer empirischen Überprüfung stehe (Holmes, 1993). Die Mentalisierungstheorie, die ihrem Selbstverständnis nach eine Erweiterung der Bindungstheorie ist (Fonagy et al., 2016, S. 788), vernachlässigt ganz im Sinne der Tradition Bowlbys ebenfalls die (freudsche) Metapsychologie. Andererseits müsste man auch die Frage stellen, ob nicht die freudschen Paradigmen des Triebes und des dyna-

107

mischen Unbewussten durch neue metapsychologische Termini (Bindung und Mentalisierung) ersetzt werden.

2.3.3 Der Subjektbegriff der Mentalisierung und der Subjektbegriff der Psychoanalyse im Vergleich

Ob die Mentalisierungstheorie unter den Oberbegriff Psychoanalyse subsumiert werden kann, ist umstritten. Gemäß Bleiberg (2003, S. 219) ist die Mentalisierung ein eigenständiges technisches Verfahren und getrennt von der Psychoanalyse. Taubner und Sevecke (2015), die klar zwischen Psychoanalyse als Behandlungsmethode und Psychoanalyse als Theorie trennen, bezeichnen das Mentalisierungskonzept einerseits als »eine der bedeutsamsten neuen Theorien im Bereich der Psychoanalyse« (Taubner & Sevecke, 2015, S. 170; vgl. Taubner, 2015, S. 9) und die MBT andererseits als eine »psychodynamische Psychotherapie« (Taubner & Sevecke, 2015, S. 172). Unter dem Oberbegriff der psychodynamischen Therapien finden sich inzwischen diverse störungsspezifische Ansätze, welche sich zum Teil als Weiterentwicklung der freudschen Psychoanalyse (miss-)verstehen.

Die Annahme unbewusster Vorgänge ist »der Grundpfeiler der psychoanalytischen Theorie« (Freud, 1923a, S. 223). Schon früh legt Freud das Primat auf das Unbewusste: »Das Unbewußte ist das eigentlich reale Psychische« (Freud, 1900a, S. 617). Auch betont er in seinen späteren Schriften, dass die Scheidung des Psychischen in Unbewusstes und Bewusstes das Schibboleth der Psychoanalyse sei (Freud, 1923b, S. 239). 1926 äußerte Freud prophetisch, »daß die Bedeutung der Psychoanalyse als Wissenschaft des Unbewußten ihre therapeutische Bedeutung weit übertrifft« (Freud, 1926f, S. 301).

Das Subjekt der Psychoanalyse ist, im Gegensatz zum Subjekt der Naturwissenschaft, die von der Einheit des Subjekts ausgeht, ein gespaltenes. Das Subjekt ist gespalten durch den anderen Schauplatz, das Unbewusste. Allerdings ist die Spaltung des Subjekts nicht etwas, was sich nur in einer Psychoanalyse offenbart, in einer verborgenen Tiefe liegt, sondern diese Spaltung ist die Bedingung der Möglichkeit des normalen, neurotischen Subjekts und das Unbewusste zeigt sich fortwährend im Alltag anhand von Fehlleistungen und Träumen (vgl. Freud, 1915e, S. 265).

Die Phänomene im Unbewussten sind indes mehrdeutig, das Unbewusste ist kein Code, da es keine eindeutige Zuordnung des Symbolischen in Sprache gibt. Freud selbst warnt vor der Überbewertung der symbolischen Deutung beim Traum (Freud, 1900a, S. 365) und wertet die symbolische Deutung nur als Hilfstechnik (Freud, 1916–17a 1915–17, S. 152).

Allerdings hat Freud selbst das Missverständnis hinsichtlich einer Dekodierbarkeit provoziert, da er erstens eine Liste von populären Traumsymbolen für die symbolische Deutung angab (vgl. beispielsweise Freud, 1900a, S. 348) und zweitens Fälle von sogenannten typischen Träumen anführte, die scheinbar auch ohne die Assoziationen der oder des Träumenden gedeutet werden können. Drittens sind einige von Freud angeführte Beispiele zur Demonstration des Unbewussten wie die Versprecher eher Belege für eine vorbewusste, aber nicht für unbewusste Seelentätigkeit (vgl. beispielsweise Freud, 1916–17a 1915-17, S. 35).

Das Verfahren der MBT verwendet weder die Technik der freien Assoziation noch die Technik der Deutungen, wenngleich eine markierte Spiegelung gewisse Anteile einer Deutung aufweisen könnte (zur markierten Spiegelung vgl. beispielsweise Fonagy et al., 2004, S. 295ff.). Taubner (2015, S. 172) schreibt, dass in der MBT »keine Verwendung oder Betonung der Deutung schwer zugänglicher unbewusster Konflikte zugunsten von bewusstseinsnahen Inhalten« erfolgt. In gewisser Hinsicht geht die MBT jedoch davon aus, dass mit ihrer Technik die wesentlichen mentalen Vorgänge annähernd vollständig von der Klientin bzw. vom Klienten affektiv und kognitiv verstehbar sind.

Auch Freud kann so verstanden werden, dass es eine Technik gäbe, welche eine einfache Übersetzung des Unbewussten ermögliche, wenn er schreibt: »Es ist nur eine Frage der analytischen Technik, ob es gelingen wird, das Verborgene vollständig zum Vorschein zu bringen« (Freud, 1937d, S. 46f.).

Die MBT ist eine Technik, die ähnlichen Schwierigkeiten ausgesetzt ist wie die Technik der symbolischen Deutung. Das Unbewusste als solches ist eben gerade nicht mentalisierbar und das Subjekt in der Psychoanalyse ist ein anderes Subjekt als das in der MBT, da diese zum Ziel hat, ein prinzipiell opakes Subjekt sich selbst und anderen durchsichtig zu machen, wie Fonagy und Target (1998, S. 92) andeuten. Es soll durch die Mentalisierung die Fähigkeit erworben werden, eigene sowie fremde Affekte und Vorstellungen zu vergegenwärtigen und eine Vorstellung davon zu besitzen, welche mentalen Gründe für das Verhalten eines Menschen vorliegen, wodurch das Opake des Subjekts verleugnet wird.

Es sei jedoch darauf hingewiesen, dass für die sogenannte Ich-Psychologie psychische Strukturen und nicht unbewusste Konflikte im Zentrum der Psychoanalyse stehen. Mentalisierung kann in dieser postfreudianischen Tradition als Strukturbildung verstanden werden. Obwohl Freud den Strukturbegriff nur selten verwendet (vgl. Schneider & Seidler, 2013, S. 27), wird jedoch gerade dieser an prominenter Stelle im Kontext der Psychoanalytischen Pädagogik angeführt (Freud, 1925f, S. 566) – allerdings um zu erläutern, dass die psychoanalytische Beeinflussung eben solche Strukturen voraussetzen muss und nicht selbst schaffen kann. Könnte die mentalisierungsbasierte Pädagogik eben solche Strukturen schaffen und somit eine der Analyse nicht zugängliche Klientel erreichen?

Das Subjekt der Psychoanalyse ist, so könnte man einwenden, hingegen dadurch gekennzeichnet, dass nicht alles bestimmbar ist, es in einem »Halbdunkel« verbleibt (Bittner, 2016, S. 9), dem Subjekt der Mentalisierung geradezu konträr gegenübersteht. Dem könnte man entgegnen, dass ein Ziel der MBT auch sein könnte, die prinzipielle Neugierde für das Mentale zu erhalten und sich bewusst zu machen, wie sehr unsere Erklärungen des Erlebens und Verhaltens einem Bias unterliegen. Man würde gemäß dieser Position die MBT missverstehen, wenn man glaubte, dass sie *alles* zu erklären versuche oder dass die Psyche vollständig durch Mentalisierung entschlüsselt werde. Gemäß dieser Interpretation scheint es ein Anliegen der MBT zu sein, durch Perspektivenwechsel sich immer wieder von der Unberechenbarkeit des Subjekts überraschen zu lassen und dadurch in der Interpretation des Subjekts und seines Verhaltens flexibel bleiben und seiner Mehrdeutigkeit gerecht werden zu können (vgl. Link et al., 2017). Trotz aller Multiperspektivität der MBT ist fraglich, ob diese den nicht aufzulösenden Rest des Subjekts anerkennt, ist doch die Psychoanalyse bis zu einem gewissen Grad auch eine *arkanische Disziplin* (Bittner, 2016, S. 9), da das Unbewusste etwas ist, was man wirklich nicht weiß.

Ein weiterer Kritikpunkt an der Mentalisierungstheorie ist die Unterbewertung des Triebbegriffs. Das Subjekt der Psychoanalyse ist ein subiectum, welches unbewussten Motiven, zumeist sexueller und aggressiver Natur, unterworfen ist, wohingegen die Mentalisierungstheorie das Menschsein in gänzlich anderer Perspektive in den Fokus nimmt. So sieht Schultz-Venrath (2013, S. 56) die Mentalisierungstheorie vor die »herausfordernden Aufgaben« gestellt, das Fehlen einer Trieb- und Sexualtheorie zu legitimieren bzw. diese zu integrieren. Fehlen diese Theorien, gehört das Mentalisierungskonzept nicht mehr zum sogenannten klassischen »Heer« der Psychoanalyse, wohl aber in die Traditionsgeschichte der Bindungstheorie.

Die Vernachlässigung der Triebtheorie durch die Mentalisierungstheorie wird deutlich, wenn beispielsweise Michels (2009, S. 458) schreibt, dass es die Mentalisierungsfähigkeit und nicht eine andere Ausstattung sei, durch die sich der Mensch von höheren Säugetieren unterscheide. Diese Apotheose der Mentalisierungsfähigkeit als *differentiam specificam* des Menschseins ist recht problematisch, da eben auf diese Weise die Triebe und noch genauer der konflikthafte und durch Abwehr geprägte Umgang mit den eigenen unbewussten Wünschen ausgeschlossen sind und es gerade diese Konflikte sind, die den Menschen menschlich machen. Eben dieses dynamische Unbewusste »bleibt der Kern unseres Wesens, aus unbewussten Wunschregungen bestehend, unfassbar und unhemmbar für das Vorbewusste« (Freud, 1900a, S. 609; vgl. zu den Charakteristika des dynamischen Unbewussten Langnickel & Markowitsch, 2009, S. 164), und eben dieser Kern wird nur bedingt von der Mentalisierungstheorie anerkannt – so charakterisiert Marty (1990) Mentalisierung als eine vorbewusste Ich-Funktion. Die Kritik hinsichtlich der mangelnden Berücksichtigung der Trieb- und Sexualtheorie gilt jedoch nicht nur für die Mentalisierungstheorie, sondern im gleichen, wenn nicht größeren Ausmaß auch für die Bindungstheorie (vgl. beispielsweise Meissner, 2009; Zamanian, 2011).

2.3.4 Mentalisierungsbasierte Pädagogik und Implikationen für die berufliche Praxis

Nach diesen theoretischen Erörterungen zur (psychoanalytischen) Subjekttheorie soll es nun um die Implikationen für die pädagogische Arbeit gehen und untersucht werden, welche Beiträge die Mentalisierungstheorie leistet bzw. leisten könnte. Indem die Mentalisierungstheorie nämlich das Irrationale und die Affekte in die Theorie des Geistes inkludiert, wird die klassische Theory of Mind (ToM) sowohl erweitert als auch relevanter für die Berufspraxis.

Bislang wurden die Ergebnisse der klassischen ToM-Forschung im pädagogischen Feld primär in der Psychologie bei Menschen mit Autismus-Spektrum-Störungen (ASS) angewendet. Menschen mit ASS haben u.a. die Schwierigkeit, Gedanken und Absichten anderer Personen zu erschließen, und Probleme, diese von ihren eigenen Gedanken und Absichten zu trennen. Dieses kann experimentell evoziert werden mit sogenannten First-Order-False-Belief-Aufgaben. Eines der bekanntesten Beispiele ist die Sally-und-Anne-Aufgabe (vgl. Baron-Cohen et al., 1985; Wimmer & Perner, 1983).

Die um die Mentalisierung erweiterte ToM bietet neue Anwendungsmöglichkeiten. So beschreibt Hechler (2013) als ein Anwendungsfeld mentalisierungsbasierter Pädagogik Möglichkeiten der Mentalisierungsförderung für die Pädagogik bei Lernbeeinträchtigungen. Wie Ramberg (2012) feststellt, treten insbesondere bei Lernenden im sonderpädagogischen Förderbereich häufig Probleme im Zusammenhang mit »affektiven und emotionalen Stressoren auf« (Ramberg, 2012, S. 81) – was auch durch eine mangelnde Mentalisierungsfähigkeit erklärt werden kann (Ramberg, 2012, S. 86). In dieser Linie weiterdenkend ist es naheliegend, dass pädagogische Fachpersonen die Fähigkeit zur Mentalisierung gezielt durch häufige Anwendung (Ramberg, 2012, S. 87) ausbilden, um die emotionalen und affektiven Zustände des Lernenden gezielt einschätzen zu können und diesen wiederum das Wissen über die Kognitionen auf altersgerechte Weise zu vermitteln. In Hinblick auf Interventionsmaßnahmen ist darauf hinzuweisen, dass mentalisierungsförderliches Verhalten nicht nur eine bloße Technik ist, sondern es ebenso einer Änderung der pädagogischen Haltung bedarf (Hechler, 2013, S. 324), welche der psychischen Realität der Betroffenen Raum gibt.

Für die Klientel der Kinder und Jugendlichen mit Lernbeeinträchtigungen, selbiges könnte man auch für die Klientel mit Verhaltensstörungen konstatieren, schlägt Hechler (2013, S. 326ff.) mit Erfolg als pädagogisches Förderangebot eine mentalisierungsbasierte Gruppenanalyse vor. Es ist in der Tat festzustellen, dass, wenn (pädagogische) Bezugspersonen »ihren problematischen Eigenanteil nicht selbstkritisch zu reflektieren vermögen[,] [es] zu Störungen im Beziehungsgeschehen [führt]«, was pathogene Konsequenzen bei der Bezugsperson zur Folge hat (Gerspach, 2008, S. 41). Dies gilt auch für Lehrpersonen, da eine gestörte Mentalisierungsfunktion nicht nur Störungen der Affektregulierung bedeuten kann, sondern sich auf den didaktischen Prozess selbst auswirkt (vgl. Hirblinger, 2011, S. 388). So sieht Hirblinger es als »[e]ines der wichtigsten Resultate gelungener Mentalisierung [...], Affektzustände in zwischenmenschlichen Beziehungen zu modulieren und dadurch dem Subjekt in Situationen der Betroffenheit die Rolle eines *reflektierenden Akteurs* wieder zurückzugeben« (Hirblinger, 2011, S. 386f.). Diese Kompetenz ist grundlegend für die Entwicklung des Kindes in der Eltern-Kind-Beziehung (Fonagy & Target, 1998, S. 969) wie auch bedeutsam für alle pädagogischen Fachpersonen.

Die mentalisierungsbasierte Pädagogik gehört zwar nicht zum klassischen psychoanalytischen Feld Freuds, wohl aber zu den psychodynamischen Theorien und ist als Fortschritt gegenüber den behavioristischen, kognitiven und konstruktivistischen Menschenbildern vieler Pädagoginnen und Pädagogen zu werten. Vereint sind die psychoanalytische und mentalisierungsbasierte Pädagogik indes mit ihrer Haltung, den Mut aufzubringen, das Nichtwissen auszuhalten. Bateman und Fonagy (2009, S. 280) plädieren explizit für eine eben solche Haltung des Nichtwissens hinsichtlich des Fremdpsychischen. Im Vokabular der Psychoanalyse ausgedrückt, geht es um die Anerkennung der psychischen Realität eines Menschen, die wir nicht wissen können, welche jedoch gleichwohl sehr wirkmächtig ist. Die Differenz besteht darin, wie diese psychische Realität erschlossen werden kann.

2.3.5 *Epilog oder das reine Gold der Analyse und die Legierung der Mentalisierungstheorie*

Im Folgenden sollen die bisherigen Ausführungen über die Mentalisierungstheorie in Hinsicht auf ihre Kompatibilität mit der Psychoanalyse zusammengefasst werden. Marker der Psychoanalyse, wie sie Schultz-Venrath (2013, S. 56–64) bezeichnet, sind erstens das Triebmodell, zweitens die Annahme eines dynamischen Unbewussten und drittens die psychoanalytische Technik der freien Assoziation und Deutung. Keiner dieser sogenannten Marker, die als mögliche Indikatoren die Zugehörigkeit von Theorien zum psychoanalytischen Theoriefundus ermöglichen, ist hinsichtlich der Mentalisierungstheorie erfüllt, womit sie allerdings in prominenter Gesellschaft ist, denn diese Kritik trifft ebenso auf die Bindungstheorie zu.

Psychoanalytische Forschung beschränkte sich in der Vergangenheit oftmals entweder auf metapsychologische Konzeptforschung oder auf die Publikation von Fallberichten. Dieses ist einer der Gründe, warum die (klassische) Psychoanalyse den Anschluss an die Scientific Community verloren hat. Gleichberechtigt neben der Konzeptforschung und Fallstudien sollten in der Tat, wie Leuzinger-Bohleber (2010) vorschlägt, die experimentelle Forschung und die interdisziplinäre Forschung stehen. Die Mentalisierungstheorie könnte somit, wie auch die Bindungstheorie oder die Neuro-Psychoanalyse, psychoanalytische Annahmen in eine Sprache übersetzen, welche anschlussfähiger ist an den Diskurs der Wissenschaften, insbesondere der akademischen (klinischen) Psychologie und der Psychosomatik. Freilich läuft eine solche Übersetzung oftmals nicht ohne Schwierigkeiten ab (vgl. Leuzinger-Bohleber & Pfeifer, 2006a, S. 64).

Trotz aller (negativen) Kritik ist eine mentalisierungsbasierte Pädagogik ein erheblicher Fortschritt gegenüber rein kognitiven oder gar lerntheoretischen Ansätzen, da nunmehr das Subjekt mitsamt seiner Affektivität und seinen vorbewussten Wünschen berücksichtigt wird, was sich nicht nur positiv auf die Reflexionsfähigkeit in der täglichen pädagogischen Arbeit auswirken kann, sondern die Pädagogik um eine neue und psychoanalytisch inspirierte Form methodisch geleiteter Selbsterfahrung ergänzt, die allein schon auf der Ressourcenebene erheblich zugänglicher ist als die klassische psychoanalytische Selbsterfahrung.

2.3.6 Rückblick und Ausblick

Hinsichtlich der eingangs gestellten fünften Frage im Kapitel 2.1, wie verhält sich eine Pädagogik des gespaltenen Subjekts zur jüngsten Form einer psychodynamischen Pädagogik, der mentalisierungsbasierten Pädagogik, ist folgendes zu konstatieren: Trotz aller negativen Kritik ist zu würdigen, dass die mentalisierungsbasierte Pädagogik möglicherweise ein wichtiger und hilfreicher Einstieg in die Theorie und Praxis der Psychoanalytischen Pädagogik ist. Dieses aus dem Grund, da sie die Komplexität des psychoanalytischen Theoriekorpus herunterbricht und dadurch eventuell einzelne psychoanalytische Vorgehensweisen vor allem für pädagogische Fachkräfte schrittweise besser erlernt werden können, wodurch Novizinnen und Novizen schneller eine basale Handlungsfähigkeit erlangen (Venrath & Döring, 2011b, S. 58). Dieses ist insbesondere vor dem Hintergrund relevant, dass formale Ausbildungen im Feld der Psychoanalytischen Pädagogik klassischerweise auch eine Selbsterfahrung im Sinne einer Lehranalyse implizieren. Pointiert drückt diese Forderung Göppel, der die Frage nach der Identität eines Psychoanalytischen Pädagogen aufwirft, wie folgt aus:

> Ein Psychoanalytischer Pädagoge ist, wer als Pädagoge zugleich Psychoanalytiker ist und durch diese jahrelange »Initiation« der Lehranalyse und durch die Praxis des Analytikerseins ein unteilbares, nicht-suspendierbares »psychoanalytisches ›Ich-Sein‹«, einen »veränderten ›Geisteszustand‹« erworben hat, und damit notwendig auch alle pädagogischen Erfahrungen aus diesem »Geisteszustand« heraus wahrnimmt und beurteilt. (Göppel, 2015, S. 58)

Eine solche Lehranalyse ist im deutschsprachigen Raum für manche formelle Ausbildungen im Feld der Psychoanalytischen Pädagogik immer noch eine conditio sine qua non. So fordert beispielsweise die Arbeitsgemeinschaft für Psychoanalytische Pädagogik in Wien (APP) für die Ausbildung zum Psychoanalytisch-pädagogischen Erziehungsberater bzw. zur Erziehungsberaterin explizit eine »mindestens drei Jahre dauernde psychoanalytische Selbsterfahrung in Form von Einzelanalyse bzw. psychoanalytischer Psychotherapie« (APP, 2020). Und auch der Frankfurter Arbeitskreis für Psychoanalytische Pädagogik e.V. (FAPP) verlangt für die dreijährige berufsbegleitende Weiterbildung in Psychoanalytischer Pädagogik »120 Doppelstunden gruppenanalytische Selbsterfahrung« (FAPP, 2020).

Problematisch an einer solchen Forderung ist erstens, dass der Wunsch, eine Psychoanalyse zu machen, Ausdruck des Begehrens des Subjekts sein sollte und nicht einfach dazu dienen sollte, die Anforderungen eines Curriculums zu erfüllen in der Hoffnung, dass man hierdurch zu einem Psychoanalytiker autorisiert werden könnte. Das Begehren sollte nicht primär darin bestehen, den Titel »Psychoanalytische Pädagogin«/»Psychoanalytischer Pädagoge« zu führen, was die imaginäre Dimension bezeichnet, sondern das Vermögen zu erlangen, im Feld tätig zu sein. Ganz analog zu der Ausbildung zur Psychoanalytikerin bzw. zum Psychoanalytiker: Auch hier sollte das Begehren nicht darin bestehen, den Titel »Analytikerin«/»Analytiker« zu führen, sondern das Vermögen zu analysieren zu erlangen (Klemann, 2014, S. 301, vgl. Kläui, 2002). Sowohl der Wunsch, Psychoanalytikerin bzw. Psychoanalytiker zu sein als auch als Psychoanalytische Pädagogin/Psychoanalytischer Pädagoge tätig sein zu wollen, wird in der strukturalen Psychoanalyse als Symptom aufgefasst, ein Symptom, das in der Selbsterfahrung besprochen wird. Es gibt keine »Kooptation der Weisen« (Lacan, 1967/2001, S. 245) in der psychoanalytischen Ausbildung, vielmehr ist folgende Haltung kennzeichnend für die strukturale Psychoanalyse: »L'analyste ne s'autorise que de lui-même« [Der Psychoanalytiker ist nur durch sich selbst autorisiert; Übersetzung d. Verf.] (Lacan, 1973/2001, S. 307) – freilich in Anwesenheit von anderen, es ist keine solipsistische Selbst-Wahl. Man könnte sogar ganz grundsätzlich hinterfragen, ob überhaupt ein Titel angestrebt werden sollte. Denn man kann einerseits, dem eigenen Begehren folgend, die Verbindung von Psychoanalyse und Pädagogik erlernen, andererseits könnte eine Institution einen Rahmen zur Verfügung stellen und die Anforderungen für den Eintritt müssten nicht an Titel oder Lehranalysen geknüpft sein. Dies hat den Grund, dass ein zentrales Element der Psychoanalytischen Pädagogik ist, prinzipiell ein Learning by Doing zu ermöglichen. Da es keinen psychoanalytisch-pädagogischen Werkzeugkasten gibt und auch eine Lehranalyse sowie das theoretische Wissen über die Psychoanalyse allein nicht in die Lage versetzt, im pädagogischen Feld als Psychoanalytische Pädagogin bzw. Psychoanalytischer Pädagoge zu arbeiten, muss diese Tätigkeit peu à peu, unter Einbezug der analytischen Selbsterfahrung und des theoretischen Wissens im Feld erlernt werden.

Zweitens besteht eine Schwierigkeit in der langen Dauer der Ausbildung und in den beträchtlichen Kosten, welche erhebliche Hürden darstellen und erklären könnten, warum die Transmission der Psychoanalyse im deutschsprachigen Raum bei psychoanalytischen Pädagoginnen und Pädagogen wenig erfolgreich ist.

Eine Ausbildung in mentalisierungsbasierter Pädagogik wäre gerade nicht an diese hohen Anforderungen einer Lehranalyse gebunden und könnte somit niederschwellig eine breite Personengruppe erreichen und ein Vorverständnis für die Psychoanalytische Pädagogik auch durch Selbsterfahungselemente einer begleitenden Supervision legen. Hiermit wäre auch ein grundlegender Beitrag zur beruflichen Professionalität geleistet: »Als elementarer Bestandteil beruflicher Professionalität erscheint es unabdingbar, sich systematisch auch mit der eigenen Person […] zu beschäftigen« (Hillert, 2013, S. 151). Ebenfalls ist eine solche Bildung in der Psychoanalytischen Pädagogik erheblich leichter in viele bestehende pädagogische Studiengänge an Universitäten, Fachhochschulen und Pädagogischen Hochschulen zu implementieren und kann so die wichtige Trias von Sachkenntnis, Tatbestandswissen und Reflexion dieses Wissens in sonderpädagogische Studiengänge integrieren (vgl. Hechler, 2014b). Schrammel und Wininger (2009) konstatieren, dass die »Psychoanalytische Pädagogik kaum institutionalisiert bzw. curricular verankert zu sein scheint« (Schrammel & Wininger, 2009, S. 167), ein Urteil, dass auch noch im Jahr 2020 zutrifft und ein Umstand, der klar für die Verankerung einer mentalisierungsbasierten Pädagogik an Universitäten, Fachhochschulen und Pädagogischen Hochschulen spricht, da somit psychodynamische Ansätze in der Pädagogik vertreten wären. Allerdings sei an dieser Stelle betont, dass eine mentalisierungsbasierte Pädagogik eher als ein Start-, denn als Zielpunkt für eine professionelle Tätigkeit in der Psychoanalytischen Pädagogik verstanden werden sollte. Obwohl die Mentalisierungstheorie und die (strukturale) Psychoanalyse sich, wie gezeigt wurde, hinsichtlich grundlegender Annahmen wie der der Triebtheorie und des dynamischen Unbewussten unterscheiden, ist zu konstatieren, dass erfolgreiche Kooperationen der mentalisierungsbasierten Pädagogik und der strukturalen Psychoanalytischen Pädagogik von Lacan im Feld der Pädagogik existieren. Die gelungene Umsetzung des Erasmus+ Projekts zur Lehrerinnen- und Lehrerbildung pro-*inklusiv*-reflexiv – *Professionalisierung für inklusive Bildung durch reflexive Praktika* gibt Anlass zur Hoffnung, dass diese beiden Ansätze mit Gewinn in die pädagogische Ausbildung implementiert werden können (Rauh et. al., 2019a; Rauh et al., 2019b).

Die Förderung der Mentalisierungsfähigkeit aufseiten der pädagogischen Fachpersonen kann das Wahrnehmen und Verstehen eigener und fremder emotionaler Vorgänge und Affekte unterstützen und möglicherweise auch eine bessere Regulierung von Erregung in belastenden Situationen ermöglichen. Jedoch besteht die Gefahr, dass eine solche Variante der Psychoanalytischen bzw. psychodynamischen Pädagogik bei pädagogischen Fachpersonen eventuell den Eindruck entstehen lässt, man könnte über psychische Vorgänge eine Art Herrschaftswissen erlangen und das Verhalten der Kinder und Jugendlichen anhand der Mentalisierungstheorie decodieren – eine Gefahr, auf die Millot (1979/1982) hinsichtlich einer Kooperation von Psychoanalyse und Pädagogik ganz allgemein hingewiesen hat. Diese Gefahr ist möglicherweise dann besonders virulent, wenn in künftigen curricularen Weiterbildungen Techniken vermittelt werden und die Teilnehmenden ohne analytische Selbsterfahrung und ohne psychoanalytisches Vorwissen im pädagogischen Feld nicht fachkundige Deutungen vornehmen – wobei das Deuten in der Mentalisierungstheorie sich primär auf »nichtunbewusste Deutungen« bezieht (Koch & Noëlle, 2020, S. 277). Dieses gilt selbstverständlich ebenso für die »klassische« Psychoanalytische Pädagogik und ist kein Alleinstellungsmerkmal der Mentalisierungstheorie. Bis heute gibt es, mit Ausnahme der Arbeitsgemeinschaft für Psychoanalytische Pädagogik in Wien (APP) und des Frankfurter Arbeitskreises für Psychoanalytische Pädagogik e.V. (FAPP) in Frankfurt a.M., weder für die Psychoanalytische noch für die mentalisierungsbasierte Pädagogik »allgemein anerkannte Kriterien oder Curricula« (Koch & Noëlle, 2020, S. 277). Aus Sicht der Mentalisierungstheorie ließe sich jedoch der Einwand der vorschnellen Decodierung und des Herrschaftswissens über das Unbewusste entkräften. Die Mentalisierungstheorie hat nicht nur den expliziten Anspruch »Geist und Seele (›mind‹) eines anderen zu lesen« (Brockmann & Kirsch, 2010, S. 279), und diese Formulierung kann in der Tat Vorstellungen eines »Decodierens« evozieren, sondern verfügt auch über das Konzept der »Opaqueness«, welches mit »Berücksichtigung von Ungewissheit« übersetzt werden kann (Brockmann & Kirsch, 2010, S. 279). Diese Berücksichtigung der Ungewissheit bezieht sich auf das Nichtwissen des Fremdpsychischen:

> Der Standpunkt des Nichtwissens ermöglicht dem Therapeuten und dem Patienten ein gemeinsames Erforschen der äußeren und inneren Welt. Es ist eine Haltung, die der Detektiv Columbo in seinen Kriminalfilmen meisterhaft und kreativ darstellte: rhetorisch tiefstapeln und sich nicht scheuen, (scheinbar) dumme Fragen zu stellen. Ein Standpunkt des Nichtwissens schützt davor, dem Patienten die eigene Sichtweise aufzudrängen. Wenn der Therapeut darauf beharrt, dass er es besser weiß als der Patient, ist der Prozess des Mentalisierens meist zu Ende. (Brockmann & Kirsch, 2010, S. 285; vgl. Bateman & Fonagy, 2009, S. 280)

Eine ähnliche Haltung des Nichtwissens zeigt sich auch in der strukturalen Psychoanalyse (Pazzini, 2019, S. 94).

Welchen Status sollte die Selbsterfahrung in einer künftigen curricularen Ausbildung für mentalisierungsbasierte Pädagoginnen und Pädagogen haben? Anna Freud plädiert klar für eine umfassende Selbsterfahrung für angehende Psychoanalytische Pädagoginnen und Pädagogen:

> Ich meine, wir haben das Recht, zu verlangen, dass der Lehrer oder Erzieher seine Konflikte kennen und beherrschen gelernt hat, ehe er die pädagogische Arbeit beginnt. Sonst dienen ihm die Zöglinge nur als ein mehr oder weniger günstiges Ma-

terial, um seine eigenen unbewußten und ungelösten Schwierigkeiten an ihnen abzureagieren. (A. Freud, 1930/2011, S. 73)

Die Frage ist jedoch auch, ob die Forderung Anna Freuds heute noch zeitgemäß ist. Kann man dieser Forderung überhaupt noch umsetzen angesichts der hohen zeitlichen und finanziellen Anforderungen, die eine Lehranalyse an die Kandidatinnen und Kandidaten stellt? An dieser Stelle sei erwähnt, dass beispielsweise schon Siegfried Bernfeld, einer der Gründerväter der Psychoanalytischen Pädagogik, darauf hingewiesen hat, dass die Forderung einer Lehranalyse für jede Psychoanalytische Pädagogin und jeden Psychoanalytischen Pädagogen unrealistisch, da praktisch nicht umsetzbar sei (Klocke & Mühlleitner, 2004, S. 47), und bis heute nicht abschließend geklärt ist, ob eine Lehranalyse eine Conditio sine qua non für die Tätigkeit als Psychoanalytische Pädagogin bzw. Psychoanalytischer Pädagoge sei (vgl. Göppel, 2015). Sowohl das *Maison Verte* in Paris als auch die *École Expérimentale de Bonneuil-sur-Marne* und die *Arche die Oase* in Zürich verlangen neben der Offenheit für die Psychoanalyse keine Lehranalyse als Conditio sine qua non zur Mitarbeit. Jedoch entsteht bei vielen Mitarbeitenden im Laufe der Arbeit ein Wunsch danach. Psychoanalytische Pädagogik lernt man im Feld und nicht im Rahmen einer Lehranalyse.

Eine weitere berechtigte Kritik an der Mentalisierungstheorie und ihren bindungstheoretischen Grundlagen ist, dass diese sich zu einseitig auf die Mutter-Kind-Dyade konzentriere (Dornes, 2005, S. 80) und somit die Rolle des Vaters und der Triangulierung zu wenig berücksichtige. Auch Fonagy betont sehr die Mutter-Kind-Dyade für die Mentalisierungstheorie:

> Die Mentalisierungstheorie basiert zu großen Teilen auf bindungstheoretischen Überlegungen sowie auf Aspekten der klassischen psychoanalytischen Entwicklungstradition, die davon ausgehen, dass das frühe pflegende Umfeld – insbesondere die Dyade aus Mutter und Säugling – die psychische Entwicklung des Kindes formen. (Fonagy, 2018, S. 9)

Kai von Klitzing, der Präsident der Weltorganisation für Säuglingsgesundheit (WAIMH), stellt ebenfalls die Bedeutung der Triade für die kindliche Entwicklung heraus:

> Im Gegensatz zu Fonagy und Target sehen wir die Bildung mentalisierender Prozesse im Kind nicht nur als Konsequenz der Bindungssicherheit und Erfahrung mütterlicher Sensitivität an [...]. Die Beziehungssituation in einer von den Eltern lebendig gelebten Triade scheint uns für die Entwicklung besonders stimulierend zu sein, weil das Kind in der triadischen Beziehung nicht nur die Abwesenheit der Beziehungsperson, sondern auch die Anwesenheit eines anderen Dritten erlebt. (von Klitzing, 2002, S. 883)

Jedoch gibt es auch schon in der Frühzeit der Mentalisierungstheorie, bei Fonagy, Stellen, in denen er die Dyade relativiert: »Da das Selbst nur im Kontext des Anderen existiert, [ist] die Selbstentwicklung gleichbedeutend [...] mit dem Sammeln von Erfahrungen des Selbst-in-Beziehungen« (Fonagy et al., 2004, S. 38). Auch hat Fonagy an der Tagung an der PH Ludwigsburg *So_Be_Me – Soziales Lernen, Beziehung & Mentalisieren* 2019 in seinem Vortrag *Epistemic Trust and Mentalization: A new approach for social learning* die Fixierung auf die Dyade weitestgehend hinter sich gelassen (Fonagy, 2019).

Gerspach (1998, S. 98) betont ebenfalls, dass die »Sensitivität des Säuglings für väterliche Einflüsse [...] daher auch schon ganz früh trotz des Primats der Mutter-Säugling-Dyade vorhanden sein« dürfte. Der Psychoanalytische Pädagoge Volker Fröhlich weist insbesondere für die Klientel der Sonderpädagogik darauf hin, dass hier die Gefahr bestehe, dass die Kinder häufig in der mütterlichen Dyade verblieben, keine Triangulierung durch den Vater stattfinde und hierdurch die Subjektwerdung erheblich erschwert sei (Fröhlich, 1994, S. 158). Um neben der mütterlichen auch die väterliche Funktion angemessen berücksichtigen zu können, wird in Kapitel 3 auch die triangulierende Funktion, welche zunächst und zumeist mit dem Vater verknüpft wird und grundlegend für eine Pädagogik des gespaltenen Subjekts ist, da diese die Subjektwerdung ins Zentrum stellt, Gegenstand der Untersuchung sein. Ebenfalls werden die sich ändernden imaginären, phantasmatischen Mutter- und Vaterbilder und deren Implikationen sowohl innerhalb der Gesellschaft als auch für eine Pädagogik des gespaltenen Subjekts analysiert.

Verdichtungen

Position des Nichtwissens

In der Pädagogik des gespaltenen Subjekts gibt es, ähnlich wie in der mentalisierungsbasierten Pädagogik, eine Haltung des Nichtwissens. Wenn man sich als Psychoanalytische Pädagogin bzw. Psychoanalytischer Pädagoge von dem Wunsch leiten lässt, der Wissende zu sein, wird sich das Unbewusste als Ungewusstes verflüchtigen. Es gilt, sich von der Vorstellung zu befreien, dass man Manifestationen des Unbewussten im Verhalten des Kindes bzw. der oder des Jugendlichen aufgrund des eigenen Fachwissens schnell und eindeutig decodieren könne. Vielmehr ist es von Relevanz, das Nichtwissen in Bezug auf das Unbewusste auszuhalten und die damit einhergehenden Mehrdeutigkeiten offenzuhalten, damit die Manifestationen des Unbewussten als solche erschließbar, d.h. symbolisierbar sind und sich nicht mehr in Verhaltensstörungen manifestieren.

3 Das gespaltene Subjekt in seinen Beziehungen: Zum Dispositiv einer Pädagogik des gespaltenen Subjekts in familialen und professionsbezogenen Einbindungen

3.1 Forschungsfragen

In diesem Kapitel wird das gespaltene Subjekt auf mehrfache Weise in seinen Einbindungen und Beziehungen analysiert. Zuerst wird im Kapitel 3.2 das gespaltene Subjekt in seinen familialen Bindungen untersucht, wobei die folgenden beiden Fragen im Fokus stehen:

1. Was sind mütterliche und väterliche Funktionen und welche pathogenen Auswirkungen gibt es im frühkindlichen Bereich aus Sicht der strukturalen Psychoanalyse? Diese Frage ist grundlegend, denn sie thematisiert, wie die mütterliche und väterliche Funktion es dem Kind ermöglichen können, aus einer dyadischen Beziehung herauszukommen und sich der Welt zuzuwenden – eine Voraussetzung für die Subjektwerdung. Um die väterlichen und mütterlichen Funktionen genauer zu erfassen, werden auch die drei Register des Realen, Symbolischen und Imaginären verwendet. Inwiefern ein Misslingen der väterlichen und mütterlichen Funktion zum pathogenen Verbleib in der Dyade führt, ist ebenfalls von Relevanz für die pädagogische Arbeit und wird gleichfalls untersucht.
2. Welche imaginären gesellschaftlichen Bilder von Mutter- und Vaterschaft gibt es in westlichen Kulturen und welchen Wandlungen unterliegen sie? Was sind die Auswirkungen dieser Bilder aus Sicht der strukturalen Psychoanalyse? Die heutige Zeit ist eine Zeit der gesellschaftlichen Umbrüche und die traditionellen Bilder von Mutter- und Vaterschaft erodieren. Diese Wandlungen haben wiederum Auswirkungen auf die Erziehungsstile und die pädagogischen Fachpersonen sind in der konkreten Arbeit mit den Folgen dieser veränderten Erziehungsstile konfrontiert. Da die sich wandelnden Bilder von Vater- und Mutterschaft phantasmatisch aufgeladen sind, ist ein Zugang mittels der strukturalen Psychoanalyse indiziert, da diese ein elaboriertes Konzept für eben solche Phantasmen hat.

Danach wird im Kapitel 3.3 das gespaltene Subjekt in seinen professionsbezogenen Einbindungen in der Sonderpädagogik untersucht. Folgende Fragen stehen hierbei im Zentrum:

1. Welche Rollen spielen Macht und Ohnmacht aufseiten der sonderpädagogischen Fachpersonen und seitens der zu Erziehenden? Dieses ist eine elementare Frage, da sonderpädagogische Fachpersonen besonderen Herausforderungen in ihrem beruflichen Alltag ausgesetzt sind – Herausforderungen, wel-

che sie sowohl mit eigener Macht und Ohnmacht konfrontieren als auch mit der Macht und Ohnmacht der Kinder und Jugendlichen. Als Erstes soll ein Problembewusstsein geschaffen werden für diese Phänomene innerhalb der Sonderpädagogik jenseits simpler Macht-Ohnmacht-Dynamiken, weswegen die (unbewusste) Abwehr der eigenen Ohnmacht und Hilflosigkeit sowie deren Konsequenzen aufseiten der Fachpersonen als auch der Kinder und Jugendlichen untersucht werden.
2. Was sind mögliche struktural-psychoanalytische Zugangsweisen zu den Phänomenen Macht und Ohnmacht und welche Umgangsweisen sind auf Basis einer Pädagogik des gespaltenen Subjekts indiziert? Hier soll die phantasmatische Dimension von Macht und Ohnmacht dargelegt und untersucht werden, wie sich dieses auf das pädagogische Feld auswirken kann.
3. Wie kann ein Dispositiv einer strukturalen Psychoanalytischen Pädagogik als Gegenmacht die Subjektwerdung unterstützen? Diese Frage zielt darauf ab, anhand eines Praxisbeispiels einer verwirklichten strukturalen Psychoanalytischen Pädagogik zu erläutern, welchen alternativen Umgang es mit der Macht pädagogisch geben könnte.

Das gespaltene Subjekt, sowohl in der frühen Kindheit als auch in der Phase der Elternschaft, steht mit seinen familialen Bindungen im Zentrum der Analyse dieses Kapitels. Die Psychoanalyse ist insbesondere dafür geeignet, der heutigen Heterogenität im Feld angemessen zu begegnen, da sie im Wien des beginnenden 20. Jahrhunderts, »dem melting-pot der unterschiedlichsten Familienformen« (Lacan, 1931/1980, S. 77), entstanden ist und schon damals mit Varianten der Familien jenseits der bürgerlichen Norm konfrontiert war. Dieser Beitrag gibt anhand eines Praxisbeispiels Einblicke in die struktural-psychoanalytische Arbeit jenseits der Couch mit werdenden Eltern sowie mit Eltern und ihren Kindern bis zum Alter von vier Jahren. In dieser Entwicklungsperiode bilden sich die psychischen Strukturen der Kinder heraus und diejenigen der Eltern sind gelockert. Durch den Übergang zur Elternschaft, die mit einer neuen Verantwortung und einer neuen Rolle verknüpft ist, werden Erinnerungen der Eltern wirkmächtig, die aus der eigenen vorsprachlichen Zeit stammen und daher dem Bewusstsein nicht direkt zugänglich sind. Diese unbewussten Residuen können gleichwohl pathogene Wirkungen der Mutter- und Vaterschaft evozieren im Sinne der »Gespenster aus der eigenen Kindheit« (Fraiberg, 1975). Es zeigt sich, dass Mutter- und Vaterschaft phantasmatisch aufgeladen sind, sich wesentlich aus dem Feld des Imaginären speisen und dass diese Phantasmen Wirkungen für Kinder und ihre Bezugspersonen evozieren. Sowohl Phantasmen als auch das Misslingen der väterlichen oder mütterlichen Funktion können pathogene Wirkungen evozieren – Wirkungen, denen dieser Beitrag nachgehen wird.

Die imaginären gesellschaftlichen Mütter- und Väterbilder sind Wandlungen unterworfen. So ist der aktuelle Wandel der Väterbilder nach Gerspach Ausdruck einer zunehmend entödipalisierten Gesellschaft und »gekennzeichnet durch die symbolische soziale Entwertung der Vaterrolle wie den statistischen Trend wachsender konkreter Vaterlosigkeit – die klassische familiale Triade Mutter-Kind-Vater [verliert] allmählich ihre Funktion als konstanter Rahmengeber kindlicher Entwicklung« (Gerspach, 2009, S. 98). Dies hat konkrete Auswirkungen, denn »eine Sensitivität des Säuglings für väterliche Einflüsse dürfte […] schon ganz früh trotz des Primats der Mutter-Säugling-Dyade vorhanden sein« (Gerspach, 2009, S. 98). Die strukturale Psychoanalyse, welche einen engen Zusammenhang zwischen den gesellschaftlichen Ordnungen und der psychischen und affektiven Strukturierung der Subjekte sieht (Reckwitz, 2006, S. 52), ist deshalb ein zu bevorzugender Zugang für die Analyse der Mutter- und Vaterbilder sowie von deren Auswirkungen. Der gemeinsame Zugang von Lacan und Dolto sind deshalb indiziert, weil grosso modo Lacan primär die Bedeutung des Vaters und Dolto die Bedeutung der Mutter für die psychische Entwicklung des Kindes untersucht hat (Buhmann, 1997, S. 12).

Wie »Freud, der den Vatermythos in die Psychoanalyse eingeführt und den Begriff des Vaters zu einem Grundbegriff der Psychoanalyse gemacht hat« (Schmid, 2020, S. 105), wie z.B. den symbolischen Vatermord als Ausdruck des Ödipuskomplexes, hat die strukturale Psychoanalyse ebenfalls den Vater zu einem zentralen Begriff gemacht: Name-des-Vaters [Nom-du-Père] (Lacan, 1956/2016, S. 328) oder den Begriff Père-version (Lacan, 1975–1976/2005). Zusätzlich wurde jedoch von der strukturalen Psychoanalyse auch die Funktion der Mutter jenseits einen »guten« oder »schlechten« Mutter im Sinne Winnicotts (1956/1983), erforscht, wie es die Lacanianerin und Psychoanalytikerin Geneviève Morel in ihrem Werk *Das Gesetz der Mutter* nachweist (Morel, 2017).

Klar von den Mutter- und Vaterbildern zu unterscheiden sind die psychischen mütterlichen und väterlichen Funktionen, welche nicht notwendigerweise deckungsgleich mit der biologischen Mutter und dem biologischen Vater sind oder sogar nicht identisch sind mit den Geschlechtern Mann und Frau. Wichtig ist, dass diese Funktionen einen Einbruch des Symbolischen markieren:

> Selbst wenn die Vaterfunktion tatsächlich durch eine einzige Person repräsentiert wird, verdichtet sie imaginäre und reale Beziehungen in sich, die der symbolischen Beziehung, die sie im Wesentlichen darstellt, stets mehr oder weniger inadäquat sind. (Lacan, 1956/2016, S. 327)

Eine Pädagogik des gespaltenen Subjekts, welche in der Tradition der strukturalen Psychoanalyse steht, liegen eine spezifische Vorgehensweise und bestimmte Menschen- und Theoriebildannahmen zugrunde, die nun herausgearbeitet werden. Dieses zeigt sich gerade hinsichtlich der familialen Bindungen des Subjekts: So berücksichtigt bspw. Dolto, im Gegensatz zu Melanie Klein, Donald Winnicott und Wilfried Bion, welche primär auf die dyadische Mutter-Kind-Beziehung fokussieren, im großen Umfang auch die väterliche Dimension bei der Erziehung (vgl. Dolto, 1985/1989, S. 140ff.). Gerade die Berücksichtigung der väterlichen Dimension ist in den Erziehungswissenschaften ein Desiderat: So schreibt bspw. Matzner, dass die Rolle des Vaters bei der Erziehung seiner Kinder innerhalb der Erziehungswissenschaft vernachlässigt werde (vgl. Matzner, 1998, S. 27; 2004, S. 16), und der Erziehungswissenschaftler Dieter Lenzen konstatiert lakonisch: »Eine pädagogische Theorie des Vaters gibt es nicht« (Lenzen, 1989, S. 1552). Ein Urteil, dem sich auch Friebertshäuser et al. noch 2007 anschließen (Friebertshäuser et al., 2007, S. 180). Mittlerweile gibt es interdisziplinäre Forschung, in der die Väter- und Männerrollen aus psychoanalytischer und pädagogischer Perspektive beleuchten werden, wie zum Beispiel den Sammelband *Kinder brauchen Männer* (Aigner & Poscheschnik, 2015). In diesem grundlegenden Band wird vor allem die Rolle des Mannes respektive die väterliche Dimension im Kontext der Elementarpädagogik analysiert, jedoch (fast) ohne Einbezug der strukturalen Psychoanalyse. Dolto und Mannoni werden gar nicht einbezogen, Lacan wiederum nur im Beitrag von Metzger auf einer Seite (Metzger, 2015, S. 190). Seiffge-Krenke konstatiert noch 2016, dass es bis dato keine den methodischen Standards genügenden Längsschnittstudien zu den Vätern in der Familienforschung und Entwicklungspsychologie gebe (Seiffge-Krenke, 2016, S. 10).

Die Frage ist, ob Erzieher, also Männer, die professionelles Erziehungshandeln als Beruf gewählt haben, vielleicht partiell Väterlichkeit als Beruf gewählt haben und Frauen, die den Beruf der Erzieherin wählten, zugleich partiell Mütterlichkeit als Beruf gewählt haben. In diesem Fall wären die Ergebnisse der angestellten Forschungen im folgenden Kapitel 3.2 der Arbeit sowohl für Frauen als auch für Männer als pädagogische Fachkräfte relevant und die Ergebnisse könnten sowohl hinsichtlich der Rolle und Funktion der Mutter als auch des Vaters auf die öffentliche Erziehung übertragbar sein.

Aus diesem Grund wird nicht nur der mütterlichen, sondern auch der väterlichen Funktion nachgegangen. Die Reflexion der eigenen Vater- und Mutterbilder sowie der mütterlichen und väterlichen Funktion dient dem Ziel, »dass die Pädagogen nicht unbewusst in die ausweglosen und bereits bekannten Rollen eines sadistisch-strafenden Vaters, einer kalt verstoßenden Mutter« (Gingelmaier, 2018, S. 185) oder nolens volens in die Position einer allumsorgenden Mutter geraten. Auf diese Weise sind die Gespenster aus der eigenen Kindheit (Fraiberg, 1975) der Pädagoginnen und Pädagogen weniger virulent. Um die gesellschaftlichen Mutter- und Vaterbilder sowie die strukturalen Funktionen klar zu trennen und zu systematisieren, wird dieser Beitrag sich dem Phänomen der Vater- und Mutterschaft wieder in den drei Registern Lacans, dem Realen, Symbolischen und Imaginären, nähern und dabei auch einige verbreite Vorurteile in der deutschsprachigen Lacan-Exegese korrigieren (vgl. zur klassischen Lesart der drei Register in der Sonderpädagogik Laubenstein, 2008). Üblicherweise wird der Vater in der deutschsprachigen Lacan-Rezeption dem Register des Symbolischen zugeordnet und die Mutter dem Imaginären – mit weitreichenden Folgen: »Wahr ist, dass diese zwei Figuren quer liegen zu den gängigen Verknüpfungen Vater = symbolisch, Mutter = imaginär/real. Wenn man diese bipolare Aufteilung zudem mit bivalenten Vorzeichen versieht, dann erhält man: Vater = symbolisch = gut; Mutter = imaginär = dubios/gefährlich« (Schindler, 1990/2017, S. 3). Problematisch wäre es, wenn anstelle der Fokussierung auf die Mutter, wie sie neben der Mentalisierungstheorie in ihren Anfängen auch die Bindungstheorie sowie Melanie Klein, Donald Winnicott und Wilfried Bion vorgenommen haben, nun eine einseitige Fokussierung auf den Vater erfolgte.

3.2 Das gespaltene Subjekt in der familialen Triade Vater-Mutter-Kind

3.2.1 Familienkomplexe – eine Einleitung

Es ist das Anliegen dieses Kapitels, einen Einblick in die psychoanalytische Arbeit jenseits der Couch mit werdenden Eltern und Eltern und ihren Kindern bis zum Alter von vier Jahren zu geben. In den Eltern-Kind-Psychotherapien in diesem Alterssegment werden die Kinder in der Regel nicht allein, sondern gemeinsam mit ihren Eltern empfangen. Wir haben es mit einer Periode zu tun, in der sich die psychischen Strukturen der Kinder erst herausbilden und diejenigen der Eltern gelockert sind. Durch den Übergang zur Elternschaft, die mit einer neuen Verantwortung und einer neuen Rolle verknüpft ist, wird an Erinnerungen gerührt, die aus der vorsprachlichen Zeit stammen und daher dem Bewusstsein nicht direkt zugänglich sind. Trotzdem oder gerade deshalb können diese frühesten Erinnerungen in den Eltern-Kind-Beziehungen wirksam werden und unser Unbewusstes wird unser ganzes Leben lang Spuren davontragen. Das Kind und auch die erwachsene Person übertragen die frühen Vater- und Mutterbilder auf Instanzen der Kultur und auf deren Repräsentationen wie Polizistinnen oder Polizisten und Lehrpersonen. Häufig sind solche Gespenster aus der Kindheit (Fraiberg, 1975) auch verantwortlich für eigene pathogene Effekte der Vater- oder Mutterschaft. Mit Konzepten der strukturalen Psychoanalyse nach Jacques Lacan und Françoise Dolto wird im Folgenden versucht, diese Veränderungen anhand eines Fallbeispiels zu erfassen und darzustellen, wie psychoanalytische Eltern-Kind-Psychotherapien im Frühbereich wirken können.

Zuerst wird Familie A. vorgestellt, es werden die Implikationen schwacher Mutter- und Vaterfunktionen diskutiert sowie der Subjektbegriff von Dolto und Lacan dargelegt. Anschließend werden mögliche Veränderungen der Mutter- und Vaterbilder und deren Implikationen diskutiert.

3.2.2 Familie A.[4] oder die mütterliche und väterliche Funktion

Robert Neuburger (1984/2003), ein Psychoanalytiker und systemischer Familientherapeut, hat, auf Lacan Bezug nehmend, einen Ansatz entwickelt, der es erlauben soll, zu unterscheiden, in welchen Fällen eine Psychoanalyse im Zweiersetting und in welchen eine Familientherapie empfehlenswert ist. Er untersucht zunächst den Anspruch (demand),[5] der dazu führt, dass ein Subjekt eine Psychoanalyse aufsucht, und differenziert diesen in Symptom, Leiden und Appell: Erstens taucht ein Symptom auf, welches von einem (unbewussten) Konflikt zeugt. Zweitens entspringt aus diesem Symptom ein Leiden und drittens wird ein Appell vorgetragen, beispielsweise die Bitte um Hilfe. Wenn wir es mit Familien zu tun haben, kommt es häufig vor, dass die drei Elemente zwar gegeben sind, jedoch nicht in einer einzelnen Person, sondern verteilt über mehrere Familienmitglieder. Beispielsweise kann ein Familienmitglied an einem Symptom leiden, jedoch keine Hilfe suchen, oder es kann ein Symptom präsentieren, jedoch nicht daran leiden, geschweige denn, an einen anderen appellieren. Diese Verteilung der drei Elemente des Anspruchs treffen wir gerade bei Familien mit kleinen Kindern häufig an, sodass wir uns zuerst auf die Suche nach dem eigentlichen unbewussten Konflikt machen. Besonders kleine Kinder bieten sich als Symptomträgerinnen bzw. -träger an. Im folgenden Beispiel zeigen die Kinder Verhaltensauffälligkeiten, unter denen die Eltern leiden, und welche die Mutter veranlassen, Hilfe zu suchen.

In der psychoanalytischen Arbeit mit Eltern und Kindern haben wir es mit verschiedenen Ebenen und Zeiten zu tun: einerseits mit der Gegenwart, wo die Bedürftigkeit der Kinder wie der stark beanspruchten versorgenden Eltern groß ist, und andererseits mit der Vergangenheit der Eltern, den sogenannten »ghosts in the nursery« (Fraiberg, 1975). Daher nehmen wir in den Eltern-Kind-Psychotherapien bei unseren Interventionen unterschiedliche Positionen ein. Insbesondere, wenn die Alltagskonflikte die Eltern stark belasten, nehmen wir Bezug auf den Entwicklungsstand des Kindes und suchen gemeinsam alltagstaugliche Lösungen, damit die Familien akute Krisen eher bewältigen können. Die Entwicklungs- und Erziehungsberatung nützt den Eltern jedoch nur wenig, wenn unbewusste Konflikte in der Gegenwart wirksam sind. Daher richten wir unser Augenmerk ebenfalls auf diese unbewussten Konflikte, die häufig auch von den Kindern inszeniert werden, und bringen diese zur Sprache. Außerdem sind die Familien im Behandlungszimmer in unterschiedlichen Konstellationen anwesend: eine Mutter, ein Vater, ein Paar, die Mutter mit den Kindern, der Vater mit den Kindern oder die ganze Familie. Die nicht anwe-

---

4   Die Daten wurden anonymisiert und verändert, damit kein Rückschluss auf die Identität der Personen gezogen werden kann.
5   Vgl. zur Unterscheidung von Bedürfnis, Anspruch und Begehren das Unterkapitel 3.2.6 »Symbolische Mutter und realer Vater«.

senden Familienmitglieder werden jeweils mitgedacht und ins Gespräch gebracht. Sie bilden auch als Abwesende einen wichtigen Bezugspunkt bei den therapeutischen Interventionen. Somit unterscheidet sich diese Arbeit aufgrund des Einbezugs des Alltagsgeschehens vor Ort vom klassischen psychoanalytischen Setting.

Frau A. ist Mutter von zwei Kindern, Anna, drei Jahre, und Arno, elf Monate alt. Der Behandlungszeitraum, über den wir berichten, beträgt ca. eineinhalb Jahre. Zunächst empfange ich [Dagmar Ambass] Frau A. in meiner psychoanalytischen Praxis. Nach zwei Konsultationen möchte sie die Therapie unterbrechen, da ihr Mann nicht bereit ist, dafür zu bezahlen, und sie selbst aktuell nichts zum Familieneinkommen beiträgt. Ich biete ihr an, die Arbeit in der Stiftung Mütterhilfe, wo ich in einem Teilzeitpensum arbeite und wo einkommensabhängige Tarife in Rechnung gestellt werden, fortzusetzen. Damit sind sowohl Frau A. als auch ihr Mann einverstanden.

Frau A. erzählt in der ersten Stunde von den anstrengenden Jahren, seit sie und ihr Mann Eltern geworden sind. Anna schrie als Baby viel und wachte häufig nachts auf. Seit dieser Zeit ist Frau A. nicht mehr zur Ruhe gekommen. Heute versucht Anna, Abläufe im Alltag zu kontrollieren. Sie befiehlt beispielsweise der Mutter, was sie sagen muss, wenn sie ihr die Milchflasche reicht. Wenn die Mutter sich nicht an Annas Anweisungen hält, schreit sie so heftig und ausdauernd, dass die Mutter aus der Fassung gerät. Frau A. erträgt es außerdem schlecht, wenn Anna ständig mit dem Schnuller herumläuft.

Wir besprechen, wie sie am Beispiel des Schnullers eine Regel einführen kann, die es Anna erlaubt, ihre Eltern als Orientierung gebende Erwachsene zu erleben. Der Schnuller bleibt im Bett. Er dient nur noch zum Einschlafen. Regeln bedeuten für das Kind nicht nur eine Frustration, sondern geben auch Halt und Sicherheit. Die Regel steht für eine Autorität, die außerhalb der Eltern situiert ist und aus der Perspektive des Kindes nicht der Willkür der Mutter unterliegt. Das Kind erlebt die Regel eher als allgemeingültig, wenn sie beispielsweise mit dem Tagesrhythmus, den das Kind schon kennt, verknüpft ist – also z.B., den Schnuller gibt es vor dem Einschlafen – oder, wenn die Regel altersgemäß visualisiert werden kann – z.B. anhand von Tages- und Wochenplänen. Allgemein gültige Regeln können kleine Kinder in der Phase der Autonomieentwicklung eher akzeptieren als Gebote, die gelten sollen, weil »ich es so sage«. Sie verleiten weniger dazu, einen Machtkampf anzuzetteln. Ausnahmen von der Regel stiften Verwirrung, daher ist es wichtig, dass die Eltern möglichst konsequent bleiben.

Frau A. kann die Regeln teilweise umsetzen und Anna kann sie akzeptieren. Trotzdem kommt es weiterhin häufig vor, dass sie das Schreien der Kinder nicht mehr erträgt und zu ihnen Dinge sagt, für die sie sich schämt und schuldig fühlt. Ihr Mann zieht nicht immer am gleichen Strick, wenn Frau A. versucht, den Alltag zu strukturieren.

Ich schlage vor, dass Frau A. das nächste Mal mit ihrem Mann zur Beratung kommt. Herr A. ist jedoch nicht dazu bereit. Er hatte sich vor Monaten aufgrund eines Burnouts in psychiatrische Behandlung begeben, diese jedoch nach kurzer Zeit abgebrochen. Das ziehe ihn nur runter. Er wolle sich lieber mit sich selbst auseinandersetzen und Ausgleich im Sport suchen.

Die folgenden Sitzungen besucht Frau A. mit Arno. Anna wird einmal pro Woche von einer Tagesmutter betreut. Manchmal kommt Frau A. auch mit beiden Kindern. Eigentlich wollte sie die Kinder in den ersten Jahren zu hundert Prozent selbst betreuen, sie hat deshalb eine berufliche Pause eingelegt. Aber sie musste einsehen, dass die Belastung für sie zu hoch war. Bei der Tagesmutter geht es Anna gut und sie verhält sich nicht auffällig.

Arno kann sich während der ersten Konsultationen nur kurz ins Spiel vertiefen. Er fordert häufig die Zuwendung der Mutter ein. Frau A. reagiert einfühlsam und geduldig. Sie hat alles dabei, Flasche, etwas zum Knabbern, so dass sie auf seine Bedürfnisse eingehen kann, und zeigt ihm kaum Grenzen auf.

Wenn beide Kinder anwesend sind, beginnen sie schnell zu streiten und rufen die Mutter zu Hilfe. Auch Anna verhält sich der Mutter gegenüber fordernd. Sie erlaubt ihr kaum, mit mir zu sprechen. Nachdem sie eine Zeit lang an der Mutter gezogen und gezerrt hat, greife ich mit Erlaubnis der Mutter ein. Ich sage Anna, dass die Mutter einige Minuten Ruhe möchte. Da sie sich nicht daran halten könne, werde ich sie nun zu mir auf den Schoß nehmen. Anna wehrt sich und beginnt zu schreien. Es hilft kein Erklären und kein Ablenken, sie schreit ausdauernd und heftig. Frau A. ist trotzdem erleichtert, weil ich nun Zeugin ihrer Not werde und sie nicht allein der Situation ausgeliefert ist. Ich bleibe ruhig und ebenfalls ausdauernd. Frau A. räumt die Spielsachen auf und nimmt am Ende der Stunde ihre weiterhin schreiende Tochter entgegen.

In den folgenden Sitzungen beginnt Arno nach kurzer Zeit, Spielsachen herumzuwerfen und uns zu schlagen. Frau A. berichtet, dass er manchmal Affektkrämpfe produziere: Obwohl Frau A. weiß, dass diese ungefährlich sind, erschrickt sie jeweils, fühlt sich handlungsunfähig und sucht Hilfe bei ihrem Mann oder einer Nachbarin. »Der Körper des Kindes ist Ausdruck der Lebensgeschichte seiner Eltern«, meinte Dolto (1985/1992, S. 152). Solange ein Kind Symptomträgerin bzw. Symptomträger der Eltern ist, solange ist auch die Subjektwerdung erschwert.

Die Eltern sind immer wieder derart überfordert, dass wir sogar über eine kurzfristige Platzierung der Kinder in einem Kriseninterventionszentrum nachdenken und erste Schritte einleiten, die wir jedoch nicht weiterverfolgen. Es kommt auch zu heftigen Auseinandersetzungen zwischen den Eltern. Herr A. leidet an den Symptomen einer Depression. Er verlangt von seiner Frau, dass sie für ihn da sein solle, und verwickelt sie in nächtliche Diskussionen. Nicht nur die Kinder, sondern auch der Vater stören den Schlaf von Frau A. Diese ist schon mit ihren Kindern überfordert und wünscht sich von ihrem Mann nur, in Ruhe gelassen zu werden. Eines Nachts, nachdem ihr Mann in einer Diskussion lange nicht von ihr abgelassen hat, erleidet sie einen Hörsturz. »Ich will nichts mehr hören«, so interpretiert sie ihr Symptom. Sie denkt über Trennung nach, hat aber große Angst davor, mit den Kindern allein zu sein. Immerhin verbinde das Paar, dass nur sie beide wüssten, wie schlimm die Situation mit ihren Kindern sei. Niemand sonst könne ihre Situation nachvollziehen, auch nicht die Verwandten mütterlicher- und väterlicherseits, die weit entfernt leben und, wenn sie zu Besuch kommen, kaum Entlastung anbieten.

Ich überlege mir, was mich dazu bringt, eine so einschneidende Intervention wie die Platzierung in einem Kriseninterventionszentrum, zu empfehlen. Schließlich handelt es sich um inzwischen knapp vier und zwei Jahre alte Kinder. Ich komme zum Schluss, dass es hier nicht um die reale, sondern um eine Trennung im Symbolischen geht. Als ich Frau A. meine Überlegungen mitteile, leuchtet ihr der Unterschied zwischen einer realen Trennung und einem symbolischen Schnitt ein. Ihr wird bewusst, wenn eines der beiden Elternteile in eine Krise gerät, gelingt es dem anderen nicht, sich abzugrenzen. Er werde ebenfalls von Ohnmachtsgefühlen überschwemmt, könne keinen kühlen Kopf bewahren und das Ruder nicht übernehmen, um die Partnerin bzw. den Partner zu entlasten.

Inzwischen ist die Eingewöhnung beider Kinder in einer Kita abgeschlossen. Frau A. möchte nun ohne die Kinder zu den Konsultationen kommen. Erst jetzt, wo Momente einer realen Trennung von beiden Kindern installiert sind, kann sie ausführlicher über die Beziehung zu ihrem Mann und ihre eigene Geschichte sprechen. Auch Herr A. verliert in Zeiten psychischer Krisen die Contenance, schreit und verletzt sich sogar selbst. Sie sind seit frühester Jugend ein Paar. Frau A. wäre zwar gern als junge Frau allein auf Reisen gegangen, jedoch hatte Herr A. eifersüchtig über sie gewacht. Frau A. ist mit einem ungeduldigen und unberechenbaren Vater aufgewachsen, ein Choleriker, wie Frau A. meint. Die Mutter war unglücklich an der Seite des Vaters, der sie wenig unterstützte. Nach der Scheidung der Eltern war die Mutter von Frau A. mit der alleinigen Verantwortung für drei Kinder möglicherweise überfordert. Frau A. fühlte sich für den vereinsamten Vater verantwortlich.

Im zehnten Monat der Behandlung möchte Herr A. mit Anna zu seinen Eltern reisen. Frau A. hofft, dass sie sich in den Tagen, in denen sie allein mit ihrem Sohn ist, erholen kann. Sie bringt Herrn A. und Anna zum Flughafen. Anna freut sich auf die Reise. Nachdem der Vater mit ihr das Check-in passiert hat, beginnt sie zu weinen und lauthals zu schreien, bis Herr A. unverrichteter Dinge umkehrt und zur großen Enttäuschung der Mutter auf die Reise verzichtet. Wieder misslingt die Trennung.

Herr A. unternimmt einen weiteren Versuch einer psychiatrischen Behandlung mit Medikamenteneinnahme, die jedoch wenig Erfolg zeigt. Er ist jetzt bereit, Frau A. zu unseren Konsultationen zu begleiten. Nun bin ich jedoch nicht mehr bereit, zuzulassen, dass der Raum von Frau A. von einem anderen Familienmitglied vereinnahmt wird. Stattdessen schlage ich Frau A. vor, dass ihr Mann Sitzungen bei meinem Kollegen wahrnehmen könne. Dieses Angebot nimmt Herr A. an. Es finden zwei Sitzungen von Herrn A. und Anna bei meinem Kollegen statt, bevor die Familie in die Ferien reist. Ferien waren bisher stets katastrophal verlaufen, da die Kinder durch die ungewohnte Umgebung zusätzlich aus dem Gleichgewicht gerieten. Zu meiner Überraschung höre ich von Frau A., dass die Ferien gelungen waren. Beide Eltern konnten sich erholen. Wenn Frau A. drohte, die Nerven zu verlieren, ging ihr Mann mit beiden Kindern nach draußen, so dass sie sich in Ruhe einer Tätigkeit widmen konnte. Sie erlebte ihn als Stütze, ähnlich wie damals, als Anna ein kleines Baby war, und er sie, wenn sie schrie, ins Tragetuch nahm und spazieren ging.

Frau A. berichtet von einer jüngeren Schwester, die in der Herkunftsfamilie viel Platz beansprucht und schon in jungen Jahren wichtige Entscheidungen über ihr Leben allein getroffen hatte. So verließ die Schwester das Elternhaus bereits mit 16 Jahren. Diese Informationen geben einen Hinweis darauf, dass möglicherweise bereits in der Herkunftsfamilie von Frau A. die Rollen der Eltern und Kinder durcheinandergeraten waren. Auch Anna gelingt es mit ihrem kontrollierenden Verhalten und den damit verbundenen Schreianfällen immer wieder, den Alltag der Familie zu bestimmen.

Vermutlich ist das kontrollierende Verhalten von Anna, die ständige Suche nach Aufmerksamkeit, sei es im überschwänglichen Spiel, sei es durch heftiges Schreien, auch ein Ausdruck von Stress und dient der Angstabwehr. Frau A. und ich überlegen, was den Stress von Anna ausmachen könnte. Möglicherweise spielt dabei die Geschwisterrivalität eine Rolle. Die aktuelle Entwicklungsaufgabe und die damit verbundene Entwicklungskrise besteht für Anna darin, dass sie seit der Geburt des Bruders ihren Platz in der Familie immer noch verteidigen muss. Hinzu kommen die hohe Anspannung der Mutter und Anforderungen aufgrund von Übergängen wie dem Eintritt in die Kita oder den Kindergarten. Wenn das kontrollierende Verhalten von Anna zu Machtkämpfen führt, nimmt der Stress für beide zusätzlich zu und es entsteht eine Negativspirale.

Die Schwester von Frau A. sagte, als sie kurz nach der Geburt von Anna zu Besuch gekommen und ihrer Nichte zum ersten Mal begegnet war: »Sie hat meine Augen!« Frau A. reagierte wütend auf diesen Kommentar. Sie war außerdem enttäuscht, dass sie von ihrer Schwester keinerlei Hilfe im Wochenbett erhalten hatte. Ist es auch das Vermächtnis der Schwester, das Wirkung zeigt, dass Anna so sei wie sie?

Die Behandlung von Frau A. dauert an. Es kommt nach wie vor zu schwierigen Situationen mit den Kindern, jedoch gelingt es nun besser, dass Herr und Frau A. sich bei der Betreuung abwechseln und sich gegenseitig entlasten, dass Frau A. sich auf ihre eigene Geschichte und ihre Schwierigkeiten fokussieren kann, dass sie sich erlaubt, keine perfekte Mutter zu sein, den Kindern einen

Teil der Verantwortung für ihre Bedürfnisse übergibt und ihnen Frustrationserlebnisse zumutet. Herr A. sucht weiterhin meinen Kollegen auf. Anna meistert Entwicklungsschritte und Übergänge, wie beispielsweise den Eintritt in den Kindergarten, der in der Schweiz obligatorisch ist und eine Vorbereitung auf die Schule darstellt. Arno hat die Entwicklungskrise, die mit Hauen und Spielzeug Herumwerfen verbunden war, überwunden und kann sich öfter selbstzufrieden ins Spiel vertiefen. Wir haben es nun mit vier sich trennenden Subjekten zu tun, die ihre je eigenen Geschichten konstruieren.

3.2.3 Das Versagen der väterlichen Funktion oder die Leerstelle des Symbolischen Vaters

»Macht denn nur das Blut den Vater?«
Gotthold Ephraim Lessing

»Als Psychoanalytiker wissen wir, dass das Leben das Begehren selbst ist. Nur ist derjenige, der zu leben begehrt, nicht der Erzeuger, sondern derjenige, der zur Welt kommt« (Dolto, 1985/1992, S. 155). Mutter- und Vaterfiguren, welche nicht unbedingt von biologischen Vätern oder Müttern oder überhaupt von Männern oder Frauen verkörpert werden müssen (Benjamin, 1990, S. 103), haben die Macht, die Entwicklungsmöglichkeiten des Kindes zu beeinflussen. Die strukturale Psychoanalyse Lacans und Doltos betont die Bedeutung des Vaters für die Subjektwerdung. Der Vater, oder genauer, die väterliche Funktion, ist für die Freud'sche und strukturale Psychoanalyse nämlich ein Schibboleth. So schreibt Lacan, dass es die Frage, »Was ist es, ein Vater zu sein?«, war, welche Freuds gesamte Forschung zentriert habe (Lacan, 1956–1957/ 2003, S. 242). Im Folgenden soll, nachdem im Fallbeispiel die väterliche Funktion, in diesem Fall eine zu schwache väterliche Funktion, beschrieben wurde, das Konzept der väterlichen Funktion für die Analyse aktueller Veränderungen der Vaterideologien fruchtbar gemacht werden. Hierbei wird mithilfe der (strukturalen) Psychoanalyse aufgezeigt, inwiefern der Vater als Grundmarkierung in der Entwicklung des Subjekts und der Gesellschaft eine Rolle spielt. Lacans strukturaler Ansatz ist keine Individualpsychologie, auch die politisch-soziale Dimension wird berücksichtigt.

Das soziale Band spielt im Denken Lacans eine grundlegende Rolle, da Menschwerdung dem Eintritt ins soziale Band gleichkommt. Im Rahmen dieser Einbindung orientiert und positioniert sich das Subjekt in seiner Mitwelt, seine Verortung im sozialen Band hat Auswirkungen auf sein Genießen und seine phantasmatischen und bewussten Bezüge zu den anderen. Das soziale Band bezeichnet also ein Netzwerk an Einschreibungen (Kläui, 2017, S. 190; Schmid, 2016, S. 349). Jedoch wohnt, so Schmid, dem sozialen Band eine Paradoxie inne, da es einerseits die Bedingung der Möglichkeit von Gemeinschaft ist und den Zusammenhalt des Kollektivs gewährleistest, andererseits aber auch zum Gefängnis des Subjekts werden kann (Schmid, 2016, S. 349). Herr A. übernimmt zu Beginn der Behandlung keine väterliche, gesetzgebende Funktion. Vielmehr regrediert er und rivalisiert mit seinen Kindern um die Anerkennung der Mutter. Herr A. nutzt weder seinen persönlichen Freiraum, noch verteidigt er seine Autonomie (vgl. Dolto, 1985/1992, S. 142). Vielmehr ist sein Verhalten durch seine permissive Schwäche gekennzeichnet, welche die Autonomieentwicklung der Kinder hemmt:

»Wenn ein Mann den Platz beansprucht, dann ist der Sohn [und eben auch die Tochter] dieser Frau freilich verpflichtet, weder an seinem Vater noch an seiner Mutter zu kleben. Die Triangulation ist gewährleistet« (Dolto, 1985/1992, S. 142). Der Vater markiert, indem er die Mutter als Frau begehrt – und die Mutter, neben dem Kind, den Vater auf andere Weise begehrt –, einen eigenen Platz im Leben der Frau und eröffnet hierdurch einen Raum für das Kind. Der Vater beansprucht seinen Platz im Begehren der Mutter und das Kind muss seine Allmachtsphantasien aufgeben.

Der symbolische Vater markiert eine Grenze zwischen der Welt der Erwachsenen und der Welt der Kinder, er ist Repräsentant des erwachsenen Begehrens nach einer erwachsenen Frau (Dolto, 1985/1992, S. 30). Diese Grenze befördert das Aufbrechen der Dyade von Mutter und Kind. Wenn der Vater nicht mehr Liebhaber der Mutter ist, das Paar nicht mehr ein lebendiges Begehren hat, sind die Eltern nur Mitbewohner derselben Umgebung des Kindes (Dolto, 1985/1992, S. 30) und erfüllen nicht mehr ihre väterliche oder mütterliche Funktion.

»Erwachsen zu sein bedeutet«, so Dolto, »Vorrechte auf den anderen Erwachsenen zu haben, die bewirken, dass das Kind in der Paarbeziehung aufgezogen wird, aber nicht den Platz des Vaters einnimmt, wenn dieser abwesend ist, und dass der Vater, in Abwesenheit der Mutter, nicht deren Rolle übernimmt« (Dolto, 1985/1992, S. 30). Es ist wichtig, dass das Kind nicht das einzige Objekt des Begehrens seiner Mutter ist, und dass die unerfüllbaren Ansprüche des Kindes auf ständige Anwesenheit der Mutter nicht erfüllt werden. Diesen Ansprüchen des Kindes muss eine Grenze gesetzt werden, was durch das Begehren des Gatten oder des Liebhabers geschieht (Dolto, 1981/1996, S. 172). Ein Vater, der das Begehren zu seiner Frau aufrechterhält, sollte, so Dolto, auch sagen können: »Nachts gehört meine Frau mir« (zit. n. Buhmann, 1997, S. 350). Dies kann der Vater, Herr A., am Anfang der Behandlung nicht sagen. Die reine Mutterliebe ist gemäß Dolto ein weitverbreiteter Mythos, welcher zugleich die Kehrseite hat, dass viele Frauen mehr Mutter als Gattin sein wollen (Dolto, 1981/1996, S. 164). Dieser Mythos wird zugleich von vielen Männern und Frauen verherrlicht, ist jedoch Ausdruck einer prägenitalen und regressiven Position (Dolto, 1981/1996, S. 164).

Die Funktion des Vaters ist wesentlich an das Gesetz und die symbolische Ordnung geknüpft: »Den Vater zu verkörpern bedeutet nämlich, die Sprache zu verkörpern, das Genießen zu negativieren, den Verlust, die Leere des Seinsmangels in das Subjekt einzuführen« (Recalcati, 2000, S. 98). Es war Jacques Lacan, der die Funktion des Vaters für die psychische Entwicklung des Kindes hervorhob, lange bevor die Bedeutung der Rolle des Vaters innerhalb des psychoanalytischen Mainstreams wiederentdeckt wurde (Moij, 1987, S. 54). Jedoch wurde diese vaterorientierte Position Lacans in Deutschland kaum rezipiert (Seiffge-Krenke, 2016, S. 8) – eine der wenigen Ausnahmen bildet Hopf (2014). Für Lacan gibt es eine enge Verbindung zwischen dem Namen-des-Vaters bzw. der väterlichen Funktion und dem Gesetz: »*Im Namen des Vaters* müssen wir den Träger der symbolischen Funktion (an)erkennen, die seit Anbeginn der geschichtlichen Zeiten seine Person mit der Figur des Gesetzes identifiziert« (Lacan, 1953/2016, S. 328). Durch die Intervention wird das Verhältnis des Kindes zur Mutter transformiert, der symbolische Vater ist die Instanz, welche das Kind aus seiner Verkupplung mit der mütterlichen Allmacht befreit (Lacan, 1956–1957/2003, S. 428), d.h., der Vater fungiert als Stütze des symbolischen Vaters bzw. Namens-des-Vaters. Dabei ist auch die Rolle der Mutter bedeutsam, da der symbolische Vater für das Kind dann in Funktion tritt, wenn er im Sprechen der Mutter vorkommt. Es ist nicht nur als Leistung des Vaters anzusehen, »sondern als Leistung der Mutter, die mit der Anerkennung der symbolischen Grundstruktur der Außenwelt, zu der die Tatsache eines Vater gehört« (Grieser, 2003, S. 107), die Bühne für die väterliche Funktion bereitet (Lacan, 1957–1958/2006, S. 227). Eine Mutter, welche die Position des Vaters unterminiert, indem sie ihn als kastriert darstellt, kann es dem Kind verunmöglichen, die Funktion des Vaters anzunehmen, womit die Wahrscheinlichkeit einer psychotischen Struktur steigt (vgl. Fink, 2005, S. 113).

An dieser Stelle ist es wichtig darauf hinzuweisen, dass die Funktion des Vaters sich nicht nur auf eine konkrete biologische Person bezieht. Welche vielen Dimensionen die Rolle der Väter umfassen kann, hat der Literaturwissenschaftler Meier wie folgt zusammengefasst: »Väter, diese archetypischen, mythologischen, theologischen, psychologischen, soziologischen und biologischen Urfiguren menschlicher Existenz […]« (Meier, 1982, S. 52). Innerhalb der strukturalen Psychoanalyse wird grundlegend zwischen dem imaginären, symbolischen und realen Vater unterschieden (vgl. Lacan, 1956–1957/2003, S. 468). Die symbolische Funktion des Vaters ist die eben schon erwähnte Beziehung des Vaters zum Gesetz (Lacan, 1953/2016, S. 328). Hier ist der Vater eine begrenzende und verbietende Instanz, der das Gesetz, wie das für alle Gesetze prototypische Inzestverbot, verkündet und durchsetzt. Ein symbolischer Vater ist jedoch nicht nur ein Vater, der ein bloßes Werkzeug des Begehrens der Mutter ist und nur als strafende Instanz oder als Polizist fungiert. Allzu oft war es in klassischen patriarchalen Familien der Vater, auf den die Mutter drohend mit den Worten »Warte nur, bis dein Vater nach Hause kommt«, verwies. Die imaginäre Dimension des Vaters, insbesondere des abwesenden Vaters, beschreibt wiederum die narzisstischen Beziehungen, die das Subjekt mit dem

Bild des Vaters unterhält (Lacan, 1953/2016, S. 328). Die Vorstellungen einer väterlichen Allmacht, eines allwissenden Vaters oder Gottvaters, allesamt Vorstellungen eines nicht-kastrierten Vaters, sind dem imaginären Vater zuzuordnen (Lacan, 1956–1957/2003, S. 325; 331). Vaterbilder und Vaterfiguren sowie deren gesellschaftliche Wandlungen fallen ebenfalls in diese Dimension. Die reale Dimension des Vaters bezieht sich auf das »Handeln der Person« (Lacan, 1953/2016, S. 328), auf die Referenz des Vaters, und bezeichnet eine konkrete Person aus Fleisch und Blut, den leiblichen Vater und/oder den Mann der Mutter. Auf den realen Vater wird im Unterkapitel 3.2.6 »Symbolische Mutter und realer Vater« noch näher eingegangen. Wie anhand der drei Dimensionen angedeutet, ist es wichtig zu betonen, dass die Vaterfunktion auf der strukturellen Ebene und der biologische Vater nicht deckungsgleich sind, auch andere Männer oder andere Frauen können die Vaterfunktion ausüben. Eine weitere Unterscheidung ist die zwischen Personen und der signifikanten Funktion. So bezieht sich beispielsweise der Begriff *symbolischer Vater* nicht auf eine reale Person, kein Papa ist ein *symbolischer Vater,* sondern nur ein Agent der Signifikantenordnung (vgl. Schindler, 1990/2017, S. 81f.).

3.2.4 Neue und alte Väter – von den alten Patriarchen zu den neuen Vätern oder Veränderungen und Auswirkungen des Vaterbildes[6]

> »Demokratie darf nicht so weit gehen, daß in der Familie darüber abgestimmt wird, wer der Vater ist.«
> Willy Brandt

Am Anfang eine kurze Vignette von Post-68er-Eltern:

> Da haben sich die Eltern ganz bewußt für Kinder entschieden, sich um die richtige Geburtsatmosphäre bemüht, und manchmal beteiligte sich sogar der Vater an der Erziehung der Kinder. Sie bekamen gesunde Nahrung, pädagogisch richtiges Spielzeug, man kümmerte sich um Spielgruppen. [...] Man war überzeugt, daß ein Kind prinzipiell gut, kreativ und sozial ist, wenn man es nur nicht schlecht behandelt. Und schlecht behandeln hieß eben: Einschränken, Triebhaftes beschneiden und Entbehrungen und Warten zumuten. [...] Da waren keine Eltern oder andere Erwachsene, die die Rolle des verhaßten Polizisten übernehmen wollten. Man hielt dies für kleinlich oder zu aggressiv gegenüber den Kindern, auf jeden Fall befände man sich gefährlich nahe an einer Verhaltensweise, wie sie die eigenen Eltern vermutlich an den Tag gelegt hätten. (Garstick-Straumann, 1997, S. 30f.)

Was es heißt, ein Vater zu sein, wird nicht durch die Natur festgelegt, sondern ist, wie Mutterschaft, ein Phantasma, welches Wandlungen unterworfen war

---

6 Dieses Unterkapitel greift einige Gedanken von Langnickel & Link (2018) auf und führt diese fort.

und ist. In den archaischen Gesellschaften sei, so Freud, gemäß den Mythen und Sagen der Vater mit einer großen Machtfülle ausgestattet gewesen, die er auch rücksichtlos gebraucht habe (Freud, 1900a, S. 262). In der römischen Antike war der Vater ein *pater familias,* der in der Doppelrolle als Hausherr mit Befehls- und Zuchtgewalt fungierte und als Familienoberhaupt für seine Familie Sorge zu tragen hatte (vgl. Zielinski, 1961, S. 21; Tellenbach, 1978, S. 13ff.). Interessanterweise war, wie Esposito (2012) anmerkt, schon das antike Dispositiv der Person ein Dispositiv der Subjektivität im doppelten Sinne: der *pater familias* hatte, wie jedes andere subjectum, nicht nur andere, die er unterwerfen sollte – Frauen, Sklavinnen und Sklaven, Kinder und Tiere –, sondern auch andere, denen er sich zu unterwerfen hatte – wie den Staat und die Götter. Nicht der Vater war also das Gesetz, sondern das Gesetz ging »durch« ihn »hindurch«. Im Christentum erfolgte eine Apologetik des Hausvaters, der sogar mit dem Himmelsvater verglichen wurde (vgl. Tellenbach, 1978, S. 116). Der letzte Bruch in der Geschichte der Väterbilder, der sogenannte neue Vater, welcher vor allem seit den 1970er Jahren (Ehrenreich, 1984; Martin, 1979) propagiert wird, ist ein Konzept, welches mitunter auch für aktuelle Väter, die Väter der zweiten Moderne, als Vorbild dient. Für »ein neues Väterbild, für eine aktive Vaterschaft und eine Balance zwischen Berufs- und Familienleben« wird auch in öffentlichen Kampagnen wie beispielsweise *Vater ist, was Du draus machst* (Ministerium für Familie, Kinder, Jugend, Kultur und Sport des Landes NRW, 2016) geworben. Dieses Konzept des neuen Vaters ist jedoch nicht vom Himmel gefallen. Es war Mitscherlich, welcher schon in den 1950er Jahren einen Bruch in der Geschichte des Vaters, eine Erosion der Vaterfunktion konstatierte (Mitscherlich, 1953). In seinem Werk *Auf dem Weg zur vaterlosen Gesellschaft* (Mitscherlich, 1963), einem Klassiker der psychoanalytisch-sozialpsychologischen Väterforschung, untersucht Mitscherlich die auch heute noch im hohen Maße aktuelle Frage, ob und wie die strukturellen Veränderungen in der Arbeitswelt und den Lebensbedingungen Veränderungen der Identitätsbalance und des psychodynamischen Konfliktprofils evozieren können, und postuliert, dass wir »[a]uf dem Weg zur vaterlosen Gesellschaft« seien. Der Terminus »vaterlose Gesellschaft« stammt allerdings nicht von ihm, sondern von Paul Federn, einem Schüler Freuds, und wurde bereits im Jahr 1919 geprägt. Federn (1919) plädiert – im Einklang mit dem postmodernen Vaterbild und ganz im Gegensatz zu Freud und auch zu Mitscherlich – für die Abschaffung der patriarchalen autoritären Vatergesellschaft und für die Entwicklung einer Brudergesellschaft. Mitscherlich hingegen betonte vor allem die Gefahren bei einem solchen Wechsel bzw. einem »Erlöschen des Vaterbildes« (Mitscherlich, 1963).

Was könnten mögliche Auswirkungen des Bildes der neuen Väter sein? Das Verhältnis des Vaters zu seinen Kindern ist heute zunehmend partnerschaftlich, Entscheidungen werden oftmals demokratisch auf Augenhöhe ausgehandelt und nicht einfach verkündet. Dadurch verschwimmen die Grenzen zwischen der Welt der Erwachsenen und der Welt der Kinder, das Verhältnis vom Vater zu den Kindern ist weniger abgegrenzt und weniger kontrollierend als früher. Der belgische Psychoanalytiker Verhaege fasst diesen Wandel wie folgt zusammen: »Die traditionelle patriarchale Autorität ist so gut wie verschwunden und damit auch die aus ihr folgende freiwillige Unterwerfung unter soziale Konventionen« (Verhaege, 2016, S. 81). Auch der Psychoanalytiker Hopf konstatiert: »Mit den Erschütterungen der männlichen Identität wurde auch die Väterlichkeit infrage gestellt« (Hopf, 2014, S. 67). Rollstein bewertet diesen Übergang von den traditionellen patriarchalen Formen zu den neuen Vätern aufgrund der Schwierigkeiten hinsichtlich der Rollenfindung sogar als ein »Trauma des Wandels« (Rollstein, 1999, S. 17), da vielfältige Erwartungen und hohe Anforderungen in westlich geprägten Kulturen an die Väterrolle bestehen. Tort (2005) betont das Ende des väterlichen Dogmas, das Ende des Vaters des westlichen Patriarchats, was freilich nur das Ende einer Welt und nicht das Ende der Welt bedeuten muss. Richter postuliert in *Die Krise der Männlichkeit in der unerwachsenen Gesellschaft,* dass viele patriarchale Männer heutzutage durch »ein pubertäres Verhaftetbleiben in der Phantasie einer gefürchteten *Entmännlichung* nur durch Demonstration überlegener Potenz entgehen zu können« (Richter, 2006, S. 11) glauben. Auf die sogenannten neuen Väter reagieren manche Männer mit einem konservativen Backlash und mit verzweifelten Versuchen einer politischen Remaskulinisierung (vgl. auch Böhnisch, 2018, S. 233). Diese Umbrüche lassen die Frage manifest werden, ob eine Änderung der Rolle des Vaters bei den Krisentendenzen der Gegenwart wie beispielsweise bei der sogenannten Psychokrise der Spätmoderne – einer fundamentalen und konstitutiven Entfremdung zur Welt und einer Pathologie im subjektiven Selbstverhältnis (vgl. Rosa, 2016, S. 77f.; S. 14) – mitspielen könnte.

Dass der Vater immer weniger als verbietende und damit auch disziplinierende bzw. strukturierende Instanz fungiert, führt zum einen dazu, dass die Kinder »plastischer und authentischer« bzw. autonomer und freier sind, zum anderen sind sie aber auch insgesamt vulnerabler, nämlich »labiler und verletzlicher« (Dornes, 2012, S. 312; Dornes, 2016). Metzger (2013) reflektiert in *Fragmentierte Vaterschaften* die Ambivalenz einer der Vaterschaft inhärenten Position zwischen der Scylla, der Nähe suchenden zärtlichen Haltung, und der Charybdis, einer grenzsetzenden Einstellung. Väterliche Verantwortlichkeit werde oftmals ersetzt durch narzisstische Wünsche, die Befriedigung eigener Bedürfnisse »und sich nicht für die nächste Generation einzugrenzen und einzuschränken« (Metzger, 2013, S. 40). Metzger warnt davor, die Bedeutung des Vaters für das Kind zu verleugnen oder in eine allzu engagierte Vaterschaft zu verfallen, welche bis zu Selbstaufgabe führen kann (Metzger, 2013, S. 17f.).

Die empirische Väterforschung lässt sich in verschiedene Phasen einteilen (Seiffge-Krenke, 2016, S. 7): In der ersten Phase wurde die Perspektive eingenommen, dass Väter nur distante und periphere Personen in der Kindererziehung und nicht in Familienangelegenheiten involviert seien (Seiffge-Krenke, 2001a, S. 391). In dieser Phase wurde von einer traditionellen Rollentrennung in der Familie ausgegangen, der Vater war einerseits der »breadwinner« (Bemard, 1981; vgl. Seiffge-Krenke, 2001b, S. 53) und andererseits ein »absent father«, weil er aufgrund seiner Berufstätigkeit außer Haus war (Hetherington, 1972; vgl. Seiffge-Krenke, 2001b, S. 53). In der zweiten Phase war die angenommene Ähnlichkeit (similarity) von Vater und Mutter von Relevanz, das Erreichen einer »größtmöglichen Ähnlichkeit« zwischen beiden Eltern galt als besonders erstrebenswert. Typische Studien, bei denen der Nachweis der Ähnlichkeit als Forschungsparadigma diente, sind Studien zum Couvadesyndrom (Männerkindbettsyndrom), bei denen man nachzuweisen versuchte, dass werdende Väter die gleiche Schonbedürftigkeit und ähnliche Körpersymptome aufwiesen wie werdende Mütter (Broude, 1988; vgl. Seiffge-Krenke, 2001a, S. 392). Insbesondere in vielen außereuropäischen Kulturen ist die Couvade (das Männerkindbett) anerkannt (Delaisi de Parseval, 1981). Studien zur väterlichen Sensitivität und zu pflegerischen Handlungen (care giving) kamen zu ähnlichen Ergebnissen: Die Väter schnitten in der Regel jedoch schlechter ab als die Mütter (vgl. Seiffge-Krenke, 2001a, S. 392). Zusammenfassend lässt sich konstatieren, dass in den beiden ersten Phasen der Väterforschung implizit von einer Defizithypothese ausgegangen wurde. In der ersten Phase waren die Mütter den Vätern quantitativ (zeitliche Ressourcen) und qualitativ (pflegerisches Verhalten und Bindung) überlegen (Seiffge-Krenke, 2016, S. 7), in der zweiten Phase zumindest qualitativ. In diesen Phasen der Väterforschung wurde die Beziehung der Mütter zu den Kindern stark in den Vordergrund gestellt. Es galt ein »Zurück zu den Müttern« (Rohde-Dachser, 1989). Der Vater spielte also keine bzw. nur eine marginale Rolle in diesen ersten beiden Phasen der Väterforschung, wie auch der Vater sowohl in der psychoanalytischen Entwicklungspsychologie bei der Objektbeziehungstheoretikerin Klein als auch in der Bindungstheorie von Bowlby stark unterrepräsentiert ist (Seiffge-Krenke, 2001b, S. 55). Die strukturale Psychoanalyse Lacans hebt dagegen hervor, dass der Vater als triangulierende Instanz mit seiner väterlichen Funktion schon von Geburt an wirksam ist, und nicht erst in der ödipalen Phase – der Säugling soll eben nicht nur in der Mutter-Kind-Dyade verbleiben (Seiffge-Krenke, 2001b, S. 55).

Die distinktiven Funktionen des Vaters und seine Relevanz für die kindliche Entwicklung wurden in der dritten Phase der Väterforschung anhand der umfangreichen Meta-Analysen von Siegal (1987) und Russell & Saebel (1997) empirisch bestätigt. Väter gehen nicht schlechter mit Kindern um, sondern anders als Mütter (Seiffge-Krenke, 2001b, S. 55). Die distinktive Funktion der Väter, wie beispielsweise, dass Väter die Autonomieentwicklung des Kindes in besonderem Ausmaß fördern, wurde erst recht spät entdeckt (Seiffge-Krenke, 2016, S. 8). Grosso modo lassen sich die distinktiven Funktionen des Vaters, welche mit dem Älterwerden der Kinder immer deutlicher werden, vor allem auf drei Bereiche beziehen: erstens auf das Spielerische und auf Freizeitaktivitäten mit starkem Akzent auf die Motorik, zweitens auf die Förderung von Selbstständigkeit und Individuation sowie drittens auf die Akzentuierung des Geschlechts des Kindes mit dem Erwerb der symbolischen Struktur des Körpers (Seiffge-Krenke, 2001b, S. 54).

Insbesondere die dritte distinktive Funktion des Vaters, die Entwicklung einer Symbolstruktur, hat Lacan immer wieder akzentuiert: Der Vater ermöglicht durch seine symbolische Funktion dem Kind den Übergang von der Natur zur Kultur. Der späte Lacan hebt hervor, dass der Vater ein Benennender ist, wie auch derjenige, der den Namen vergibt (vgl. Porge, 2000, S. 163ff.). Die vierte und aktuelle Phase der Väterforschung berücksichtigt die Rolle des Vaters im kulturellen Wandel. Insbesondere zu den sogenannten neuen Vätern gibt es nur wenige empirische Befunde, weil diese realiter gar nicht so häufig anzutreffen sind (vgl. Seiffge-Krenke, 2016, S. 7). Zu den Befunden zur vierten Phase hält Seiffge-Krenke fest:

> Das Forschungsinteresse hat zugenommen, das Fehlen gut kontrollierter und umfangreicher Längsschnittstudien an breiten, repräsentativen Stichproben zeigt aber an, dass Väter nach wie vor ein Randthema in der Entwicklungspsychologie und Familienforschung geblieben sind. (Seiffge-Krenke, 2016, S. 10)

3.2.5 Versuch einer Synthese der väterlichen Funktion – gesellschaftlich und singulär

»Was der Vater schwieg, das kommt im Sohne zum Reden;
und oft fand ich den Sohn als des Vaters entblößtes Geheimnis.«
Friedrich Nietzsche

Die Auswirkungen der väterlichen Funktion, die Bedeutung dieser Funktion für die psychische Entwicklung der Einzelnen und jene der Gesellschaft, wurden gerade auch in der strukturalen Psychoanalyse analysiert. Dort spielt, wie schon skizziert, der Vater vor allem als triangulierendes Prinzip eine Rolle. Dies hat zwei klinisch relevante Auswirkungen: Sowohl für die Genese der Psychose als auch für die Genese der Neurose spielt die Funktion des Vaters eine kardinale Rolle. Ein Beispiel für eine Neurose ist die berühmte Fallgeschichte des kleinen Hans (vgl. Freud, 1909c), in welcher das phobische Tier einen Ersatz für den symbolischen Vater darstellte. Genauer: Der Vater von Hans hat das (Inzest-)Verbot nicht genügend zur Geltung gebracht, weshalb das Tier als Ersatz für den fehlenden symbolischen Vater fungiert (vgl. Lacan, 1956–1957/2003, S. 271; S. 473). Gemäß Lacan wollte der Vater von Hans als einer gelten, »der hartnäckig dabeibleibt, ihn nicht kastrieren zu wollen« (Lacan, 1956–1957/2003, S. 429), und dem es hinsichtlich seines Sohnes sehr wichtig war, dass dieser doch glauben möge, »dass er, der Papa, nicht böse sei« (Lacan, 1956–1957/2003, S. 425). Der Vater von Hans hörte nicht, dass sein Sohn ihm gegenüber aggressive Gefühle hatte. Dieses Überhören von Aggressivität zeigte der Vater von Hans auch bei seinem eigenen Vater (Stroeken, 1992, S. 74f.) – ein Beleg dafür, wie die Gespenster aus der eigenen Kindheit zurückkehren (Fraiberg, 1975), wenn man selbst Vater wird. Der psychoanalytische Sozialpädagoge und Psychoanalytiker Egon Garstick beschreibt eindrücklich anhand von vielen Fallbeispielen, wie die eigene Kindheit in der Rolle des Vaters wirkmächtig wird (Garstick, 2013).

Die Psychose hingegen beruht auf einer *Verwerfung* der symbolischen Funktion des Vaters, des Namens-des-Vaters, wie sie Lacan nennt. Für die Genese einer Psychose ist es nach Lacan erstens relevant, »wie die Mutter sich auf die Person des Vaters einstellt« und »[welche] Beachtung [...] sie [seinem] Sprechen, sagen wir das Wort: [seiner] Autorität« schenkt (Lacan, 1959/2015, S. 66). Zweitens ist es auch von großer Relevanz, in welchem Verhältnis der Vater selbst zum Gesetz, genauer, zu Schuld und Lüge, steht (Lacan, 1959/2015, S. 66). Größenwahn und Nichtannehmen der Realität sind Kennzeichen vor allem von Psychotikern (Lipowatz, 1998, S. 58). Wenn sie beim Vater, aber auch bei der Mutter, die den Zugang zum symbolischen Vater vermitteln muss, anzutreffen sind, können diese zwei Momente den Ausgang des Kindes aus der Mutter-Kind-Dyade erheblich erschweren bzw. verunmöglichen. Die Psychose ist also strukturell dadurch gekennzeichnet, dass der (symbolische) Vater im Unbewussten nicht als Gesetz wirksam ist, weil er nicht die Autorität hat, in die Dyade von Mutter und Kind als ein Dritter zu intervenieren, indem er direkt oder indirekt ein Verbot ausspricht. Als Beispiel für eine Psychose, genauer für eine Paranoia, sei der Fall Daniel Paul Schreber erwähnt. Schreber selbst war Senatspräsident, sein Vater, Moritz Schreber, war Pädagoge, Orthopäde und der berühmte Erfinder der Schrebergärten. Ein weiteres Feld der Beschäftigungen von Moritz Schreber war die Entwicklung von Apparaturen, welche als Schutzmaßnahmen zur Verhinderung der Onanie bei Kindern (vgl. Niederland, 1978, S. 77ff.) dienen und auch spontane motorische Bewegungen hemmen sollten, weshalb Israel sowie auch Schatzmann Moritz Schreber als Folterer bezeichneten (Israel, 1989; Schatzmann, 1978). Im Zentrum der Problematik des kranken Senatspräsidenten stand die problematische, genauer, die imaginäre Vater-Sohn-Beziehung: Die Erkrankung Daniel Paul Schrebers gründete gemäß Freud (1911c 1910, S. 291) und Lacan (1959/2015; 1955–1956/2016) in dem Verhältnis zum Vater. Der Vater Schrebers repräsentierte gerade nicht das Gesetz, war kein Agent der symbolischen Ordnung, sondern schwang sich zum omnipotenten Gesetzgeber auf.

In beiden Fallbeispielen – dem kleinen Hans und dem Fall Schreber – spielt die fehlerhafte Vaterfunktion eine grundlegende Rolle und führt zur Neurose bzw. Psychose. Klassischerweise wurde der Vater in der Psychoanalyse als Scharnierstelle zwischen der neurotischen und psychotischen Struktur aufgefasst (vgl. Grieser, 1998, S. 221) und es herrschte eine Dichotomie von Neurose im Sinne von normalen Symptomen einerseits und der Psychose als

Inbegriff der Verrücktheit andererseits vor. In der heutigen, vom »Untergang des Ödipus geprägten Zeit«, in der die symbolische Kastration nicht mehr »in das väterliche Gesetz integriert wird« (Žižek, 2001, S. 338), und gemäß Žižek ein »Niedergang der väterlichen symbolischen Autorität zu verzeichnen ist« (Žižek, 2001, S. 432), ist für die Vaterfunktion entscheidend, dass die aktuelle demokratische und funktionale Entgrenzung zur Ausprägung einer perversen Struktur führt. Wie mehrere Autoren aus der Perspektive der Kulturanalyse und der Psychoanalyse herausgearbeitet haben (vgl. Caine & Wright, 2017: Sammelband *Perversion Now!* zur gleichnamigen Tagung 2015 in London), funktioniert folglich die moderne Gesellschaft tendenziell weniger auf der Basis der neurotischen Abwehr der Verdrängung, bzw. der Unterwerfung des Subjekts unter ein Gesetz, respektive der Verwerfung, nämlich der Verwerfung des Gesetzes in der Psychose, sondern vielmehr aufgrund des Abwehrmechanismus der Perversion, der Verleugnung: Der Geschlechtsunterschied wird wahrgenommen, aber nicht notwendigerweise anerkannt, ebenso das Gesetz und die Wahrheit. Sie werden wahrgenommen, aber auch umgangen.

Bezogen auf die Familie bedeutet dies beispielsweise, dass heute einerseits der biologische Vater mit einer fast hundertprozentigen Wahrscheinlichkeit bestimmt werden kann. Aufgrund dieser biologischen Gewissheit kann die ehemals zentrale juristische Vaterschaft angezweifelt und aufgehoben werden. Andererseits bietet die moderne Gesellschaft trotz dieser Gewissheit sowohl bezüglich der biologischen Mutterschaft als auch der biologischen Vaterschaft mannigfache Möglichkeiten, die Verantwortung für die Mutter- bzw. Vaterrolle anzuerkennen und anzunehmen, oder auch nicht. Ein Vater kann sich in vielerlei Hinsicht seiner Verantwortung entziehen, sei es der ökonomischen, der Verantwortung für Betreuungsaufgaben etc. Eine Mutter kann aufgrund von Reproduktionstechniken oder dem Verschweigen ihres Wissens bezüglich des biologischen Vaters ein Kind ohne Vater aufziehen, während in der patriarchalen Gesellschaft der Ehemann als juristischer Vater des Kindes eingesetzt war. Jedes Kind hatte ein Recht auf einen Vater, der für es Verantwortung übernahm. Gleichzeitig sind auch mehrfache Vater- und Mutterschaften möglich, so z.B. neben dem juristischen und dem biologischen Vater der soziale Vater, die Co-Mutter, die Bauch-Mutter etc. Wer welche Rolle übernimmt, unterliegt einem Aushandlungsprozess und kann unter Umständen mit jahrelangen das Kind belastenden Konflikten verbunden sein.

Lacan und die strukturale Psychoanalyse gehen, so der Soziologe Andreas Reckwitz, von einem »untrennbaren Zusammenhang von kulturellen Ordnungen und psychisch-affektiven Orientierungen« aus (Reckwitz, 2006, S. 52) – dieses ist auch ein Grund, weshalb sich die strukturale Psychoanalyse besonders eignet, gesellschaftliche Veränderungen von Vater- und Mutterschaft und deren Auswirkungen zu verstehen.

Wenn wir den Transfer von der kulturellen auf die Ebene der psychischen Strukturen wagen wollen, sei die kühne These erlaubt, dass die auf Verleugnung basierende Gesellschaft tendenziell eher Strukturen der Perversion und der Psychose aufgrund einer zu schwachen Vaterfunktion fördert, während in patriarchalen Gesellschaften eher neurotische Strukturen, bzw. psychotische aufgrund einer zu starken, mit dem Gesetz identifizierten Vaterfunktion befördert werden bzw. wurden.

3.2.6 Symbolische Mutter und realer Vater

»Ehre deinen Vater von ganzem Herzen und vergiss nicht, welche Schmerzen deine Mutter um dich gelitten hat ...«
Bibel, Sirach 7, 29f.

Grosso modo, wenn auch etwas simplifizierend, kann man das Lacan'sche Werk hinsichtlich des Symbolischen und Realen so einteilen, dass Lacan in seinen mittleren Arbeiten der 1950er und 1960er Jahre dem Symbolischen, insbesondere dem symbolischen Vater zentralen Wert beigemessen hat, während er sich in seinen späten Schriften der 1970er Jahre zunehmend mit den Wirkungen des Realen beschäftigte. Dieser Einteilung folgend, werden wir nun, nachdem wir uns mit dem symbolischen Vater beschäftigt haben, den realen Vater und die symbolische Mutter in den Fokus unserer Analyse stellen.

Wie erwähnt, ist es nicht allein der Vater, welcher die Vaterfunktion ins Spiel bringt. Eine wichtige Rolle fällt dabei der Mutter zu. Dies lässt sich z.B. am Begriff der symbolischen Mutter aufzeigen, welchen Lacan im Seminar »Die Objektbeziehung« (Lacan, 1956–1957/2003) einführt, allerdings später nie wieder explizit aufgreift. Schindler (1990/2017, S. 79–104) stellt die symbolische Mutter dem realen Vater gegenüber, der ebenfalls im o.g. Seminar auftaucht und später in Seminar XXII R. S. I. (Lacan, 1974–1975/2012) wieder aufgegriffen wird.

Es ist die Mutter, die beim Säugling durch den Wechsel von An- und Abwesenheit die symbolische Ordnung, respektive die Vaterfunktion, einführt. Das Kind lebt in enger Verbindung mit der Mutter und, sofern der Vater während der Schwangerschaft und nach der Geburt häufig anwesend ist, auch mit ihm und anderen nahestehenden Bezugspersonen. Es erlebt sich (noch) nicht als singuläres Wesen, abgegrenzt von den Menschen, die es umgeben und seine Bedürfnisse erfüllen. Das Kind kann noch kaum etwas zu seinem eigenen Wohlergehen beitragen. Seine Hilflosigkeit (vgl. Freud 1923b, S. 263; Freud 1926d, S.168f.) führt bei ihm notwendig zu Frustrationserlebnissen, denn es ist unmöglich, dass die Mutter permanent anwesend ist, bzw. dass sie *immer alle* Bedürfnisse des Säuglings *sofort* stillen kann. In diesen Frustrationen liegt aber auch der Antrieb für erste physische wie psychische Entwicklungsschritte (Ambass, 2018a, S. 100). Interessant ist hier die Unterscheidung zwischen *Bedürfnis, Anspruch* und *Begehren,* die Lacan im Seminar V trifft (Lacan, 1957–1958/2006, S. 502ff. zu Anspruch und Bedürfnis, S. 507f. zum Begehren).

Diese Auffächerung geschieht im Kontext der Hilflosigkeit des Säuglings. Das Auftauchen des Anspruchs stellt eine erste Differenz zum Bedürfnis dar. Lacan definiert ihn als den Signifikanten des Bedürfnisses. Er *ist* nicht der Hunger, sondern *steht für* den Hunger, und kann sogar das Bedürfnis verändern, davon ablenken oder es verschieben. Dabei handelt es sich beispielsweise um den Blick der Mutter. Taucht er auf, beginnt der Säugling zu schreien, oder umgekehrt, der Säugling schreit, weil er Hunger hat, beruhigt sich aber bereits, wenn der Blick der Mutter auftaucht, und nicht erst, wenn die Milch fließt. Mit dem Anspruch tritt das Objekt des Bedürfnisses (der Hunger) in den Hintergrund und es kommt etwas hinzu, nämlich der Akt, einen Anspruch zu stellen. In das Bedürfnis nach Nahrung mischt sich der Anspruch auf Liebe bzw. der Anspruch, das bevorzugte Objekt der Mutter zu sein. So kommt der andere, an welchen sich der Anspruch richtet, ins Spiel. Mit dieser ersten Differenzierung betreten wir die Ebene des Symbolischen. Das Begehren ist gemäß Lacan der Effekt, der entsteht, wenn sich der Anspruch mit dem Bedürfnis verbindet (Lacan, 1957–1958/2006, S. 507f.). Hinsichtlich des Säuglings beschreibt Dolto plastisch die Differenz von Bedürfnis und Begehren am Beispiel des Stillens: »Das Bedürfnis des Säuglings wird befriedigt, das Begehren jedoch bleibt ungestillt« (Dolto, 1981/1996, S. 175).

Die Verknüpfung von Bedürfnis und Begehren findet sich ansatzweise schon bei Freud. Freud sagt uns, dass »[d]as erste erotische Objekt des Kindes [...] die ernährende Mutterbrust [ist], die Liebe entsteht in Anlehnung an das befriedigte Nahrungsbedürfnis« (Freud, 1940a 1938, S. 115). An einer anderen Stelle weist Freud auf die Implikationen der Präsenz des Partialobjekts der Mutterbrust hin:

> Die Brust wird anfangs gewiss nicht von dem eigenen Körper unterschieden, wenn sie vom Körper abgetrennt nach außen verlegt werden muss, weil sie so häufig vom Kind vermisst wird, nimmt sie als Objekt einen Teil der ursprünglich narzisstischen Libidobesetzung mit sich. (Freud, 1940a 1938, S. 115)

»Ich habe sie [die Brust], ich bin sie nicht« (Freud, 1941f 1938, S. 151), ist die Erfahrung, die das Kind zu verschmerzen hat. Schindler fasst die paradoxale Subjektwerdung, die beim Säugling mit der Entstehung der Objektwahrnehmung (z.B. anhand der Brust) verflochten ist, treffend wie folgt zusammen: »Wie etwas verschmerzen, das ich genau genommen, niemals gehabt habe, denn als ich es hatte, gab es mich noch nicht« (Schindler, 1990/2017, S. 85).

Auch mit der symbolischen Mutter ist nicht die biologische Mutter gemeint. »Der Vater kann genauso gut das Baby wickeln und füttern, also pflegerische und versorgende Anteile übernehmen« (Metzger, 2013, S. 37). Ist der Vater intensiv in die Pflege des Säuglings involviert, vermittelt auch er durch seine An- und Abwesenheit die symbolische Ordnung. Schindler stellt fest: »Wer sich in der Position Mutter oder Vater findet, wird die entsprechenden Funktionen wohl oder übel ausüben, auch dann, wenn er/sie sich ihnen zu entziehen versucht« (Schindler, 1990/2017, S. 81f.).

Wie gesagt, die Abwesenheit der Mutter verweist darauf, dass sie außer dem Kind noch etwas anderes begehrt. »Die Mutter, irgendeine Mutter, hat seit jeher jenen *symbolischen* Vater hinter sich, der nichts anderes ist als die *notwendige Bedingung des Sprechens:* kurz, sie spricht, und wird gesprochen, das heißt, sie begehrt« (Schindler, 1990/2017, S. 84f.).

Der Verzicht auf die imaginäre Mutter, die alle Bedürfnisse des Kindes erfüllt, und die sich mit dem Phallus-Kind begnügt, fällt dem Kind schwer. Die Mutter« erliegt der Versuchung, sich ihr »Produkt als phallisches Relais« zu bewahren (Schindler, 1990/2017, S. 86). Der kaum zu verschmerzende Verlust führt zu allerlei Produktionen imaginärer bedrohlicher Mutterfiguren, die böse Krokodilmutter, die Emanze etc. Nur der reale Vater, bzw. das Reale des Vaters – denn den realen Vater gibt es nicht in der Realität, sondern nur als Funktion – und nicht der symbolische Vater, kann diesen Produktionen Einhalt gebieten, also nicht der Vater vom kleinen Hans, der versucht, ihm die Kastration schonend beizubringen, sondern ein Vater, der es erlaubt, sich mit einer Eigenschaft, einer Geste, einem Zug von ihm zu identifizieren, und der somit als Dritter ins Spiel kommt. Für den Phallus als Symbol für den Geschlechtsunterschied ist es bei Kleinkindern noch etwas früh, jedoch bildet die Differenzierung zwischen Bedürfnis und Anspruch die Matrize für den Kastrationskomplex, der sich nachträglich auf die erste »symboligene Kastration«, wie Dolto sie bezeichnet (1984/1987, S. 82f.), beziehen wird. Das Kind entdeckt, dass es für die Mutter nicht ganz Phallus sein kann und dass die Mutter den Phallus nicht hat. Auch wenn vom Phallus die Rede ist, muss dieser vom realen Organ, dem Penis, unterschieden werden. Schindler nennt ihn den Alleskönner. Er wird dem Vater in seiner Funktion als hinzukommender und die Separation ermöglichender Dritter zugeschrieben. Der reale Vater ist derjenige, der ein bisschen daran glaubt, dass er den Alleskönner hat. Wenn er aber ganz und gar daran glaubt, läuft er Gefahr, sich als perverser Meister zu installieren (vgl. Schindler, 1990/2017, S. 89).

Herrn A. gelingt es zunächst nicht, »den Alleskönner ein bisschen zu haben«. Wird die Mutter, Frau A., von ihrer Wut, ihren Ängsten und Schuldgefühlen überflutet, geht er mit unter. Erst durch die Konsultationen bei einem Kollegen gelingt es ihm, in der Beziehung zwischen Mutter und Kindern – in der Lacan'schen Terminologie als sogenannter kleiner anderer, d.h. nicht als symbolischer, gesetzgebender, sondern vielmehr als präsenter, realer Vater – das Ruder auch einmal in die Hand zu nehmen. Diese ersten Konsultationen können aber nur deshalb solche Wirkungen evozieren, weil sich Herr A. auf das Reale des Vaters stützen kann. Der Name-des-Vaters ist, wenn auch wankend, labil bzw. prekär, schon in der Struktur von Herrn A. angelegt. So konnte er beispielsweise, als Anna ein häufig weinender Säugling war, das Baby zu sich nehmen und die Mutter entlasten.

Das Gelingen der Vaterfunktion hat mit der Position, die der Vater gegenüber der Mutter-Kind-Dyade einnimmt, zu tun. Den realen Vater macht nicht nur das aus, was der Vater sagt, sondern auch, wie er es sagt, die Stimme, mit der er spricht. Der hinreichend gute Vater (in Anlehnung an Winnicotts hinreichend gute Mutter) und nicht der symbolische Vater, der große Andere, der niemals antwortet, ermöglicht, dass der Phallus in Umlauf kommt, sodass dem Begehren des Kindes auf die Sprünge geholfen wird. Durch dieses Begehren kann sich das Kind aus den Verwicklungen seiner Herkunft ein Stück weit lösen und Subjekt werden. Auf den Begriff des Subjekts wird später eingegangen. Zunächst aber soll es um neue und alte Mutterbilder gehen.

3.2.7 *Neue und alte Mütter – Von der Stabat Mater zur postmodernen Mutter oder Veränderungen des Mutterbildes und dessen Auswirkungen*

»The three-fold terror of love, a fallen flare
Through the hollow of an ear;
Wings beating about the room;
The terror of all terrors that I bare
The Heavens in my womb.«
W. B. Yeats The Mother of God

»Eine Mutter versteht auch, was ein Kind nicht ausspricht.«
Jüdisches Sprichwort

Muttersein bzw. Mutterschaft ist, so Kristeva in ihrem Essay *Stabat Mater,* ein »Phantasma, das Männer wie Frauen aus einem verlorenen Kontinent nähren« (Kristeva, 1989, S. 226). Muttersein ist im Feld des Imaginären anzusiedeln und eben gerade keine biologische Konstante. Das Phantasma des Mutterseins kann auch im Sinne des slowenischen Kulturphilosophen und Psychoanalytikers Žižek als gesellschaftliche Ideologie verstanden werden und es fragt sich, wieviel Freiheit und Aktivität der Frau als Mutter zugeschrieben werden kann und welchen Wandlungen dieses Phantasma unterworfen ist. Kristeva setzt sich mit diesen kulturellen Phantasmen näher auseinander und wirft schon 1977 manchen Proponentinnen des Feminismus eine nicht erfolgte Reflexion über das Muttersein vor (Kristeva, 1989). Kristeva sieht in der europäischen Geschichte der Mutter gerade die Figur der Maria als Knotenpunkt, weshalb sie ihren Essay auch nach dem mittelalterlichen Gedicht *Stabat Mater* bzw. deren ersten Zeile *»Stabat mater dolorosa«* (»Es stand die Mutter schmerzerfüllt«) benennt. Auch die lacanianische Analytikern Kate Gilbert bezeichnet den Marienmythos als den über Jahrhunderte in unserer Kultur einflussreichsten Mythos zur Mutterschaft (Gilbert, 2016, S. 92; vgl. zum phantasmatischen Moment des Marienbildes Mayo & Moutso, 2016, S. 2), wobei sie auch auf mögliche Probleme hinweist, wenn man sich als Mutter am Marienbild orientiert. Insbesondere die Unterwerfung unter die Wünsche und Bedürfnisse anderer Personen könne zur unglücklichen Tendenz führen, dass die Mutter die

Sorge um sich selbst vernachlässige (Gilbert, 2016, S. 92). Zwei Motive, weshalb die christliche Madonna für das Mutterbild der abendländischen Gesellschaft prototypisch war, sind für Kristeva entscheidend: erstens Maria als *maria regina,* als eine Gestalt der Macht (vgl. Kristeva, 1989, S. 236f.; Dolto, 1981/1996, S. 159), und zweitens Maria als *mater dolorosa,* als schmerzensreiche Mutter (vgl. Kristeva, 1989, S. 233), die der menschlichen Vulnerabilität besonders ausgesetzt ist.

Das Bild der Mutter als *maria regina* und dessen phantasmatische Implikationen beschreibt Soule anhand der Imaginationen, welche sich junge Frauen von ihrem künftigen Kind machen, wie folgt:

> Es [das Kind] wird alle Qualitäten und jede Macht haben und so die infantile Megalomanie seiner Mutter realisieren, die dank seiner diejenige geworden ist, die ein allmächtiges Jesuskind hält, das die Welt in seiner Hand trägt. Auf sie fällt die Allmacht zurück, die sie ihm verleiht, sie wird Maria sein, Mutter eines Sohnes, der die Krone jedes Königtums bringt. […] Es wird seine Mutter auf ideale Weise lieben, denn sie ist die beste der Mütter. Es wird der Frau ihr Ich-Ideal wiedergeben und sie so der idealen Mutter gleichmachen. Es wird Vollständigkeit bringen. (1990, S. 23)

Žižek sieht in der imaginären Identifikation der Frau mit der leidenden Mutter ein wichtiges konsistentes Moment ihrer Selbstidentität (Žižek, 2008, S. 245). Problematisch an diesem Frauen- und Mutterbild ist jedoch, so Kristeva in ihrem Essay *Credo in Unum Deum,* dass lange Zeit die weibliche Sexualität unterdrückt und an ihrem Ausdruck gehindert wurde, wodurch die Hälfte der Menschheit infantilisiert und auch intellektuell unterdrückt wurde (vgl. Kristeva, 1987, S. 42) – man denke nur daran, dass jedwede Neugierde in letzter Konsequenz sexuelle Neugierde ist. Schon Freud sah eine enge Verbindung zwischen einem sogenannten Wisstrieb und der sexuellen Neugierde (Freud, 1905d, S. 95; 1908c, S. 174; 1912–13a, S. 24, Anm. 1).

Einerseits haben es Fortschritte in der Empfängnisverhütung zwar ermöglicht, Sexualität und Fortpflanzung zu entkoppeln und diese Unterdrückung weitgehend aufzuheben. Ebenfalls haben die technischen Fortschritte in der Reproduktionsmedizin eine stärkere Trennung von Weiblichkeit und Mutterschaft (Kristeva, 1987, S. 42) evoziert. Andererseits erfolgte vormals durch die Identifizierung der Frau mit dem Bild der Maria auch ein allgemeines Lob der Mutterschaft als etwas Heiliges – eine von mehreren narzisstischen Belohnungen des Mutterseins. Die heutige Auffassung von Mutterschaft hat sich mehr und mehr von dem Marienbild entfernt und es fand eine Säkularisierung statt. Hierdurch entstand eine Leerstelle, da, wie Kristeva postuliert, es bisher keinen säkularen Diskurs über die Psychologie der Mutterschaft gebe (Kristeva, 1987). Vielmehr habe die Säkularisierung, so Kristeva in *Zehn Prinzipien für den Humanismus des 21. Jahrhunderts,* »eine Zivilisation hervorgebracht, in der es bis heute als einziger immer noch an einem Diskurs über die Rolle der Mutter mangelt« (Kristeva, 2012, S. 479). Waren Schwangerschaft und Muttersein vormals die Schnittstelle zwischen Natur und Kultur (Kristeva, 1987, S. 259), werden sie, in Zeiten der technischen Reproduzierbarkeit und der modernen Geburtsmedizin – heute soll die Geburt möglichst schmerzfrei und unkompliziert sein, der Kaiserschnitt wird bei 30,5 Prozent der Krankenhausentbindungen in Deutschland im Jahr 2017 durchgeführt (Statistisches Bundesamt 2018) –, einerseits, und der mannigfaltigen Verhütungstechniken, andererseits, mehr und mehr zu einem Phänomen der Biologie. Hierdurch wird zwar die klassische und problematische Gleichsetzung von Frau und Mutter durchgestrichen, jedoch wird auch das Aufbewahrtsein in dem klassischen idealisierten Marien-Mutterbild verunmöglicht. Kristeva betont, dass der Mutterschaft zwar eine wichtige Bedeutung zukomme, diese aber nicht genügend im Diskurs repräsentiert sei: »Das verweltlichte humanistische Europa hat, anders als das jüdische Denken, einfach keine Philosophie der Mutterschaft mehr« (Kristeva, 2014, S. 37). Vermittels der Mariologie wurde Mutterschaft im Christentum lange Zeit phantasmatisch besetzt. Mit der zunehmenden Säkularisierung wird dieses Phantasma mehr und mehr dekonstruiert, ohne dass ein neuer verbindender Mythos an die Stelle des Marien-Mutterbildes tritt.

In der Postmoderne oder auch zweiten Moderne ist die Rolle der Mutter nur eine von vielen möglichen Rollen einer Frau und die mütterliche Funktion kann auch von einer anderen Person, wie dem Kindesvater oder dem neuen Partner bzw. der neuen Partnerin der Mutter, übernommen werden. Früher waren die Rollen zwischen Mann und Frau klarer getrennt, heutzutage sind die mütterlichen und väterlichen Funktionen noch viel weniger deckungsgleich mit den Personen. Indem es eine schier unendliche Anzahl an Entwürfen gibt und die Mutterschaft in unserer säkularen Welt nicht, wie Kristeva postuliert, eigentlich im Diskurs vertreten ist, kann sich das ereignen, was eine Mutter und Autorin, welche das *Maison verte* in Paris häufig besucht, beschreibt:

> Eine Frau und ein Kind sind in einer Großstadt ganz allein. Die Gesellschaft versteht Kinder nicht, verweigert ihnen einen Platz in einem Museum, in einem Café oder auf der Straße. Und in Parks und öffentlichen Gärten, in die es legitim wäre zu gehen, ist es ihnen verboten, den Rasen zu betreten. Nicht die Mütter sind in Schwierigkeiten, sondern die Gesellschaft [...]. (Sudaka-Benazeraf, 2012, S. 10; Übersetzung d. Verf.)

Innerhalb der nicht-strukturalen Psychoanalyse gibt es einige problematische normative Postulate hinsichtlich der Mutterschaft. Zuerst sei die Bindungstheorie erwähnt, welche Mutterschaft bzw. die mütterliche Funktion primär reduktionistisch in bindungstheoretischen Kategorien denkt. Mit der (phantasmatischen) Forderung, erstens, der Erlangung einer besonders sicheren Bindung zu ihren Kindern seitens der Mütter (und auch der Väter), und zweitens der Bemessung dieser Bindung durch die Feinfühligkeit, wird wieder ein Postulat aufgestellt, welches die Komplexität der Mutterschaft reduziert und die

Gespaltenheit des Subjekts nicht anerkennt.[7] Das Konzept der mütterlichen Feinfühligkeit aus der Bindungsforschung weist Parallelen mit dem Konstrukt der primären Mütterlichkeit von Winnicott auf (Seiffge-Krenke, 2009, S. 56). Winnicott versuchte in seinen Ausführungen zur sogenannten ausreichend guten Mutter (»good enough mother«), Mutterschaft positiv zu bestimmen. Hierbei postuliert er bei der Beschreibung der primären Mütterlichkeit einen Zustand erhöhter Sensibilität, der sich während der Schwangerschaft herausbilde und der die Frau in die Lage versetze, sich hingebungsvoll und instinktiv dem Kind zu widmen (Seiffge-Krenke, 2009, S. 55), was einerseits als Notwendigkeit einer mütterlichen Hingabe und Verschmelzung, die keinen Platz für ein anderes eigenes Begehren der Frau neben dem Kind lässt, verstanden werden kann (vgl. Kipp, 1993, S. 48). Andererseits erkennt Winnicott an, dass diese Hingabe der Mütter nicht naturgegeben, sondern eine »normale Krankheit« sei:

> Es gibt sicherlich viele Frauen, die im Übrigen gute Mütter und zu einem reichen und fruchtbaren Leben fähig sind, jedoch diese *normale Krankheit* nicht zustande bringen, die sie fähig macht, sich von Anfang an mitfühlend und einsichtig den Bedürfnissen des Kindes anzupassen [...]. Solche Frauen sind fähig, in der Art, wie es für einen begrenzten Zeitraum normal ist, auf Kosten aller anderen Interessen mit ihrem Kind beschäftigt zu sein. [...]. Manche dieser Frauen haben sicher sehr große andere Interessen, die sie nicht gern völlig aufgeben [...]. (Winnicott, 1956/1983, S. 160f.)

Auch zeitgenössische Psychoanalytikerinnen wie Köhler-Weisker und Wegeler-Schardt propagieren unter Rekurs auf eine primäre Mütterlichkeit sogenannte natürliche Fähigkeiten der Mütter, welche diese zum guten Umgehen mit dem Neugeborenen prädestinierten, und konstruieren ein normatives, idealisierendes und dadurch auch problematisches Bild von Mütterlichkeit:

> Aufgrund der geteilten Körperlichkeit während der Schwangerschaft, der Geburt und dem Stillen ist es für die Mutter *naturgemäß* leichter, die »primäre Mütterlichkeit« zu entwickeln, die es ihr dann erlaubt, durchlässig und zugleich stabil genug zu sein, um die bedrängenden Zustände des Säuglings aufnehmen, aushalten, beantworten und stillen zu können. (Köhler-Weisker & Wegeler- Schardt, 2007, S.171; Hervorhebung d. Verf.)

---

7   In der Bindungsdiagnostik wird zwischen organisierten Bindungsmustern (sicher, unsicher vermeidend und unsicher ambivalent) und dem nicht organisierten/desorganisierten Bindungsstatus sowie der Diagnose »Bindungsstörung« gemäss ICD-10 und DSM-5 unterschieden. Diese differenzierten diagnostischen Kategorien werden bei der Verwendung des Begriffes der sicheren Bindung häufig vernachlässigt und es wird suggeriert, dass eine sichere Bindung eine Bedingung sine qua non für eine gesunde Entwicklung der Kinder sei, obwohl hierfür die Belege aus der Forschung widersprüchlich sind (vgl. Hedervari-Heller & Pedrina, 2018).

Mutterschaft bzw. die primäre Mütterlichkeit erscheint hier als ein quasi natürlicher Zustand, welcher losgelöst ist von kulturellen Einflüssen und Wandlungen (Rohde-Dachser, 1991, S. 211).

In diesen Ausführungen wird deutlich, dass auch in manchem Diskurs der Psychoanalyse Idealisierungen von Mütterlichkeit stattfinden. Die Kehrseiten dieser Idealisierungen sind allerdings Schuldzuweisungen gegenüber Frauen, die nicht den Zustand der primären Mütterlichkeit einnehmen können. Ob eine Frau den Zustand der primären Mütterlichkeit einnehmen kann, wird primär als ihre eigene Unfähigkeit, als Persönlichkeitsmerkmal angesehen – die fehlende Unterstützung der sozialen Mitwelt wird nicht ausreichend berücksichtigt (Rohde-Dachser, 1991, S. 210f.).

Eine besonders radikale Form einer vermeintlich instinktgeleiteten bzw. natürlichen Erziehung, welche eklektizistisch Grundannahmen der Bindungstheorie aufgreift und radikalisiert, ist das sogenannte *Attachment Parenting*. Explizit bezieht sich dieser Ansatz auf Konzepte der Feinfühligkeit, Bindung sowie auf vermeintliche Instinkte bzw. eine angenommene Natürlichkeit. Der Begriff der mütterlichen Feinfühligkeit *(maternal sensitivity)* wurde von Mary Ainsworth übernommen. Die mütterliche Feinfühligkeit ist die Fähigkeit einer Mutter, die Signale ihres Säuglings angemessen wahrzunehmen und auf diese sofort und angemessen zu reagieren. Die Frau richtet ihre Aufmerksamkeit hierbei ganz auf das Kind und reagiert kontinuierlich auf die Signale, die das Kind aussendet. Dieses Lesen der kindlichen Signale wird von Sears auch als sogenanntes *babyreading* bezeichnet (Sears & Sears, 2001, S. 2; 5; 7ff.) und erzeugt die Illusion, dass Sprache nur ein Code wäre, der eindeutig zu lesen sei und auf den es in der Regel nur eine angemessene Antwort gebe: die körperliche Nähe der Mutter. *Attachment Parenting* wird von dessen Proponentinnen und Proponenten als vermeintliche Rückkehr zu einer ursprünglichen und natürlichen Mütterlichkeit gesehen, als eine Rückkehr in das verlorene Paradies:

> If you were on an island, and you had no mother-in-laws, no psychologists, no doctor around, no experts, this is what you would *naturally* and *instinctively* do to give your baby the best investment you'll ever give. (Sears & Sears, 2001, S. 27; Hervorhebung d. Verf.)

Problematisch scheint dabei, dass bei dem Postulat der primären Mütterlichkeit diese als eine ausschließliche unbedingte mütterliche Hingabe in der dyadischen Beziehung von Mutter und Kind verstanden werden kann (vgl. Kipp, 1993, S. 48). Dieses (Miss-)Verständnis birgt die Gefahr, dass der Dritte, genauer der Vater, durch die zu enge Bindung zwischen Mutter und Kind ausgeschlossen wird:

> Eine Mutter kann [...] das Baby bewusst oder unbewusst als libidinöse oder narzisstische Erweiterung ihres Selbst betrachten, dazu bestimmt, ein Gefühl persönlicher innerer Beschädigung zu beheben. Dies führt häufig zu dem Wunsch, den

Vater sowohl in seiner realen als auch in seiner symbolischen Rolle auszuschließen. (McDougall, 1986, S. 1013)

Die Sozialwissenschaftlerin Judith Warner weist nach, dass das Mutterbild des *Attachment Parenting* sich gerade auch auf die US-amerikanische Mainstream-Erziehung auswirke. Folge sei eine »Kultur der totalen Mutterschaft«, welche den unstillbaren Anspruch auf die ständige Präsenz der Mutter für das Kind postuliere, die jederzeit und augenblicklich auf jedes Bedürfnis ihres Kindes eingehen können muss (Warner, 2006). Diese Form der Mutterschaft, welche die Bedürfnisse, Ansprüche und Wünsche von Kindern systematisch über die ihrer Mütter stellt, führt gemäß der Soziologin Hays (1998) sowohl zu persönlichen als auch wirtschaftlichen Nachteilen von Müttern. Zeigen sich hier noch verzerrte Überreste des Phantasmas der Maria *als mater dolorosa,* da Mütterlichkeit als selbstlos aufgefasst wird? Sollen vielleicht gesellschaftliche Widersprüche zwischen dem egoistischen und agonalen Prinzip im Kapitalismus und dem Wunsch nach einer unbestimmten Utopie eines ganz anderen Lebens durch das Prinzip einer totalen Mutterschaft versöhnt werden? Dieses radikale Bild von Mutterschaft, welches auch von Sears vertreten wird, legt die Rolle der Frau eindeutig nur als Mutter aus. Mutterschaft sei die Krönung der Karriere: »Baby books (including my own) and childcare experts extol the virtues of motherhood as the supreme career« (Sears, 1983, S. 185). Indem auf der Unvereinbarkeit von Arbeit und Mutterschaft bestanden wird, übt unsere Kultur Gewalt gegen Mütter aus und evoziert eine Zerrissenheit. Die Art und Weise, wie die heutige Arbeit organisiert wird, die Anforderungen des modernen Arbeitsplatzes, die oft langen Arbeitszeiten und langen Wege, macht diese Zerrissenheit noch schlimmer und zwingt die Mütter, sich für längere Zeit von ihren Kindern zu trennen (Warner, 2006, S. 151).

Die aktuellen normativen und phantasmatisch aufgeladenen Bilder einer guten Mutter differieren sowohl inter- als auch intrakulturell. In der Bundesrepublik orientieren sich Mütter aus den westlichen Bundesländern am Leitbild einer engen Beziehung der Mutter zum Kind und es wird häufig davon ausgegangen, dass die Mütter am besten die ersten drei Lebensjahre intensiv mit dem Kind verbringen und umfassend für es da sein sollten (Flaake, 2014, S. 105; 2016, S. 177; Heß, 2010, S. 261ff.; Vornmoor, 2003). Sollte die Mutter nicht genügend zeitliche Ressourcen aufbringen können, sieht sie sich mitunter selbst als eine sogenannte Rabenmutter und wird von Schuldgefühlen geplagt – ein Umstand, der in Westdeutschland erheblich stärker ausgeprägt zu sein scheint als in Ostdeutschland (Kortendiek, 2010). Französische Mütter wiederum orientieren sich am Bild eines selbstständigen Kindes, welches mit anderen Kindern in Gemeinschaft lebt, eine Betreuung der Kinder in öffentlichen Einrichtungen wird dort als gleichberechtigt neben der mütterlichen Betreuung gesehen (Flaake, 2014, S. 105).

Ausgehend von der Praxis der *Arche Für Familien Zürich* lässt sich zur Leere des aktuell vorherrschenden Mutterbildes folgendes sagen: Diese Leere zeigt sich nicht nur im Fehlen von Orten für Mütter und Kinder im öffentlichen Raum. Die Veränderung der Rollen hat weitgehend zu einer Entsolidarisierung, was das Aufziehen der Kinder anbelangt, geführt, mit der Konsequenz, dass alleinerziehende Elternteile, in der Regel Mütter, von Armut bedroht sind und mit ihnen auch die Kinder: 25 Prozent der alleinerziehenden Mütter in Deutschland leben von Sozialhilfe (Helfferich et al., 2003). Alleinerziehende Mütter sind oftmals sehr unzufrieden mit ihrer aktuellen Lebenssituation: In einer Stichprobe mit 649 Müttern in Deutschland waren zwei Drittel mit verschiedenen Lebensbereichen wie der sozialen Integration oder der beruflichen Situation sehr unzufrieden (Brand & Hammer, 2002). Viele Paare heiraten nicht mehr und versäumen, in guten Zeiten einen Konkubinatsvertrag [moderne zivilrechtliche Vereinbarung in der Schweiz] bzw. Partnerschaftsvertrag abzuschließen. Einige Männer vermeiden das Heiraten mit Bedacht, um bei einer eventuellen Trennung vermeintlich möglichst wenig für Mutter und Kinder bezahlen zu müssen. Andere Männer reduzieren ihr Arbeitspensum, leben am Existenzminimum und können auf diese Weise zu keinen Zahlungen verpflichtet werden.

Der Leere in Bezug auf positiv besetzte Mutterbilder steht eine schier nicht zu bewältigende Fülle von Aufgaben gegenüber, die alleinerziehende, aber auch berufstätige Mütter von Familien im unteren Lohnsegment, wo beide Elternteile arbeiten müssen, um den Lebensunterhalt bestreiten zu können, leisten müssen. Der Vater des Patriarchats und der neue Vater sind schon immer – nicht natur-, aber kulturgemäß – außerhalb der Vaterschaft gesellschaftlich tätig. Die neuen Väter wollen die Ressourcen, die sie sich damit erschließen, nicht mehr in jedem Fall mit den Müttern teilen. Frauen sind in diese Bereiche vorgedrungen, aber den Großteil der Care-Arbeit müssen sie weiterhin zusätzlich leisten – es gibt also nicht nur einen Gender-Wage-Gap, sondern auch einen Gender-Care-Gap (Henz, 2009). Daher können sie sich aus eigener Kraft mit ihrer außerfamiliären Arbeit oftmals nicht genügend Ressourcen erschließen, um nicht von Armut bedroht zu sein. Eine symbolische Mutter, d.h. eine Mutter, die den Platz des Namens-des-Vaters offenhält, sollte nicht nur Mutter, sondern auch Frau sein können, Platz haben für ihr Begehren, ihre Weiblichkeit. Aber woher soll die alleinerziehende und auch die berufstätige Mutter dazu die Zeit und die Lust nehmen? Hierzu braucht es neben Institutionen, welche die Mütter unterstützen, auch einen Wandel im Mutterbild Deutschlands und der Schweiz.

3.2.8 Sub-iectum vs. Individuum oder der Subjektbegriff von Dolto

»Die Sprache spricht.«
Martin Heidegger, Die Sprache

Dolto konstatiert zu Recht, dass in den Anfängen der Psychoanalyse die frühe Kindheit vernachlässigt worden sei: »Die frühe Psychoanalyse beschäftigte sich kaum mit der Entwicklung des Subjekts bis zum *Vernunftalter* von acht oder neun Jahren. Erst später hat sie sich für die frühe Kindheit interessiert« (Dolto, 1985/1992, S. 152). Gerade die strukturale Psychoanalyse Doltos rückte, neben der von Melanie Klein, das frühkindliche Subjekt mit seinem Erleben und Verhalten in das Zentrum der Psychoanalyse. Die Besonderheit des Subjektbegriffs der strukturalen Psychoanalyse Doltos ist, dass das frühkindliche Subjekt einerseits notwendigerweise ein *sub-iectum* ist, unterworfen dem und abhängig vom Willen seiner Bezugspersonen, aber andererseits schon über Autonomie und ein eigenes Begehren verfügt, mithin als sprachliches Wesen adressiert werden sollte.

Das frühkindliche Subjekt ist in mehrfacher Hinsicht ein *sub-iectum,* ein im wahrsten Sinne des Wortes Unterworfenes: Erstens ist das Neugeborene, wie auch das Kleinkind, von der Pflege seiner Bezugspersonen abhängig. Es ist hilflos, am Anfang motorisch ohnmächtig und weitgehend fremdbestimmt. Für die philosophische Anthropologie ist der Mensch durch mangelnde Instinkte gekennzeichnet (Plessner, 1975, S. 298f.), weshalb er für das Überleben auf die Hilfe anderer angewiesen ist. Zweitens schreitet zwar die Entwicklung des Kindes voran und es wird eines Tages das Sprechen im engeren Sinne auf sich nehmen. Jedoch spricht das Kind vom Ort des Anderen her, da Sprache etwas Allgemeines ist, es keine Privatsprache gibt und es sich den Regeln der Sprache unterwerfen muss. Auch geht es durch den Eintritt in die gesprochene Sprache des nicht sprachvermittelten Zugangs zur Welt verlustig – ein Umstand, den Lacan als »Mord an der Sache« bezeichnet (Lacan, 1953/2016, S. 377) und der ebenfalls verdeutlicht, dass wir als *parl-être* (sprechendes Sein) notwendigerweise ein *sub-iectum* (Unter-worfenes) sind. Drittens sind wir als Menschen gemäß der psychoanalytischen Anthropologie dadurch gekennzeichnet, dass wir gespaltene Subjekte sind, dass wir eben gerade nicht etwas Unteilbares, also kein Individuum sind, sondern dass es einen anderen Schauplatz gibt – das Unbewusste – durch welchen wir dezentriert sind.

Das frühkindliche Subjekt ist nicht nur ein *sub-iectum* und ein Spielball seiner Bezugspersonen. Indem das Kind, so Doltos Subjektkonzeption, die Eltern ausgewählt habe, schimmert in einem produktiven Kunstmythos ein Moment der Freiheit und Autonomie auf. Dolto adressiert das Kind als Subjekt mit einem eigenen Begehren und kann daher folgende Worte an ein Kleinkind richten, welches in ein Heim übertreten soll, weil seine Eltern ihre elterliche Funktion nicht ausüben konnten:

> Du hast diese Eltern gewählt, du hast keine einfachen Bedingungen für dein Leben gewählt. Du hast es wirklich nicht leicht gehabt, dich diesen Eltern verständlich zu machen, doch wenn du diese schwierigen Bedingungen gesucht hast, dann weil du auch genügend Kraft in dir hast, damit umzugehen. (zit. n. Buhmann, 1997, S. 235)

An anderer Stelle wendet sich Dolto mit folgenden Worten in Anwesenheit des Kindes an seine Mutter, die sagte, das Kind habe keinen Vater bzw. der Vater sei bedeutungslos: »Was heißt da bedeutungslos, schließlich hat sich dieses Kind ihn ja als Vater ausgesucht, um sich in Ihnen zu entwickeln« (Dolto, 1985/1991, S. 225). Bei Neugeborenen spricht sie jedoch noch nicht von einem Subjekt, sondern von einem Prä-Subjekt (vgl. Dolto, 1981/1996, S. 178). Auch wenn dieser Kunstmythos auf den ersten Blick befremdlich wirkt, kann man sicherlich sagen, dass das Kind die Eltern schon durch seine pure Existenz bestimmt (ebenso wie die Eltern das Kind durch ihre bloße Gegenwart und Vererbung bestimmen). Wenn sich die Bedürfnisse des Kindes äußern und sein Begehren erwacht, dann kann es als *sujet supposé* (unterstelltes Subjekt) für die Erwachsenen fungieren – und ganz besonders für Dolto, die es als solches anspricht, womit sie ihm die Möglichkeit einräumt, die Subjektposition zu ergreifen. Insofern kann man sagen, dass, um zu wählen, man schon erwählt worden sein muss – und das gilt sowohl für die Eltern wie auch für das Kind. Dieser Kunstmythos ist auch deshalb von Bedeutung, weil das Begehren des Kindes in der Regel dasjenige ist, das begehrte Objekt der Mutter zu sein. So wird das Kind, »um zu demonstrieren, wie gut es sich zu benehmen weiß, bereit sein, das Verlangen der Mutter, alles brav aufzuessen, dabei die Hände und den Tisch nicht schmutzig zu machen«, erfüllen (Žižek, 1995, S. 93). Mit dem Kunstmythos wird dem Kind von Anbeginn an ein Begehren zugestanden, welches nicht nur das Begehren der anderen ist.

3.2.9 Komplexe Familien – ein Schlusswort

Die Zeit nach der Geburt stellt Eltern und Kinder vor enorme Herausforderungen, weil Kinder und Eltern in dieser Phase »besonders vulnerabel besonders verletzlich« (Seiffge-Krenke & Schneider, 2012, S. 40) sind. Im Sinne der Prävention und Frühförderung ist es wichtig, auf zwei Ebenen anzusetzen. Einerseits der politischen und gesellschaftlichen: Herr und Frau A., deren Verwandte väterlicher- und mütterlicherseits weit entfernt leben, beklagen immer wieder, wie alleingelassen sie sich fühlen und wie dringend sie sich verwandtschaftliche oder nachbarschaftliche Unterstützung wünschen. Wenn sich die neuen Väter und auch die Mütter auf eine intensive Beziehung zum Kind einlassen können sollen, ist es wichtig, dass die Politik nicht nur neue Väter- und Mütterbilder propagiert, sondern dann muss die »Gesellschaft für Familien mit kleinen Kindern neue Unterstützungsformen [...] anbieten« (Pedrina, 2012, S. 263). In afrikanischen Kulturen werden Eltern in den frühen Phasen ihrer Elternschaft gerade nicht alleingelassen, sondern es stehen ihnen zahlreiche dörfliche Betreuungspersonen zur Verfügung (Seiffge-Krenke & Schneider, 2012, S. 143f.). Ebenfalls ist es in südlichen und nichtwestlichen Ländern üblich, dass sich Mütter mit anderen gleichaltrigen Müttern am späten Nachmittag auf dem Dorfplatz treffen oder im Haus einer geachteten älteren Frau – auf diese Weise werden belastete Beziehungserfahrungen, wie Dolto es vorschlägt, affektiv geteilt (Meurs et al., 2006, S. 263f.). Solche Möglichkeiten fehlen hingegen gerade im deutschsprachigen großstädtischen Raum. Auch fehlen für Männer in unserer zeitgenössischen Kultur, da die Couvade gesellschaftlich wenig akzeptiert ist, Symbolisierungsmöglichkeiten für die intrapsychischen Konflikte des werdenden Vaters – diese Konflikte kommen dann in Form von Symptombildungen wie psychosomatischen Störungen zur Darstellung (Grieser, 1998, S. 15). Von den Betroffenen wird jedoch die Verbindung des Symptoms mit Schwangerschaft und Geburt meist nicht hergestellt. Auch bei der symbolischen Etablierung der Vaterschaft gibt es aktuell eine Leerstelle. Im traditionellen ländlichen Frankreich war es lange Zeit üblich, dass das Hemd des Vaters das erste Kleidungsstück des Neugeborenen war, wodurch seine soziale Zugehörigkeit ausgedrückt wurde (Grieser, 1998, S. 14). Das Hemd stand im Volksglauben nämlich für die Plazenta des Vaters. Durch diesen symbolischen Akt des Einhüllens des Neugeborenen in sein Hemd trat der Vater die symbolische Vaterschaft an. Die väterliche Plazenta, sein Hemd, ist Teil der Kultur, während die Plazenta der Mutter Teil der Natur ist (Grieser, 1998, S. 14).

Als Beispiele möglicher Angebote, welche als Ersatz für die Verankerung der symbolischen Elternschaft dienen können, seien die *Arche die Oase* oder die *Fadenspule* in Zürich genannt. Diese können auf institutioneller Ebene Möglichkeiten der Begleitung für Eltern in Gruppen bieten, indem sie als eine »unterstützende Matrix« (Ahlheim, 2009, S. 18) dienen.

Andererseits erfordern die sich im Umbruch befindlichen Rollenbilder und deren Verschränkungen mit der singulären Ebene auch Angebote und Interventionen im Rahmen der Einzelfallhilfe. Gerade durch eine frühe Erfassung und Behandlung im familiären Kontext lassen sich aktuelle ungünstige Entwicklungen verhindern. Auch hier können sich die Interventionen in Institutionen wie der *Arche die Oase* langfristig positiv auf das Wohlergehen aller Beteiligten auswirken und so zum Gelingen der familiären Beziehungen beitragen. Diesen Institutionen kommt insbesondere das Verdienst zu, dass sie nicht nur die Eltern, sondern auch die Kinder von Anbeginn an als Subjekte ansprechen und, schon bevor das Kind der Sprache mächtig ist, hören, was es mit Gesten, Tönen und seinem Spiel zum Ausdruck bringt. Im Rahmen der Subjektwerdung des Kindes wird bei den Eltern oftmals an bewusste und unbewusste Residuen der eigenen Kindheit gerührt (Aubourg, 2009, S. 229). Nicht selten ist es das Kind, das diese »zur Sprache bringt« oder inszeniert. Diese infantilen Residuen, insbesondere wenn sie aus der vorsprachlichen Lebenszeit stammen, verdrängt oder tabuisiert sind, können den Subjektivierungsprozess des Kindes beeinträchtigen. Indem gemeinsam mit den Eltern und dem Kind an einem Ort des Sprechens gearbeitet wird, werden die unbewussten Residuen symbolisiert, ja gleichsam übersetzt in eine andere Sprache, und verlieren so ihre Wirkmacht – durch das Sprechen an diesem Ort wird es hell.

3.2.10 Rückblick und Ausblick

Zur ersten aufgeworfenen Teilfrage im Kapitel 3.1: Was sind mütterliche und väterliche Funktionen? Die verschiedenen Dimensionen von Mutter- und Vaterschaft lassen sich vermittels der drei Register Lacans, dem Realen, Symbolischen und Imaginären, mit Gewinn erschließen.

Zuerst die Erkenntnisse hinsichtlich der Mutter in allen drei Registern: Die reale Mutter ist der Körper der Mutter, aus dem das Kind hervorgeht und von dem es sich trennt, von dem es getrennt werden muss. Dieser notwendige und grundlegende Entwicklungsschritt bedeutet den Heraustritt aus der mütterlichen Dyade und wird von der symbolischen Mutter unterstützt. Die symbolische Mutter repräsentiert die Mutterfunktion; durch das Begehren der Mutter nach etwas oder jemand anderem als dem Kind wie z.B. nach ihrem Beruf oder dem Vater des Kindes, wird die Separation des Kindes von der Mutter unterstützt. Insbesondere Dolto hat mit dem Konzept der symboligenen Kastrationen für die Psychoanalyse im Allgemeinen und für die strukturale Psychoanalyse im Besonderen grundlegend eingeführt, dass nicht nur der Vater bzw. die väterliche Funktion das Gesetz vertritt. Vielmehr gibt es schon vor dem Ödipuskomplex wichtige Momente, welche die Separation von der realen Mutter fördern und auch von der Mutter ausgehen (Dolto, 1984/1987, S. 89–132). Das Kind kann sich von der realen Mutter vermittelt durch die Mutter- und Vaterfunktion trennen. Die imaginäre Mutter erscheint als idealisierte oder bedrohliche Figur bei ungenügender Trennung bzw. bei einer zu schwachen Vaterfunktion in Form von Phantasmen des Kindes wie z.B. in negativer Form in den Phantasmen der alles verschlingenden Krokodilmutter oder der bösen Hexe wie bei Hänsel und Gretel und in positiver Form in Engels- und Feenfiguren, die voll von einer unbedingten Liebe sind.

Auch die verschiedenen Dimensionen des Vaters können mithilfe der drei Register erhellt werden. Der symbolische Vater repräsentiert die Vaterfunktion, hier geht es um die Errichtung eines Gesetzes, in dem das Untersagen, das Nein des Vaters, noch präsent ist. Lacan bezeichnet den symbolischen Vater auch als »Name-des-Vaters« (Lacan, 1953–1954/1978) und spielt mit der Homophonie von Nom-du-Père (Name-des-Vaters) und Non-du-Père (Nein-des-Vaters). Hiermit betont Lacan den Zusammenhang der symbolisierenden

Funktion des Vaters mit dem Verbot des Eins-sein-Wollens des Kindes mit der Mutter. In die dyadische Beziehung zwischen Mutter und Kind wird eine symbolische Distanz eingeführt (Lacan, 1956–1957/2003). Der imaginäre Vater bezieht sich auf die Phantasmen des Kindes hinsichtlich des Vaters: Der idealisierte (Lacan, 1953–1954/1978), vollkommene Vater. Der Vater als der gesetzgebende Herr, als Schöpfer des Kindes, als allmächtiger Beschützer (Lacan, 1956-1957/2003). Im Verlauf der Subjektwerdung wird es notwendig, dieses Bild des vollkommenen Vaters abzubauen und anzuerkennen, dass der Vater nur Repräsentant des Gesetzes ist, das Gesetz nicht »macht« und selbst dem Gesetz unterliegt. Dies ist jedoch nur möglich, wenn der Vater gerade nicht selbst zum Idealbild werden will und auf narzisstische Gratifikationen verzichtet – ein Grundsatz, der auch für Pädagoginnen und Pädagogen gilt. Der Vater, der sich als Repräsentant des Gesetzes versteht und nicht als das Gesetz selbst, ist der symbolische Vater. Als Repräsentant des Gesetzes erkennt der symbolische Vater an, dass auch er dem Gesetz unterliegt und hierdurch ein Sub-iectum und gespalten ist. Auch pädagogische Fachpersonen repräsentieren, wie der symbolische Vater, nur das Gesetz, sie sind nicht das Gesetz selbst und unterstehen dem Gesetz wie auch die Kinder und Jugendlichen dem Gesetz unterstehen. In der Pädagogik des gespaltenen Subjekts identifiziert sich die pädagogische Fachkraft nicht mit dem Gesetz, sondern repräsentiert bloß das Gesetz. Dieses Anerkennen hilft, pädagogische Allmachtsphantasien zu begrenzen. Der reale Vater ist der Vater, der einen einzigen Zug zur Identifizierung ermöglicht.

Zur anderen ersten Teilfrage im Kapitel 3.1, nämlich welche pathogenen Auswirkungen einer Vater- und Mutterfunktion es im frühkindlichen Bereich aus Sicht der strukturalen Psychoanalyse gibt, ist Folgendes zu konstatieren: Wenn die Mutter- und Vaterfunktion ungenügend ausgefüllt werden, kann ein Elternteil das Kind als Objekt seiner imaginären Wünsche besetzen und das Kind so in seiner Subjektwerdung, welche in der Separation von den Eltern besteht, hindern. Das oben erwähnte Beispiel der Krokodilmutter ist ein typisches Symptom mangelnder Symbolisierung, welche die Aufgabe der mütterlichen und väterlichen Funktion ist, und kann zu typischen Kinderängsten (Phobien) führen, genauer zur Angst vor dem Verschlungenwerden. Andere Beispiele dafür sind Eltern, die vom Kind als Projekt ausgehen und das Kind wie ein Helikopter umkreisen, die ihm jegliche Förderung angedeihen lassen, aber auch hohe Erwartungen an es stellen – hierdurch wird das Begehren des Kindes ausgeschlossen und das Kind als Subjekt tritt nicht auf. Ebenfalls kommt es bei ungenügender Mutter- und Vaterfunktion vor, dass das Kind die unerfüllten Wünsche und Ziele der Eltern verwirklichen soll, wodurch dem Kind der Zugang zu seinem eigenen Begehren versperrt bleibt. Ein transgenerationales Trauma wiederum verweist auf ein Versagen des Sprechens eines Elternteils (Clavier, 2017, S. 10). Die symbolische Funktion konnte nicht eingeführt werden und es verbleibt etwas, was von den Eltern nicht symbolisiert werden konnte und sich in einem intrafamiliären Wiederholungszwang am Kind zeigt (vgl. Massing et al., 1992, S. 21). Transgenerationale Traumata werden dadurch evoziert, dass in der Elterngeneration etwas aus dem Symbolischen ausgeschlossen, tabuisiert und auf die Kinder übertragen wird – die symbolische Funktion wurde nicht ausgefüllt.

Zur zweiten Teilfrage im Kapitel 3.1, welche imaginären gesellschaftlichen Bilder von Mutter- und Vaterschaft es in westlichen Kulturen gibt und welchen Wandlungen diese unterliegen, ist Folgendes festzustellen: Es fehlt gerade in Hinsicht auf Mutterschaft ein neues, verbindendes Mutterbild, welches an die Stelle des alten Marienbildes tritt. Das traditionelle Mutterbild, welches sich am Marienbild orientierte (Kristeva, 1989), hielt für Frauen eine narzisstische Gratifikation und Wertschätzung bereit. Andererseits, und dies ist die Kehrseite des Marienbildes, zementierte es die Rolle der Frau als Mutter. Es bleibt zu konstatieren, dass Mutterschaft zurzeit vor allem durch eine Leerstelle repräsentiert wird.

Die andere zweite Teilfrage im Kapitel 3.1, welche nach den Auswirkungen der Vater- und Mutterbilder aus Sicht der strukturalen Psychoanalyse fragt, ist wie folgt zu beantworten: Die heutige Gesellschaft verleugnet eher Hierarchien in der Erziehung und in der Eltern-Kind-Beziehung, die symbolische väterliche Autorität ist im Niedergang begriffen (Žižek, 2001, S. 432). Anstelle der väterlichen Autorität tritt die elterliche. Dieses fördert aufgrund einer (zu) schwachen Vaterfunktion tendenziell eher Strukturen der Perversion und der Psychose, während in patriarchalen Gesellschaften aufgrund einer (zu) starken, mit dem Gesetz identifizierten Vaterfunktion eher Strukturen der Neurose bzw. psychotische Strukturen befördert werden bzw. wurden (vgl. Schindler, 2020, S. 90).

Wohlgemerkt sind mit den Einteilungen der strukturalen Psychoanalyse – Neurose, Psychose und Perversion – Persönlichkeitsstrukturen beziehungsweise existenziale Strukturen (Juranville, 1990, S. 302) bezeichnet, welche nicht als pathologisch zu werten sind. Diese drei Strukturen sind allesamt »in jedem Subjekt präsent […]. Ihre jeweilige Mischung kennzeichnet die Gesamtstruktur des Subjekts« (Pazzini, 2007, S. 161). So kann eine Person beispielsweise eine zwanghafte oder schizophrene Persönlichkeitsstruktur haben, ohne dass die diagnostischen Kriterien des ICD-10 erfüllt sind, um dieses als »F42.- Zwangsstörung« oder als »F20.- Schizophrenie« zu klassifizieren. In der (strukturalen) Psychoanalyse sind das Normale und das Pathologische Varianten des gleichen seelischen Geschehens (Marcus, 2004, S. 389), das Pathologische ist nur eine Steigerung normaler Eigenschaften: »Die Psychoanalyse vertritt die Auffassung, daß Pathologie und Normalität nur gradweise voneinander unterschieden sind und daß die Pathologie oft nur eine besondere Ausprägung allgemeiner und normaler Eigenschaften ist« (Dornes, 1994, S. 27).

Ambass weist darauf hin, dass durch die Fokussierung auf den Begriff Elternschaft neue Probleme zu erwarten sind:

Mit der Ersetzung der Begriffe Vaterschaft und Mutterschaft [durch den Begriff Elternschaft] verschwindet auch die Differenzierung zwischen den unterschiedlichen Verpflichtungen als Frau bzw. Mann in ihrer Mutter- bzw. Vaterrolle einerseits und der gemeinsamen Aufgabe der Erziehung andererseits. Damit sind Misstöne, Asymmetrien, Missverhältnisse, Spaltungen, ein Mangel an Strukturen, Nicht-Verhältnisse, all das, wofür der Geschlechtsunterschied paradigmatisch steht, begrifflich nicht mehr repräsentiert. (Ambass, 2018b, S. 3)

Es ist mit Fainsilber zu konstatieren, dass in Hinsicht auf den neuen Begriff der Elternschaft »das Imaginäre die Vorherrschaft [hat] – auf Kosten des Zugangs zum Symbolischen [eigene Übersetzung]« (Fainsilber, 2011, S. 121). An dieser Stelle ist es wichtig, darauf hinzuweisen, dass mit der Pädagogik des gespaltenen Subjekts weder ein naiver Fortschrittsglaube zu rechtfertigen ist noch eine konservative Verklärung eines vermeintlich Goldenen Zeitalters der Erziehung. Aufgrund des Grundkonflikts zwischen unserer Triebstruktur und den Anforderungen der Gesellschaft, der Existenz des Unbewussten, wird jedwede Gesellschaft, ob traditionell, patriarchalisch oder modern, Symptome hervorrufen.

Allgemein hat sich in diesem Kapitel gezeigt, dass das Phantasma, ein Grundbegriff der strukturalen Psychoanalyse, Zugänge zum Subjekt, genauer zum anderen Schauplatz bietet, welche sonst nicht möglich sind. Im nächsten Kapitel, 3.3, wird das gespaltene Subjekt in seinen professionsbezogenen Bindungen in der Sonderpädagogik untersucht. Da Macht- und Ohnmachtsproblematiken ein häufiges Phänomen in der Sonderpädagogik darstellen (Weiß et al., 2013), wird das gespaltene Subjekt mit seinen Macht- und Ohnmachtsverstrickungen vermittels des Konzepts des unbewussten Phantasmas analysiert. Auf diese Weise kann das Subjekt als Gespaltenes erfasst werden, da der andere Schauplatz des Subjekts, das Unbewusste, berücksichtigt wird. Im folgenden Kapitel wird aufgezeigt, wie wirkmächtig Phantasmen der Macht, Ohnmacht und Hilflosigkeit im sonderpädagogischen Alltag sind und welche psychoanalytisch-pädagogischen Umgangsweisen aus der Reflexion über die Phantasmen der Macht und Ohnmacht folgen. Gesamthaft erweist sich das Phantasma im pädagogischen Feld als ein »missing piece«, mit dem ebenfalls in anderen Feldern der Sonderpädagogik neue Erkenntnisse zu erwarten sind wie beispielsweise in der Inklusionsforschung. Dieses Feld ist ein Desiderat und wird jedoch in weiteren Forschungsbeiträgen des Autors und nicht im Rahmen dieser Dissertation vertieft (vgl. beispielsweise Langnickel & Link, 2019b).

Verdichtungen

Eine fehlende *Vaterfunktion und Mutterfunktion* zeigen sich daran, dass das Kind in der Dyade zu seiner Bezugsperson verbleibt und sich nicht der Welt zuwendet. Ein Beispiel hierfür sind einerseits »Helikoptereltern«, andererseits Kinder, die unter einem transgenerationalen Trauma, dem Verwickeltsein in die unausgesprochenen, unbewussten Phantasmen und Traumata der Eltern und ihrer Vorfahren, leiden. Aufgabe der pädagogischen Fachperson wäre im Fall der Helikoptereltern, das Kind zu unterstützen, sich aus der Dyade zu befreien und gegenüber den Eltern zu verdeutlichen, wie wichtig es ist, dass das Kind sich von ihnen lösen muss, um sich der Welt gegenüber öffnen zu können. Das Kind selbst sollte zu Aktivitäten, die außerhalb der Dyade zu seiner Bezugsperson sind, unbedingt ermuntert und dabei zur Angstbindung begleitet werden. Wichtig ist auch, darauf zu achten, dass das Kind sich nicht in eine dyadische Beziehung zur pädagogischen Fachperson begibt, durch die es die Dyade zur Bezugsperson ersetzt. Im Fall des vermuteten transgenerationalen Traumas kann im Gespräch Unbewusstes, Unsymbolisiertes der Eltern zur Sprache kommen.

Die aktuellen Wandlungen und Auswirkungen *der Bilder von Mutter- und Vaterschaft* und die damit einhergehende Aufweichung des Patriarchats können einerseits positiv zu einer stärkeren Gleichberechtigung der Geschlechter und zum Abbau von Diskriminierungen führen. Andererseits besteht die Gefahr, dass, wenn sich Mutter und Vater primär als Eltern und nicht in einer mütterlichen oder väterlichen Rolle sehen, damit auch eine Verantwortungsdiffusion einhergeht, die dazu führen kann, dass mütterliche oder väterliche Verpflichtungen mehr und mehr verschwinden und die Geschlechterdifferenz mehr und mehr nivelliert wird. Aus diesem Grund ist es für eine Pädagogik der Vielfalt wichtig, dass in der pädagogischen Arbeit mit Kindern und Jugendlichen mitunter auch die Geschlechterdifferenz markiert wird, dass ein Mann spielerisch auch seine männliche Rolle betont und eine Frau auch eine weibliche Rolle – oder der Mann eine weibliche Funktion übernimmt und die Frau eine männliche, da die Markierung der Differenz und nicht das biologische Geschlecht entscheidend ist.

Im nächsten Kapitel steht die Pädagogik des gespaltenen Subjekts als eine Verbindung zweier »unmöglicher Disziplinen« (Freud, 1937c, S. 94) – Pädagogik und Psychoanalyse – im Zentrum. Auch Mannoni hat im Titel ihres Werkes *Éducation impossible* (1973) die Unmöglichkeitsmetapher von Freud wieder aufgenommen. Leider ging dieser Hinweis auf die Unmöglichkeit von Erziehung im Titel der deutschen Übersetzung, *Scheißerziehung* (1987), verloren. Im Feld der Pädagogik bei Verhaltensstörungen kommt zu den allgemeinen Schwierigkeiten der Erziehung (Müller & Stein, 2018) hinzu, dass die Arbeit mit hoch belasteten jungen Menschen und Familien eine Herausforderung darstellt, welche möglicherweise als eine weitere Form der Unmöglichkeit bezeichnet werden kann, da die Fachpersonen in ihrer Arbeit an die Grenzen ihrer pädagogischen Handlungsfähigkeit gebracht werden. Zum einen ist hier insbesondere das Erleben von Ohnmacht und Hilflosigkeit prototypisch (Weiß et al., 2013). Auch Nick Schwarzer plausibilisiert in seiner Dissertation *Mentalisieren als schützende Ressource – Eine Studie zur gesundheitserhaltenden Funktion der Mentalisierungsfähigkeit* das Erleben von Ohnmacht und Hilflosigkeit im pädagogischen Kontext: »Nicht zu verstehen, warum ein Kind oder seine Eltern sich auffällig verhalten, produziert Gefühle der Ohnmacht und Hilflosigkeit. Werden solche negativen Emotionen dauerhaft erlebt, stellen sie eine ernst zu nehmende Belastung dar, die sie [die pädagogischen Fachkräfte – Anmerkung d. Verf.] überfordern und erschöpfen« (Schwarzer, 2019, S. 118). Auch Psychoanalytische Pädagoginnen und Pädagogen, welche gleich Ödipus Rätsel lösen müssen, allerdings nicht Rätsel der Sphinx vor Theben, sondern Rätsel des Unbewussten, werden durch eben dieses Vorhaben besonders herausgefordert: »Denn schwierige Kinder bringen die Erziehenden immer wieder in verwirrende und verunsichernde Situationen, die zunächst schwer auflösbar erscheinen. Unter anderem deshalb, weil sich unbewusste Prozesse nicht rezeptartig entschlüsseln lassen – auf beiden Seiten, bei den Kindern und den Erziehenden selbst« (Ahrbeck & Rauh, 2006b, S. 7). Jedoch vertreiben Psychoanalytische Pädagoginnen und Pädagogen nicht das Unbewusste wie Ödipus die Sphinx, sondern sind immer wieder aufs Neue mit Rätseln konfrontiert.

Zum anderen ist aufgrund der besonderen Vulnerabilität der Bezugsgruppe (Sutterlütty, 2003) darauf zu achten, wie man mit der eigenen und fremden Hilflosigkeit umgeht. Die Arbeit mit hochbelasteten jungen Menschen und Familien bedarf in besonderer Weise der Reflexion von eigenen und fremden Macht-Ohnmacht-Dynamiken (vgl. Link, 2018b). Dies insofern, da nicht selten von pädagogischen Fachpersonen die eigene Vulnerabilität und die eigenen pädagogischen Omnipotenzphantasien unreflektiert bleiben (Fengler, 2001; Schmidbauer, 2002). Diese Phantasien bzw. Phantasmen können in der Sonderpädagogik das Erleben und Verhalten von pädagogischen Fachpersonen wirkmächtig beeinflussen und es bleibt die Frage offen, ob das Phantasma eines vermeintlich autonomen Subjekts, eines Subjekts, welches selbstbestimmt, frei und rational Entscheidungen trifft, auch bei sonderpädagogischen Fachpersonen virulent ist und seine Wirkungen zeigt. Meißner charakterisiert dieses Phantasma überspitzt wie folgt:

> Das autonome Subjekt, das frei und rational Entscheidungen trifft, ist die phantasmatische Figur des (bürgerlichen, weißen, heterosexuellen) Mannes, der als solcher von allen geistigen und körperlichen Abhängigkeiten befreit ist und daher den Anspruch erhebt, selbstbestimmt auf der Basis innerer Relevanzstrukturen vernünftig handeln zu können. (Meißner, 2010, S. 9)

Schon Freud selbst warnte vor einer »Sehnsucht nach einem starken, ungehemmten Ich« (Freud, 1940a 1938, S. 112) und Lacan bezeichnet die Annahme

157

eines autonomen Ichs als Ausdruck einer konstitutiven Verkennung und Illusion (Lacan, 1949/2016, S. 116). Er formulierte einen konträren Begriff des Ichs: Das »Ich ist genauso wie ein Symptom strukturiert. Im Innern des Subjekts ist es bloß ein privilegiertes Symptom. Es ist das menschliche Symptom par excellence, es ist die Geisteskrankheit des Menschen« (Lacan, 1953–1954/1978, S. 24). Das »Ich« wird von Lacan überspitzt als Geisteskrankheit bzw. als Symptom bezeichnet, da er hiermit »die Neugestaltung einer konformistischen Psychoanalyse« kritisieren möchte, »deren Krönung das soziologische Gedicht des autonomen Ich ist« (Lacan, 1957/2016, S. 619). Die scheinbare Autonomie des Ichs ist für die lacansche Theorie nur »eine narzisstische Illusion von Herrschaft« (Heil, 2010, S. 59). Das Ich (Ego) ist zwar auch für Lacan eine Macht, allerdings lediglich »eine Macht des Verkennens« (Lacan, 1953–1954/1978, S. 198), welche gerade nicht gestärkt werden sollte. Die Ganzheit oder Einheit des Ichs ist nur eine imaginäre Täuschung, was ebenfalls als Symptom bezeichnet werden kann. Da das Subjekt für Lacan schon vor jeder gesellschaftlichen Determinierung gespalten ist in ein Bewusstes und Unbewusstes, der Mensch also konstitutionell entfremdet ist, ist es auch nicht möglich, diesen Riss im Subjekt zu kitten – wie manche Spielarten des Sozialismus es für möglich halten, die den individuellen Riss im Subjekt durch eine neue Gesellschaftsordnung zu überwinden versuchen (Heise, 1965). Jedoch ist beispielsweise auch für Adorno und Horkheimer die Entfremdung konstitutiv für unser Menschsein und gerade nicht überwindbar (Horkheimer & Adorno, 1947/1968) – gleichwohl halten sie an einer Utopie von Versöhnung fest.

Schmidbauer betont in seinen Forschungen zum Helfersyndrom, dass pädagogische Fachpersonen, die sich als Helferinnen und Helfer verstehen, mitunter Schwierigkeiten haben, nicht aus einer Position der vermeintlichen Stärke heraus zu handeln: »Der Helfersyndrom-Helfer meidet alle sozialen Beziehungen, in denen er nicht der Gebende, der Stärkere, der Versorgende ist« (2002, S. 4f.). Und auch noch 2019 postuliert Jantzen, dass der »Bundesverband Heilpädagogik nach wie vor durch einen nicht zu übersehenden Paternalismus, durch Wohltäterschaft und Helfersyndrom geprägt« sei (Jantzen, 2019, S. 316). Eben diese Phantasmen von sonderpädagogischen Fachpersonen wie der Stärke werden im folgenden Kapitel behandelt.

Es werden Macht und Ohnmacht a) bei der Profession, b) beim Subjekt und c) an den Orten, die das Subjekt adressieren, analysiert und es wird aufgezeigt, inwiefern Macht als Dispositiv wirkt und wie die Pädagogik des gespaltenen Subjekts den desubjektivierenden Auswirkungen der Macht in professionellen Bindungen etwas entgegensetzen kann. In einem ersten Schritt werden typische Macht-Ohnmacht-Dynamiken und häufige unbewusste Abwehrmechanismen im Feld der Sonderpädagogik mithilfe der strukturalen Psychoanalyse als Referenzdisziplin analysiert. Als Zweites wird der Subjektbegriff der strukturalen Psychoanalyse unter Einbezug der Thematik der Macht analysiert. Hierbei erfolgt auch eine Kontrastierung mit dem Begriff der Macht bei

Foucault. Dieses ist relevant, um zu verstehen, wie eine Pädagogik des gespaltenen Subjekts den desubjektivierenden Auswirkungen der Macht etwas entgegensetzen kann. Macht soll nicht als individualpsychologisches Phänomen missverstanden werden, sondern als ein Dispositiv (Foucault, 1978). In einem dritten Schritt wird untersucht, ob typische Orte der strukturalen Psychoanalytischen Pädagogik wie die Schule von Bonneuil (Mannoni) für schulpflichtige Kinder Wirkungen entfalten können, welche Machtverhältnissen und den damit verbundenen Effekten einer (Ent-)Subjektivierung entgegenwirken. An diesem Praxisbeispiel aus einer Institution der Psychoanalytischen Pädagogik und Heilpädagogik wird aufgezeigt, wie die Anerkennung der eigenen und fremden Ohnmacht im pädagogischen Alltag einen Wechsel des gewohnten Diskurses der Macht hin zu einem Diskurs des Subjekts evozieren kann. Dieser Wechsel wird dadurch möglich, dass an diesen sozialen Orten ein umgekehrtes Dispositiv, eine Gegenmacht, seine Wirkungen zeigt, welche die Subjektwerdung fördert.

3.3 Das umgekehrte Machtdispositiv der Pädagogik eines gespaltenen Subjekts: Orte der Psychoanalytischen Pädagogik als Gegenmacht

3.3.1 *Macht und Ohnmacht bei pädagogischen Fachpersonen: Der pädagogische Alltag zwischen der Scylla der Hilflosigkeit und der Charybdis der Allmachtsphantasien*

»Die fast unlösbare Aufgabe besteht darin, weder von der Macht der anderen, noch von der eigenen Ohnmacht sich dumm machen zu lassen.«
Adorno, 1994, S. 67

3.3.1.1 Die psychoanalytische Sonderpädagogik: Eine doppelte Unmöglichkeit?

Bekanntlich üben Pädagoginnen und Pädagogen, so Freud, einen »unmöglichen« Beruf aus (1937c, S. 94). Impliziert diese Topik der Unmöglichkeit jedoch notwendigerweise, die Arbeit als nicht gestaltbare Berufsrealität (Tenorth, 2006, S. 582) aufzufassen und den vorzeitigen beruflichen Ausstieg sowie die Flucht in die Krankheit als notwendige Folgen von nicht einlösbaren beruflichen Anforderungen zu begreifen (Döring-Seipel & Dauber, 2013, S. 11)? Freud kennzeichnete nicht nur die Ausübung der Pädagogik als einen unmöglichen Beruf, sondern auch die Tätigkeit der Psychoanalytikerin und des Psychoanalytikers. Ist eine Psychoanalytische Pädagogik somit eine doppelte

Unmöglichkeit? Eine zumindest prinzipiell realisierbare Psychoanalytische Pädagogik als eine Pädagogik der Unmöglichkeit formulieren McMillan (2015, S. 548) und Toth (2019, S. 381). Auch Žižek betont die produktive Kraft des Unmöglichen für die Pädagogik und empfiehlt, das scheinbar Unmögliche zu wagen und die Individuen in die Freiheit zu schubsen und gerade nicht primär Agentinnen und Agenten der Disziplin und des Verbots zu sein (Žižek, 2017, S. 211).

Nun gibt es aber nicht nur die eben erwähnte produktive Form der Unmöglichkeit, sondern auch eine dysfunktionale Form und man fragt sich, welche möglichen Konsequenzen aus dieser Unmöglichkeit resultieren. Unmöglich sei, so Freud, der Beruf der Pädagogin und des Pädagogen, da man sich »des ungenügenden Erfolgs von vornherein sicher sein kann« (Freud, 1937c, S. 94). Könnte dieser absehbare ungenügende Erfolg der pädagogischen Profession, das Zurückbleiben hinter seinen pädagogischen Idealen angesichts der Herausforderungen von Jugendlichen mit psychosozialen Beeinträchtigungen (Zimmermann, 2018a) im Feld der Sonderpädagogik einerseits und die mangelhafte Kontrollierbarkeit des Trieblebens andererseits, maßgeblich auch zum Erleben von Ohnmacht und Hilflosigkeit führen? Eben diese Ohnmacht und Hilflosigkeit gehören zu den toxischsten Emotionen (Verhaege, 2014, S. 196).

3.3.1.2 Ohnmacht und Hilflosigkeit: Eine Herausforderung für die Sonderpädagogik

Macht und Ohnmacht spielen im Diskurs der Sonderpädagogik eine grundlegende Rolle, da insbesondere bei der Arbeit mit Menschen mit massiven Verhaltensauffälligkeiten sich Fragen der Hilflosigkeit und Ohnmacht im besonderen Maße stellen und die prinzipielle Gefahr besteht, dass sich der sonderpädagogische Diskurs »zu einem Machtdiskurs transformiert« (Laubenstein, 2011, S. 6). Müller weist darauf hin, dass die Geschichte der Erziehung voll des Machtmissbrauches war, was wiederum zu Demütigung und Beschämung (Müller, 2018, S. 30f.) und somit auch zu Ohnmachtserlebnissen seitens der Klientel führe. Aus diesem Grund plädiert Bernfeld für eine Einschränkung der »Allmacht der Erziehung und damit der Macht jedes einzelnen Erziehers« (1925/2013, S. 105). Für einen pädagogischen Machtbegriff ist es deshalb prinzipiell notwendig, den Begriff der Macht mit seinen bipolaren Verbindungen wie Ohnmacht zu denken (Link, 2018a, S. 94).

Heinemann weist darauf hin, dass gerade im Feld der Sonderpädagogik beim Umgang mit aggressiven Lernenden bei den Fachpersonen häufig Ohnmachtsgefühle entstehen können, die massive aggressive Phantasien in der Gegenübertragung erzeugen und die Fähigkeit zur Selbstreflexion mitunter stark minimieren (Heinemann, 1992, S. 74). Typischerweise wird die Angst vor der eigenen Ohnmacht durch eine Verkehrung ins Gegenteil abgewehrt, man greift hart durch und straft (Heinemann, 1992, S. 78), da man die Macht nicht verlieren möchte. Hierdurch kann sich eine Angst-Ohnmacht-Spirale entwickeln, da das aggressive Verhalten der Lernenden bei den Lehrenden Angst vor Kontrollverlust auslösen kann und dieses wiederum bei ihnen aggressives Verhalten wie harte Strafen evoziert. Dadurch werden die Lernenden in eine ohnmächtige Position gedrängt, wogegen sie sich möglicherweise wiederum aggressiv zu Wehr setzten (Heinemann, 1992, S. 80). Sowohl die Lernenden als auch die Lehrenden agieren so ihre Ohnmachtserlebnisse aus, weswegen es notwendig ist, diesen Wiederholungszwang zu durchbrechen und diese »institutionalisierten, unbewußten Prozesse in den Sonderschulen zu reflektieren« (Heinemann, 1992, S. 81).

Das Erleben von Ohnmacht und Hilflosigkeit ist eine zentrale Erfahrung für Fachpersonen der Sonderpädagogik und bildet für diese Gruppe zugleich einen möglichen Risikofaktor z.B. für Burnout (Venheule & Verhaege, 2004, S. 506). Die Anforderungen an pädagogische Fachpersonen im Förderschwerpunkt soziale und emotionale Entwicklung sind im Vergleich zu den Anforderungen an Lehrpersonen im Regelschulbereich nicht geringer, aber es gibt entscheidende Unterschiede (Weiß et al., 2013). Insbesondere der Wunsch von Fachpersonen, in jedweder Situation über Strategien und Techniken zu verfügen, um Handlungsfähigkeit sicherzustellen, ist eine maßgebliche Besonderheit des Förderschwerpunkts soziale und emotionale Entwicklung (Weiß et al., 2013, S. 178). Unbedingt zu vermeiden sei, so die Selbstauskunft der Lehrpersonen, in diesem Förderschwerpunkt der Zustand der Hilflosigkeit als Lehrperson (Weiß et al., 2013, S. 178) – gleichwohl erleben Lehrpersonen gerade im Förderschulbereich häufig Ohnmacht (Weiß et al., 2013, S. 179), insbesondere, wenn sie mit massiv grenzüberschreitendem oder destruktivem Verhalten von Kindern und Jugendlichen konfrontiert sind. Auch in außerschulischen Feldern stellen sich in der pädagogischen Arbeit mit Kindern und Jugendlichen mit psychosozialen Beeinträchtigungen Ohnmachtserlebnisse ein, nämlich die »Ohnmacht des Erziehers vor den schwierigen Jugendlichen« (Wolf, 2000, S. 139). Feuling (2018) konstatiert in Hinsicht auf sog. Systemsprenger (Baumann, 2012), dass diese die pädagogischen Intuitionen häufig ohnmächtig und hilflos machen. Dies zeigt eindrücklich der Film »Systemsprenger« der Regisseurin Nora Fingscheidt (Fingscheidt & Hartwig, 2019).

Maier-Höfer beschreibt ebenfalls die Angst von pädagogischen Fachpersonen vor der eigenen Hilflosigkeit und dem Nichtwissen, da diese zu einem Machtverlust führen könnten (Maier-Höfer, 2016, S. 241). Herz und Zimmermann postulieren, dass Gefühle der Ohnmacht bei den pädagogischen Fachpersonen »typische Reaktionen auf die Übertragungen schwer belasteter Lernender sind« (Herz & Zimmermann, 2018, S. 164). Aber nicht nur die Fachpersonen, alle an der Interaktion Beteiligten sehen sich bei der Arbeit mit schwer belasteten Klientelen starken psychischen Belastungen ausgesetzt (Zimmermann, 2017b), welche »die pädagogischen Fachkräfte und die Insti-

tutionen [...] vor spezifische Herausforderungen stellen« (Zimmermann, 2017a, S. 35; vgl. Prengel, 2013, S. 83).
Gerade für die Sonderpädagogik ist es indiziert, die schwer belasteten Kinder, die bisher Ungehaltenen, zu halten (Bleher et al., 2014) und hierzu die Macht- und Ohnmachtserlebnisse mitzudenken. Wichtig ist, dass der Umgang mit Ohnmacht nicht nur vom Einzelnen abhängt, sondern auch vom strukturellen Umgang der Institution mit diesen Themen (Dlugosch, 2018, S. 156). Erlaubt die Institution das Auftauchen von Nichtwissen, das Aushalten eines Mangels, der Unsicherheit und des Nicht-Verstehens (Zimmermann, 2018b)? Stellt sie sogar Instrumente zur Verfügung, damit umzugehen?

3.3.1.3 Die (unbewusste) Abwehr der Ohnmacht in der Sonderpädagogik

Manche pädagogischen Fachpersonen versuchen, den möglichen Zustand der eigenen Hilflosigkeit und Ohnmacht nicht anzuerkennen (Schmidbauer, 2002), was psychoanalytisch als Verdrängung aufgefasst werden kann. Aus diesem Grund konzentrieren sie sich häufig auf die Frage, wie man die Entstehung von Hilflosigkeit von vornherein ausschließen kann, wie man sich gegenüber den Jugendlichen besser behaupten kann, womit wir im Problemfeld der Macht sind (Wolf, 2000, S. 139). Macht-Ohnmacht-Eskalationen in der pädagogischen Praxis lösen oft komplexere Dynamiken wie Übertragung, Gegenübertragung und Abwehr der eigenen Hilflosigkeit aus (Herz & Zimmermann, 2018, S. 163; Dörr, 2010).

Wenn eine Jugendliche oder ein Jugendlicher es schafft, die Pädagogin oder den Pädagogen in einen Machtkampf zu verwickeln, sind der Hegelsche Kampf um Anerkennung, bzw. die Positionen von Herr und Knecht nach Kojève (1975), nicht weit entfernt, da es sich um einen Kampf um die Anerkennung der Macht handelt (Feuling, 2018, S. 82f.), der pädagogisch nur Verlierer evoziert (Feuling, 2018, S. 82f.). Jedoch werden, so Schmidbauer, Hilflosigkeit und Ohnmacht häufig nicht einem selbst (Schmidbauer, 1992, S. 16), sondern der Klientel wohlwollend zugestanden (Schmidbauer, 1992, S. 7), da pädagogische Fachpersonen mitunter Schwierigkeiten haben, nicht aus einer Position der vermeintlichen Stärke heraus zu handeln (Schmidbauer, 2002, S. 4f.).

Hinter der vermeintlich selbstlosen Hilfsbereitschaft lassen sich mitunter unbewusste Motive identifizieren, welche nicht so selbstlos, sondern Ausdruck eines Phantasmas der Stärke und Kontrolle, kurz: der Macht, sind. Die pädagogische Fachperson handelt in solchen Fällen aus einer Position der Größe heraus, wenn sie versucht, eine mitunter durchaus wohlwollende Kontrolle über die Klientel zu erwirken und die Bestätigung dafür zu erhalten, dass man selbst eben nicht hilflos ist, womit das Gefühl eigener Ohnmacht weiterhin vermieden und verdrängt werden kann (Mellody, 1991, S. 8). Wenn wiederum die Anerkennung ausbleibt und das Selbstbild der Stärke und Größe bedroht wird, können intensive aggressive Affekte erlebt werden (Mellody, 1991, S. 8). Fengler sieht in den Gefühlen der Macht der helfenden Person ein bedeutendes, meist jedoch verstecktes Motiv (Fengler, 2001, S. 20) – ein Motiv, welches, psychoanalytisch ausgedrückt, dem Unbewussten entstammt. Schmidbauer (2002) charakterisiert diesen »verheimlichten Größenwahn« als »Demonstration eigener Überlegenheit, Macht und Vitalität« (Schmidbauer, 2002, S. 36). Wenn dieses Motiv das maßgebliche Motiv der Berufswahl ist, besteht gerade im Feld der Sonderpädagogik die Gefahr, dass das Gegenüber nur in seiner Hilflosigkeit und Abhängigkeit akzeptiert wird (Schmidbauer, 1992, S. 125), wodurch keine Entwicklung stattfinden kann und die Klientin oder der Klient dyadisch in einer regressiven Position mit der Pädagogin bzw. dem Pädagogen verbunden bleibt.

Aus diesem Grund ist Fengler zuzustimmen, dass die Bedingung der Möglichkeit für eine qualifizierte helfende Tätigkeit das Interesse an eigenen seelischen Vorgängen sein sollte (Fengler, 2001, S. 19). Es besteht ansonsten die Gefahr, dass ohne dieses Interesse die eigene und auch die fremde Psyche eine Black Box bleiben. Auf diese Weise kann das Bestehen eines infantilen »größenwahnsinnigen […] Ideal[s]« (Schmidbauer, 2002, S. 36) eben nicht abgebaut werden, vielmehr wird durch die pädagogische Arbeit die eigene Ohnmacht abgewehrt. Auch Link (2018b) plädiert dafür, dass sich gerade Fachpersonen der Sonderpädagogik mit eigenen Ohnmachts- und Allmachtserlebnissen auseinandersetzen sollten. Schon Zulliger wies auf die Gefahr hin, dass Pädagoginnen und Pädagogen die Macht missbrauchen können (Zulliger, 1961, S. 198), und forderte, dass die angehenden Lehrpersonen sich mit den eigenen psychischen Vorgängen befassen sollten (Zulliger, 1936, S. 345) – diese prinzipielle »Grundhaltung der (Selbst-)Kritik« (Schäper, 2015, S. 77) ist für die sonderpädagogische Arbeit unerlässlich. Frei nach Fraiberg (1975; 2011) lässt sich konstatieren, dass die nicht erinnerte bzw. nicht bearbeitete Vergangenheit von pädagogischen Fachpersonen sich als heimlicher Besuch bzw. als Gespenst im Klassenzimmer oder in der Wohngruppe einnisten und dort unerwünschte und unerkannte Wirkungen evozieren. Indem wir angesichts der Macht unsere eigene Ohnmacht verleugnen, verleugnen wir die Macht selbst bzw. unsere Eingebundenheit in Machtstrukturen, die über uns hinausgehen (Bruder, 2005b, S. 31). Einerseits können wir unsere eigene Ohnmacht anerkennen. Andererseits können wir unsere Ohnmacht auch leugnen und durch Omnipotenzphantasien abwehren (Müller-Göttken, 2016, S. 151).

Es bleibt festzuhalten, dass sich im Feld der Sonderpädagogik sowohl auf Seiten der Fachpersonen als auch auf Seiten der Jugendlichen Macht-Ohnmachts-Erlebnisse einstellen können. Doch wie kann eine Pädagogik des gespaltenen Subjekts die Schwierigkeiten mit den phantasmatischen Idealen der eigenen Macht, die zu negativen Übertragungsphänomen führen können, berücksichtigen? Um diese Frage zu klären, wird im nächsten Kapitel der Subjektbegriff der strukturalen Psychoanalyse unter Einbezug des Phänomens der Macht näher analysiert.

3.3.2 Das Sub-iectum der Macht bei Foucault und in der Pädagogik eines gespaltenen Subjekts

3.3.2.1 Das Sub-iectum der Macht bei Foucault

Foucault, einer der bedeutendsten Theoretiker der Macht, hat Begriff und Phänomen der Macht grundlegend neu gedacht. Gegen ein einseitig monolithisch-hierarchisches Verständnis von Macht hat er die relationale Verstreutheit, die »Mikrophysik der Macht« in ihren vielfältigen Auswirkungen auf das Subjekt und auf Prozesse der Subjektivierung im je Einzelnen erforscht. Foucault hat gezeigt, inwiefern Subjekte eben keine autonomen Instanzen sind, aber trotz ihrer Einbezogenheit in Machtverhältnisse selbst durchaus Macht auszuüben in der Lage sind. Foucault betont explizit, dass der Begriff »Subjekt« zweierlei bedeute: Erstens bezeichnet der Begriff »das Subjekt, das der Herrschaft eines anderen unterworfen ist und in seiner Abhängigkeit steht« (1982/2005a, S. 275). Für Foucault ist das Subjekt gerade »nicht souverän, sondern abhängig« (1969/2001a, S. 1003). Zweitens bezeichnet der Begriff bei Foucault »das Subjekt, das durch Bewusstsein und Selbsterkenntnis an seine eigene Identität gebunden ist« (1982/2005a, S. 275) – in beiden Formen ist es »eine Form von Macht, die unterjocht und unterwirft« (Foucault, 1982/2005a, S. 275) – wobei letzteres durchaus zur Selbstermächtigung führen und somit Subjektivität als Gegenmacht eingesetzt werden kann.

3.3.2.2 Das Sub-iectum der Macht in der Pädagogik eines gespaltenen Subjekts

Der Begriff des »gespaltenen Subjekts« ist ein Grundbegriff der strukturalen Psychoanalyse, genauer von Lacan und bezeichnet die subjektkonstituierende Spaltung durch das sprachlich strukturierte Unbewusste. Das bedeutet, dass der Mensch in ein Bewusstes und ein Unbewusstes gespalten ist, sobald er der symbolischen Ordnung unterworfen ist und hierdurch zu einem sub-iectum (Unterworfenen) wird. Eine Pädagogik des gespaltenen Subjekts erkennt diese allgemeine Subjektspaltung an und berücksichtigt somit den anderen Schauplatz des Unbewussten als maßgeblichen Faktor des Verhaltens und Erlebens.

In der strukturalen Psychoanalyse spielt die Macht eine doppelte Rolle: Erstens ist das Unbewusste die Macht, die unser Erleben und Verhalten maßgeblich determiniert (Bruder, 2005a). Der Mensch ist expressis verbis ein Sub-iectum, ein Unterworfener unter seine unbewussten Wünsche. Zweitens wird anerkannt, dass gesellschaftliche (organisationale) Machtstrukturen einen Einfluss auf das Subjekt haben, ohne dass diese dem Subjekt bewusst werden, da sie primär unbewusst wirken (Bruder, 2005b). Die psychischen Abwehrmechanismen sind nicht einfach negative bzw. negierende Vorgänge, gar nur Ausdruck eines Verbots, sondern weisen »deutliche Parallelen zu den weiter gefassten, eher positiven Machtformen« von Foucault auf (Forrester, 1990, S. 100). Das Unbewusste als der »Diskurs des Anderen« (Lacan, 1955/2016, S. 18), welcher selbst Teil der symbolischen Ordnung ist, der wir unterworfen sind, ist extim, nicht unter Verfügung des bewussten Ichs. Eine Quelle für die »inhaltliche« Ausgestaltung unserer Phantasmen liegt jenseits der Sphäre der individuellen Psyche, nämlich in Kultur und Gesellschaft, weshalb Lacan auch davon spricht, dass das Unbewusste die Politik sei (Lacan, 1965–1966/2017) und eben nicht frei von Phänomenen der Macht ist. Die unbewussten Phantasmen determinieren das Subjekt im großen Umfang (Lacan, 1964/2017, S. 193) und sind nicht nur individuell zu verstehen, sondern es ist die Gesellschaft, die sich hierin einschreibt (Lipowatz, 1998, S. 17; Schmidt, 2010, S. 65). Drittens anerkennt die Pädagogik des gespaltenen Subjekts die menschliche Neigung, sich in Machtverhältnissen zu organisieren, als konstitutives Wesensmerkmal des Menschen. Macht wurde und wird eben in der strukturalen Psychoanalyse nicht als Phänomen allein der psychischen Realität missverstanden, sondern als das Reale der Macht auch anerkannt. Die Pädagogik des gespaltenen Subjekts erkennt nicht nur an, dass viele Menschen einen Herrn und Meister suchen (Lacan, 1996/1970/1991, S. 227ff., vgl. Foucault, 1983/2005b, S. 524), sondern versucht ihnen dies zunächst einmal bewusst zu machen. Daraus kann dann eine Handlungsmacht hervorgehen, die die bzw. den je Einzelnen davor bewahrt, sich einem Herrn und Meister gänzlich auszuliefern.

Es bleibt zu konstatieren, dass wer in unreflektierten Metaphern der Stärke oder Schwäche über das Seelenleben spricht oder durch das Sprechen von einem Streben nach Autonomie primär nur die herrschende Ideologie von Leistung und Macht ungewollt reproduziert, zugleich eine Unbewusstmachung der Macht durch Übernahme ihres Vokabulars vollzieht und hierdurch sowohl die eigene grundlegende Hilflosigkeit und Ohnmacht als auch das Durchwobensein vom Diskurs der Macht verleugnet. In einer Pädagogik des gespaltenen Subjekts wird zum einen die Notwendigkeit des Gesetzes und der Regelung der Sexualität anerkannt. Zum anderen wird eine Gegenmacht als ein Aufscheinen des Moments der Freiheit gerade mitgedacht, da strukturale Psychoanalyse explizit die Subjektwerdung als solche bzw. die Subjektwerdung unter Berücksichtigung der Macht unterstützen möchte. So beschreibt Bruder, dass die pathogenen Auswirkungen der Macht ein Grund seien, eine Analyse zu beginnen (Bruder, 2010, S. 89). Im nächsten Kapitel werde ich aufzeigen, inwiefern Orte der Psychoanalytischen Pädagogik als Gegenmacht aufgefasst werden und den Prozess der Subjektwerdung unterstützen können.

3.3.3 Orte der Psychoanalytischen Pädagogik als Gegenmacht

Foucault versteht unter einem Dispositiv »ein entschieden heterogenes Ensemble, das Diskurse, Institutionen, architekturale Einrichtungen, reglementierende Entscheidungen, Gesetze, administrative Maßnahmen, wissenschaftliche Aussagen, philosophische, moralische oder philanthropische Lehrsätze, kurz: Gesagtes ebensowohl wie Ungesagtes umfasst« (Foucault, 1978, S. 119f.). Zapata Galindo bestimmt im Anschluss an Foucault »Macht als ein Dispositiv von Institutionen, Diskursen und Praktiken, das Herrschaftsverhältnisse reproduziert und Praktiken normiert« (Zapata Galindo, 2006, S. 43). Ein Dispositiv kann die Subjektwerdung oder auch die Desubjektivierung begünstigen (Agamben, 2008, S. 37). Der Begriff »Desubjektivierung« hat ein anderes semantisches Feld als der Begriff »Entsubjektivierung« nach Foucault, da dieser eine Ent-Unterwerfung und in diesem Sinne eine Selbstermächtigung beschreibt (Boger, 2019, S. 181ff.), wohingegen ich mit »Desubjektivierung« im Anschluss an Agamben (2008, S. 39) die pathogenen Effekte der Macht beschreibe, welche der Subjektwerdung gegenüberstehen. Die Subjektwerdung ist das maßgebliche Ziel der Sonderpädagogik, da diese vom Subjekt ausgeht und die Perspektive auf das Subjekt voraussetzt. Orte der Psychoanalytischen Pädagogik wie die *École Expérimentale de Bonneuil* in Bonneuil-sur-Marne, das *Maison Verte* in Paris, die *Fadenspule* und die *Arche die Oase* in Zürich, die Wohngruppe *Hagenwört* in Rottenburg, um nur ein paar Beispiele aus Frankreich, der Schweiz und Deutschland zu nennen, unterstützen mit ihren Dispositiven die Subjektwerdung und arbeiten den desubjektivierenden Tendenzen der Macht entgegen. Im Folgenden werde ich Bonneuil, einen Ort der Inklusion im engeren Sinne, der deshalb besonders für die Sonderpädagogik relevant ist, unter dem Aspekt der Gegenmacht vorstellen.

Mannoni versuchte, den desubjektivierenden Auswirkungen der Macht etwas entgegenzusetzen und gründete, gemeinsam mit anderen, die Schule von Bonneuil, einen inklusiven Ort für sog. Systemsprenger verschiedenster Art, an dem Psychoanalytische Pädagogik verwirklicht wurde. Sie postulierte, dass psychische Störungen immer auch im Zusammenhang mit gesellschaftlichen Machtverhältnissen gesehen werden müssen (Mannoni, 1976/1978, S. 244). Widerstände gegen eine pädagogische Institution stehen wiederum häufig ebenfalls »im Dienste der Macht« (Lefort, 1987, S. 189f.), da aufgrund der Macht der Institution über die Erziehung der Kinder die Eltern der Kinder sich ausgeschlossen fühlen können, während sie gerne selbst diese Macht hätten (Klauß, 2000, S. 5).

Hinsichtlich der Machtphantasien ist mit Feuling zu konstatieren, »dass die Anerkennung der Beschränkung der eigenen Macht nur über den Umweg der Wahrnehmung und Anerkennung der Nicht-Omnipotenz und Nicht-Willkürlichkeit der anderen […] führen kann« (Feuling, 2018, S. 90). Diese Dialektik der Anerkennung und Enthierarchisierung betrifft professionelle Betreuende und Institutionen ebenso wie Eltern – und die Kinder sowieso. Gerade bei Lernenden mit psychosozialen Beeinträchtigungen ist es für deren psychische Entwicklung grundlegend, »nicht zwischen den beiden Extremen von Macht und Ohnmacht zu schwanken« (Heinemann, 1992, S. 78), da diese häufig familiäre Ohnmachtserlebnisse erlitten haben (Sutterlütty, 2003, S. 207). Aufgrund dieser Einsicht ist ein spezifischer Umgang mit Ohnmacht indiziert: Es gilt, den eigenen, fremden und institutionellen Mangel, die eigene, fremde und institutionelle Nicht-Omnipotenz anzuerkennen und hierdurch auf Herrschaftsansprüche zu verzichten (Lipowatz, 1998, S. 10).

Das Konzept der Schule von Bonneuil als gesprengte Institution ist ein radikaler Gegenentwurf zu totalen Institutionen im Sinne von Goffman (Brunner, 1984, S. 22). In Bonneuil sind »einsperren, bevormunden und drangsalieren« (Perner, 2000, S. 83) gerade nicht Mittel der Wahl. Die Selbstverwaltung durch die Kinder und Jugendlichen und die eigene Gestaltung des Alltags sind wichtige institutionelle Merkmale. Die Mitarbeiterinnen und Mitarbeiter sind gerade keine Agentinnen und Agenten einer organisationalen Macht im Sinne einer totalen Institution, sondern sind »Träger einer Suche, so verrückt und verwirrt sie auch sein mag [...] [damit] das Kind seinen eigenen Weg entdecken« kann (Mannoni, 1973/1987, S. 240). Das Subjekt soll nicht im Sinne einer statischen Identität fixiert werden, vielmehr wird die Subjektwerdung auch dadurch unterstützt, dass den unbewussten Konflikten und den Symptomen ein Raum gegeben wird, in dem sie anerkannt werden und sich ereignen können – hierdurch erfolgt eben keine Normierung und Pathologisierung und die Subjektwerdung erfolgt als ein gespaltenes Subjekt (Allouch, 2014, S. 30f.).

Eine Fokussierung auf die Symptome, wie sie in behavioristischen und medizinischen Dispositiven mitunter noch vorkommt, ist für Mannoni eine Zurückweisung des Kindes bzw. der oder des Jugendlichen (Mannoni, 1964/1972, S. 9) und bringt das Subjekt zum Verstummen. Der Film »Systemsprenger« (Hartwig & Fingscheidt, 2019) zeigt, dass häufig in der Pädagogik zwar mit den Augen auf die Symptome geschaut, aber nicht mit den Ohren gehört wird. Hierdurch wird der innere Leidensdruck überhört und man beschränkt sich allzu häufig nur auf disziplinarische Machtmaßnahmen. Dabei kommt es auf die Ohren an, die zuhören, und nicht nur auf die Maßnahmen, die man ergreift. Die gesprengte Institution nach Mannoni als ein Ort des Hörens könnte ein angemessenerer Ort für Systemsprenger sein als Orte, an denen die Symptome und mögliche Maßnahmen im Vordergrund stehen.

3.3.4 Ausblick: Orte der psychoanalytischen (Sonder-)Pädagogik als Orte des Sprechens und Hörens

Eine Sonderpädagogik, die anfängt Risse zu bekommen und sich neu auf ihre eigenen machttheoretischen Annahmen hin befragt, die immer auch eines sind: ein Diskurs über die Wahrheit des Subjekts, anerkennt das Subjekt, seinen Mangel und seine Spaltungen. Auf diese Weise wird das produktive Potential dieses unmöglichen Berufs (Freud, 1937c) nutzbar gemacht. Es wird nicht von einer pädagogischen Allmacht ausgegangen, sondern vom Mangel des Subjekts (Mannoni, 1973/1987, S. 214). Die Psychoanalyse liefert als eine mögliche Referenzdisziplin der Sonderpädagogik ein Angebot zur Professionalisierung im Sinne Tenorths, nämlich »um sich selbst und seine Arbeit im Spiegel des Anderen zu sehen« (Tenorth, 2006, S. 592). Dieses ist gerade angesichts der Phänomene Ohnmacht und Hilflosigkeit indiziert, da diese sowohl als überaus toxische Emotionen gelten (Verhaege, 2014, S. 196) als auch charakteristisch für Fachpersonen der Sonderpädagogik sind (Venheule & Verhaege, 2004). Es kann für Institutionen der Sonderpädagogik nicht primär darum gehen, eine Apotheose von Bonneuil vorzunehmen – was wiederum selbst ein Beleg für eine Sehnsucht nach Kontrollierbarkeit der Macht wäre. Vielmehr geht es darum, gesellschaftliche und subjektive Macht- und Herrschaftsstrukturen permanent infrage zu stellen und jeweils auch pädagogische Interventionen außerhalb der Norm zu wagen (Geoffroy, 2019, S. 669) um die Subjektwerdung zu unterstützen. Hierbei kann die Psychoanalyse helfen, da das Sprechen über Macht in pädagogischen Einrichtungen oftmals zu antagonistischen ideologischen Positionen führt und nicht zu einer Reflexion einer konkreten Situation (Maier-Höfer, 2016, S. 209). Eine Pädagogik des gespaltenen Subjekts impliziert nicht unbedingt Begegnungen »auf Augenhöhe«, die oft nur dem Anschein nach Machtverhältnisse einschränken, sondern, wenn man so sagen kann, auf »Ohrenhöhe«, was durchaus Unbestimmtheiten und Inkonsistenzen inkludiert.

Erziehung im Sinne einer Psychoanalytischen Pädagogik besteht nicht darin, das Subjekt den bestehenden Verhältnissen unkritisch anzupassen. Die psychoanalytische Perspektive setzt beim Begehren der Subjekte an, welches oft durch die Symptome verschüttet ist. Indem Subjekte – heranwachsende wie erwachsene – ihr eigenes Begehren anerkennen und angemessen artikulieren, »finden sie dann auch einen Platz innerhalb der Gesellschaft. Innerhalb der Gesellschaft oder an ihrem Rand« (Mannoni, 1976/1978, S. 20). Mannoni fasst diese Haltung pointiert zusammen: »Erziehung ist dann erfolgreich, wenn der Jugendliche (ohne dass er eine Hospitalisierung befürchten müsste) sagen kann: Ihr habt euch geirrt, wir wollen eure Welt nicht« (Mannoni, 1973/1987, S. 240). Der Ort psychoanalytischer (Sonder-)Pädagogik ist keine dauerhafte Bleibe, vielmehr ein Durchgangsort, der »zurückgewiesen und ausgespuckt werden« (Mannoni, 1976/1978, S. 20) muss – und somit einer symbiotischen Verschmelzung entgegenwirkt.

3.3.5 Rückblick und Ausblick

Zuerst zur dritten Frage im Kapitel 3.1, welche Rollen Macht und Ohnmacht aufseiten der sonderpädagogischen Fachpersonen und aufseiten der Klientel spielen: Sonderpädagogische Fachpersonen sind, wie gezeigt, in ihrem praktischen Tun im besonders großen Ausmaß Macht- und Ohnmachtsphänomenen ausgesetzt. Die Arbeit mit einer herausfordernden Klientel wie Kindern und Jugendlichen mit psychosozialen Belastungen bringt Fachpersonen an die Grenzen der pädagogischen Handlungsfähigkeit und konfrontiert sie zum einen mit der eigenen Ohnmacht und Hilflosigkeit. So betont Prengel die häufige Ohnmacht von pädagogischen Institutionen und Fachpersonen im Umgang mit dieser Klientel (Prengel, 2013, S. 83). Zum anderen werden die Fachpersonen aber auch mit fremder Ohnmacht und Hilflosigkeit konfrontiert, denn seitens der Kinder und Jugendlichen spielen Ohnmacht und Hilflosigkeit eine bedeutende Rolle. Sutterlütty zeigt in einer Studie über Jugendliche mit psychosozialen Belastungen, welche diese Belastungen gewalttätig ausagieren, dass das Erleben dieser Jugendlichen häufig von Ohnmachtserfahrungen innerhalb der Familie geprägt war (Sutterlütty, 2003, S. 207). Als Abwehr der eigenen Ohnmacht und des Nichtanerkennens der eigenen Hilflosigkeit kann also vonseiten der Jugendlichen ein aggressives Ausagieren auftreten. Bei den Fachpersonen kann die Abwehr der eigenen Ohnmacht und Hilflosigkeit zu drakonischen Strafen oder hartem Durchgreifen führen (Heinemann, 1992, S. 78), da man so der eigenen Ohnmacht im Sinne einer Verkehrung ins Gegenteil vermeintlich entfliehen kann. Die Gefahr besteht, dass die eigenen Machtphantasien auf der Seite der Helfer nicht anerkannt werden: »Diese Kollegen, die der Sonne auf ihrem Höhenflug blinder Allmachtsphantasien zu nahe gekommen sind und sich dabei versengt und entehrt haben, sind uns viel ähnlicher, als uns lieb sein mag« (Gabbard, 2003/2007, S. 121).

Zur vierten Frage im Kapitel 3.1, was mögliche struktural-psychoanalytische Zugangsweisen zu dem Phänomen der Macht und Ohnmacht sind und welche Umgangsweisen auf Basis einer Pädagogik des gespaltenen Subjekts indiziert sind, ist Folgendes festzuhalten: Die Pädagogik des gespaltenen Subjekts erkennt den konstitutiven Mangel als eine produktive Form der Unmöglichkeit an und eignet sich hierdurch im besonderen Maße, die eigene und fremde Hilflosigkeit und Ohnmacht und zugleich die pädagogischen imaginären Omnipotenzphantasien von pädagogischen Fachpersonen zu reflektieren und so die Wirkkraft des Imaginären zu durchbrechen. Dieses bedeutet, dass es sowohl vonseiten der Fachperson als auch seitens des Dispositivs einer Organisation notwendig ist, Ohnmacht anzuerkennen, damit toxische Wirkungen von Macht und Ohnmacht vermindert werden können.

An dieser Stelle sei auf die berechtigte psychoanalyseinterne Kritik von Person (2001) hingewiesen, dass die Psychoanalyse es versäumt habe, das Konzept der Macht in ihre Theorie zu integrieren, und zwar, weil sie die Macht verleugnet habe. Dabei sei es unbedingt notwendig, die eigene Beziehung zur Macht zu kennen, da die eigenen Phantasmen der Macht sich ansonsten negativ auf die konkrete psychoanalytische Arbeit auswirken und versucht wird, das Unbewusste zu beherrschen und den Analysanden zu normalisieren, wie Parin und Parin-Matthèy beschreiben:

> Jeder, der sie [die Psychoanalyse] ausübt, muß die eigenen Machtgelüste kennen, das narzißtische Bedürfnis, Macht über andere auszuüben, und seine eigenen Allmachtsansprüche aus dem Unbewußten, muß diese bei seinen Analysanden wahrnehmen und vor allem durchschauen, wenn sich aus der Übertragung auf seine Person die Verführung ergibt, eine aggressive, auch narzißtisch befriedigende Macht über den Analysanden auszuüben. [...] In den Analysen besteht die größte Versuchung zur blinden Ausübung von Macht im Rahmen der sogenannten positiven Gegenübertragung. Der Wunsch, Analysanden rasch von quälenden Symptomen zu befreien, ein gestörtes Verhältnis zu Beziehungspersonen, zur Arbeits- und Berufswelt zu normalisieren, mag beim Analytiker zur Bestechung seines Überichs und zur Skotomisierung seiner Machtansprüche einschließlich seines Allmachtswunsches, alles zu heilen, beitragen. Er wird dann nichts anderes leisten als Eltern, »die immer das Beste gewollt« haben, und wird Gefahr laufen, den analytischen Prozeß zu stören, um Anpassung an eigene Erwartungen – einschließlich sozialer Anpassung – zu erzielen. (Parin & Parin-Matthèy, 1983, S. 18)

Diese Kritik von Person (2001) hinsichtlich der Verleugnung der Macht durch die Psychoanalyse trifft jedoch nicht auf die Psychoanalyse in toto zu, sondern insbesondere auf solche Spielarten der Psychoanalyse, die prominent von einer vermeintlichen »Ich-Stärke« oder »Ich-Schwäche« (Kernberg, 1993), von »Autonomie-Streben« oder »Anpassung« sprechen. In der Ich-Psychologie wird das autonome Ich in das Zentrum der Analyse gestellt und auch als starkes oder angepasstes Ich bezeichnet. Autonom sei das Ich dann, wenn eine Identifikation mit dem starken Ich der Psychoanalytikerin oder des Psychoanalytikers erfolgt. Gießner problematisiert ebenfalls den verleugnenden Jargon der Macht bei psychoanalytischen Begriffen wie bspw. dem des Autonomie-Strebens (Gießner, 2001). Die Annahme eines autonomen Ich wird von Jakoby als »Substrat der Illusion des autonomen und privaten bürgerlichen Individuums« bezeichnet (Jakoby, 1975, S. 966).

Grundlegend für den Umgang mit Macht und Ohnmacht in einer Pädagogik des gespaltenen Subjekts ist folgende Haltung: »Wir bemühen uns um eine Erhellung der unbewussten Vorgänge und Phantasien, die das pädagogische Tun unterminieren« (Cifali & Moll, 1995, S. 69). Durch eben diese Reflexion, durch die Symbolisierung der unbewussten Phantasmen von Macht und Ohnmacht, verlieren diese an Wirkmacht und unterminieren weniger das pädagogische Handeln. Diese Symbolisierung und Erhellung dieser Phantasmen kann, wie die lacanianische Psychoanalytikerin und Erziehungswissenschaftlerin Herfray treffend bemerkt, »zum Verzicht auf die Handlungen [führen], die sich daraus ergeben könnten« (Herfray, 1993, S. 10). Diese Haltung der strukturalen Psychoanalyse und der Pädagogik des gespaltenen Subjekts führt zu einer »unerträgliche[n] und unerbittliche[n] Hellsicht« (Herfray, 1993, S. 10), es werden »Diskurse und Machtverhältnisse [...] stark hinterfragt« (Weber, 2015, S. 191), weswegen die Psychoanalyse und Psychoanalytische Pädagogik als subversiv erscheinen (Weber, 2015, S. 191). Die Anerkennung der Dialektik des Gesetzes und des Begehrens bedeutet, sich gerade nicht »den Fetischen der Macht und der Sicherheit unterzuordnen« (Lipowatz, 1998, S. 147), sondern die traditionellen Herrschaftssysteme infrage zu stellen.

Ein häufig geäußerter Vorwurf von Berufsanfängerinnen und -anfängern im Feld der Schulpädagogik ist, dass die akademische Ausbildung sie nicht für die Unsicherheiten im pädagogischen Alltag vorbereitet habe (Britzmann, 2009, S. 39). Dieses lässt mitunter den Wunsch nach einem pädagogischen Werkzeugkasten, mit dem man in jeder Situation die Oberhand und Kontrolle behalten kann, virulent werden. Eine Pädagogik des gespaltenen Subjekts verfügt jedoch nicht über einen solchen psychoanalytisch-pädagogischen Werkzeugkasten. Der Wunsch nach einem solchen Werkzeugkasten ist selbst wiederum der Ausdruck eines Phantasmas der Macht und Ohnmacht. Vielmehr ist eine Psychoanalytische Pädagogik eine Pädagogik der Unsicherheit (Britzmann, 2009, S. 38) und hilft, die Hilflosigkeit und Ohnmacht anzuerkennen und auszuhalten.

Wichtig für ein Anerkennen der Hilflosigkeit und Ohnmacht in der pädagogischen Arbeit ist eine strukturelle beziehungsweise institutionelle Einbindung, die beim Aushalten der eigenen und fremden Hilflosigkeit und Ohnmacht hilft. Das Dispositiv einer pädagogischen Institution muss eben diese Einbindung auf Organisationsebene mitberücksichtigen, es müssen Möglichkeiten des Sprechens geschaffen werden, in denen, ohne dass Stigmatisierungen wie Vorwürfe der Unprofessionalität oder Schwäche erfolgen, offen über das Erleben der Ohnmacht und Hilflosigkeit gesprochen werden kann. Dieses Sprechen ermöglicht aus der Perspektive der strukturalen Psychoanalyse Vorformen der Symbolisierung, wodurch die Phantasmen der Macht und Ohnmacht nicht mehr im Realen als Symptom in der pädagogischen Arbeit auftauchen wie z.B. in Form von harten Strafen als Abwehr der eigenen Ohnmacht.

Zur fünften Frage im Kapitel 3.1, wie ein Dispositiv einer strukturalen Psychoanalytischen Pädagogik als Gegenmacht die Subjektwerdung unterstützen kann, sei zuerst als Kontrast zu Bonneuil, einem Ort der Psychoanalytischen Pädagogik, der die Ohnmacht der Subjekte anerkennt, auf Goffmans Konzept der totalen Institution (1973) hingewiesen. Goffman (1973, S. 16) unterscheidet grosso modo fünf verschiedene Arten der totalen Institution nach deren Funktionen, wovon für die Pädagogik bei Verhaltensstörungen die erste und zweite Kategorie, die Anstalten der Fürsorge, zumindest in gemilderter Form (Perner, 2000), relevant sind. So charakterisiert die Forschungsgruppe »Menschen in Heimen« Heime ganz im Sinne einer totalen Institution folgendermaßen: »Sie vereinigt oft alle Bedürfnisse unter einem Dach, beschneidet die anthropologische Weltoffenheit des Menschen; sie erfasst einen Menschen nicht nur hinsichtlich einer spezifischen Behinderung, sondern total« (Dörner et al., 2001, S. 7). In einer sogenannten totalen pädagogischen Institution im Sinne Goffmanns (1973) herrscht eine Aufhebung der sonst üblichen Trennung der Orte, so verschmelzen z.b. Freizeit und Schule und dieselbe Macht kontrolliert als »grundlegende soziale Ordnung« (Goffman, 1973, S. 17) fast alle Bereiche des Zusammenlebens. Ebenfalls gibt es starke Unterschiede zwischen »unteren« und »oberen Diensträngen«. Es sind in der Regel die vermeintlich »einfachen« Angestellten, die strafen, wohingegen höhere Hierarchieebenen noch als gütige Verwalter aufgefasst werden können, die als Repräsentantinnen bzw. Repräsentanten der Institution in engem Kontakt zur Gesellschaft stehen (Goffman, 1973, S. 120). Ein möglicher Machtmissbrauch wird auf diese Weise nicht der Institution zugeschrieben, sondern einer einzelnen Person, wodurch von den Mitarbeitenden als auch von den zu Betreuenden ausgeblendet wird, dass die gesamte Situation toxisch sein kann und die Macht der Situation größer ist als die Macht des Subjekts (Zimbardo, 2008).

Für einen anderen Diskurs, den Diskurs der Behindertenpädagogik, konstatieren Jantzen (1997) und auch Klauß (2000), dass Institutionen der Behindertenhilfe häufig durch hierarchische und autoritäre Machtstrukturen gekennzeichnet sein. Diese Machtstrukturen können »pathologische [...] und sklerotische [...] Effekte« (Roedel, 1986, S. 117) evozieren und zu Gewalt und Hass führen (Mannoni, 1973/1987, S. 71). Hieraus folgt aber nicht, wie beispielsweise Basaglia in seinem Werk *Die negierte Institution oder die Gemeinschaft der Ausgeschlossenen* (1971) fordert, solche Institutionen abzuschaffen, sondern sie infrage zu stellen und ihnen eine neue Funktion zu geben (Geoffroy, 2019, S. 187).

Mannoni stellt hingegen das Subjekt mit seinem Begehren ins Zentrum und hinterfragt »die Abhängigkeiten, in denen das Subjekt ist« (Mannoni 1973/1987, S. 41). Dabei kritisiert sie die traditionelle Pädagogik, die das Ziel »einer Anpassung an die bestehende Gesellschaft« (Mannoni 1973/1987, S. 41) verfolge. Ein möglicher Einwand, dass die strukturale Psychoanalyse die Subjektwerdung nicht unterstützen könne, da der Subjektbegriff der strukturalen Psychoanalyse das Subjekt negiere, fußt auf einem Missverständnis. Es ist nicht die Intention Lacans, das Subjekt abzuschaffen, vielmehr weist Lacan selbst nach dem Vortrag Foucaults »Was ist ein Autor?« explizit darauf hin, dass es ihm »nirgendwo um die Negation des Subjekts geht. Es geht um die Abhängigkeit des Subjekts, was etwas ganz anderes ist« (Foucault, 1969/2001b, S. 1041). Eben diese Abhängigkeiten des Subjekts zeigen sich auch in der Beziehung des Subjekts zur Macht und werden von der strukturalen Psychoanalyse nicht ausgeklammert, sondern stehen im Zentrum des Subjektbegriffs. In der Regel wird das Subjekt nicht gemäß seinem Begehren erzogen, sondern gemäß dem, was die jeweilige gesellschaftliche Ordnung für erstrebenswert hält: »Die Pädagogik und Medizin haben die Aufgabe, den Körper von der Kindheit an auf die Zukunft vorzubereiten, die das gesellschaftliche Leben für ihn ausersehen hat« (Stevenin et al., 1987, S. 219).

Verdichtungen

Es ist von grosser Relevanz, dass insbesondere pädagogische Fachpersonen im Feld der Pädagogik bei Verhaltensstörungen, sich vor dem Berufseinstieg darauf vorbereiten, dass sie in der konkreten *pädagogischen Arbeit mit Macht und Ohnmacht* konfrontiert sein werden – sowohl mit ihrer eigenen als auch mit der von den Kindern und Jugendlichen und ihren Bezugspersonen. Es gilt, die eigene Ohnmacht und Hilflosigkeit in bestimmten Situationen anzuerkennen, man kann nicht jede herausfordernde pädagogische Situation meistern und der oftmals so sehnlich herbeigewünschte pädagogische Werkzeugkasten existiert nicht. Hier ist es wichtig, dass im Team und in der Institution ein Klima geschaffen wird, in dem nicht das »Meistern« von Situationen im Vordergrund steht, sondern eine Akzeptanz der eigenen Hilflosigkeit und derer der anderen pädagogischen Fachpersonen – eine Akzeptanz, die implizieren sollte, dass man über seine eigene und fremde Hilflosigkeit offen sprechen kann. In der pädagogischen Arbeit mit Kindern und Jugendlichen kann durch das Anerkennen von deren Hilflosigkeit und Ohnmacht die Eskalationsspirale durchbrochen werden. Man entkommt der negativen Gegenübertragung, da man nun eher anerkennen kann, dass das mitunter gewalttätige Agieren von den eigenen Ohnmachtserfahrungen der Kinder und Jugendlichen ausgelöst wird.

Macht- und Ohnmachtserlebnisse werden im Feld der Pädagogik nicht nur gewalttätig ausagiert, sondern zeigen sich beispielsweise in vielen pädagogischen Alltagssituationen wie im kindlichen Spiel: »Vor allem das kleine Kind, das völlig machtlos seinen Eltern und der Umwelt ausgeliefert ist, hat im Spiel die Möglichkeit, seine eigene Ohnmacht für kurze Zeit zu vergessen und sich eine irreale Spielwelt nach seinen Bedürfnissen und Wünschen aufzubauen. […] Das Kind als Spieler fühlt sich als Herrscher über die Situation« (Komor, 2010, S. 45). Nachdem nun Macht und Ohnmacht und deren Auswirkungen auf die sonderpädagogische Praxis auf Seiten der Erziehenden und vonseiten derjenigen, die erzogen werden sollen, erörtert wurden und hiermit von der Macht des Unbewussten Rechenschaft abgelegt worden ist, wird das nächste Kapitel ebenfalls die Macht des Unbewussten erörtern, genauer die Macht des Unbewussten im Spiel. Diese zeigt sich eben darin, dass im Spiel selbst unbewusste Wünsche ausgedrückt und verarbeitet werden (Marinopoulos, 2012; Hamad, 2001).

4 Ausgewählter Förderbereich einer Pädagogik des gespaltenen Subjekts: Das freie und regelgebundene Spiel und seine entwicklungspsychologischen Funktionen

4.1 Forschungsfragen

In diesem Kapitel wird das Spiel als ein ausgewählter Förderbereich einer Pädagogik des gespaltenen Subjekts vorgestellt. Hierbei wird auf das freie und regelgebundene Spiel und seine entwicklungspsychologischen Funktionen eingegangen. Gesamthaft soll dieses Kapitel eine konzeptuelle Grundlage des Spiels auf Basis der strukturalen Psychoanalyse formulieren. Folgende Hauptfragen leiten die Analyse des infantilen Spiels mit der psychoanalytischen Entwicklungstheorie von Françoise Dolto und Jacques Lacan als Referenzrahmen:

1. Warum spielt ein Kind und welche Rolle spielen dabei der Affekt Angst und die Triebstruktur? Da Spielen eine anthropologische Konstante ist, gilt es zuerst einmal zu klären, was die Motive des Spiels sind. Die Psychoanalyse räumt insbesondere dem Affekt der Angst eine bedeutende Rolle für das Motiv des Spielens ein. Die Frage ist jedoch, ob das Spiel dazu dient, die Angst abzuwehren, oder ob es die Angst ist, die das Kinderspiel in Gang setzt? Bei der Beantwortung dieser Frage werden auch die typischen Kinderängste in eine Beziehung zum Spiel gesetzt.
2. Wie hängt die Subjektwerdung mit dem Spiel zusammen? Diese zweite Frage zielt darauf ab, wie die verschiedenen Phasen der Subjektwerdung sich auch im Spiel zeigen, ja mitunter durch das Spiel initiiert werden. Hierzu werden, beginnend mit dem Baby, welches den Mund als erstes Welterschließungsorgan verwendet, das freie Spiel und später ebenfalls das regelgebundene Spiel in Bezug gesetzt zu den verschiedenen Entwicklungsstadien des Subjekts.
3. Gibt es einen Zusammenhang zwischen der Entwicklung des infantilen Spiels und der Sprachentwicklung und falls ja, wie sieht dieser aus? Da die Sprache und das Sprechen für die strukturale Psychoanalyse eine grundlegende Rolle einnehmen – es wird von dem Axiom ausgegangen, dass das Unbewusste wie eine Sprache strukturiert sei – ist der dritte Schwerpunkt der Zusammenhang des Kinderspiels mit der Sprachentwicklung.

Spielen ist eine elementare menschliche Tätigkeit – zu allen Zeiten und in allen Kulturen wurde und wird gespielt. Aus diesem Grund ist die Spielforschung ihrem Wesen nach eine interdisziplinäre Forschung: Anthropologie, Philosophie, Kulturwissenschaften, Psychologie und Psychoanalyse sind, neben der Pädagogik, nur einige der vielen Disziplinen, die das Spiel erforschen. So postulierte der Kulturhistoriker Huizinga sogar, dass der Mensch als solcher dadurch gekennzeichnet sei, dass er ein »homo ludens« sei und »Kultur in Form von Spiel entsteht« (Huizinga, 2013). Auch der Denker und Dichter Friedrich Schiller sah das Spiel als eine ausgezeichnete Möglichkeit des Menschseins an: »Der Mensch spielt nur, wo er in voller Bedeutung des Worts Mensch ist, und er ist nur da ganz Mensch, wo er spielt« (Schiller, 1795/1992, S. 614).

Da alle Menschen auf die eine oder andere Weise spielen, ist das Spiel schon seit langer Zeit im deutschsprachigen Raum Gegenstand (sonder-)pädagogischer Theoriebildung und Praxis (vgl. Heimlich, 2014, S. 176). Bereits der Pädagoge Fröbel maß den Kinderspielen eine grundlegende Rolle für die Entwicklung und Erziehung bei: »Spiel ist die höchste Stufe der Kindesentwicklung« (Fröbel, 1826/1982, S. 38). Auch sieht er das Spiel nicht als ein bloßes Spiel, sondern zugleich auch als Ausdrucksmedium des Kindes an: »Das Spiel ist ein Spiegel des Lebens, des eignen und des Fremdlebens, des Innen- und Umlebens« (Fröbel, 1838/1982a, S. 35) – ein Umstand, an dem die Diagnostik und auch psychoanalytische Spielforschung anknüpfen wird.

Das Spiel ist neben manchen Orten des verwirklichten inklusiven Lernens einer der wenigen Orte, an dem Kinder mit und ohne sonderpädagogischen Förderbedarf miteinander interagieren. Mit den zunehmenden Inklusionsbemühungen wird es in der Sonderpädagogik mehr und mehr an Bedeutung gewinnen, weshalb es für die Sonderpädagogik ein ausgewählter Förderbereich (vgl. Stein 2019, S. 276) ist. Umso mehr ist es für die Sonderpädagogik indiziert, das spielende Subjekt in seiner Gänze zu erfassen und sich nicht nur auf beobachtbares Verhalten zu beschränken oder nur das bewusste Erleben einzubeziehen. Eben diesen Einbezug des Subjekts des Bewussten und Unbewussten leistet die Psychoanalyse respektive die psychoanalytische Spieltheorie.

Das Kinderspiel ist von hoher Relevanz für die soziale, emotionale und kognitive Entwicklung (vgl. Gingelmaier et al., 2020; Christie & Johnsen, 1983) und die »Einbeziehung des kindlichen Spiels in sonderpädagogische Förder- und Therapieangebote hat eine lange Tradition« (Heimlich, 2014, S. 176). Leider wird das Spiel in der Sonderpädagogik oft nur instrumentell zur Erreichung der Förder- oder Therapieziele verwendet. Hierbei besteht die Gefahr, dass nicht das Subjekt selbst mit seinem Begehren im Zentrum steht, sondern die erwünschten Wirkungen: »Eine externe Steuerung des kindlichen Spiels durch vorgegebene Förder- und Therapieangebote ohne Einbeziehung der Themen von Kindern und ohne deren Einflussmöglichkeiten können die spezifische Qualität des kindlichen Spiels zerstören« (Heimlich, 2014, S. 177).

Das kindliche Spiel ereignet sich häufig in pädagogischen Alltagssituationen wie im Kindergarten oder auf dem Pausenhof und ist zunächst ein Medium, in dem die Fachperson mit den Kindern in Kontakt treten kann (vgl. Stein, 2019, S. 278). Das Spiel ist nicht nur ein Kontaktmedium, sondern, wie der Traum, eine Via Regia zum Unbewussten. Aus diesem Grund eignet es sich besonders gut für eine Pädagogik des gespaltenen Subjekts, welche als Ziel hat, die Manifestationen dynamisch-unbewusster Prozesse im pädagogischen Alltag zu erschließen. Dem Plädoyer von Gingelmaier, Schwarzer und Schiefele, welche das Spielen mit Kindern als »anthropologische Konstante, zeitlos grundlegend« bezeichnen (Gingelmaier et al., 2020, S. 63), schließt sich dieser Beitrag an. Schiefele, Menz, Schwindt und Gingelmaier wenden die Psychoanalyse auf das Spiel an und arbeiten mit Gewinn Mentalisierungsaspekte im Spielkontext anhand von Praxisbeispielen heraus (Schiefele et al., 2020, S. 99f). Sie zeigen hierbei, wie die psychodynamische Mentalisierungstheorie auf das freie Spiel im Frühbereich angewendet werden kann (Gingelmaier, et al., 2020). Im Gegensatz hierzu wird der vorliegende Beitrag nicht den psychodynamischen Ansatz der Mentalisierungstheorie auf das Spiel anwenden, sondern innerhalb des psychoanalytischen Theoriekorpus primär den Ansatz der strukturalen Psychoanalyse und sich hierbei nicht nur auf das freie Spiel beschränken, sondern auch das regelbezogene Spiel einbeziehen. Insgesamt wollen die Überlegungen dieses Kapitels Pionierarbeit leisten, um grundlegend eine Theorie des Spiels aus Perspektive der Pädagogik eines gespaltenen Subjekts zu entwickeln. Hierzu kommt die strukturale Psychoanalyse als Referenzdisziplin zur Anwendung – ein Ansatz, der im deutschsprachigen Raum in der Spielförderung und Spielforschung bislang völlig unbekannt ist.

Affekte spielen für das Spiel eine grundlegende Rolle, wobei insbesondere der Affekt der Angst zentrale Bedeutung zukommt, wie Gingelmaier, die Forschungen Winnicotts zusammenfassend, betont: »Nach Winnicott ist Angst als Teil des kindlichen Spiels häufig sogar das zentrale Thema« (Gingelmaier et al., 2020, S. 70). Spiele können als »Bewältigungs- oder Verarbeitungsmöglichkeiten« von Angst dienen (Gingelmaier, et al., 2020, S. 70). Diesem zentralen Affekt der Angst wird im Folgenden nachgegangen und die Funktionen des basalen Affekts Angst für das infantile Spiel im Speziellen und für die kindliche Entwicklung im Allgemeinen untersucht. Dabei wird aus Sicht der strukturalen Psychoanalyse auch erörtert, ob und inwiefern das kindliche Spiel, wie von Freud postuliert, eine Form der Angstabwehr darstellt oder ob, im Sinne Lacans, es die Angst ist, die das kindliche Spiel initiiert.

Gingelmaier, Schwarzer und Schiefele konstatieren, die empirischen Forschungsergebnisse von Fonagy zusammenfassend, dass davon auszugehen ist, dass »der Aufbau der Symbolisierungsfähigkeit ebenfalls eng mit dem Aufbau von Affektregulierung verbunden« sei (Gingelmaier et al., 2020, S. 68). Diesen Zusammenhang des Spiels mit Sprache und affektiver Entwicklung hebt auch Bittner im gleichnamigen Aufsatz *Sprache und affektive Entwicklung* hervor (Bittner, 1969). In Spielkontexten wird häufig symbolisiert, was aus Perspektive der strukturalen Psychoanalyse eine bedeutende Rolle für den Spracherwerb hat (vgl. Marinopoulos, 2012). Auch der Sprachbehindertenpädagoge Schiefele hebt hervor, dass es »einen erwerbsspezifischen Verbindungspol zwischen sprachlich-kommunikativen Fähigkeiten und spielerischen Handlungen von Kindern« gebe (Schiefele, 2020, S. 83). Für eine gesellschaftliche Teilhabe ist der Spracherwerb von fundamentaler Bedeutung. Aus diesem Grund haben die Sprache und das Sprechen eine starke Relevanz für die Sonderpädagogik und es ist ihre Aufgabe, das Subjekt zu unterstützen, damit dieses zu Sprache kommen kann:

> In den ersten Lebensjahren geht es nicht darum, sich bestimmte Kulturtechniken anzueignen und damit den Altersgenossen beim Kampf um die sozialen Aufstiegschancen um eine Nasenlänge vorauszusein, sondern darum, jene grundlegenden Persönlichkeitsdispositionen zu erwerben, die eine spätere erfolgreiche Teilnahme am Leben der Gesellschaft überhaupt erst ermöglichen. (Bittner 1988, S. 14)

Am Beispiel der Sprachentwicklung wird in diesem Kapitel aufgezeigt, wie das kindliche Spiel als Motor der psychischen Entwicklung fungiert. Dieses insbesondere deshalb, weil die Sprache und das Sprechen in der strukturalen Psychoanalyse eine besondere Rolle spielen. Eine Gemeinsamkeit des Ansatzes der strukturalen Psychoanalyse ist, dass das Unbewusste wie eine Sprache strukturiert ist (vgl. Lang, 1986). Dabei wird auch dargelegt, wie die Subjektwerdung mit dem Spiel, beginnend mit dem Drängen des Triebes über das Spiegelstadium bis hin zum Ödipuskomplex, ontogenetisch zusammenhängt. Fallbeispiele aus der Literatur sowie der psychoanalytisch-pädagogischen Praxis mit Familien begleiten und rahmen den Argumentationsgang.

4.2 Angst und Sprache im kindlichen Spiel: Perspektiven der Pädagogik des gespaltenen Subjekts

4.2.1 Vorspiel

> »Wage du, zu irren und zu träumen,
> Hoher Sinn liegt oft im kind'schen Spiel.«
> Schiller: Thekla. Eine Geisterstimme

Die erste Hypothese lautet, dass das frühe Spiel die Vorbedingung der aktiven Sprache ist. Später begleitet das Spiel die weitere Sprachentwicklung und umgekehrt, die Sprache die Entwicklung des Spiels. Beispielsweise werden im Rollenspiel Emotionen erprobt. Das ist jedoch nur möglich, wenn sie schon sprachlich repräsentiert sind. Als zweite Hypothese wird angenommen, dass die Angst das Spiel wesentlich in Gang setzt und nicht umgekehrt das Spiel die Angst. Diesen Fragen will dieses Kapitel nachgehen.

Dieses Kapitel nähert sich dem Spiel mithilfe der (strukturalen) Psychoanalyse, namentlich der Theorien von Sigmund Freud, Françoise Dolto und Jacques Lacan, und analysiert mit Hilfe dieses Referenzrahmens die Entwicklung des Spiels. Beim Ausgang von der strukturalen Psychoanalyse ausgehe, gibt es einerseits die entwicklungspsychologische und andererseits die strukturale Perspektive. Beim Versuch, die Entwicklung und die Funktion des Spiels zu erläutern, wird zwischen diesen beiden Perspektiven gewechselt.

Beim Vorhaben, die Geburtsstunde des Spiels zu erfassen, stößt man auf eine prinzipielle Unmöglichkeit: Der Anfang des Spiels lässt sich nicht eindeutig bestimmen, so wie auch der Beginn der Sprache und der Kultur nicht eindeutig festgelegt werden können – allenfalls, wie Freud es mit der Kultur in *Totem und Tabu* versucht hat, durch die Konstruktion eines Ursprungsmythos. Hier wird jedoch kein mythopoetischer Zugang gewählt, sondern versucht, sich dem Anfang und der Funktion des Spiels aus fünf verschiedenen Perspektiven anzunähern: erstens trieb- und kulturtheoretisch, zweitens und drittens über die Erscheinungsformen des freien und des regelgebundenen Spiels, viertens über das Begehren und fünftens über die Angst.

Ein Hinweis zur Methodik: Es wird Arbeit am Begriff geleistet und es werden Konzepte der strukturalen Psychoanalyse Doltos und Lacans auf das Phänomen des frühkindlichen Spiels übertragen. Insofern ist die Arbeit konzeptuell-theoriebildend. Hierdurch sollen, so die Hoffnung, die Beiträge der Psychoanalyse als mögliche Referenzdisziplin für die Spielforschung etabliert werden. Dolto selbst hat keine quantitativen und experimentellen Forschungen durchgeführt, sondern, ganz in der Tradition von Freud und Lacan, das Subjekt ins Zentrum gestellt und Fallgeschichten publiziert. Auch im Folgenden werden zur Plausibilisierung Fallberichte aus der Literatur und der eigenen psychoanalytischen Praxis verwendet.

4.2.2 Am Anfang war das Spiel

Das Spiel ist eine anthropologische Konstante, alle Menschen in allen Kulturen spielen. Wer dem Kind das Spiel untersagt, der beraubt es seiner Freude (vgl. Dolto, 1994/1997, S. 161) oder, wie Mogel es ausdrückt: »Kindern das Spielen zu untersagen, wäre gleichbedeutend damit, individuelle Entwicklungspotentiale schon im Keim zu ersticken« (Mogel, 2008, S. 26).

Die Relevanz des psychoanalytischen Zugangs zum Spiel besteht insbesondere darin, dass die Psychoanalyse sich verstärkt den unbewussten Anteilen des psychischen Geschehens im Spiel widmet (vgl. Abadi, 1967, S. 86; Bittner, 1983, S. 122; Nitsch-Berg, 1978, S. 21). Sigmund Freud erkannte, dass die frühen Kindheitsjahre für die psychische Gesundheit prägend sind. Seine Entdeckung war die infantile Sexualität, im Sinne des Empfindens von Lust – und des Spielens mit ihr? Im Folgenden wird auf den Trieb und die Triebschicksale, wie sie Freud beschrieben hat, eingegangen, um sich über den Trieb dem Spiel anzunähern.

Am Beginn des Lebens nimmt sich der Mensch noch nicht als Einheit wahr und die Grenzen zwischen sich selbst und den Menschen, von denen man umsorgt wird, existieren nicht. Daher bezieht sich auch das Lustempfinden auf Körperteile. Beispielsweise erlebt das Baby die Brust der Mutter, die seinen Hunger stillt, als Teil von sich. Während Freud zunächst die repressive Sexualerziehung in der Kindheit für neurotisches Leid verantwortlich gemacht hatte, vermutete er schließlich, dass die gesellschaftliche Moral nicht die Ursache der Verdrängung, sondern ein Mittel der Abwehr gegen eine dem Trieb innewohnende Unlust sei, zumal die Sexualtriebe durch das Streben nach größtmöglicher Lust den Organismus gefährden. Aus diesem Grund stellte Freud zunächst die Ich-Triebe (oder Selbsterhaltungstriebe) den Sexualtrieben gegenüber (vgl. Millot, 1979/1982, S. 24). Damit situierte er den Konflikt nicht mehr zwischen den Triebwünschen des Individuums und den Anforderungen der Gesellschaft, sondern vielmehr als einen innerpsychischen Konflikt. Der Aufschub des Sexualtriebes zugunsten des Selbsterhaltungstriebes nötigt das Individuum zur Sublimierung, welche am Ursprung jeglicher Kulturleistungen steht. Das Kinderspiel ist eine wesentliche Grundlage der Kreativität und der Hervorbringungen der Kultur. Die Fähigkeit zur Sublimierung im Freud'schen Sinne erlangt das Kind beim Durchlaufen des Ödipuskomplexes, wobei ihm der Verzicht auf die libidinöse Besetzung der Mutter und die Hinwendung zum Vater abverlangt werden (Freud, 1923b, S. 260).[8] Jedoch gibt es, so wird hier postuliert, Vorformen der Sublimierung, die sowohl die Spieltätigkeit des Säuglings in Gang setzen als auch, daran anschließend, den aktiven Gebrauch der Sprache und weitere kulturelle Leistungen.

In einer späteren Phase benennt Freud die Triebdichotomie nicht mehr als Sexual- und Selbsterhaltungstriebe, sondern als Lebens- und Todestriebe. Dieser, der Natur des Menschen inhärente, Triebkonflikt beschert ihm in seiner Entwicklung einerseits einen schier unauflöslichen Widerstreit, an dem er sich fortan abarbeiten muss, andererseits sind »die Triebe [...] die eigentlichen Motoren der Fortschritte« (Freud, 1915c, S. 213), und, so wäre anzufügen, die Grundlage des Spiels.

An dieser Stelle sei angemerkt, dass es innerhalb der psychoanalytischen Spielforschung Positionen gibt, die über das Konzept der Triebsublimierung hinausgehen. Insbesondere Donald Winnicott weist auf den Zusammenhang zwischen der Bedeutung des Spiels und der kreativen Entfaltung der Persönlichkeit hin (Winnicott, 1971/2019, S. 78). Für Winnicott ist das Kind »beim Spielen (und vielleicht nur beim Spielen) frei, um schöpferisch zu sein« (Winnicott, 1971/2019, S. 65). Während für Freud Sublimierung und somit Kreativität nur ein Triebschicksal von vielen ist, ist für Winnicott Kreativität ein fundamentaler Aspekt des Menschseins. Er bezeichnet auch Spielen als »eine

---

8   Es erfolgt eine Beschränkung auf die männliche Position. Auf die kompliziertere weibliche kann an dieser Stelle nicht eingegangen werden.

Grundform von Leben« (Winnicott, 1971/2019, S. 62) und postuliert, dass die gesamte menschliche Erfahrungswelt auf dem Spielen aufbaue (Winnicott, 1971/2019, S. 76f.). Das Spiel bei Winnicott ist weitgehend unabhängig von Trieben und Sexualität (vgl. Roussillon, 2015, S. 93) und die Erregung beim Spiel sei ebenfalls nicht auf Triebe zurückzuführen (Winnicott, 1971/2019, S. 64). Triebe seien – und hiermit steht Winnicott im Widerspruch zu Freud – vielmehr eine Bedrohung für die Kreativität: »Triebe sind die größte Bedrohung für das Spiel« (Winnicott, 1971/2019, S. 64). Dies aus dem Grund, da ein zu starkes Insistieren des Triebs im Spiel zu Kontrollverlust und Rigidität führen könne (Grolnick, 1990, S. 35). Kreativität im Sinne Winnicotts entsteht dann, wenn das Kind nicht einfach reaktiv auf seine Umwelt eingeht, sondern im Spielraum einen potentiellen Raum (Winnicott, 1971/2019, S. 65) erlebt, in dem Phantasien ausgelebt werden können. Gleichzeitig erfährt das Kind die äußere Realität als eine, die sich gestalten lässt, indem es sowohl Zugang zu den eigenen schöpferischen Kräften findet als auch zu den Möglichkeiten, welche in den Objekten liegen.

In diesem Kapitel wird jedoch die triebhafte bzw. Begehrensstruktur des Spiels in den Vordergrund gestellt. Es werden zwei grundlegende Aspekte des Spiels plausibilisiert, einerseits das Spiel als Sublimierung und Bindung der Trieberregung bei Freud und andererseits das Spiel als Ausdruck des Begehrens, welches gemäß Dolto und Lacan an die Signifikantenstruktur geknüpft ist.

Dolto stellt fest, dass das Kind keineswegs nur ein infans ist. Es wird in eine symbolische (sprachliche) Ordnung hineingeboren und kommuniziert schon längst, bevor es Worte hat, mit Mimik und Gesten sowie anderen körperlichen Aktivitäten (vgl. Dolto, 1994/1997, S. 160). Sprache bedeutet, etwas mit einer Bedeutung zu versehen, genauer, einem Signifikanten ein Signifikat zuzuordnen. Eben dieses ereignet sich im Spiel: Beim Spiel »geht es nicht nur um das *Sprechen,* sondern auch darum, Gesten und Verhalten mit einer Bedeutung zu kodieren. Die Kenntnis seiner [des Kindes] selbst und der Welt, die es umgibt, sowie der anderen, ergibt sich aus dem Spiel mit den Objekten. Auf diese Weise weitet sich die symbolische Funktion beim menschlichen Wesen im Wachzustand immer mehr aus« (Dolto, 1994/1997, S. 169). Das kontinuierliche Spiel des Kindes ist bis zum vollständigen Erwerb der Sprache für das Kind charakteristisch, es ist ein Ausdruck von psychischer Gesundheit, wohingegen das Nicht-Spielen des Kindes Ausdruck einer Störung ist (Dolto, 1994/1997, S. 160ff.). Erstaunlicherweise wird das Kinderspiel bis jetzt, im Gegensatz zum Bindungsstil, gewöhnlich nicht als geläufiger Indikator für das Vorliegen von entwicklungspsychologischen Pathologien verwendet (vgl. Papousek, 2012), es gibt bspw. auch keine standardisierten Verfahren zur Erfassung einer Spielunlust (vgl. Bürgin, 2013, S. 12). Gerade die freien Spiele haben als indirekte Kommunikationsversuche des Kindes diagnostischen Wert (vgl. Nitsch-Berg, 1978, S. 206) und sollten von psychologischen und pädagogischen Fachpersonen aufgenommen werden.

4.2.3 Das freie Spiel im Frühbereich

Die frühe Kindheit ist die Zeit des freien Spiels. Die ch Zeit Entwicklung des Kindes ermöglicht ihm noch nicht, Regeln zu erfassen und sich an solche zu halten. Jedoch erlaubt ihm das freie Spiel das Erlernen und Festigen der kognitiven, affektiven, sprachlichen und sozialen Fähigkeiten, die es im Laufe seines gesamten Lebens benötigen wird. Durch das Spiel lernt es sich selbst kennen, entdeckt seine Grenzen, geht Beziehungen ein, legt seine intimen Wünsche, sprich sein Unbewusstes hinein (vgl. Wolffheim, 1975, S. 62), um besser verdrängen/sublimieren zu können, was eine Voraussetzung für das schulische Lernen ist (vgl. Marinopoulos, 2012, S. 49f.). Das freie Spiel wird seine Bedeutung nie ganz verlieren.

Im Folgenden werden die Entwicklungsstufen des freien Spiels in den ersten Lebensjahren beschrieben. Dabei werden die psychoanalytischen Modelle und Entwicklungsstadien, die Dolto und Marinopoulos unterscheiden, da sie explizit eine Theorie zur Entwicklung des Spiels entworfen haben, einbezogen. Diese Theorie weist einen Bezug zur Entwicklungstheorie von Dolto auf, nämlich den sogenannten symboligenen resp. den primären Kastrationen: der Kastration durch Abnabelung, der oralen und der analen Kastration, sowie der sekundären Kastration, dem Ödipuskomplex (vgl. Dolto, 1984/1987, S. 89–132). Damit präzisiert Dolto das Freud'sche Entwicklungsmodell: Die orale, anale und genitale Phase werden umformuliert in primäre oder Protokastrationen, welche dem Ödipuskomplex vorausgehen. Eine *Pädagogik des gepalteten Subjekts* folgt Dolto in der Auffassung, dass den einzelnen Entwicklungsschritten, welche die symboligenen Kastrationen markieren, eine sich wiederholende Matrize zugrunde liegt: Eine Frustration leitet den Entwicklungsschritt ein. Es entsteht Angst, die mit Trennung in Verbindung steht, und schließlich folgt die psychische Integration der Trennungserfahrung. Der zugrunde liegende Mechanismus ist derjenige von Alienation und Separation (vgl. Kap. 7.4.).

In der präödipalen Zeit kommuniziert – und spielt – das Kind wesentlich mit seinem Körper – ohne zu wissen, dass es auf diese Weise eine archaische Sprache spricht (Nasio, 2011, S. 12). Genauer manifestiert sich in motorischen Spielen, Zeichnungen, beim Modellieren und im freien Spiel des Kindes sein *unbewusstes Körperbild,* die »unbewußte symbolische Verkörperung des begehrenden Subjekts« (Dolto, 1984/1987, S. 20) – sogar in einer Zeit, bevor das Subjekt eine personale Identität hat und *Ich* sagen oder zeichnen kann (Dolto, 1984/1987, S. 20). Es besteht aus der Gesamtheit aller Empfindungen, die ein Baby im körperlichen, affektiven und symbolischen Kontakt mit seiner primären Bezugsperson erfährt (vgl. Nasio, 2011, S. 13). Das unbewusste Körperbild ist eine psychische Strukturierung des Subjekts und entwickelt sich entlang der verschiedenen Phasen der symboligenen Kastrationen. Dolto unterscheidet zwischen dem *Körperbild* und dem *Körperschema*. In Forschung und Praxis werden diese Begriffe mitunter uneinheitlich verwendet (Geißler & Heisterkamp, 2007, S. 191). Nach Dolto stellt das Körperschema eine objektive kognitive Repräsentation des eigenen Körpers dar. Dagegen ist das Körperbild ein individuelles und unbewusstes Bild des Körpers, welches sich durch die affektiven Beziehungen zu den Bezugspersonen des Kindes bildet (vgl. Dolto, 1984/1987, S. 15ff.).

Der Begriff des Spiels beim Säugling hat bei Dolto eine weite Extension, da er viele Phänomene umfasst. Auch setzt das Spiel schon früh ein, nämlich ab dem Alter von zweieinhalb bis drei Monaten, wenn die spielerischen Aktivitäten der Hände, der Blicke und der Stimme beginnen (vgl. Dolto, 1994/1997, S. 161). Das *aktive Spiel* beginnt nach Dolto im Alter von sechs Monaten (vgl. 1994/1997, S. 169). Marinopoulos (2012), welche sich auf Doltos Konzept des unbewussten Körperbildes bezieht, setzt den Anfang des Spiels noch früher an, nämlich ab Geburt oder gar vorgeburtlich. Sie teilt das Spiel in der frühen Kindheit grob in vier Phasen ein: Die erste Phase umfasst etwa die ersten acht Lebensmonate und beinhaltet die Wahrnehmung des Körpers. In den folgenden Monaten bis zum Alter von ca. 20 Monaten ist die aktive, motorische Entwicklung zentral. Anschließend beschäftigt sich das Kind im dritten und vierten Lebensjahr mit dem Experimentieren, Konstruieren und Unterscheiden, was auch zur Wahrnehmung des Geschlechtsunterschiedes führt und das Durchlaufen des Ödipuskomplexes einläutet. Diese Phasen sollen im Folgenden genauer beschrieben werden.

4.2.3.1 Mund und Körper (0 bis ca. 8 Monate)

Marinopoulos beschreibt den Mund des Babys als sein erstes Spielzeug. Der Mund ist die Quelle der Zärtlichkeit, der Emotionen, der Süße. Die Brust, die Flasche mit dem Mund zu ergreifen, ist existenziell für das Baby. Bevor es in der Lage ist, selbst mit seinen Händen etwas zum Mund zu führen, kann es schmecken, Texturen unterscheiden, mit seiner Zunge spielen, verschiedene Konsistenzen in seinem Mund ertasten, Temperaturen wahrnehmen etc. Die Lippen können sich anspannen, entspannen oder rund machen. Der gesamte Mundraum ist von der ersten Stunde des Lebens an aktiv. Dort verlässt der erste Schrei den Körper – gerade so, als ob das Baby ganz Mund wäre (vgl. Marinopoulos, 2012, S. 15). Vom Mund geht jegliche Erfahrung aus, die es dem Baby erlaubt, seinen Körper wahrzunehmen. Beim Saugen an der Brust oder an der Flasche löst sich die Spannung, die seinen Körper durch den Hunger erfasst hat. Durch den Mund gelangt die lebensnotwendige Nahrung in den Körper. Der Milchfluss, durch Schlucken in die Speiseröhre befördert, erlaubt die Erfahrung von Vertikalität entlang der Wirbelsäule. Das Saugen ist verbunden mit den haltgebenden Händen, dem Geruch und der Stimme der Mutter. Unmerklich vollzieht sich der Übergang vom Saugreflex unmittelbar nach der Geburt zum absichtsvollen Gebrauch des Mundes, der als erste Spieltätigkeit aufgefasst werden kann. Der Mund ist am Beginn des Lebens die einzige Körperregion, die der Säugling ohne fremde Hilfe gebrauchen kann (vgl. Marinopoulos, 2012, S. 18f.). Dolto weist auf die tiefgehenden Effekte für die psychische Entwicklung des Säuglings hin, die mit diesen elementaren Vorgängen der Nahrungsaufnahme verbunden sind: »[D]ie spielerische Aktivität [...] des Säuglings mit seiner Mutter, seinem Vater und ihm vertrauten Personen [lassen] sein [des Säuglings] Gesicht aufleuchten; seine Atmung wird angeregt und seine stimmhaften Lalllaute teilen sein Vergnügen mit, auch wenn sich seine Glieder noch unkoordiniert bewegen, zu seinem Vergnügen und dem seiner tief bewegten Bezugspersonen« (vgl. Dolto, 1994/1997, S. 161). Auch Anna Freud setzt den Mund bzw. den Körper an den Beginn des Spiels. Für sie gibt es eine Entwicklungslinie »von der Autoerotik zum Spielzeug und vom Spiel zur Arbeit« (Freud, 1968, S. 81).

Ebenso steht für Dolto der Mund im Zentrum, da die Objekte, die das Baby zum Mund führt, wegwirft und manchmal auch wiederfindet, seine ersten Spielzeuge sind (vgl. Dolto, 1994/1997, S. 162). Durch die Öffnung des Mundes öffnet sich das Kind für die Welt der Objekte, der Mund ist das erste Welterschließungsorgan (vgl. Böhme & Slowinski, 2013, S. 16). Der Mund verräumlicht sich durch die Anwesenheit von Objekten zur Mundhöhle und führt zu einer ersten Differenz von Ich und Nicht-Ich (vgl. Gast, 2013, S. 73), zur Grenze von Körperinnenwelt und objekthafter Außenwelt (vgl. Böhme & Slowinski, 2013, S. 14).

Eine Fallvignette von Dolto kann die zentrale Rolle des Mundes sowie die Verknüpfung von Körper und Sprache für die Entwicklung des Körperbildes des Kindes, d.h. die psychische Besetzung des Körpers, verdeutlichen:

> Ein kleines Mädchen von fünf oder sechs Jahren kommt in Konsultation, nachdem es seit zwei Jahren nichts mehr mit seinen Händen ergriffen hat: die partiellen Todestriebe hatten die Abwesenheit des funktionellen Körperbildes seiner oberen Glieder verursacht. Wenn ihm ein Objekt dargeboten wird, faltet es seine Finger in die Hand, die Hand auf den Unterarm, den Unterarm an den Körper, so daß seine Hände das Objekt, das näherkommt, nicht berühren. Dieses Kind ißt sogar die Teller, wenn es ein Nahrungsmittel sieht, das es liebt. Ich halte ihm die Knetmasse hin, indem ich sage: *»Du kannst sie mit deinem Handmund/ta bouche de main nehmen«.* Sofort wird die Masse von der Hand des Kindes gepackt und zu seinem Mund geführt. Es kann »dein Handmund« verstehen, weil es sich um Worte handelt, die von seiner oralen Erotik zugelassen werden. Es reagiert nicht, wenn ich ihm die Knetmasse hinhalte. Es hätte auch nicht reagiert, wenn ich gesagt hätte: »Nimm die Knetmasse in deine Hand«, oder »modelliere etwas«, denn dies sind Worte, die ein Körperbild des analen Stadiums voraussetzen, das es verloren hat. [...] Während es nur Hände in seinem Mund hatte, habe ich ihm durch das Spre-

chen einen Mund in seine Hand gelegt, indem ich ihm einen Arm zurückgab, der seine Hand des Arm-Mundes mit seiner ihm ebenfalls verlorengegangenen Mund-Hand des Gesichtes wieder verband. Sein Körperschema und sein Körperbild waren, was das »Nehmen« (aber nicht das »Gehen«) anbelangt, auf eine Zeit regrediert, in welcher sie noch nicht auf der Ebene des Handelns, des Machens, die zur analen Erotik gehört, miteinander verzahnt waren. (Dolto, 1984/1987, S. 33)

Die Handmund, genauer »die Hand, die alles dem Mund zuführt, [steht] im Dienste zunächst der oralen und dann der analen Triebe, da die Hand mit Gegenständen nach Belieben umgeht, sie zerreißt und wieder zusammensetzt, mit ihnen auf kreative Weise neue Formen und neue Gebilde schafft, und das aus Lust am Schauen und Berühren, aus Freude am geschickten Produzieren, alles für den Menschen charakteristische Eigenschaften (Dolto, 1981/1996, S. 26).

4.2.3.2 Fort–Da und Stimme (8 bis ca. 20 Monate)

»Am Anfang der Sprache, schrieb Freud, steht das Spiel des *Fort! Da!* – auf Französisch: *Coucou! Ah, le voilà!*« (Dolto, 1981/1996, S. 6). Der Mund kann auch Töne und später Worte produzieren, Objekte, die das Baby mit seinen Eltern teilen kann, und die beide in Entzücken versetzen. So verwandeln sich die vom Mund ausgehenden Empfindungen in Emotionen, die das Kind anhand der wiederholten Töne reproduzieren wird. Seine Töne und sein Plaudern helfen ihm, sich selbst zu beruhigen. Außerdem macht es durch die Töne und den davon ausgehenden Schall räumliche Erfahrungen, die seiner motorischen Entwicklung und damit seiner Bewegung im Raum vorausgehen. Es sind die ersten Trennungserfahrungen, die dazu führen, dass sich die Sprache verankert. Das Kind spielt mit Tönen, die sich mit Bedeutung füllen, um die Trennung des Kindes von der Mutter zu symbolisieren (Marinopoulos, 2012, S. 19f.).

Ein eindrückliches Beispiel gibt Freud, der das Spiel seines Enkels beschreibt:

Dieses brave Kind zeigte nun die gelegentlich störende Gewohnheit, alle kleinen Gegenstände, deren es habhaft wurde, weit weg von sich in eine Zimmerecke, unter ein Bett usw. zu schleudern, so dass das Zusammensuchen seines Spielzeuges oft keine leichte Arbeit war. Dabei brachte es mit dem Ausdruck von Interesse und Befriedigung ein lautes, langgezogenes o–o–o–o hervor, das nach dem übereinstimmenden Urteil der Mutter und des Beobachters keine Interjektion war, sondern »fort« bedeutete. Ich merkte endlich, daß das ein Spiel sei und daß das Kind alle seine Spielsachen nur dazu benütze, mit ihnen »fort sein« zu spielen. Eines Tages machte ich dann die Beobachtung, die meine Auffassung bestätigte. Das Kind hatte eine Holzspule, die mit einem Bindfaden umwickelt war. Es fiel ihm nie ein, sie zum Beispiel am Boden hinter sich herzuziehen, also Wagen mit ihr zu spielen, sondern es warf die am Faden gehaltene Spule mit großem Geschick über den Rand seines verhängten Bettchens, so daß sie darin verschwand, sagte dazu sein bedeutungsvolles o–o–o–o und zog dann die Spule am Faden wieder aus dem Bett heraus, begrüßte aber deren Erscheinen jetzt mit einem freudigen »Da«. Das war also das komplette Spiel, Verschwinden und Wiederkommen, wovon man zumeist nur den ersten Akt zu sehen bekam, und dieser wurde für sich allein unermüdlich als Spiel wiederholt, obwohl die größere Lust unzweifelhaft dem zweiten Akt anhing. Die Deutung des Spieles lag dann nahe. Es war im Zusammenhang mit der großen kulturellen Leistung des Kindes, mit dem von ihm zustande gebrachten Triebverzicht (Verzicht auf Triebbefriedigung), das Fortgehen der Mutter ohne Sträuben zu gestatten. (Freud, 1920g, S. 12f.)

Möglicherweise sind gerade die Trennungs*ängste* dafür verantwortlich, dass das Guck-guck-Spiel (im englischen Sprachraum *Peek-a-Boo*) universell ist. Dieses Spiel, welches auf der ganzen Welt gespielt wird und kulturelle sowie Sprachbarrieren überschreitet, kann angepasst an die verschiedenen Entwicklungsphasen des Kindes von den Bezugspersonen und vom Kind selbst je verschieden gespielt werden und wird uns in den verschiedenen Entwicklungsphasen immer wieder begegnen (vgl. Stafford, 2014). Beispielsweise kann die erwachsene Person ein Tuch vor das Gesicht halten und es kurz darauf wieder wegnehmen oder das Tuch vor das Gesicht des Babys halten, um es mit einem »Da!« wieder wegzunehmen. Indem Mütter und Väter mit ihren Babys solche Guck-guck-Spiele spielen, helfen sie dem Kind, Trennungsängste besser zu verarbeiten (vgl. Fraiberg, 1986, S. 64f.; Perroni, 2014, S. 31).

Eine weitere Möglichkeit, um mit Trennungsängsten in dieser Phase umzugehen, bietet das Spiel mit Stofftieren, dem berühmten Teddybären oder der Puppe. Das Kuscheltier kann in einer angstreduzierenden Funktion wirkmächtig werden. Es kann einem beispielsweise ganz nah sein, man kann mit ihm – nomen est omen –, wenn die Eltern nicht zur Stelle sind, kuscheln. Hierdurch kann die Nähe zur Mutter (oder zum Vater) bewahrt werden und gleichzeitig kann mit Hilfe der Stofftiere, genauer der Übergangsobjekte (vgl. Winnicott, 1965/2002, S. 143ff.), peu à peu die Separation von den Eltern vorweggenommen werden (vgl. Schlösser, 1990, S. 8). Häufig wird das Übergangsobjekt als alleinige Stellvertretung der Mutter aufgefasst (vgl. Dornes, 2006, S. 87; Seiffge-Krenke, 2009, S. 112), klassischerweise »symbolisiert [das Übergangsobjekt] ein äußeres Objekt: die Mutter, oder genauer gesagt, ihre Brust« (Winnicott, 1965/2002, S. 146). Jedoch ist es möglich, diese Übergangsobjekte auch als mögliche Stellvertretung des Vaters aufzufassen, wenn dieser von Anfang an in die Säuglingspflege involviert und an der körpernahen Mutterrolle beteiligt war.

Die Separation kann auch dadurch unterstützt werden, dass das Kind das Stofftier in einer Distanz zu sich selbst halten und es beispielweise auch einmal wegwerfen kann. Auf diese Weise kann sowohl die Angst vor Abwesenheit als auch vor zu viel Nähe der primären Bezugspersonen im Spiel reguliert werden. Nicht nur zu viel, sondern auch zu wenig Trennung kann beim Kind zu Angst führen, welche ebenfalls im Spiel inszeniert wird. Lacan hat darauf hingewiesen, dass eine zu enge Beziehung zwischen Mutter und Kind Angst evozieren kann. Diese Gefahr besteht beispielsweise, wenn die Identität einer Frau vorrangig in ihrer Rolle als Mutter besteht und sie ihr umschlingendes Begehren primär auf das Kind richtet (vgl. Laurita, 2017, S. 87). Diese Ängste werden im Spiel des Kindes, z.b., wenn die Mutter in der Form eines alles verschlingenden Krokodils auftaucht, inszeniert (vgl. Lacan, 1969–1970/1991, S. 129).

4.2.3.3 Repetieren und Rhythmisieren – Probieren und Scheitern – die Welt und den Körper erfahren

Marinopoulos geht davon aus, dass die eigentliche Funktion des Spiels darin besteht, die Angst zu überwinden, wobei sie diese mit den ständigen Veränderungen, die das eigene Wachsen und die Entwicklung bereiten, in Verbindung bringt. Beim Zubettgehen hilft dem kleinen Kind der stets gleiche Ablauf, um die Angst vor der bevorstehenden Trennung zu beruhigen. Er ist von den sich wiederholenden Tönen und Wörtern begleitet, die gleichbleiben müssen. Mit den Wiederholungen stellt sich der Wunsch ein: Das Kind wünscht sich, eine Geschichte zu hören, und zwar genau die gleiche Geschichte, die es am Vorabend gehört hat (vgl. Marinopoulos, 2012, S. 20ff.). Bereits Freud unterstrich den Zusammenhang von Wiederholung und Spiel, welcher dessen Lustwirkungen erklärt (vgl. 1905c, S. 143f.).

Wenn das Kind beginnt, mit den Objekten zu hantieren, wenn es versucht, Becher ineinander zu schachteln, Klötze aufeinander zu türmen, erfährt es unweigerlich den Misserfolg. Das Kind erlebt hautnah die physikalischen Gesetze der Welt – das Realitätsprinzip – mit seinem und durch seinen Körper. Marinopoulos plädiert nicht dafür, das Kind mit seinen Misserfolgen allein zu lassen. Jedoch sollte man ihm die Rassel nicht gleich in die Hand drücken, sondern sie einige Zentimeter entfernt halten, damit sich der Wunsch einstellen kann, entgegen den Schwierigkeiten, die ihm seine noch wenig entwickelten motorischen Fähigkeiten stellen, nach dem Objekt zu greifen. Dies ist auch die Voraussetzung dafür, dass es später, wenn es zur Schule gehen wird, das ihm angebotene Wissen nicht passiv empfängt, sondern vielmehr der Wunsch, sich dieses Wissen anzueignen, der Motor für sein Lernen sein wird.

Um zu krabbeln, zu laufen, sich von der Mutter fortzubewegen, braucht es den Entzug des Körpers der Mutter, die Erlaubnis, sich zu trennen. Die Beziehung ist nun weniger von der körperlichen, ja fleischlichen Nähe geprägt (vgl. Marinopoulos, 2012, S. 25f.). Zunehmend tritt die Sprache als das verbindende symbolische Element in Funktion und bricht die körperliche Mutter-Kind-Dyade auf. Das Kind reagiert auf die Stimme, z.B. wenn die Mutter das Kind bei seinem Namen ruft. Die Stimme wird zu einem Objekt, welches auch die Trennungsängste beruhigen kann. Das Kind weint, weil die Mutter aus dem Gesichtsfeld verschwunden ist. Bereits ein Zurufen aus dem Off kann das Kind wieder beruhigen. Nachdem sie im Fort-Da-Spiel die Spielhandlungen begleitet hat, fungiert sie nun als eigenständiges (Übergangs-)Objekt.

4.2.3.4 Wegwerfen und wieder aufheben, verstecken (2 bis 3 Jahre)

Nun beginnt das Kind, mit den Emotionen seiner Eltern zu spielen. Wie kann es seinen Eltern heftige Reaktionen entlocken? Seine Wirkungen erlauben ihm, sich als autonomes Wesen zu erleben, das beim anderen etwas bewirken kann. »Il en jouera!« (Marinopoulos, 2012, S. 26). Beim Spiel des Kindes, welches dabei ist, sein psychisches Leben zu konstruieren, geht es darum, eine Verbindung zwischen einem Affekt und seiner Repräsentation herzustellen. Im Herzen dieser Verbindung finden wir die Notwendigkeit, eine Angst zu transformieren. Das Kind, das sich seiner eigenen Existenz und der des anderen bewusst geworden ist, und damit der Möglichkeit, den anderen zu verlieren, wird danach trachten, diese Angst auszugleichen, indem es sich eine Repräsentation des anderen erschafft. Wenn es diesen Bewusstseinssprung bewältigt hat, wird es durch Spiel und Worte darstellen, was es fühlt und was es beunruhigt. Das Symbol ist immer an dem Ort, wo ein Objekt fehlt. Der Mangel wird somit zum Platzhalter der Symbolisierung (vgl. Marinopoulos, 2012, S. 28).

Verschiedene Spiele unterstützen diesen Symbolisierungsprozess. Es kommt vor, dass die Mutter ganz aus dem Gesichtsfeld des Kindes verschwindet. Wieder erscheint die Angst vor dem Verlust. Das Kind beginnt, diese Erfahrung aktiv zu gestalten, indem es die Hände vors Gesicht nimmt, wohlgemerkt mit gespreizten Fingern. Es lässt die Mama ein bisschen verschwinden und kann sie jederzeit wieder ganz machen (vgl. Dolto, 1994/1997, S. 164). Allmählich gewinnt es die Sicherheit, dass Mama nicht verschwindet, wenn es die Augen ganz schließt. Was dem Kind beim Verstecken Freude bereitet, ist nicht der Verlust, sondern das Wiederfinden (Fascher, 1997, S. 663). Nun wagt das Kind auch, sich selbst zu verstecken, denn es vertraut darauf, dass seine Mutter es suchen und finden wird (vgl. Marinopoulos, 2012, S. 31ff.). Kinder können durch Versteckspiele ihre Trennungserfahrungen und Trennungsängste darstellen und regulieren (vgl. Fascher, 1997, S. 670). Zu viel Nähe kann im Spiel inszeniert und bewältigt werden, indem der Wunsch des Nichtgefunden-werdens und der Abgrenzung im Vordergrund steht (Lehmhaus & Reiffen-Züger, 2018, S. 124). Auch beim Versteckspiel erfolgt eine Umwandlung von Passivität, dem bloßen der Angst Ausgesetztsein, in ein aktives Bewältigen.

4.2.3.5 Sexuierung (ab dem 4. Lebensjahr bis ca. 5/6 Jahre)

Die Autonomie des Kindes stärkende Fähigkeiten ermöglichen ihm, sich als vom Körper der Mutter getrennt zu erleben, räumliche und zeitliche Trennungen zu ertragen und erste Konflikte mit den geliebten Bezugspersonen zu überstehen. Gleichzeitig erlauben sie ihm, den Geschlechtsunterschied wahrzunehmen. Es durchläuft die Phase des Ödipuskomplexes. Einerseits muss es die Frustration erleiden, dass die Eltern nicht mehr jede seiner Handlungen bewundern, sondern ihm mehr Grenzen setzen, und dass es von Aktivitäten der Erwachsenen ausgeschlossen ist. Andererseits schließt es Freundschaften mit anderen Kindern, mit denen es nun eine intensive Spieltätigkeit verbindet: die Rollenspiele (vgl. Marinopoulos, 2012, S. 35ff.).

Die empirische Forschung von Maccoby zeigt, dass Kinder im Alter von drei bis vier Jahren im Kindergarten vorwiegend Spielgefährtinnen bzw. -gefährten des eigenen Geschlechts wählen (Maccoby, 2000, S. 352) – ein Umstand, der auch als das Konzept der »zwei Kulturen« bezeichnet wird (Maccoby, 2000, S. 47). Wichtig ist nach Maccoby, dass die Wahl der gleichgeschlechtlichen Spielpartnerin bzw. des Spielpartners und die Segregation der Geschlechter »nicht das Diktat Erwachsener, sondern die eigene Wahl der Kinder widerspiegeln« (Maccoby, 2000, S. 38). In den Rollenspielen der Jungen werden oft Superhelden wie Ninja-Turtles, Superman oder Batman als Vorbilder gewählt, Mädchen hingegen spielen mehr Rollenspiele aus dem familiären Umfeld, wie z.B. Mutter-Kind-Spiele (vgl. Maccoby, 2000, S. 57ff.).

Väter spielen mit ihren Söhnen häufig anders als Mütter (vgl. Collins & Russel, 1991) und sie spielen mit ihren Töchtern anders als mit ihren Söhnen. Ein Beispiel dafür ist das sog. Kamikaze-Spiel (vgl. Herzog, 1988), bei dem Väter mit ihren Söhnen mitunter wilde Spiele spielen, wie z.B. Tobespiele, oder diese vermeintlich gefährlichen Situationen aussetzen, wie eine steile Rutsche herunterzurutschen. Auch mit ihren Töchtern führen Väter Kamikaze-Spiele durch, diese sind im Vergleich zum Spiel mit den Jungen jedoch weniger aggressiv, weniger fordernd und insgesamt sanfter und vorsichtiger (vgl. Seiffge-Krenke, 2016, S. 16). Im wilden Spiel mit dem Vater erlebt der Junge, dass das Anderssein als die Mutter zur Männlichkeit gehört und eine Trennung von der Mutter gefahrlos möglich ist (Dammasch, 2013, S. 74).

Sowohl Freud als auch Lacan haben die Bedeutung des Vaters als demjenigen, der die Trennung von der Mutter ermöglicht, hervorgehoben. Lacan ist dabei noch einen Schritt weitergegangen, indem er zwischen dem (realen) Vater als Person und der Vaterfunktion unterschieden hat: Die Vaterfunktion ist grundlegend für die psychische Strukturierung, sie ist jedoch nicht an den Vater, den Mann, eine reelle Person gebunden, sondern wird sprachlich vermittelt. Diese Vermittlung geschieht am Beginn des Lebens vorwiegend durch die Mutter resp. die primären Bezugspersonen (vgl. Langnickel & Ambass, 2019, S. 114ff.).

Dagegen legen andere psychoanalytische Strömungen wie bspw. Winnicott (1956/2008), Bowlby (1975), Bion (1962a, b) und Fonagy (1998) den Schwerpunkt auf die Beziehungsqualität zwischen der primären Bezugsperson, meist der Mutter, und dem Kind. Zum Beispiel postuliert Bion, es sei für die Entwicklung des Kindes essenziell, dass gerade die Mutter die negativen Affekte des Kindes miterlebt und aushält, ein Vorgang, den Bion als Containment bezeichnet (vgl. Bion, 1962a, b). Auch für Fonagy ist die Mutter für die Entwicklung eines sog. Selbst und damit einhergehend die Mentalisierungsfähigkeit des Kindes grundlegend. Nach Fonagy, der die Bindungsforschung positiv rezipiert, nehme das Kind »in der Haltung der Mutter ein Bild seiner selbst als mentalisierendes, wünschendes und glaubendes Selbst wahr« (Fonagy, 1998, S. 366). Die Fokussierung auf die Mütter zeigt sich auch darin, dass »Väter nach wie vor ein Randthema in der Familienforschung und Entwicklungspsychologie geblieben sind« (Seiffge-Krenke, 2016, S. 10). Wenn sie vorkamen, ging es in der Vaterforschung zumeist um die pathogenen Auswirkungen des Vaters auf die Kinder, wie bspw. väterlicher Missbrauch und väterliche Gewalt (vgl. Seiffge-Krenke, 2016, S. 9). Aus diesen Gründen muss tendenziell »von einer Verleugnung des Vaters in der Psychoanalyse« gesprochen werden (Seiffge-Krenke, 2016, S. 9).

4.2.4 Das regelgebundene Spiel im Licht der Psychoanalyse

Das Regelspiel folgt dem Rollenspiel, welches insbesondere in der ödipalen Phase stark zunimmt und in gewisser Hinsicht die Voraussetzung für das Regelspiel ist: Das Kind hat gelernt, dass, wenn es Rollen spielt, diese Rollen jeweils auch das Unterordnen unter Regeln implizieren (vgl. Nitsch-Berg, 1978, S. 66). Wenn ein Junge z.B. einen Piraten spielt, wird sich der kleine Pirat gewöhnlich nicht wie ein Baggerfahrer verhalten, sondern versuchen, die Rolle des Piraten auszufüllen (vgl. Mogel, 2008, S. 48). Gemäß Flitner wirkt sich das Rollenspiel durch die Einnahme der verschiedensten Spielrollen nachhaltig positiv auf den Spracherwerb aus (vgl. Flitner, 2002). Eine weitere Gemeinsamkeit zwischen Rollen- und Regelspielen besteht darin, dass bei beiden eine Verständigung über die Bedeutung von Gegenständen und Personen erfolgen muss (vgl. Einsiedler, 1984, S. 340; Mogel, 2008, S. 110).

Die Regeln sind beim Regelspiel explizit, beim (freien) Rollenspiel hingegen implizit. (vgl. El'konin, 2010, S. 395). Ein weiterer Unterschied zwischen diesen beiden Spielformen besteht darin, dass beim Rollenspiel die Kinder selbst die Regeln aufstellen, bei anderen Regelspielen diese hingegen von einem Dritten aufgestellt wurden und von vornherein festgelegt sind. Regeln kommen jedoch nicht nur beim Spiel des Kindes mit anderen zur Anwendung, sondern Kinder stellen auch beim alleinigen freien Spiel oftmals Regeln auf (vgl. Dolto, 1994/1997, S. 168). Im Spiel sind wir selbst Sub-iectum des Spiels. Auch das scheinbar völlig freie Spiel hat Regeln, jedoch entstammen diese nicht dem Bewusstsein, sondern entwickeln sich aus dem Unbewussten (vgl. von Uslar, 1996, S. 3). Es stellt sich die Frage, ob die strenge Unterscheidung zwischen freiem und regelgebundenem Spiel überhaupt haltbar ist.

Die Regeln beim (freien) Spiel sind aus der Position des Kindes in mehrfacher Hinsicht von essentieller Bedeutung: Einerseits zentriert sich das Kind auf das Aufstellen und Einhalten der Regeln, und Kinder, die die Regeln brechen, gelten sowohl beim freien Spiel als auch beim regelgebundenen Spiel als

Spielverderber. Ein Grund für dieses rigide Bestehen auf den Regeln könnte sein, dass durch die im Spiel hergestellte Ordnung dem Kind Geborgenheit und Sicherheit vermittelt wird. Andererseits ist das Überschreiten der Regeln gleichzeitig mit Lust verknüpft (vgl. Dolto, 1994/1997, S. 168).

Vygotsky konstatiert insbesondere für das Regelspiel, dass für das Kind durch »das Beachten der sozialen Regeln [...] ein größerer Lustgewinn im Spiel entsteht« (2010, S. 457). Die Transmission der Spielregeln erfolgt gewöhnlich in der Art, dass die Tradierung nicht in Frage gestellt wird. Somit werden die Spielregeln Teil der symbolischen Ordnung des Kindes, der es sich – wie wir alle – als Subjekt unterwerfen muss. Das Kind findet, so El'konin, die klassischen Regelspiele in bereits fertiger Form vor und eignet sich diese als Elemente unserer Kultur an (vgl. El'konin, 2010, S. 367). Regelspiele erzeugen eine Gesellschaft im Kleinen, sie markieren »den Übergang von der spielerischen Übernahme der Rolle anderer zur organisierten Rolle« (vgl. Mead, 1968, S. 194) und leisten somit einen grundlegenden Beitrag zur Sozialisation: Kinder lernen nämlich, sich selbst zurückzunehmen, es erfolgt ein Abbau des kindlichen Narzissmus. Indem wir uns diesen Regeln unterordnen, akzeptieren wir die symbolische Ordnung und orientieren uns mehr und mehr am Realitätsprinzip.

Das Regelspiel erfordert also einerseits vom Subjekt, die Spielregeln anzuerkennen, wodurch auch Grenzen anerkannt werden. Kleine Kinder müssen erst lernen, Spielregeln einzuhalten. Andererseits eröffnet das Spiel Freiräume, indem die Grenzen, die die Spielregeln setzen, spielerisch überschritten werden können, ohne dass der Regelverstoß so gravierende Konsequenzen nach sich zieht wie außerhalb des Spiels. Mit den Worten von Bataille ist das Spiel eine »Regel der Entregelung« (Bataille, 2001, S. 317). Nicht nur der Regelverstoß, die Überschreitung, eröffnet Freiheit – auch innerhalb des Regelbereiches gibt es Freiheiten, Entscheidungsmöglichkeiten, die sich ohne die Regeln gar nicht erst stellen würden. Freiräume können also auch gestaltete Bereiche sein, die ungeahnte Möglichkeiten eröffnen, welche die Regellosigkeit nicht bietet.

Gesamthaft lässt sich konstatieren, dass beim Regelspiel die Kinder von den Regeln selbst angezogen werden und die Regeln wesentlich den Spielcharakter prägen, da der Umgang mit den Spielregeln zwischen Begrenzung einerseits und Ausweitung andererseits selbst zum Spiel wird (vgl. Hauser, 2016, S. 126; Hegi, 1997, S. 232; Huizinga, 2013, S. 20).

Für Piaget ist das Regelspiel »die spielerische Aktivität des sozialisierten Wesens« (Piaget, 1969, S. 183) und es ist das Regelspiel, welches das Kind sozialisiert. Zulliger arbeitet die Sublimierungsleistungen des Kinderspiels und damit die Anpassung an das Realitätsprinzip heraus: »Und sozial kann das Spiel als ein Anpassungsversuch drängender Triebforderungen an die Gesetze des Noch-Erlaubten, Gestatteten und an das Realitätsprinzip gewertet werden« (Zulliger, 1957/1966, S. 14). Bei Regelspielen, welche auch Körperkontakt

enthalten, lernen die Kinder durch die Regeln einerseits, ihrer Aggression Grenzen zu setzen, und andererseits, Aggressionen in einer Art und Weise zu nutzen und auszuleben, die kulturell erlaubt ist (Pohl, 2014, S. 149).
  Kinderspiele als Triebverzicht bzw. Triebsublimierung lassen sich auch dadurch erklären, dass ein Wandel aus der Passivität in eine sich der Situation bemächtigende Aktivität erfolgt (vgl. Wegener-Spöhring, 1995, S. 8): »Wir wissen, das Kind benimmt sich ebenso gegen alle ihm peinlichen Eindrücke, indem es sie im Spiel reproduziert; durch diese Art, von der Passivität zur Aktivität überzugehen, sucht es seine Lebenseindrücke psychisch zu bewältigen« (Freud, 1926d, S. 200). Sublimierung umfasst nicht nur eine Änderung des ursprünglichen Triebziels, sondern auch eine andere Art von Triebabfuhr. Diese Triebabfuhr kann auch im Spiel erfolgen, welches ein Ersatz, genauer ein Ausdrucks- und Abfuhrmodus für »[u]rsprünglich angstauslösende, unmittelbar triebhafte Entladungsmuster ist« (Nitzsch-Berg, 1978, S. 200).
  Sublimierungsleistungen im Spiel zeigen sich zwar bspw. schon im freien, protosymbolischen Spiel, wie bei dem mit der Fadenspule, bei dem das Kind Repräsentationen (die Spule) des Objekts (der Mutter) verwendet. Jedoch sind die abverlangten Sublimierungsleistungen im Regelspiel höher, die Regeln kommen von einem anderen und sind nicht Ausdruck der eigenen Triebwünsche, wodurch das Kind auch in die Regeln der Gesellschaft, in die symbolische Ordnung, eingeführt wird. Ein weiterer Unterschied zwischen Regelspiel und freiem Spiel ist die Bedeutung des Realitätsprinzips. Zwar wirkt das Realitätsprinzip auch im freien Spiel, wenn z.B. ein Turm aus Holzklötzen gebaut wird und wieder einstürzt, jedoch gibt es im Regelspiel, zusätzlich zu den Limitationen durch die physikalischen Prinzipien, auch die Limitationen durch die Regeln, welche vom anderen herkommen.
  Die Trennungsangst spielt im Regelspiel nur noch eine untergeordnete Rolle, da sich die Ängste nach dem Ödipuskomplex weiter ausdifferenzieren. Manifestiert sich die Signalangst in frühester Kindheit als Trennungsangst, als Angst vor dem Objektverlust (vgl. Freud, 1926d, S. 168), nimmt sie in der phallischen Phase und der damit einhergehenden Internalisierung von Objekten die Form der Kastrationsangst (vgl. Freud, 1926d, S. 178) an und zeigt sich später in der Latenzzeit als Gewissensangst (vgl. Freud, 1926d, S. 170; 1923b, S. 287f.).

4.2.5 Die Differenzierung von Anspruch, Begehren und Bedürfnis ist die Geburtsstunde des Spiels

Um den Zusammenhang von Spiel und Sublimierung zu plausibilisieren, wird im Folgenden der Weg der Sublimierung nach der entwicklungspsychologischen aus einer strukturalen Perspektive nachgezeichnet und auch die bereits erwähnten Vorstufen der Sublimierung wieder einbezogen. Hierzu wird Lacan einbezogen, der zwischen Bedürfnis, Anspruch und Begehren unterscheidet. Diese Auffächerung geschieht im Kontext einer »biologisch[en] [...] langanhaltende[n] Hilflosigkeit und Hilfsbedürftigkeit des kleinen Menschenkindes« (Freud, 1910c, S. 195; vgl. Freud, 1919g, S. 328), welches seine biologischen Bedürfnisse wie Hunger oder Durst nicht selbst stillen kann und dadurch abhängig ist von der Fürsorge seiner Bezugspersonen (vgl. Freud, 1926d, S. 186).

Das Auftauchen des Anspruchs stellt eine erste Differenz zum Bedürfnis dar. Lacan definiert ihn als den Signifikanten des Bedürfnisses. Der Signifikant ist nicht der Hunger, sondern steht für den Hunger und kann sogar das Bedürfnis verändern, davon ablenken oder es verschieben. Mit dem Anspruch, der – anfänglich z.B. als bloßer Schrei – artikuliert werden muss, tritt das Objekt des Bedürfnisses (der Hunger) in den Hintergrund und es kommt etwas dazu, das als der Akt, einen Anspruch zu stellen, umschrieben werden kann. Dadurch kommt der andere, an welchen sich der Anspruch richtet, ins Spiel. Mit dieser Differenz betritt das Kind die Ebene des Symbolischen.

Das Begehren, welches einen Bezug zum Sublimieren aufweist, ist gemäß Lacan der Effekt, der entsteht, wenn sich der Anspruch mit dem Bedürfnis verbindet. Das Begehren ist die Spannung aus der Differenz zwischen Anspruch und Bedürfnis (vgl. Lacan, 1957–1958/2006). Dies geschieht beispielsweise, wenn das Kind bereits die Erfahrung machen konnte, dass, wenn es in einen Spannungszustand gerät, dieser sich bald legen wird, wenn das Gesicht, der Geruch, die Stimme der Mutter auftauchen. So wird es, wenn es der Hunger plagt, schon zu schreien aufhören, wenn die Mutter es in die Arme schließt, und nicht erst, wenn die Milch fließt. Der Anspruch auf die Liebe der Mutter gesellt sich zum Bedürfnis des Hungers hinzu. Es beginnt, die Interaktionen mit ihr, Blickkontakt, Mimik und Töne, zu genießen. Dies ermöglicht ihm, für kurze Zeit sein Bedürfnis nach Nahrung aufzuschieben. Die spielerischen Gesten helfen ihm, die Frustration, die der Hunger bedeutet, für kurze Zeit zu ertragen.

Für das Wohl des Kindes ist es wichtig, dass nicht nur seine Grundbedürfnisse befriedigt werden, sondern dass es auch symbolische Nahrung erhält, sprachliche Elemente, die ihm etwas über die Beschaffenheit der Gegenstände sagen, mit denen es sich beschäftigt (vgl. Dolto, 1987/1996, S. 94). Spielt das Kind bspw. mit einer Rassel, dessen Seiten aus jeweils verschiedenen Materialien bestehen, kann die Mutter sagen, dass die konkrete Metallseite, die es gerade im Mund hat, sich kalt anfühlt, wie Metall im Allgemeinen. Worte sind für Kinder Übergangselemente für die Anwesenheit der Mutter oder auch für Partialobjekte, wie z. B. die Brust (vgl. Dolto, 1987/1996, S. 94f.). Die ersten Spiele mit den Bezugspersonen sind zugleich Basis der Symbolisierung, vermittels derer sich das Kind allmählich in die symbolische Ordnung der Gesellschaft integriert und integriert wird.

Es gilt als Eltern, das Begehren des Kindes zu nähren und dieses anzuerkennen, was durch das Sprechen und die Interaktion mit dem Kind geschieht.

Keinesfalls sollten jedoch alle infantilen Wünsche befriedigt, sondern vorrangig symbolisiert werden. Hierdurch ereignen sich erste kulturelle Leistungen, d.h. Sublimierungsvorgänge: »Man kann jedes Begehren besprechen, das Objekt veranschaulichen usw. Dies ist das Heranführen an die Kultur. Jegliche Kultur ist das Produkt der Verschiebung des Begehrensobjektes oder der Triebregung selbst auf ein anderes Objekt, das der Kommunikation zwischen sprachfähigen Individuen dient« (Dolto, 1985/1991, S. 117). Viele Defizite heutiger Kinder rühren daher, dass über Wünsche nicht zuerst gesprochen wird, sondern die Bezugspersonen häufig versuchen, diese unmittelbar zu erfüllen, wie auch die Basler Kinder- und Jugendpsychologin Signer-Fischer konstatiert: »Die Angst, dem Kind zu schaden, sobald man […] ihm nicht alle Wünsche erfüllt, ist für sie [Signer-Fischer] nach wie vor Erziehungsirrtum Nummer eins« (Bänziger, 2013).

Jedes Begehren will sich ausdrücken können (vgl. Dolto, 1994/1997, S. 220) und zeigt sich bei Kindern im besonderen Maße auch im Spiel: »Jedes Spiel ist Vermittler des Begehrens und Wunsches, bringt eine Befriedigung mit sich und erlaubt unter mehreren Personen den anderen sein Begehren mitzuteilen« (Dolto, 1994/1997, S. 166). Die Interaktion im Spiel des Kindes mit seinen Bezugspersonen ist von grundlegender Bedeutung, es strukturiert das Begehren und bringt es auf den richtigen Weg, was für die psychische und emotionale Entwicklung des Kindes notwendig ist (vgl. Dolto, 1981/1996a, S. 191).

4.2.6 Angst im Spiel

Der Angst kommt beim Kinderspiel eine zentrale Bedeutung zu und es fragt sich: Ist es das Spiel, das dem Kind ermöglicht, einen Umgang mit der Angst zu finden, oder ist es die Angst, die das Kinderspiel in Gang setzt? Auf der Suche nach Antworten wenden wir uns zunächst den Angsttheorien Freuds zu.

4.2.6.1 Das Spiel als Angstabwehr bei Freud

»Das erste Angsterlebnis des Menschen wenigstens ist die Geburt, und diese bedeutet objektiv die Trennung von der Mutter«, konstatiert Freud (1926d, S. 161). Er unterscheidet zwischen automatischer bzw. traumatischer Angst und Signalangst (Ambass, 2017, S. 62). In der Unlusterfahrung des Geburtserlebnisses, welches Freud wesentlich in der Beengung der Atmung und der veränderten Herztätigkeit verortet, situiert er den Ursprung der Angst (Freud 1900a, S. 88; S. 405; Langnickel & Link, 2019a, S. 167f.). Zunächst löst dieses Erlebnis beim Kind die automatische Angst aus. Es handelt sich dabei um eine primäre Angst, welche seine Abwehrmechanismen überfordert. Sie ist traumatisch, weil der Säugling nicht in der Lage ist, sie durch einen Vorgang der Entladung selbst zu meistern. Freud postuliert, dass Erlebnisse des Fötus keinen psychischen Inhalt hätten und somit der Fötus auch keine Angst im eigentlichen Sinne, insbesondere bei der Geburt, verspüren könne (Freud, 1926d, S. 161ff.). Obwohl die Geburt, wie Freud betont, objektiv die Trennung von der Mutter bedeute, gehe sie subjektiv für das Neugeborene nicht mit einem Objektverlust einher, denn sie werde von ihm nicht als Trennung von der Mutter erlebt (Freud, 1926d, S. 161ff.). Diese ist dem absolut narzisstischen Fötus zunächst als Objekt gänzlich unbekannt (Freud, 1914c). Freud betrachtet den Geburtsvorgang als Kontinuum, wobei das psychische mütterliche Objekt die biologische, objektlose fötale Situation stufenweise ersetzt. Gleichzeitig geht die ursprüngliche automatische Angst in Signalangst über: Mit der allmählichen Erfahrung eines äußeren Objekts wird die automatische Angst durch die Angst vor einem Objektverlust, resp. die Signalangst, ersetzt. Durch wiederholte Begegnungen mit Vertrautem wie dem Blick der Mutter, ihrer Stimme, ihrem Geruch entstehen Zeichen äußerer Objekte, die sich im Gedächtnis einprägen. Diese Zeichen signalisieren die Abwendung von Unlust – einen erstrebenswerten Zustand. Die Signalangst taucht bereits auf, bevor sich das gefürchtete energetische Ungleichgewicht, resp. die Unlusterfahrung, einstellt. Es gelingt dem Säugling zunehmend, die automatische Angst zu antizipieren, indem er auf Gedächtnisinhalte zurückgreift, die als Merkzeichen früherer Erfahrung symbolisiert sind. Anstelle der automatischen Angst kann der Säugling in seiner Not die erträglichere Signalangst setzen – erträglicher, da sie vor dem Ernstfall auftaucht, mit dem dann etablierten Zeichenvorrat operiert und dementsprechend in der Phantasietätigkeit beeinflusst, verschoben, getrennt und verdichtet werden kann.

Die Signalangst kann als protosymbolischer Akt aufgefasst werden, d.h., er ist noch nicht ganz im Symbolischen angekommen. Er stellt vielmehr eine Vorstufe dar. Indem der wiederkehrende Blick der Mutter dem Kind ein Wiedererkennen und die Antizipation von Befriedigung ermöglicht, nimmt die Angst die Gestalt der Trennungsangst an. Da die Trennung von der Mutter für den Säugling die größte Gefahr darstellt, bedeutet diese erste Umwandlung einen wichtigen Fortschritt im Sinne einer Disposition zur Selbsterhaltung. Freud spricht von Sensationen und Innervationen, die sich als Erinnerungen in den Körper einschreiben (Freud, 1926d, S. 163). Spielszenen von Kindern im vorsprachlichen Alter, welche an ihre Geburt und die begleitenden Umstände erinnern, lassen vermuten, dass sie in den Körper eingeschriebene Erinnerungen in ihren Spielhandlungen inszenieren und versuchen, sich durch die Wiederholung von ihnen zu trennen (Ambass, 2017, S. 63).

Die folgende Fallvignette aus der Praxis von Dagmar Ambass dient zur Illustration des eben Ausgeführten:

Frau D. und Dino[9] kommen in die Mutter-Kind-Therapie, seitdem Dino drei Wochen alt ist. Frau D. hat eine schwierige Herkunftsgeschichte, die sie seit der Mutterschaft wieder verstärkt bedrängt. Außerdem fällt ihr als alleinerziehende Mutter die Koordination zwischen Mutterschaft und Beruf schwer. Dino gelingt es ganz gut, sich an die Situation mit den häufigen Betreuungswechseln anzupassen.

Mit 10 Monaten ist Dinos Bewegungsentwicklung so weit fortgeschritten, dass er den gesamten Therapieraum erkundet. Er entdeckt einen Ring, steckt ihn auf seinen Arm und nimmt einen Duplostein in die Hand. Nun will er den Ring vom Arm und über den Duplostein ziehen, was nicht gelingt. Mit Leichtigkeit lässt er den Stein fallen, zieht den Ring vom Arm und nimmt den Stein wieder zur Hand. Er krabbelt weiter, wirft sich in einen Korb und kriecht wieder heraus. Er landet unter dem Sofa, schreit kurz auf und hat sogleich einen Weg gefunden, sich zu befreien. Seine Mutter sitzt im Schneidersitz auf dem Boden. Sie berichtet von ihrer aufreibenden Situation am Arbeitsplatz, wo es nicht gelingt, Probleme offen anzusprechen und Lösungen zu finden. Machtpositionen werden ausgenutzt, um eigene Interessen durchzusetzen. Frau D. fühlt sich in einer Pattsituation. Dino kriecht von hinten an die Mutter heran, krabbelt über ihr Bein und kriecht behände zwischen ihren Beinen hervor. Die Mutter in ihrer Erzählung unterbrechend frage ich [D. Ambass]: »Hatten Sie eine leichte Geburt?« Frau D.: »Ja, die Geburt war sehr gut!« Ich mache die Mutter auf Dinos Geburtsinszenierungen aufmerksam. »Wollen Sie mir damit sagen, ich soll versuchen, in Fluss zu kommen, so wie Dino?« Nach einer Pause, in der wir Dino beobachten, der sich nun Möbel sucht, um sich hochzuziehen und auf zwei Beinen zu stehen, sagt sie: »Ich werde einen Artikel schreiben mit dem Titel Recht und Pfründe«. Diese Phantasie ermöglicht ihr, sich aus der verfahrenen beruflichen Situation gedanklich herauszuwinden.

Diese protosymbolischen Akte können auch als Vorstufe der Sublimierung angesehen werden. Der erste Impuls, sei er nun Angst oder Trieb, erfährt eine Differenzierung in Angst und Partialtrieb. Die Objekte sowohl des Triebes bzw. der Partialtriebe als auch der Bedürfnisbefriedigung kommen ins Spiel – und damit der andere. Von einer Vorform der Sublimierung kann gesprochen werden, da die Sublimierung im eigentlichen Sinn die Integration der Partialtriebe ins Ich, welche in der Selbstwahrnehmung des Subjekts als Individuum mündet, voraussetzt. Aus der Lacan'schen Perspektive geht der die Partialtriebe vereinenden genitalen Sexualität, die sich beim Durchlaufen des Ödipuskomplexes einstellt, das Spiegelstadium voraus, welches dem Subjekt zu einem imaginär vervollständigten Ich verhilft.

---

9 Alle Personen sowie deren persönliche Daten und Kontexte in den Falldarstellungen dieses Kapitels wurden nach nationalen und internationalen Standards und Vereinbarungen für wissenschaftliche Fachpublikationen vom Autor anonymisiert.

4.2.6.2 Zwischenspiel: Das Spiegelstadium

Das Spiegelstadium stellt ein zentrales Konzept Lacans dar, welches die psychische Struktur des Subjekts zu erklären vermag. Es wird entwicklungspsychologisch der Altersspanne zwischen 6 und 18 Monaten zugeordnet und kann im Kinderspiel beobachtet werden: Ausdruck davon ist die jubilatorische Reaktion des Kindes, wenn es sich im Spiegel sieht und dabei selbst erkennt (Lacan, 1949/2016, S. 110). Die Vermittlung des Spiegelbildes geschieht in der Regel über einen anderen, die vertraute Bezugsperson, z.B. über die Mutter.

Zentral ist, dass vom Ausgang des Spiegelstadiums abhängt, mit welcher psychischen Struktur das Subjekt daraus hervorgeht, einer neurotischen, perversen oder psychotischen. Aus diesem Grund ist es, wie Dolto betont, von grundlegender Bedeutung, dass die Mutter bei der Spiegelerfahrung des Kindes nicht einfach sagt, »das bist Du« (Dolto, 1987/1996, S. 27). Auf diese Weise würde nämlich eine trügerische Evidenz der imaginären Ganzheit des Subjekts evoziert (Lacan, 1966/2016, S. 81). Stattdessen solle die Mutter sagen: »Das ist das *Bild* von Dir« (Dolto, 1987/1996, S. 27), damit das Kind die Differenz vom Bild im Spiegel und dem Bild, das es sich von sich selbst gemacht hat, kennenlernt. Das Herumspielen vor dem Spiegel, welches sich häufig im Grimassenschneiden äußert, dient der Abwehr der Angst, die aufgrund der wahrgenommenen Differenz zwischen dem Spiegelbild und dem Selbstbild des Kindes entsteht (Dolto, 1987/1996, S. 27). Das Selbstbild verdankt sich der ungezügelten Phantasie des Kindes, das sich mit den Erfahrungen, die es mit seinem Körper und mit anderen gemacht hat, auseinandersetzt und sich zu ihnen positioniert.

Von der Erfahrung mit dem Spiegel an wird es nie mehr so sein wie zuvor. Das Kind »kann sich […] nicht mehr mit den narzißtischen Phantasmen verwechseln, die es dazu führten, sich so vorzustellen wie es zu sein wünschte; denn das Kind bildet sich leicht ein, ein Autobus zu *sein,* ein Flugzeug, ein Zug, ein Pferd, ein Vogel; man bemerkt es, wenn es lautmalerisch spielt« (Dolto, 1984/1987, S. 138). Nach der Spiegelerfahrung erscheint in seinen imaginären Spielen, in denen es gern eine andere Identität annimmt, die Möglichkeitsform: »Ich *wäre* ein Flugzeug, du *wärest* […] [Hervorh. i.O.]« (Dolto, 1984/1987, S. 138). Die Gefahr, sich in den Identifikationen zu verlieren und keinen Unterschied zwischen sich und den vielen anderen Dingen wie Personen zu machen, wird durch das Spiegelbild entschärft, denn indem der Erwachsene das Bild des Kindes im Spiegel anerkennt, gibt er seiner überbordenden Phantasie einen Haltepunkt außerhalb seiner selbst – so imaginär, verklärend und verkennend er auch sein mag.

4.2.6.3 Zurück zu Freud

Nach der Erarbeitung seines zweiten topischen Strukturmodells mit der Unterscheidung von Ich, Es und Über-Ich passt Freud auch sein Angstmodell an diese Struktur an (Freud, 1923b). Die Angst bedränge stets das Ich. Freud unterscheidet zwischen der *Es-Trieb-Angst,* wo das Ich durch Triebregungen aus dem Es überflutet wird, wenn diese nicht adäquat abgeführt oder anders bewältigt resp. sublimiert werden können, und der *Über-Ich-Angst* oder Gewissensangst (Meyer, 2019, S. 23f.). Die *Gewissenangst* ist Ausdruck einer Spannung zwischen Ich und Über-Ich, genauer reagiert das Ich mit Angstgefühlen, wenn es feststellt, dass es mit einer durchgeführten oder geplanten Handlung hinter die strengen Idealforderungen des Über-Ichs zurückfällt (vgl. Freud, 1924c, S. 379; Freud, 1930a, S. 502; Langnickel, 2019, S. 266ff.). Da unter der erstgenannten »Angstform [der Es-Trieb-Angst], [...] die Angst vor der Libido [dem Trieb] verstanden wird, erhält sie eine besondere Nähe zu [Freuds] erste[r] Angsttheorie, der Unterscheidung zwischen automatischer und Signalangst, wo die Angst der primäre Affekt ist, der die weitere Entwicklung einleitet« (Meyer, 2019, S. 23). Jedoch hat Freud seit seiner zweiten Angsttheorie darauf bestanden, dass nicht die Angst das Primäre sei, sondern das Drängen der Libido. Die Angst ist »eine Affektbildung des Ichs« (Meyer, 2019, S. 23). Wenn die Perspektive der Entwicklungspsychologie zu diesen beiden Konzepten hinzugefügt wird, ließe sich postulieren, dass bei der ersten Angsttheorie, wonach die Angst das Primäre ist, von einer Angst ausgegangen werden muss, die vielmehr eine Vorform der Angst darstellt und noch nicht vom Trieb abgespalten ist. Dagegen bezieht sich die zweite Angsttheorie auf den Menschen zu einem späteren Entwicklungszeitpunkt. Auf diesem Entwicklungsniveau ist die getrennte Betrachtung von Trieb und Angst möglich. Diese Differenz wirkt sich auch bei den Formen der Angstabwehr bzw. der Angstbewältigung im Spiel aus.

Bei der Übertragung der Freud'schen Annahmen zur Angst auf das Kinderspiel stellt man fest: Kinder entwickeln im freien Spiel Angst- und Problembewältigungsstrategien. Für Zulliger, einen der Gründerväter der Psychoanalytischen Pädagogik, ist die beste Waffe der Kinder gegen die Angst das freie Spiel: »Daß im Spiel, im frei erfundenen Kinderspiel, heilende Kräfte liegen, ist noch viel zu wenig bekannt. Im Spiel stellt der kindliche Patient all das dar, was ihn bewußt und unbewußt bewegt, er bearbeitet seine Konflikte« (Zulliger, 1993, S. 169). Im Spiel findet nach Zulliger »eine Triebabfuhr, die Aufhebung von Unlust, die Vermeidung, beziehungsweise Umsetzung von Angst in Lust« statt (Zulliger, 1957/1966, S. 14). Dazu kann durchaus ein gewisses Angstmachen nötig sein, also das Hervorrufen eines Angstgefühls, welches dann bewältigt werden kann. Daraus erklärt sich die nachhaltige Faszination für den Suspense und dessen Lösung, für Krimi und Horror als eine unerschöpfliche Quelle der Unterhaltungsindustrie, aber auch für die Grausamkeiten in Kindermärchen.

Das Kind kann Erfahrungen der Angst oder des Schmerzes aktiv in sein Spiel einbringen, wodurch es die Passivität, die es gegenüber der Angst verspürt, verlassen kann. »Indem das Kind aus der Passivität des Erlebens in die Aktivität des Spielens übergeht, fügt es einem Spielgefährten das Unangenehme zu, das ihm selbst widerfahren war und rächt sich so an der Person dieses Stellvertreters« (Freud, 1920g, S. 15). In jeglicher tragischen Kunst können wir der Fiktion des Todes anderer beiwohnen, ohne selbst in Gefahr zu geraten.

Der im Spiel gestartete Angriff des Kindes auf ein Spielobjekt kann in psychoanalytischer Lesart »als Kompromißbildung zwischen den ausgelösten Aggressionsimpulsen und dem Drang zur Befolgung von Geboten des frühen Liebesobjekts [resp. der Mutter/des Vaters]« (Nitzsch-Berg, 1978, S. 191) verstanden werden, nämlich, mit Freud, als Kompromissbildung zwischen der Es-Trieb-Angst und der Gewissensangst. In Anlehnung an Melanie Klein hebt Nitzsch-Berg hervor, dass im kindlichen Spiel eine vollständige Bewältigung der Angst nicht möglich ist, »sondern eine gewisse Angst immer latent wirksam bleibt, die als ständiger Spielantrieb wirkt« (Nitzsch-Berg, 1978, S. 125). Wird die Angst beim Spielen manifest, wird also für das kindliche Erleben zu stark, »bricht durch«, kann das Kind sein Spiel nicht fortsetzen und unterbricht es zumeist – das Spiel ist aus (Nitzsch-Berg, 1978, S. 125).

4.2.6.4 Angst und Spiel bei Lacan

Lacan hat die Angsttheorien von Freud weiterentwickelt, wodurch auf die Funktion der Angst bzw. auf die Angst als Affekt ein neues Licht geworfen wird. Er schenkte durch die Ausarbeitung des Konzepts der Alienation und Separation und die topologische Figur des Objekts a als Ursache des Subjekts der Trennung weitere Beachtung. Lacan greift sie in dem Aufsatz *Position des Unbewussten* (Lacan, 1966/1991) auf. Hierin beschreibt er die beiden Operationen der Alienation und Separation bei der Genese des Subjekts. Die Alienation ist die Operation, durch welche die Zeichen der Mutter den Charakter von Signifikanten annehmen, indem sie für das Baby bedeutsam werden. Die zweite Operation, die Separation, die Trennung von der Mutter, die Öffnung zur Welt, wird aufgrund der Aneignung dieser Zeichen durch das Kind erst möglich.

Es geht nicht um ein Hin und Her zwischen Alienation und Separation, sondern vielmehr um eine zirkuläre Bewegung. Lacan präzisiert den Vorgang der Separation: »Daraus folgt, dass das, was das Neugeborene beim Kappen der Nabelschnur verliert, nicht, wie die Analytiker meinen, die Mutter ist, sondern seine anatomische Ergänzung, was die Hebammen Nachgeburt [délivre] nennen« (Lacan, 1966/1991, S. 224). Mit der Metapher der *hommelette* (eine Homophonie u.a. von kleiner Mann – *homme-lette* – und *omelette,* eine konturlose Masse aus Ei) bezeichnet Lacan den Rest, der abfällt, weil ihm das Subjekt sonst wehrlos ausgeliefert ist (Lacan, 1964/2017, S. 207). Es ist das, was Freud die Libido nennt, die Triebkraft, die eigentlich einem Organ ähnelt, am Rande des substanziellen und des psychischen Körpers, die aber zum Tod führt, wenn sie sich nicht immer wieder entladen resp. abfallen kann.»Man sieht auch, dass das, was Freud den Schub* des Triebes nennt, nicht seine Abfuhr, sondern vielmehr als die vor- und zurücklaufende Evagination [évagination aller et retour, Aus- und Einstülpen] eines Organs zu beschreiben ist« (Lacan, 1960/2015b, S. 391).

Lacan bemüht sich mit dem Mythos der hommelette/Lamelle, diesem Organ, eine symbolische Artikulation zu verschaffen. Jedoch bleibt jede Objektbeziehung, sei es die zwischen Mutter und Kind, sei es die zwischen Mann und Frau, imaginär. Eine Beziehung zwischen Subjekt und Objekt gibt es nicht ohne den Platzhalter, das Objekt a, an dessen Ort sich imaginäre und symbolische Produktionen entfalten können. Dazu zählen beispielsweise Mutterleibsphantasien von einem ursprünglich harmonischen Zustand, der eigentlich nie existiert hat (Langnickel & Link, 2019a, S. 173ff.) So trauert das Subjekt der Brust der Mutter nach, ihrer Liebe und Wärme – aber nur aufgrund einer Bezugnahme auf ein imaginäres Objekt. Vielmehr ist »die Brust […] in ihrer Funktion der Entwöhnung als einer Präfiguration der Kastration« bedeutsam (Lacan, 1966/1991, S. 227). Das Objekt a ist ein Überrest des Trennungsprozesses von der Mutter. Es ist ein Partialobjekt in mehrfacher Hinsicht: Zum einen ist es mit den oralen, analen und skopischen Partialtrieben verbunden, zum anderen mit Körperteilen, denen diese Partialtriebe entsprechen – Mund, Anus, Blick, Stimme (Hewitson, 2014).

Vom Objekt a gibt es bei Lacan eine Verbindung zur Angst. Angst hat einen subjektkonstitutiven Charakter und ist gegenüber anderen Affekten ausgezeichnet, da alle Affekte sich durch Affektumwandlung als Angst äußern können, weshalb Angst der einzige Affekt ist, der nicht täuscht (vgl. Lacan, 1962–1963/2010, S. 5).

Trotz der gemeinhin angenommenen Objektlosigkeit der Angst konstatiert Freud, dass Angst immer Angst *vor* etwas ist. Lacan weist explizit auf diesen Verweisungscharakter des *Vor* hin (vgl. Lacan, 1962–1963/2010, S. 200). So tritt die Angst auf, be*vor* sich, in den Worten Freuds, eine Triebgefahr manifestiert hat (die Signalangst) (Freuds, 1926d, S. 302). Die Angst hat zwar ein Objekt, allerdings kein empirisches Objekt, sondern das schon erwähnte Objekt a. Das Objekt a lässt sich grundsätzlich nicht mit einem empirischen Objekt in der Welt gleichsetzen. Das Objekt a ist »ein kleines Etwas vom Subjekt, das sich ablöst, aber trotzdem ihm zugehörig ist, von ihm bewahrt wird« (Lacan, 1964/2017, S. 68) und ist somit weder ausschließlich auf der Seite des Subjekts noch auf der Seite der Außenwelt zu situieren, weswegen das Objekt a kein intimes, sondern ein extimes Objekt ist. Das Objekt a ist etwas, was entsteht, wenn der Seinsmangel im Subjekt eingeführt ist, das werdende Subjekt nicht mehr in der Dyade mit der Mutter verbleibt, das Kind in die symbolische Ordnung eingeht. Das Objekt a ist zwar wesentlich unerreichbar und wird nie unseren Mangel ganz ausfüllen können, ist aber zugleich Motor unseres Begehrens. Zum einen steht für Lacan die Angst als Signal in Beziehung zum Objekt a und ist nicht wie bei Freud primär ein Signal für eine Triebgefahr (vgl. Lacan, 1962–1963/2010, S. 112). Ist bei Freud die Angst ein Signal für die Abwesenheit des Objekts, so ist für Lacan die Angst ein Signal dafür, dass auf dem Platz, welcher nicht besetzt ist, etwas im Realen erscheint. Somit steht die Angst als Signal bei Lacan nicht für den Verlust eines Objekts, sondern für eine zu große Nähe eines Objektes, des Objekts a. Zum anderen taucht die Angst angesichts des rätselhaften Begehrens des Anderen auf, genauer angesichts des Zweifels, welches Objekt das Subjekt für das Begehren des Anderen ist.

Doch wo ist die Verbindung von der Angst zum Spiel? Lacan selbst stellt einen Zusammenhang zwischen Angst und Spiel her, nämlich bei der Beschreibung der Angst als Ursache für die ambivalenten Spiele der Zwangsneurotikerin bzw. des Zwangsneurotikers: »Nicht weil die Verbindung von der Angst zum Zweifel, zum Schwanken und zu dem ambivalent genannten Spiel des Zwangsneurotikers [au jeu dit ambivalent de l'obsessionnel] Ihnen als klinisch spürbar erscheinen kann, ist es dasselbe. Die Angst ist nicht der Zweifel, die Angst ist die Ursache des Zweifels« (Lacan, 1962–1963/2010, S. 101). Unsere These ist, dass die Angst nicht nur die Ursache des Spiels bei einer zwanghaften Persönlichkeitsstruktur ist, sondern dass es eine generelle, innige Verbindung zwischen Angst und Spiel gibt.

Es fragt sich nun, wann gemäß der strukturalen Psychoanalyse Angst auftritt und welche Rolle dabei das Spiel spielt. Angst tritt dann auf, wenn der Mangel ermangelt, wenn etwas, nämlich das Objekt a, zu nah ist (vgl. Lacan, 1962–1963/2010, S. 58). Aus diesem Grund können Kinder mit Anwesenheit-Abwesenheits-Spielen, wie bspw. dem von Freud dokumentierten Fort-Da-Spiel, selbst diesen Mangel evozieren und eine symbolische Anwesenheit oder Abwesenheit herbeiführen. »Ich habe Ihnen vom *Fort* und vom *Da* gesprochen. Das ist ein Beispiel für die Art und Weise, wie ein Kind ganz natürlich in dieses Spiel eintritt. Es beginnt, mit dem Objekt zu spielen, genauer mit der einzigen Tatsache seiner Anwesenheit und seiner Abwesenheit. Es ist also ein transformiertes Objekt, ein Objekt mit symbolischer Funktion, ein entlebendigtes Objekt, das bereits ein Zeichen ist. Ist das Objekt da, so vertreibt das Kind es, und ist es nicht da, so ruft es nach ihm. Durch diese ersten Spiele geht das Objekt wie von Natur auf die Ebene der Sprache über. Das Symbol taucht auf und wird wichtiger als das Objekt« (Lacan, 1953–1954/1978, S. 227). Dieser Akt des Spiels ist es, welcher ausgehend von einem Signifikanten, der Fadenspule, eine symbolische Welt erschafft. Dieser Vorgang kann mit Lacan als das »Losbrechen der Signifikanten« (Lacan, 1959–1960/2016, S. 375) bezeichnet werden und stellt den Übergang des Subjekts in den Kosmos der Sprache dar.

4.2.7 Nachspiel

Wir haben uns aus verschiedenen Perspektiven dem Ursprung und den Funktionen des Spiels genähert und es wurde erläutert, dass und inwiefern das Spiel insbesondere zu Beginn des Lebens eine Grundbedingung des Menschenwesens ist. Die Notwendigkeit des Spielens ergibt sich aus dem Drängen des Triebes, dem der Mensch ausgesetzt ist, noch bevor er sich als autonomes Wesen wahrnimmt und diesem Drängen Abwehrformen entgegensetzen kann. Die Angst spielt eine bedeutsame Rolle im Entstehen des Spiels. Zunächst lässt sich zwischen dem Drängen des Triebes und der Angst, oder vielmehr dem Vorläufer der Angst, nicht unterscheiden. Sobald das Kind erste Zeichen vom anderen wiedererkennen kann, nimmt die vom Trieb abfallende Angst die Form der Trennungsangst an. Mit der weiteren psychischen Strukturierung differenziert sich die Angst weiter aus, und mit ihr das Spiel, welches dem Kind ermöglicht, einen Umgang mit der Angst zu finden. Ganz überwinden wird es – werden wir – sie nie. Die Angst bleibt unsere ständige Begleiterin. Beherrscht sie uns, nimmt sie ihre ursprüngliche traumatische Form wieder an. In den Momenten, in denen wir sie zwar nicht beherrschen, aber einen Umgang mit ihr finden oder mit ihr spielen, kann sie uns jedoch zu Höchstleistungen antreiben.

So wie Freud zwischen einem manifesten Trauminhalt und einem latenten Traumgedanken unterscheidet, dem morgens erinnerten Traum und dem erst noch zu deutenden Traum, so unterscheidet er auch zwischen einem manifesten Spielinhalt und einem latenten Spielgedanken (vgl. Klein, 1932, S. 29, S. 114; Nitsch-Berg, 1975, S. 158ff.). Die Unterscheidung zwischen latentem und manifestem Spielinhalt deutet darauf hin, dass das beobachtbare Spielen nicht alleiniger Ausdruck einer willentlichen Kontrolle des spielenden Kindes ist (vgl. Piaget, 1969, S. 233). Vielmehr manifestiert sich im Spiel auch das Unbewusste, womit es Analogien zum Traum aufweist – ein Zusammenhang, den auch Winnicott hervorhebt (vgl. Winnicott, 1971/2019, S. 63). Der Kinder- und Jugendpsychoanalytiker Hans Hopf weist zu Recht drauf hin, dass das Spiel das wichtigste Medium der Kinderpsychoanalyse ist, da Kinder die analytische Grundregel, ihre Träume regelmäßig und vor allem kritiklos mitzuteilen, oft noch nicht einhalten können (vgl. Hopf, 2018, S. 10). Könnte es also sein, dass bei kleinen Kindern nicht der Traum, sondern das Spiel die Via Regia zum Unbewussten ist?

4.2.8 Rückblick und Ausblick

Zur ersten Frage im Kapitel 4.1, warum ein Kind spielt und welche Rolle dabei dem Affekt Angst und der Triebstruktur zukommt, ist Folgendes festzuhalten: Dient das Spiel der Abwehr von Angst oder setzt die Angst das Spiel in Gang? Ist es die Verfasstheit des Triebs, die Angst auslöst, oder ist es die Angst, die den Menschen dazu veranlasst, zu spielen und später zu sprechen, um die Triebe zu kanalisieren, umzulenken, zu sublimieren und nur teilweise zu befriedigen?

Diese Fragen beschäftigen Psychoanalytikerinnen und Psychoanalytiker schon lange. Diejenigen, die einen objektbeziehungstheoretischen Ansatz verfolgen, orten den Ursprung der Angst respektive des Traumas in der Trennung der Mutter-Kind-Einheit (Meyer, 2009, S. 224ff.). Nach Winnicott entsteht die erste Ich-Organisation, und somit die Fähigkeit zum Denken, aus dem frühen Erleben der drohenden Vernichtung. »Diese geistigen Funktionen dienen dem Zweck, die nicht zu vermeidenden Mängel der mütterlichen Fürsorge auszugleichen, und dem Versuch, dieselbe Fürsorge schrittweise zu ersetzen« (Meyer, 2009, S. 224f.). Das Spiel kann hierbei, wie bereits erwähnt, als erste Erfahrung mit Objekten aufgefasst werden. Zunächst erhalten Körperteile wie der Mund, die Zunge, die Brust der Mutter, Hände, Füße, aber auch der Blick der anderen Person, welche die Bedürfnisse des Säuglings erfüllt, den Stellenwert von Objekten. Diese werden zum Liebesobjekt, wenn sie das Bedürfnis erfüllen können, oder zum Objekt des Hasses, wenn die Bedürfnisbefriedigung verwehrt bleibt (Freud, 1915c).

Einigkeit besteht in der Objektbeziehungstheorie über die Bedeutung, die den frühen internalisierten Objektbeziehungserfahrungen für die Entwicklung der Persönlichkeit beigemessen wird. »Sind die Objektbeziehungserfahrungen mit einem Gefühl des Gehalten- und Verstandenwerdens, der Konstanz und Sicherheit verbunden, so kann sich ein konsistentes Selbst entwickeln, das sich trotz erlebter Frustrationen und Kränkungen als eigenständig und wahrhaftig erfahren kann« (Meyer, 2009, S. 296). Sowohl die Bindungstheorien als auch die Konzepte der Feinfühligkeit (Hechler, 2014a) beruhen auf dem Ansatz der Objektbeziehungstheorie.

Lacan und Dolto legen einen anders gelagerten Schwerpunkt: Angst tritt dann auf, wenn »der Mangel ermangelt« (Lacan, 1962–1963/2010, S. 58), wenn also etwas zu nah ist, es keine Trennung gibt und das Kind beispielsweise zu eng in die Mutter-Kind-Dyade eingebunden ist. Was ist mit der Ermangelung des Mangels gemeint? Die Bedürfnisbefriedigung beim Baby bedarf einer ausgeprägten körperlichen Nähe: Es wird in den Armen gehalten, in den Schlaf gewiegt, es saugt an der Brust etc. Mit dem Blick und der Stimme taucht bereits eine Differenzierung des Bedürfnisses auf. Zur Bedürfnisbefriedigung gesellt sich der Anspruch auf Liebe hinzu. Das Kind lernt die Zeichen des anderen kennen und beruhigt sich bereits, wenn z.B. die Mutter oder der Vater in seinem Gesichtsfeld auftaucht, nicht erst, wenn das Bedürfnis befriedigt ist. Sein Schrei wird zum Appell an den anderen. Das Baby weiß nun, dass seiner Not Abhilfe geschaffen wird, wenn der allmählich vertraute Blick der Mutter auftaucht oder es die Stimme des Vaters hört. Ein etwas größerer körperlicher Abstand – und damit Frustration – kann für begrenzte Zeiträume ertragen werden und eröffnet gleichzeitig Spielräume, beispielsweise für das Mundspiel – und somit Entwicklung. Dass das Bedürfnis nicht immer sofort erfüllt wird, erlaubt es dem Kind, eigene Wünsche, in Lacans Terminologie ein Begehren zu entwickeln. Das Begehren ist der Platzhalter, wo sich später Interessen, Liebesobjekte, Lieblingsspiele etc. einnisten können (vgl. Lacan, 1957–1958/2006).

Mit Anwesenheit-Abwesenheits-Spielen wie bspw. dem Fort-Da-Spiel evozieren Kinder nicht nur die symbolische Anwesenheit einer Bezugsperson, sondern, so Lacan, auch einen Mangel und können sich hierdurch auch vor zu viel dyadischer Nähe wehren:

> Die Angst ruft all das hervor, was uns anzeigt, uns zu erahnen erlaubt, dass es wieder zurück in den Schoß gehen wird. Dies ist im Gegensatz zu dem, was man so sagt, weder der Rhythmus noch der Wechsel der Anwesenheit-Abwesenheit der Mutter. Der Beweis dafür ist, dass das Kind Gefallen daran findet, dieses Anwesenheit-Abwesenheit-Spiel zu verlängern. Die Möglichkeit der Abwesenheit, das ist es, die Sicherheit der Anwesenheit. Beängstigender für das Kind ist freilich, wenn das Verhältnis, worüber es sich einführt, das des Mangels, der es zum Begehren macht, verwirrt wird, und es ist am stärksten verwirrt, wenn es keine Möglichkeit von Mangel mehr gibt, wenn die Mutter die ganze Zeit hinter ihm her ist und ihm gar noch den Arsch abwischt, Modell für den Anspruch und zwar für den Anspruch, der nicht ablassen kann. (Lacan, 1962–63/2010, S. 74)

Vordergründig könnte man einwenden, dass für die Pädagogik bei Verhaltensstörungen dieses zu viel an dyadischer Nähe nicht relevant ist, da bei diesen Kindern und Jugendlichen gerade nicht der Mangel des Mangels ein relevantes Thema sei, sondern beispielsweise Missbrauchsproblematiken und Vernachlässigungen. Jedoch kann eben aus der Perspektive der strukturalen Psychoanalyse bei Vernachlässigung und Missbrauch der Mangel ermangeln. Dieses zeigt sich konkret dann, wenn das Kind für alle Arten von eigenen Bedürfnissen missbraucht wird, wenn es nicht aus der Symbiose entlassen wird, wenn es den Narzissmus von Mutter oder Vater befriedigen muss. Oder wenn alle Bedürfnisse des Kindes erfüllt werden, damit man sich als perfekte Mutter oder Vater fühlen kann und das Kind gerade aufgrund dessen gar keine eigenen Wünsche entwickeln kann, weil hierzu erst ein Mangel vorherrschen muss.

Almom, der Co-Gründer der Alliance of Childhood, hat in Zusammenarbeit mit der US Play Coalition im Jahr 2018 erklärt, dass es in der heutigen Generation eine Spieldeprivation gebe, welche zu einer großen Bandbreite an physischen und emotionalen Problemen führe. Almon erklärt, dass die Zunahme von Angsterkrankungen in den letzten Jahrzehnten unter jungen Men-

schen in den USA vor allem dadurch zu erklären sei, dass heutige Kinder vermehrt einen hoch strukturierten Anteil an Freizeit haben sowie viele Medien konsumieren und hierdurch weniger Zeit für das freie Spiel haben (Almon, 2018).
Nach Hartmann (1973, S. 82) könne die Angst im und durch das Spiel auf verschiedene Arten überwunden werden:

1. durch eine motorische Abfuhr, d.h. Bewegung,
2. durch eine symbolische Wunscherfüllung im Sinne eines Vertröstens,
3. durch die Umwandlung von Passivität in Aktivität sowie
4. durch das aggressive Ausleben der Angst.

Zur ersten Funktion des Spiels, der motorischen Abfuhr, erläutert Freud, dass das Kinderspiel stark von der Motorik beherrscht werde, weshalb er auch von »motorische[n] Halluzinationen« spricht (Freud, 1912–13a, S. 104). Kooij charakterisiert den Zusammenhang von Angstabwehr und motorischem Spiel wie folgt: »[So] scheint es logisch, das Spiel als eine Möglichkeit zu betrachten, die durch Angst gestaute Energie durch Bewegungen abzuführen« (Kooij, 1983, S. 322).

Die symbolische Wunscherfüllung als zweite Funktion der Angstüberwindung im Sinne eines Vertröstens ermöglicht es wiederum, Wünsche, die bisher in der Realität nicht realisiert werden konnten, als im Spiel realisiert darzustellen. Die Ängste werden dann im Spiel symbolisch als überwunden ausgedrückt. Freud erläutert diese phantasmatische Dimension des Spiels wie folgt: »Jedes spielende Kind benimmt sich wie ein Dichter, indem es sich eine eigene Welt erschafft oder, richtiger gesagt, die Dinge seiner Welt in eine neue, ihm gefällige Ordnung versetzt« (Freud, 1908e, S. 216). Hinsichtlich der infantilen Phantasien lässt sich konstatieren, dass diese »eine Wunscherfüllung, eine Korrektur der unbefriedigten Wirklichkeit« darstellen (Freud, 1908e, S. 216). Sowohl Spiele als auch Phantasien resultieren also aus einem Zustand des Unbefriedigtseins. Analog zu Freuds Diktum »[D]er Glückliche phantasiert nie, nur der Unbefriedigte« (Freud, 1908e, S. 216), könnte man für das Kinderspiel konstatieren: Der Glückliche spielt nicht, nur der Unbefriedigte. Im Glück herrscht ein Zustand der vollständigen Erfüllung und man bedarf des Spiels nicht mehr.

Die dritte Funktion des Spiels als Angstüberwindung, die Umwandlung von der Passivität in die Aktivität besagt, dass das Kind im Spiel eine unangenehme Situation reproduziert und damit »aus der Passivität des Erlebens in die Aktivität des Spielens übergeht« (Freud 1920g, S. 129; vgl. Freud 1926d, S. 200; Freud, 1931b, S. 529f.; Piaget 1969, 191f.) und dadurch die angstbeladene Situation psychisch bewältigen kann (vgl. Freud, 1909a, S. 287, S. 331; 1912–13a, S. 158).

Die vierte Funktion des Spiels ist das Ausagieren von Aggressivität als ein Bewältigungsmechanismus, um mit seinen Ängsten umzugehen. Im Spiel darf das Kind all die Aggressionen ausleben, was es in der Realität nicht darf. Es kann dann im Spiel denjenigen spielen, der anderen Schmerz zufügt, es kann anderen symbolisch Schmerzen zufügen. Auf diese Weise kann es mithilfe der Aggressivität seine eigenen Ängste zu überwinden suchen, ohne sich mit Schuldgefühlen zu belasten. Eine Hypothese, die man empirisch untersuchen müsste: Könnte es sein, dass durch die von Almon (2018) benannte Problematik des Rückgangs des freien Spiels und seiner Orte, die Aggressivität steigt?

Ausgehend von der festgestellten Tragweite des Affekts Angst im Spiel ist zu konstatieren, dass weitere Forschungen zu diesem Phänomen notwendig sind, da Angst als internalisierende Störung innerhalb der Sonderpädagogik immer noch viel zu wenig beachtet wird (Stein, 2019, 308ff.; vgl. Ehr, 2019).

Die zweite Frage im Kapitel 4.1, wie die Subjektwerdung mit dem Spiel zusammenhängt, ist wie folgt in nuce zu beantworten: Von Beginn an gibt es einen engen Zusammenhang zwischen der Subjektwerdung und dem Spiel. Im ersten Stadium des Spiels im Alter von null bis ca. acht Monaten, ist der Mund das erste Spielzeug (Marinopoulos, 2012, S. 15). Ebenfalls setzt Anna Freud den Mund bzw. den Körper an den Beginn des Spiels: »Das erste ›Spiel‹ des Säuglings ist die Suche nach Lust mit Hilfe von [dem] Mund (A. Freud, 1968, S. 81). Das Lutschen, Saugen und in den Mund stecken von Objekten führt zu einer allerersten Differenz von Ich und Nicht-Ich (Gast, 2013, S. 73), die objekthafte Außenwelt und der eigene Körper werden als disparat erlebt (Böhme & Slowinski, 2013, S. 14). Im zweiten Stadium, dem Stadium des Fort-Da im Alter von ca. 8 bis ca. 20 Monaten, unterstützt das Spiel wesentlich die Verarbeitung von Trennungsängsten einerseits und andererseits zugleich auch die Separation des Kindes von der Mutter. Im dritten Stadium, dem Stadium des Wegwerfens und wieder Aufhebens sowie des Versteckens im Alter von zwei bis drei Jahren, werden maßgeblich die Symbolisierungsprozesse im kindlichen Spiel unterstützt. Im vierten und letzten Stadium des freien Spiels, das Stadium der Sexuierung, welches ca. vom vierten bis zum fünften oder sechsten Lebensjahr geht, erlaubt das Rollenspiel eine größere Autonomie des Kindes, es erlebt sich als getrennt von der Mutter und kann zeitliche und räumliche Trennungen besser ertragen und Konflikte mit seinen Bezugspersonen verarbeiten und seine Geschlechterrolle spielerisch einüben.

Die Subjektwerdung ist erschwert bei Spielunlust, welche, so Bürgin, »ein höchst auffälliges Symptom« sei (Bürgin, 2013, S. 9). Aus diesem Grund ist es relevant, so Schiefele, dass »die für die Unterstützung der Kinder verantwortlichen Erwachsenen ihren Blick bewusst auf alltägliche und spielerische Interaktionen der Kinder richten sollen, da diese wichtige Aufschlüsse über die für ihre Förderung notwendigen Fähigkeiten wie Schwierigkeiten liefern« (Schiefele, 2012, S. 238). Auch Gingelmaier, Schwarzer und Schiefele betonen die Wichtigkeit eines deutenden Ansatzes für das freie Kinderspiel: »Das (freie) Spiel bietet ausreichend Möglichkeiten, das Thema das Kindes zu erkennen« (Gingelmaier et al., 2020, S. 71). Spielen respektive Spielen können ist für die kindliche Entwicklung ein grundlegender Faktor. Aus diesem Grund ist es auch für Winnicott geboten, Kindern zu helfen, vom Nicht-Spielen-können zum Spielen-können zu kommen (Winnicott, 1971).

Die dritte Frage im Kapitel 4.1, ob es einen Zusammenhang zwischen der Entwicklung des infantilen Spiels und der Sprachentwicklung gibt und falls ja, wie dieser aussehen könnte, kann wie folgt beantwortet werden: Fast sämtliche kindlichen Spielformen sind im weiteren Sinne auf den Gebrauch und Austausch von Sprache angewiesen. Jedes »Spiel ist auf seine eigene Art eine kleine Proto-Konversation« (Bruner, 2002, S. 38). Dieser Sprachgebrauch und Sprachaustausch steht in engem Zusammenhang mit der allgemeinen kindlichen Sprachentwicklung (Bruner, 2002, S. 36). Da nahezu alle Spiele im engeren Sinn ihren Ausgangspunkt im Einsatz von Sprache und Sprechen haben und diese bei den meisten Spielen handlungsleitend sind, hat das Spiel eine wichtige Rolle für den Spracherwerb (Füssenich & Geisel 2008, S. 23). Schiefele hat in empirischen Studien festgestellt, dass es einen engen Zusammenhang zwischen Sprach- und Spielstörungen gibt: »Bei allen Beispielkindern [wurden] neben Schwierigkeiten in sprachlich-kommunikativen Bereichen auch Probleme in ihrem Spielverhalten aufgezeigt« (Schiefele, 2012, S. 238).

Im Folgenden seien die Erkenntnisse des strukturalen psychoanalytischen Zugangs zum freien Kinderspiel zusammenfassend dargestellt: Im ersten Stadium des Spiels im Alter von null bis ca. acht Monaten sind Mund und Körper das erste Spielzeug des Säuglings (Marinopoulos, 2012, S. 15), das Baby kann beispielsweise mit seiner Zunge spielen, die Lippen anspannen und rund machen sowie dabei lustvoll Töne modulieren. Diese stimmhaften Lalllaute bilden die Grundlage für ein späteres verbales Sprechen. An dieser Stelle ist es wichtig, dass der Begriff Sprache in Hinsicht auf das Kinderspiel, wie auch schon von Piaget festgestellt, eine weite Extension hat. Sprache ist nicht nur an das Sprechen gebunden: »[D]ie wahrhaft soziale Sprache des Kindes, also die Sprache, die es bei seiner fundamentalen Aktivität – beim Spiel – benutzt, [ist] ebenso eine Sprache aus Gesten, Bewegungen und Mimik wie aus Worten« (Piaget, 1974, S. 47f.). Das zweite Stadium ist das Stadium des Fort-Da sowie der Stimme und ereignet sich im Alter von ca. 8 bis ca. 20 Monaten. Das Kind produziert, wie Freud am Beispiel seines eineinhalbjährigen Enkels eindrucksvoll beschreibt, im Fort-Da-Spiel spielerisch Töne. Die ersten Trennungserfahrungen, meist von der Mutter, führen dann dazu, dass sich diese Töne zu Signifikanten entwickeln, welche mit Signifikaten verkoppelt werden, wodurch sich die Sprache im Subjekt verankert (Marinopoulos, 2012, S. 19f.). Das dritte wichtige Stadium ist das Stadium des Wegwerfens und wieder Aufhebens und des Versteckens im Alter von zwei bis drei Jahren (Marinopoulos, 2012, S. 26). Diese Spiele sind grundlegend für die Entwicklung der Symbolisierung, welche sich in ersten Ansätzen schon im Fort-Da-Spiel manifestiert hat. Beispielsweise kann ein Gegenstand oder eine Person im Versteckspiel verschwinden und wiederauftauchen wie auch ein Gegenstand oder eine Person im Sprechen anwesend sein kann und zugleich real abwesend ist. Das vierte und letzte Stadium des freien Spiels ist das Stadium der Sexuierung, welches sich ca. vom vierten bis zum fünften oder sechsten Lebensjahr ereignet. In diesem Stadium sind Rollenspiele typisch und die Kinder separieren sich häufig in Gruppen des eigenen Geschlechts und erlernen die Geschlechtsidentität. Zusätzlich ist festzuhalten, dass sich Rollenspiele, welche einen Übergang zum Regelspiel darstellen, durch die Einnahme der verschiedensten Spielrollen nachhaltig positiv auf den Spracherwerb ausüben (vgl. Flitner, 2002). Einerseits weisen Rollenspiele aufgrund der sprachlichen, interaktiven und fiktiven Inhalte »großes Potential für die Erweiterung sprachlich-kommunikativer Fähigkeiten von Kindern mit Unterstützungsbedarf« auf (Schiefele, 2012, S. 235), andererseits muss auch ein »bestimmter Entwicklungsstand der Spielkompetenzen von Kindern vorhanden sein [...], damit Rollenspielformate zur Erweiterung von sprachlich-kommunikativen Fähigkeiten beitragen« können (Schiefele, 2012, S. 235). Gesamthaft erlauben »die fiktiven Handlungen von Rollenspielen eine dekontextualisierte Sprachanwendung und den praktischen Einsatz expliziter wie impliziter Metakommunikation« (Schiefele, 2012, S. 23).

Bei Regelspielen ist hervorzuheben, dass eine sprachliche Verständigung über die Bedeutung von Gegenständen und Personen erfolgen muss (vgl. Einsiedler, 1984, S. 340; Mogel, 2008, S. 110). Insgesamt bieten die Regeln »einen hilfreichen Unterstützungsrahmen, in welchem verschiedene, wichtige Kommunikationsanlässe zur Spielgestaltung und dem Spielablauf auftreten« (Schiefele, 2012, S. 234).

Die Bedeutung von Spielen für die Sonderpädagogik kann gar nicht überschätzt werden. Aus diesem Grund ist Schiefele zuzustimmen, dass »ausgeprägte Kenntnisse über die Entwicklung der Spielfähigkeiten von Kindern sowie möglichen Schwierigkeiten in diesem Bereich aus theoretischen wie praktischen Gründen unerlässliche Kompetenzen für die Förderkräfte dar[stellen]« (Schiefele, 2012, S. 240). Dolto hebt die Wichtigkeit des Spielens für die Entwicklung von Kindern im Allgemeinen und besonders für Kinder mit Behinderungen hervor (Dolto, 1981/1996, S. 126), insbesondere dann, wenn die Kinder nicht auf dem Land, sondern in der Stadt leben: »Die Mütter, selbst wenn sie nicht arbeiten, versäumen es, ihr Kind drei bis vier Stunden spielen zu lassen, wie es nötig wäre; sie denken nicht daran, mit ihm zu sprechen, noch körperliche oder Geschicklichkeitsspiele mit ihm zu spielen – alles Dinge, die jedoch unerläßlich sind« (Dolto, 1981/1996, S. 126). Aus diesen Gründen ist festzuhalten, dass die Sonderpädagogik respektive die Pädagogik bei Verhaltensstörungen mehr die frühe Kindheit in den Fokus nehmen sollte. Eine Pädagogik des gespaltenen Subjekts appelliert gerade an die Betrachtung und den Gegenstand der frühen Kindheit in der Sonderpädagogik. Sie betont eine lebensspannenumgreifende Sicht auf Pädagogik, auf die frühesten Anfänge der Subjektentwicklung. Eine Verschiebung des Fokus der Sonderpädagogik auf die frühe Kindheit ist auch deshalb indiziert, weil bei einer frühen Erkennung von Schwierigkeiten präventiv spätere pathogene Entwicklungen vermieden werden können. Orte der strukturalen Psychoanalytischen Pädagogik wie das *Maison Verte* in Paris, die *Fadenspule* und *Arche die Oase* in Zürich sind Orte, an denen Kinder, ihre Bezugspersonen und auch die Accueillants [Empfangende] gemeinsam spielen können. Die Kinder werden dort auch durch das Spiel unterstützt, Sprachfähigkeit und Selbstständigkeit zu erlangen (vgl. Dolto, 1981/1996, S. 126). Barbara Zollinger hebt hervor, dass Kinder mit Entwicklungsauffälligkeiten im Gegensatz zu »gesunden« Kindern »meist mit noch viel mehr Schwierigkeiten konfrontiert [sind]. Wenn sie nicht spielen können, fehlt ihnen aber die Möglichkeit, sich mit ihren Sorgen, Fragen, Problemen und Unsicherheiten auseinanderzusetzen [...] Spielen lernen bildet deshalb nicht nur eine wichtige Grundlage für den Spracherwerb, sondern für das Leben überhaupt« (Zollinger, 2014, S. 15).

Verdichtungen

Es ist grundlegend, dass im pädagogischen Alltag Freiräume geschaffen werden, in denen Kinder wirklich »freie« Zeit haben, in denen sie ermuntert werden, sich ganz dem freien Spiel zu widmen. Dieses aus dem Grund, weil das *freie Spiel* für die Entwicklung des Kindes in mehrfacher Hinsicht essenziell ist, da es im Spiel Ängste und Aggressionen verarbeiten kann. Dieses ist besonders für Kinder mit dem Förderschwerpunkt emotionale und soziale Entwicklung von grosser Relevanz, da sie so einen anderen Umgang mit ihren Affekten erlernen können.

Das *regelgebundene Spiel* hilft dem Kind, seinen Narzissmus abzubauen, das reine Lustprinzip zu überwinden und sich nach und nach am Realitätsprinzip zu orientieren. Wenn Pädagoginnen und Pädagogen mit Kindern Regelspiele spielen, ist darauf zu achten, dass die Spielregeln eingehalten werden. Dies kann zu Konflikten führen, da manche Kinder noch nicht gelernt haben, sich selbst zurückzunehmen und sich den Regeln nicht unterordnen wollen. Diese Konflikte sind aber von grosser Bedeutung, da beispielsweise beim Spielen von »Mensch ärgere Dich nicht!« gezielt geübt werden kann, mit dem eigenen Narzissmus und damit einhergehenden Frustrationen umzugehen. Indem die pädagogische Fachkraft zeigt, dass auch sie den Regeln unterworfen ist und nicht über den Regeln steht, wird sie weniger phantasmatisch verklärt und das Kind kann realistischere Identifizierungen vornehmen.

Spiel und Subjektwerdung stehen in engem Zusammenhang. Besonders bedeutsam ist in der frühen Kindheit eine andauernde sogenannte Spielunlust, auf die pädagogische Fachkräfte unbedingt achten sollten, da die Spielunlust als Symptom ein Indikator für (unbewusste) Konflikte des Kindes sein kann. Im freien Spiel zeigen sich Manifestationen des Unbewussten, weswegen es den pädagogischen Fachkräften dazu dienen kann, das individuelle, subjektive »Thema« des Kindes zu erschließen. Die Spielhandlungen des Kindes sind gewissermaßen seine freien Assoziationen und gleichsam wie ein Traum zu deuten, weshalb das freie Spiel im Frühbereich der Königsweg zum Unbewussten des Kindes ist.

Spiel und Sprachentwicklung hängen ebenfalls zusammen. Das Spiel spielt eine wichtige Rolle in der Sprachentwicklung des Kindes. Dies aus dem Grund, weil das Kind zum einen bei Rollenspielen lernt, durch die Einnahme verschiedener Spielrollen zugleich auch verschiedene Sprechrollen auszufüllen. Zum anderen bieten sich bei Regelspielen immer wieder Gelegenheiten, sich über die Bedeutung des Spielmaterials und der Regeln auszutauschen.

5 Abschlussdiskussion: Ein notwendiger Riss in der Sonderpädagogik

5.1 Zusammenfassung der zentralen Befunde

Diese Zusammenfassung wird auf die in Kapitel 1.4.1 aufgeworfenen Ziele näher eingehen, da die jeweiligen Forschungsfragen aus den Kapiteln 2.1, 3.1 und 4.1 schon in den entsprechenden Kapiteln ausführlich bearbeitet und in den Unterkapiteln 2.2.5, 2.3.6, 3.2.10 und 4.2.8 unter dem Titel *Rückblick und Ausblick* ausführlich beantwortet worden sind.

In einem ersten Schritt erfolgte eine wissenschaftstheoretische Klärung einer möglichen (Un-)Vereinbarkeit einer Pädagogik des gespaltenen Subjekts mit der strukturalen Psychoanalyse einerseits und eine wissenschaftstheoretische Positionierung einer Pädagogik des gespaltenen Subjekts zur mentalisierungsbasierten Pädagogik als jüngste Form der Psychoanalytischen Pädagogik andererseits.

Es wurde aufgezeigt, dass innerhalb der strukturalen Psychoanalyse fundierte und zugleich auch scharfe Kritik gegenüber einer Kooperation von Psychoanalyse und Pädagogik geäußert wird. Eine der prominentesten Kritikerinnen lacanianischer Provenienz einer Psychoanalytischen Pädagogik ist Millot (1979/1982), deren Kritik im Kapitel 2.2.1 ausführlich nachgezeichnet wurde und von ihr selbst wie folgt zusammengefasst wird:

> Aus der von der Psychoanalyse bewiesenen Existenz des Unbewußten kann man ableiten, daß es keine Wissenschaft der Erziehung in dem Sinne geben kann, daß es möglich wäre, zwischen den angewandten pädagogischen Mitteln und den erzielten Wirkungen eine *Kausalitäts*-Beziehung herzustellen. Und aus diesem Grund eben kann es keine Anwendung der Psychoanalyse auf die Pädagogik geben. Ein solches Unterfangen kann nur auf einem Mißverständnis beruhen, auf dem Glauben, daß ein Wissen über das Unbewußte erlaubt, sich zu seinem Herrscher zu machen, daß in diese[m] Bereich Wissen Macht ist. (Millot, 1979/1982, S. 178; Hervorh. i. Original)

In Kapitel 2.2.5 wurde dargelegt, inwiefern eine Kooperation von Psychoanalyse und Pädagogik als eine Pädagogik des gespaltenen Subjekts eben doch möglich ist. Eine Pädagogik des gespaltenen Subjekts ist realisierbar, da diese gerade nicht von einem Wissen ausgeht, mit dem eine Herrschaft über das Unbewusste möglich ist, womit die obige Kernkritik von Millot an einer Psychoanalytischen Pädagogik obsolet wird. Zwar gilt es, als pädagogische Fachperson das zu wissen, was man wissen kann, jedoch muss man »gleichzeitig zum Laien werden« (Pazzini, 2019, S. 94). Dieses aus dem Grund, weil die Manifestationen des Unbewussten durch die groben Maschen eines Expertenwissens nur schwer erfasst werden können, sie können im pädagogischen Alltag leichter übersehen respektive überhört werden, da das vermeintliche Expertenwissen nicht am einzelnen Subjekt ansetzt.

Auch wurde in Kapitel 2.3 das Verhältnis der Pädagogik des gespaltenen Subjekts und der mentalisierungsbasierten Pädagogik in einem ersten Schritt geklärt, wobei insbesondere die Unterschiede hinsichtlich der Triebtheorie und des dynamischen Unbewussten herausgearbeitet wurden. Gleichzeitig wird anerkannt, dass die mentalisierungsbasierte Pädagogik ein niederschwelliger, realitätsnaher psychoanalytisch-pädagogischer Ansatz ist, der mit Gewinn in die Ausbildung von künftigen Pädagoginnen und Pädagogen integriert werden sollte.

Liebe und Hass in Kapitel 2.2.2 sowie Macht und Ohnmacht in Kapitel 3.3.1 sind Phänomene, die Rechenschaft ablegen über die Macht unserer Phantasmen, über die Macht des Imaginären. Es hat sich gezeigt, dass die negativen Auswirkungen dieser Phantasmen dadurch beschränkt werden können, dass in einem ersten Schritt die Existenz dieser Phantasmen überhaupt anerkannt wird. In einem zweiten Schritt kann die Wirkmacht des Imaginären dadurch durchbrochen werden, dass versucht wird, Vollkommenheitsvorstellungen in der (pädagogischen) Liebe und Allmachtsphantasien im pädagogischen Alltag dadurch abzubauen, dass man seinen eigenen Mangel und seine Hilflosigkeit anerkennt und nicht negiert. Durch die Akzeptanz des eigenen und fremden Mangels wird eine phantasmatische Überhöhung seitens der pädagogischen Fachpersonen und eine Abwertung der Klientel verringert. So wie es kein Herrschaftswissen über das Unbewusste gibt, so wenig kann Macht über das Unbewusste ausgeübt werden. Vielmehr geht es in einer Pädagogik des gespaltenen Subjekts darum, die pädagogischen Allmachtsphantasien zu begrenzen und dadurch den Narzissmus Einhalt zu gebieten.

Exemplarisch wurden in Kapitel 4 an einem sonderpädagogischen Förderbereich die Grundlagen der struktural-psychoanalytischen pädagogischen Förderung emotionaler, sozialer und sprachlicher Entwicklung am Beispiel des Kinderspiels gelegt. Hierbei wurde erstens die besondere Rolle des Affekts Angst für das Kinderspiel herausgearbeitet. Sowohl hilft das Kinderspiel auf mehrfache Art und Weise, mit Angst anders umzugehen, als auch kann die Angst die Triebfeder des Spiels sein. Des Weiteren hat sich gezeigt, dass das Kinderspiel, welches in vielen pädagogischen Alltagssituationen stattfindet, die Via Regia zum Unbewussten des Kindes ist, da sich im Kinderspiel das Unbewusste manifestiert. Ein weiteres Ergebnis ist, dass das freie und regelgebundene Spiel die sprachliche Entwicklung maßgeblich fördern und es einen Zusammenhang zwischen Spielstadien und Sprachstadien gibt. Die Subjektwerdung wird durch das Kinderspiel unterstützt, wie auch die Unfähigkeit zu spielen die Subjektwerdung behindert. Aus diesen Gründen sind fundierte Kenntnisse über die Spielfähigkeiten von Kindern gerade für eine Pädagogik bei Verhaltensstörungen indiziert.

5.2 Limitationen

Zuerst seien die *Grenzen* hinsichtlich der *gewählten methodischen Ansätze* erläutert. Für die Theoriebildung und Interpretation von hochkomplexen Texten ist die *klassische Hermeneutik* eine häufig verwendete *Methode.* Dieses setzt, so Stein und Müller, jedoch voraus, dass »der Text auch tatsächlich authentisch ist« (Stein & Müller, 2016, S. 64). Hinsichtlich der verwendeten Quellen für die Methode der klassischen Hermeneutik ergeben sich, wenn man dieses Kriterium bedenkt, folgende Einschränkungen für diese Arbeit: Erstens wurden zwar als Quellen für Lacan, Mannoni und Dolto, insofern keine deutsche Übersetzung verfügbar war, regelmäßig die jeweiligen französischen Originale rezipiert und die Zitate auch eigenständig übersetzt. Jedoch wurde, wo verfügbar, die deutschsprachige Übersetzung verwendet und nur in seltenen Ausnahmefällen von der deutschen Standardübersetzung abgewichen. Dieses impliziert, dass der Zugang zu Lacan, Dolto und Mannoni in der deutschsprachigen Übersetzung vermittelt ist durch diese Übersetzung, was eine Limitation darstellt, da eine Übersetzung immer schon eine Deutung darstellt. Jedoch wurde nicht, wie bisher in der Sonderpädagogik üblich, Lacan ausschliesslich auf Deutsch rezipiert und, was erheblich problematischer ist, das Verständnis von Lacan fußt in dieser Arbeit nicht primär auf der Exegese der deutschsprachigen Sekundärliteratur, wie es Danz (Danz, 2011; Danz, 2015) und Laubenstein (Laubenstein, 2008; Laubenstein, 2011) in ihren Forschungen praktizieren.

Zweitens ist gerade hinsichtlich der Seminare von Lacan zu konstatieren, dass es hierzu mitunter unterschiedlichste Textfassungen allein schon in der Originalsprache gibt. Dieses liegt unter anderem an dem Umstand, dass viele Seminare erst postum publiziert wurden und als Quelle dieser Publikationen entweder Stenotypien (Stenographien, die mit einer gewöhnlichen Schreibmaschine abgeschrieben wurden) und manchmal auch Tonbandaufnahmen verwendet wurden. Neben den »offiziellen« Publikationen der Seminare, bei denen in der Regel Jacques-Alain Miller die Transkription bearbeitete, gibt es gewöhnlich zu den einzelnen Seminaren noch andere Versionen. Die vorliegende Dissertation hat in der Regel bei den noch nicht ins Deutsche übersetzten Seminaren die Version von Jacques-Alain Miller gewählt. Bei denjenigen Seminaren, welche noch nicht im Buchhandel erhältlich waren, wurde häufig die Version Staferla verwendet. Auch hieraus ergibt sich eine Limitation beim Verwenden der hermeneutischen Methode, da die zugrunde gelegten Quellen nicht unmittelbar die intentio auctoris abbilden, weil die Texte nur eingeschränkt auf dem Gestaltungswillen des Autors beruhen. Jedoch sei an dieser Stelle erwähnt, dass umstritten ist, ob überhaupt mit den Mitteln der Hermeneutik die intentio auctoris erfasst werden kann und wie wichtig die Absicht des Autors für die Textinterpretation ist. So schreibt beispielsweise Umberto

Eco, dass die intentio auctoris »kaum zu ergründen und für die Textinterpretation irrelevant ist« (Eco, 1996, S. 31). Schwerwiegender dürfte deshalb die Frage sein, ob und inwiefern der Gestaltungswille der verschiedenen Herausgeber der Seminare die Textintention, die intentio operis (Eco, 1996, S. 148ff.), verfälscht hat.

Drittens ist hinsichtlich der Methode der Hermeneutik auch ein gewichtiger Einwand zu bedenken, den Stein und Müller darlegen, nämlich, dass die Hermeneutik sich »zu sehr auf Texte und zu wenig auf die Erziehungswirklichkeit bezogen« habe (Stein & Müller, 2016, S. 65). Um eben diesen Einwand zu berücksichtigen, wird die Methode der klassischen Hermeneutik in dieser Arbeit nur auf Texte und nicht auf Menschen angewandt. Um die Erziehungswirklichkeit und das gespaltene Subjekt zu berücksichtigen, wurden die Methoden der strukturalen psychoanalytischen Hermeneutik und die Methode der Fallgeschichten verwendet.

In Hinblick auf die *Methode der strukturalen psychoanalytischen Hermeneutik,* welche notwendig ist, um in Fallgeschichten das sprachlich strukturierte Unbewusste zu erfassen, sind keine Limitationen zu erkennen.

Hinsichtlich der *Methode der Fallgeschichten* ist jedoch zu konstatieren, dass keine eigenen Fallbeispiele aus der Institution von Bonneuil oder aus dem *Maison Verte* in die Arbeit eingeflossen sind. Dies aus dem Grund, weil der Autor der vorliegenden Arbeit nicht in diesen Institutionen gearbeitet hat. Wohl aber hat der Autor mehrere Jahre in zwei psychoanalytisch-pädagogischen Institutionen gearbeitet: erstens als Accueillant in der Institution *Fadenspule – ein Begegnungsort für kleine Kinder und Eltern* in Zürich, der ersten Begegnungsstätte nach dem Konzept der *Maison Verte* im deutschsprachigen Raum. Aktuell arbeitet der Autor zweitens in der *Arche die Oase,* einem weiteren Projekt, welches einen Begegnungsort im Frühbereich nach dem Konzept des *Maison Verte* in Zürich etablieren will, als Accueillant und zugleich in der Projektgruppe dieses Begegnungsorts. Kenntnisse aus der psychoanalytischen Klinik hat der Autor aus der Tätigkeit als Psychoanalytiker in seiner eigenen psychoanalytischen Praxis. Die mehrjährige Arbeit als Haupt- und Klassenlehrer vermittelt vertiefte Einblicke in das Feld der pädagogischen Praxis.

Hinsichtlich der *Dispositivanalyse* ist gerade in Hinsicht auf Bonneuil folgende Limitation festzuhalten: Es wurden nur publizierte Quellen für die Dispositivanalyse verwendet, zum einen Publikationen aus dem Umfeld von Bonneuil, primär von Mannoni selbst, sowie zum anderen die Standardwerke der Sekundärliteratur. Persönliche Gespräche mit aktuellen Mitarbeitenden und den Kindern und Jugendlichen vor Ort fanden nicht statt, es wurde nicht auf interne, nicht publizierte Dokumente zugegriffen und es fand kein eigener Forschungsaufenthalt statt, um möglichst viele verschiedene Quellen für die Dispositivanalyse verwenden zu können.

Die drei gewählten Methoden – die Hermeneutik, die Dispositivanalyse und die Fallgeschichten – entziehen sich alle dem Paradigma der Quantifizierung, der Messbarkeit, weshalb im Rahmen dieser Arbeit auch keine Statistiken erstellt wurden. Dies könnte zu dem Vorwurf führen, dass in der vorliegenden Arbeit »hermeneutische [...] Zugänge und Methoden durch subjektive Beimischungen infiziert [sind], die mit dem strengen Objektivitätsideal moderner Wissenschaften nicht vereinbar sind« (Dederich et al., 2019b, S. 5f.). Jedoch ist fraglich, ob ausschließlich empirisch-quantitative Forschung als »erfahrungswissenschaftlicher Zugang – und damit als empirisch – begriffen werden kann und muss« (Dederich et al., 2019b, S. 5). Die Methode der Fallbeispiele und die Methode der Dispositivanalyse beziehen sich ebenso auf das Feld der Erfahrung, jedoch ohne eine massive Komplexitätsreduktion zu erfordern, wie sie bei der empirisch-quantitativen Forschung notwendig ist. Quantitativ wird in der empirisch-quantitativen Forschungsmethode definiert als »eine Abbildung des empirischen Relativs (Erfahrungstatsachen in der Erziehungswirklichkeit) auf ein numerisches Relativ (Zahlen)« (Raithel, 2008, S. 7), wobei das numerische Relativ das empirische Relativ repräsentieren soll. Diese Komplexitätsreduktion ist umso problematischer, wenn mit dem gespaltenen Subjekt auch die Dimension des Unbewussten im pädagogischen Feld zu berücksichtigen ist. Die Schwierigkeiten der empirischen Erforschung von dynamisch unbewussten Prozessen in den Sozialwissenschaften beschreiben Stamenova und Hinshelwood:

> The standard response to that problem has been to attempt a reduction to so-called objective research methods. In that pursuit, there is a move towards quantitative and standardised data, which can be shown to have validity and reliability. In other words, the aim is to reduce and exclude uncontrolled unconscious influences. However, there is, on the surface at least, a paradox in excluding the very thing one is studying: the activity of the unconscious on others. (Stamenova & Hinshelwood, 2019, S. 4)

Die Gefahr ist virulent, dass das Unbewusste in den Sozialwissenschaften durch quantitative Messverfahren exkludiert wird. Steiner Kvale betont eine große Nähe der Psychoanalyse zu hermeneutischen und postmodernen philosophischen Positionen (Kvale, 2000, S. 9) und argumentiert dafür, dass »das sozialwissenschaftliche Dogma der Quantifizierung [Übersetzung d. Verf.]« (Kvale & Brinkmann, 2009, S. 308) inkompatibel mit der Psychoanalyse sei. Diese Haltung, die Kvale auch als »quantitativen Imperativ der Sozialwissenschaften [Übersetzung d. Verf.]« bezeichnet (Kvale & Brinkmann, 2009, S. 307), wird von Eysenck, der diesen Zugang als einzig wissenschaftlichen ansah, besonders deutlich proklamiert: »One's knowledge of science begins when he can measure what he is speaking about, and express it with numbers« (Eysenck, 1973, S. 7). Fraglich bleibt, unabhängig von der Möglichkeit der Erfassung dynamisch unbewusster Prozesse, ob die Sonderpädagogik oder Psychoanalytische Pädagogik unhinterfragt diesem »quantitativen Imperativ der Sozialwissenschaften« (Kvale & Brinkmann, 2009, S. 307) folgen sollte.

Nach den angeführten Limitationen hinsichtlich der ausgewählten Methoden seien nun im Folgenden weitere inhaltliche Limitationen aufgezeigt.

Das Kapitel 2.2., *Liebe, Hass und andere Obstakel: Ist Psychoanalytische Pädagogik möglich?*, untersucht zuerst, ob eine strukturale Psychonalytische Pädagogik überhaupt möglich sei, da Proponentinnen und Proponenten der Strukturalen Psychoanalyse wie Millot (Millot, 1982) eine solche Kooperation als nicht möglich erachten. Was noch fehlt und eine Limitation darstellt, ist der vermehrte Einbezug einer generellen Kritik der Möglichkeit einer Psychoanalytischen Pädagogik und nicht nur die primäre Berücksichtigung der Kritik aus Perspektive der strukturalen Psychoanalyse. Ebenfalls ist die in Ansätzen durchgeführte Analyse des Zusammenhangs zwischen gewissen Varianten der Reformpädagogik, welche auf das Phantasma des pädagogischen Eros (Hentig, 2009) mitsamt imaginären Verschmelzungsphanatsien rekurrieren, mit den sexuellen Übergriffen durch pädagogische Fachpersonen unbedingt zu vertiefen.

Das Kapitel 2.3, *Wissenschafts- und Subjekttheoretische Verortung zwischen Psychoanalyse und Mentalisierungstheorie. Das gespaltene Subjekt der Psychoanalyse im Diskurs,* vergleicht die Pädagogik des gespaltenen Subjekts mit der mentalisierungsbasierten Pädagogik, um die Pädagogik des gespaltenen Subjekts verorten zu können. Die mentalisierungsbasierte Pädagogik wurde vor allem deshalb ausgewählt, weil diese Strömung der psychodynamischen Pädagogik breit rezipiert wird und weit verbreitet ist. Jedoch steht ein Vergleich der Pädagogik des gespaltenen Subjekts mit anderen Strömungen sowie Protagonistinnen und Protagonisten der Psychoanalytischen Pädagogik noch aus. Zwar wurden in dieser Dissertation auch Aichhorn, Bernfeld, Bettelheim und Zulliger rezipiert, dieses müsste für einen systematischen Vergleich jedoch noch erweitert werden. Ebenfalls ist eine Auseinandersetzung mit anderen Pionierinnen und Pionieren der Psychoanalytischen Pädagogik, wie Ernst Federn und Rudolf Ekstein, ein Desiderat.

Das Kapitel 3.2, *Das gespaltene Subjekt in der familialen Triade Vater-Mutter-Kind,* untersucht unter anderem die Auswirkungen der sich gesellschaftlichen verändernden Vater- und Mutterbilder. Insbesondere die neuen Väter und auch die klassischen patriarchalen Väter nehmen in dieser Analyse eine wichtige Rolle ein. Nun könnte mit Blick auf die Pädagogik bei Verhaltensstörungen kritisiert werden, dass das Hauptproblem der Klientel der Pädagogik bei Verhaltensstörungen gerade nicht im Wandel der Väterrollen hin zu den neuen Vätern liegt, sondern darin, dass der Vater nicht präsent ist oder das Kind verwahrlosen lässt. Hierzu ist zweierlei zu konstatieren: Erstens kann auch eine zu große Nähe des Vaters zum Kind pathogene Effekte haben, weil das Kind in der Dyade verbleibt und nicht auf die Welt zugeht. Zweitens werden durch das dargestellte Konzept der Vaterfunktion eben auch solche pathogenen Auswirkungen einer fehlenden Vaterfunktion in der vorliegenden Arbeit berücksichtigt. Jedoch ist es für die Pädagogik bei Verhaltensstörungen notwendig, gerade in Hinsicht auf das Versagen der Vaterfunktion weitere Forschungen durchzuführen und zu prüfen, inwiefern dieses mit dem Wandel der Väterbilder zusammenhängen könnte.

Das Kapitel 3.3, *Das umgekehrte Machtdispositiv der Pädagogik eines gespaltenen Subjekts: Orte der Psychoanalytischen Pädagogik als Gegenmacht,* arbeitet heraus, inwiefern Phantasmen der Macht und Ohnmacht gerade den beruflichen Alltag von sonderpädagogischen Fachpersonen prägen. Was noch aussteht und noch nicht geleistet wurde, sind der Entwurf, die Durchführung und Evaluation eines Projekts, das der Frage nachgeht, wie dieses Wissen um die eigenen Grenzen mit Gewinn in die Ausbildung von sonderpädagogischen Fachpersonen integriert werden könnte, damit diese mit Belastungen gerade am Berufsanfang anders umgehen können.

Das Kapitel 4.2, *Angst und Sprache im kindlichen Spiel: Perspektiven der Pädagogik des gespaltenen Subjekts,* will einen grundlegenden Beitrag zur Theorie des Spiels auf Basis der strukturalen Psychoanalyse leisten und die Ergebnisse dieser Theoriebildung mit der Subjektwerdung und Sprachentwicklung verknüpfen. Hierzu werden neben Freud, Lacan und Dolto vor allem die Forschungen von Marinopoulos rezipiert, die Forschungen von Winnicott und Zulliger werden zwar auch einbezogen, insgesamt besteht jedoch der Bedarf, die Ergebnisse dieser Arbeit an die bereits vorhandene psychoanalytische und psychologische Spielforschung vermehrt anzubinden, was bisher nur in Ansätzen hinsichtlich Piagets und El'konins erfolgt ist. Ebenfalls steht Forschung zu der Frage aus, wie die Spieltheorie der strukturalen Psychoanalyse für die Spieldiagnostik fruchtbar gemacht werden kann.

5.3 Forschungsperspektiven

Diese Dissertation hat die Prolegomena zu einer Pädagogik des gespaltenen Subjekts gelegt. In künftigen Forschungen gilt es nun, auf diesen Grundlagen aufbauend, weitere Phänomene in der Sonderpädagogik vermittels dieses Ansatzes zu erschließen. Insbesondere bei den Phänomenen Angst und Zwang als internalisierende und häufig übersehende Störungen (Stein, 2019) sind durch eine Pädagogik des gespaltenen Subjekts neue Impulse für die Sonderpädagogik zu erwarten. Erstens fokussieren sich die aktuellen sonderpädagogischen und pädagogischen Anstrengungen zumeist und zunächst vermehrt auf externalisierende und weniger auf internalisierende Störungen wie Angst oder Depressivität (vgl. Stein, 2019, S. 308ff.). Internalisierende Störungen sind oft weniger sichtbar, da diese weniger störend für die Klasse oder Gruppe der Pädagoginnen und Pädagogen sowie die Gesellschaft sind und primär erst einmal nur das leidende Subjekt betreffen. Das Phänomen Angst ist auch deshalb von besonderer Relevanz, weil zweitens Angst in der strukturalen Psychoanalyse der grundlegendste Affekt ist und drittens Angststörungen zu den häufigsten psychischen Störungen des Kindes- und Jugendalters zählen (Ihle & Esser, 2008, S. 49ff.). Diese Daten decken sich mit den Forschungen von Kasper et al., welche 2018 festhalten, dass Angststörungen »eine der häufigsten psychischen Erkrankungen im Kindes- und Jugendalter« (Kasper et al., 2018, S. 16) sind. Aktuell im Jahr 2020 konstatiert die Psychiatrische Universitätsklinik Zürich, dass Angststörungen als häufigste psychische Störung bei Kindern und Jugendlichen zu diagnostizieren sei: »Etwa 10 % aller Kinder und Jugendlichen leiden an einer Angststörung. Dies ist damit das häufigste kinder- und jugendpsychiatrische Krankheitsbild« (Psychiatrische Universitätsklinik Zürich, 2020). Hierbei soll Angst nicht primär unter klinischen und psychologischen Gesichtspunkten problematisiert werden, sondern es soll, basierend auf dem Angstbegriff der strukturalen Psychoanalyse, untersucht werden, wie dem Phänomen Angst nicht nur therapeutisch, sondern auch psychoanalytisch-pädagogisch zu begegnen ist. Hierdurch soll die Grundlage für ein neues sonderpädagogisches Verständnis von Angst gelegt werden. Viertens wurde der Affekt Angst in der Pädagogik häufig entweder als Mittel zum Zweck der Erziehung instrumentalisiert oder aber verleugnet beziehungsweise als etwas zu Überwindendes angesehen. Auf diese Weise wird Angst gerade nicht als Angst erfasst. Es gilt vielmehr, den pädagogischen Umgang mit diesem Affekt zu professionalisieren. Stein weist darauf hin, dass Pädagoginnen und Pädagogen mitunter bei Kindern oder Jugendlichen, welche unter erheblichen Ängsten leiden, deren Ursachen tiefer liegen, nicht an die Ängste herankommen (Stein, 2019, S. 315). Fünftens wurde im Kapitel 4 der Dissertation herausgearbeitet, dass die Angst im Kinderspiel eine grundlegende Rolle spielt. Dieses sollte ein Anlass sein, den Affekt im Kinderspiel auf Basis der strukturalen Psychoanalyse näher zu erforschen. Sechstens gibt es gerade bei der Angst eine phantasmatische Dimension (Lacan, 1962–1963/2010, S. 70), die es noch weiter herauszuarbeiten gilt. Künftige Arbeiten der Pädagogik des gespaltenen Subjekts könnten dazu beitragen, Ängste als Manifestationen des Unbewussten auch im pädagogischen Alltag symbolisieren zu können.

Hinsichtlich des Phänomens Zwang ist zu konstatieren, dass dieser innerhalb der Pädagogik bei Verhaltensstörungen nur wenig berücksichtigt wird – oftmals wird er nur im Kontext von Angststörungen thematisiert – und dieses Feld ein Forschungsdesiderat darstellt. Es ist zu klären, wie Angst und Zwang zusammenhängen und wie konkret im pädagogischen Alltag mit diesen beiden Phänomenen umgegangen werden kann.

Eines der ihrem Selbstverständnis nach genuinen Arbeitsgebiete der Sonderpädagogik ist das Feld der Inklusion, welches jedoch ein Feld mit Antinomien ist (vgl. Ahrbeck, 2016; Stein & Müller, 2017; Müller & Gingelmaier, 2018) und im Rahmen dieser Dissertation nicht bearbeitet werden konnte. Hier ist in weiteren Forschungen zu prüfen, ob und inwiefern erstens ein gespaltenes Subjekt überhaupt inkludierbar ist und ob zweitens insbesondere Forderungen nach einer Vollinklusion von Protagonistinnen und Protagonisten der Sonderpädagogik ebenso wie die radikale Ablehnung von Inklusion durch die Wirkmacht von Phantasmen erklärt werden können (beispielsweise Langnickel & Link, 2019b). Die Pädagogik des gespaltenen Subjekts hat dargelegt, inwiefern Phantasmen sowohl hinsichtlich der Übertragungsphänomene Liebe und Hass in Kapitel 2.2.2 als auch bei Macht- Ohnmachts-Dynamiken in Kapitel 3.3.1 die Wirkmacht des Imaginären demonstrieren.

Die Positionierung einer Pädagogik des gespaltenen Subjekts in Bezug auf sämtliche anderen Strömungen der Psychoanalytischen Pädagogik steht noch aus und bleibt ein Desiderat für die künftige Forschung. Ebenfalls nicht im Rahmen dieser Dissertation untersuchbar waren weitere strukturalpsychoanalytische prophylaktische Sozialisations- und Förderorte sowie ihre Wirkungen. Die *École Expérimentale de Bonneuil-sur-Marne* sowie deren Dispositiv wurde in Kapitel 2.2.3 wie auch im Kapitel 3.3.3 vorgestellt. Weitere Orte der strukturalen Psychoanalytischen Pädagogik und deren Wirkungen, wie zum Beispiel das von Dolto mitgegründete *Maison Verte* in Paris, Institutionen nach ihrem Vorbild in Zürich, im französischsprachigen Teil der Schweiz und in England, gilt es in anderen Forschungen näher zu beleuchten, welches erklärtes Ziel des Autors ist. Ebenfalls gibt es die Wohngruppe Hagenwört des Vereins für psychoanalytische Sozialarbeit in Rottenburg (Deutschland) (vgl. Feuling, 2000) und die *Escuela Especial El Puente* in Córdoba (Argentinien). Dieses sind weitere Orte, die sich am Modell von Bonneuil orientieren, und die mit Gewinn in die künftige Forschung einbezogen werden sollten.

Die Pädagogik des gespaltenen Subjekts will dem Subjekt seine Stimme (zurück-)geben und hat demzufolge einen emanzipatorischen Anspruch: »Es ist ziemlich gewiss, dass es unsere Rechtfertigung wie unsere Pflicht ist, die Position des Subjekts zu verbessern« (Lacan, 1962–1963/2010, S. 78). Die strukturale Psychoanalyse und die Pädagogik des gespaltenen Subjekts errichten keine neue Ontologie, keine neue Metaphysik, sie fragen nicht danach, was die Welt im Innersten zusammenhält, sie fragen stattdessen nach dem Subjekt:

> Die Psychoanalyse ist weder eine *Weltanschauung* noch eine Philosophie, die vorgibt, den Schlüssel zum Universum zu liefern. Sie wird regiert von einer besonderen Absicht, die historisch durch die Herausarbeitung des Subjektbegriffs definiert ist. Sie setzt diesen Begriff neu, indem sie das Subjekt auf seine signifikante Abhängigkeit zurückführt. (Lacan, 1964/2017, S. 83f.)

Es wird Zeit, diese Abhängigkeit des Subjekts von der Sprache und dem Sprechen, dem Sprechen des anderen Schauplatzes, anzuerkennen – ein Riss muss durch die Sonderpädagogik gehen und es gilt, die doppelte Unmöglichkeit von Psychoanalyse und Sonderpädagogik zu wagen.

6 Literaturverzeichnis

Abadi, M. (1967). Psychoanalysis of Playing. *Psychotherapy and Psychosomatics, 15*(2–4), 85–93.
Ackermann, K. E. (1997). Liebe und Haß im Umgang mit schwer behinderten jungen Erwachsenen. In F.-J. Krumenacker (Hrsg.), *Liebe und Hass in der Pädagogik. Zur Aktualität Bruno Bettelheims* (S. 70–85). Lambertus.
Ackermann, T. (2009). [Rezension des Buches *Sonderpädagogik und Konstruktivismus. Behinderung im Spiegel des Anderen, der Fremdheit, der Macht* von Désirée Laubenstein]. *socialnet Rezensionen*, https://www.socialnet.de/rezensionen/6093.php
Adorno, T. W. (1994). *Minima Moralia. Reflexionen aus dem beschädigten Leben.* Suhrkamp.
Agamben, G. (2008). *Was ist ein Dispositiv?* Diaphanes.
Ahlheim, R. (2009). Elternschaft – Entwicklungsprozess und Konfliktpotenzial. In R. Hubl, F. Dammasch, & H. Krebs (Hrsg.), *Riskante Kindheit. Psychoanalyse und Bildungsprozesse* (S. 15–35). Vandenhoeck & Ruprecht.
Ahrbeck, B. (2008). Psychoanalytische Handlungskonzepte. In B. Gasteiger-Klicpera, H. Julius, & C. Klicpera (Hrsg.), *Sonderpädagogik der sozialen und emotionalen Entwicklung. Handbuch der Sonderpädagogik Bd. 3* (S. 497–507). Hogrefe.
Ahrbeck, B. (2016). *Inklusion. Eine Kritik.* Kohlhammer.
Ahrbeck, B., & Rauh, B. (2006b). Fälle und Falldarstellungen – eine Einführung. In B. Ahrbeck & B. Rauh (Hrsg.), *Der Fall des schwierigen Kindes: Therapie, Diagnostik und schulische Förderung verhaltensauffälliger Kinder und Jugendlicher* (S. 7–15). Beltz.
Ahrbeck, B., & Rauh, B. (Hrsg.) (2006a). *Der Fall des schwierigen Kindes: Therapie, Diagnostik und schulische Förderung verhaltensauffälliger Kinder und Jugendlicher.* Beltz.
Aichhorn, A. (1977). *Verwahrloste Jugend. Die Psychoanalyse in der Fürsorgeerziehung.* Huber.
Aigner, J. C., & Poscheschnik, G. (Hrsg.) (2015). *Kinder brauchen Männer. Psychoanalytische, sozialpädagogische und erziehungswissenschaftliche Perspektiven.* Psychosozial.
Allouch J. (2014). Fragilité de l'analyse. *Critique, 800/801*, 19–31.
Almon, J. (2018). *Improving Children's Health through Play: Exploring Issues and Recommendations. A collaboration between the Alliance for Childhood and the US Play Coalition 2018.* https://usplaycoalition.org/wp-content/uploads/2018/04/Play-and-Health-White-Paper-FINAL.pdf
Althans B. (2001). Lacan in der pädagogischen Praxis. In B. Fritzsche, J. Hartmann, A. Schmidt, & A. Tervooren (Hrsg.), *Dekonstruktive Pädagogik* (S. 291–236). Springer VS.

Ambass, D. (2017). Der Babys sprechende Hände und Körper: ein Sprechen vom Realen? *Riss – Zeitschrift für Psychoanalyse. Be-Hand-lung, 86*(2), 58–66.

Ambass, D. (2018a). Angst und Trauma in der Eltern-Kind-Beziehung ... ein Übergang ist ein Übergang ist ein Übergang. In R. Langnickel & M. Meuli (Hrsg.), *Enttäuschung des Subjekts. Riss Materialien* (S. 100–121). Vissivo.

Ambass, D. (2018b). *»père-version – mère-version? Klinische Annäherungen«* (unveröffentlichtes Vortragsmanuskript).

Ambass, D., & Langnickel, R. (2019). Das Maison verte und die Fadenspule – prophylaktische Sozialisationsorte für Kinder von null bis drei Jahren: Psychoanalyse im Feld der Erziehung in Action. In Verein für Psychoanalytische Sozialarbeit (Hrsg.), *Vermeidung der Welt und des Anderen: Überwiegen des Mütterlichen – Fehlen an Väterlichem?* (S. 175–196). Brandes & Apsel.

American Psychological Association (APA) (2020). *Publication Manual of the American Psychological Association.* American Psychological Association.

Arbeitsgemeinschaft für Psychoanalytische Pädagogik (APP) (2020). *Lehrgang Psychoanalytisch-pädagogische Erziehungsberatung.* http://www.app-wien.at/id-555

Armbruster, M. T. (2019). Der traumatische Eintritt in die Welt bei Jacques Lacan. *Vierteljahrsschrift für wissenschaftliche Pädagogik, 95*(4), 554–568.

Aubourg, F. (2009). La Maison Verte. Un dispositif à la portée de l'enfant. *Dans–Figures de la psychanalyse, 18*(2), 227–240. https://www.caim.info/revue-figures-de-la-psy-2009-2-page-227.htm?contenu=resume#

Avet, R. (2014). *Maud Mannoni: une autre pratique institutionnelle.* Champ socialéditions.

Bänziger, K. (2013, 16. April). Das machen Eltern falsch – In Sachen Erziehung kursieren viele untaugliche »Weisheiten«, sagt die Basler Kinderpsychologin Susy Signer-Fischer. Die zehn häufigsten Irrtümer auf einen Blick, *Beobachter.*
https://www.beobachter.ch/familie/erziehung/erziehung-das-machen-eltern-falsch

Baron-Cohen, S., Leslie, A. M., & Frith, U. (1985). Does the autistic child have a »theory of mind«? *Cognition, 21*(1), 37–46.

Basaglia, F. (1971). *Die negierte Institution oder die Gemeinschaft der Ausgeschlossenen.* Suhrkamp.

Bataille, G. (2001). Spiel und Ernst. In G. Bataille (Hrsg.), *Die Aufhebung der Ökonomie* (S. 303–338). Matthes & Seitz.

Bateman, A. W., & Fonagy, P. (2009). Mentalisieren und Persönlichkeitsstörung. In J. G. Allen & P. Fonagy (Hrsg.), *Mentalisierungsgestützte Therapie. Das MBT-Handbuch – Konzepte und Praxis* (S. 263–285). Klett-Cotta.

Baudry, J.-L. (1986). The Apparatus – Metapsychological Approaches to the Impression of Reality in the Cinema. In P. Rosen (Hrsg.), *Narrative, Apparatus, Ideology – A Film Theory Reader* (S. 299–318). Columbia University Press. (Original erschienen 1975)

Baumann, M. (2012). *Kinder, die Systeme sprengen. Wenn Jugendliche und Erziehungshilfe aneinander scheitern.* Schneider Hohengehren.
Becker, G. (1990). Nähe und Distanz. Oder: Der pädagogische Bezug und das therapeutische Verhältnis. In W.-D. Hasenclever (Hrsg.), *Pädagogik und Psychoanalyse. Marienauer Symposion zum 100. Geburtstag Gertrud Bondys* (S. 107–113). Peter Lang.
Bemard, J. (1981). The good provider role, its rise and fall. *American Psychologist, 36*(1), 1–12.
Benjamin, J. (1990). *Die Fesseln der Liebe. Psychoanalyse, Feminismus und das Problem der Macht.* Stroemfeld/Roter Stern.
Bernfeld, S. (2013). Sisyphos oder die Grenzen der Erziehung. In S. Bernfeld (Hrsg.), *Theorie und Praxis der Erziehung. Pädagogik und Psychoanalyse* (S. 11–130). Psychosozial. (Original erschienen 1925)
Bettelheim, B. (1970). *Liebe allein genügt nicht. Die Erziehung emotional gestörter Kinder.* Klett-Cotta.
Bion, W. R. (1962a). *Learning from Experience.* Basic Books.
Bion, W. R. (1962b). A theory of thinking. In W. R. Bion (Hrsg.), *Second Thoughts: Selected Papers on Psycho-Analysis* (S. 110–119). Jason Aronson.
Bittner, G. (1969). *Sprache und affektive Entwicklung.* Klett-Cotta.
Bittner, G. (1983). Psychoanalytische Aspekte des Spiels. In O. Gruppe, H. Gabler, & U. Göhner (Hrsg.), *Spiel-Spiele-Spielen* (S. 122–130), Hofmann.
Bittner, G. (1988). *Erziehung in früher Kindheit.* Pieper.
Bittner, G. (2005). *Menschen verstehen. Wider die »Spinnweben dogmatischen Denkens«.* Königshausen & Neumann.
Bittner, G. (2010a). Einleitung. In G. Bittner, M. Dörr, V. Fröhlich, & R. Göppel (Hrsg.), *Allgemeine Pädagogik und Psychoanalytische Pädagogik im Dialog* (S. 7–22). Barbara Budrich.
Bittner, G. (2010b). Eisbär und Walfisch. Historisch-systematische Anmerkungen zum Verhältnis von Psychoanalyse und Pädagogik. In G. Bittner, M. Dörr, V. Fröhlich, & R. Göppel (Hrsg.), *Allgemeine Pädagogik und Psychoanalytische Pädagogik im Dialog* (S. 23–39). Barbara Budrich.
Bittner, G. (2016). *Das Unbewusste – die »große Unbekannte X«. Sinn und Grenzen arkanischer Diskurse in der Psychoanalyse.* Königshausen & Neumann.
Bittner, G., & Fröhlich, V. (2019). Nachtrag: Lacan, Winnicott und »das Subjekt« (anstelle einer in Luxemburg nicht geführten Diskussion). In B. Rauh, J.-M. Weber, & J. Strohmer (Hrsg.). *Das Unbehagen im und mit dem Subjekt* (S. 217–222). Barbara Budrich.
Bittner, G., & Rehm, W. (1966). Psychoanalyse und Erziehung. Goldmann.
Bleher, W., Ramminger, E., & Hoanzl, M. (2014). Die Ungehaltenen halten – Ausgewählte Unterstützungssysteme/-angebote für psychisch kranke Kinder und Jugendliche aus sonderpädagogischer Sicht. *Sonderpädagogische Förderung heute, 59*(3), 272–294.
Bleiberg, E. (2003). Treating professionals in crisis: A framework focused on promoting mentalization. *Bulletin of the Menninger Clinic, 67*(3), 212–226.

Bleidick, U. (Hrsg.) (1999). *Studientexte zur Geschichte der Behindertenpädagogik: Band 1. Allgemeine Behindertenpädagogik.* Beltz/UTB.
Boger, M.-A. (2019). *Theorien der Inklusion – Die Theorie der trilemmatischen Inklusion zum Mitdenken.* edition assemblage.
Böhme, H., & Slominski, B. (2013). Einführung in die Mundhöhle. In H. Böhme & B. Slominski (Hrsg.), *Das Orale. Die Mundhöhle in Kulturgeschichte und Zahnmedizin* (S. 11–29). Fink.
Böhnisch, L. (2018). *Der modularisierte Mann. Eine Sozialtheorie der Männlichkeit.* transcript.
Bornstein, S. (1937). Mißverständnisse in der psychoanalytischen Pädagogik. *Zeitschrift für psychoanalytische Pädagogik, 11*(2), 81–90.
Bouquier, J. J., & Richer, M.-J. (1978). Das Theater des Unbewußten. In M. Mannoni (Hrsg.), *Ein Ort zum Leben. Die Kinder von Bonneuil, ihre Eltern und das Team der Betreuer* (S. 160–170). Athenaeum.
Bowie, M. (1991). *Lacan.* Steidl.
Bowlby, J. (1975). *Bindung. Eine Analyse der Mutter-Kind-Beziehung.* Kindler.
Brand, D. & Hammer, V. (Hrsg.) (2002). *Balanceakt Alleinerziehend. Lebenslagen, Lebensformen, Erwerbsarbeit.* Westdeutscher Verlag.
Braun, C. (2015). *Die Stellung des Subjekts. Lacans Psychoanalyse.* Parodos.
Britzman, D. P. (2009). *The very thought of education: psychoanalysis and the impossible professions.* State University of New York Press.
Brockmann, J., & Kirsch, H. (2010). Konzept der Mentalisierung. *Psychotherapeut, 55*(4), 279–290.
Brockmann, J., & Kirsch, H. (2012). Von der psychoanalytischen Falldarstellung zur Einzelfallforschung. In A. Springer, B. Janta, & K. Münch (Hrsg.), *Nutzt Psychoanalyse?!* (S. 219–236). Psychosozial.
Brodkorb, M. (2017, 1. Dezember). Die Erheiterten und die Empörten. *FAZ*, N4.
Broude, G. J. (1988). Rethinking the couvade: crosscultural evidence. *American Anthropologist, New Series, 90*(4), 902–911.
Bruder, K. J. (2005a). Das Unbewusste, der Diskurs der Macht. In M. Buchholz & G. Gödde (Hrsg.), *Macht und Dynamik des Unbewußten – Auseinandersetzungen in Philosophie, Medizin und Psychoanalyse* (Bd. II, S. 635–668). Psychosozial.
Bruder, K.-J. (1998). Die Auflösung der Fesseln der Fiktionen im analytischen Sprechen. *Zeitschrift für Individualpsychologie, 23*, 244–259.
Bruder, K.-J. (2003). Semiotik und Psychoanalyse. In R. Posner, K. Robering, & T. A. Sebeok (Hrsg.), *Semiotik. Ein Handbuch zu den zeichentheoretischen Grundlagen von Natur und Kultur* (Bd. 3, S. 2483–2520). Walter de Gruyter.
Bruder, K.-J. (2005b). Annäherung an einen psychoanalytischen Begriff von Macht. In A. Springer, A. Gerlach, & A.-M. Schlösser (Hrsg.), *Macht und Ohnmacht* (S. 27–46). Psychosozial.
Bruder, K.-J. (2010). Die Kontinuität des bewussten Diskurses – biographisches Interview und psychoanalytisches Gespräch. In B. Griese (Hrsg.), *Subjekt–Identität–Person? Reflexionen zur Biographieforschung* (S. 73–92). Springer VS.

Bruner, J. (2002). *Wie das Kind sprechen lernt.* Huber.
Brunner, K.-M. (1984). Recht auf Abweichung: Maud Mannonis Konzept einer »gesprengten Institution«. *Psychologie und Gesellschaftskritik, 8*(4), 8–23.
Buchmann, J. (2006). Lacan à la lettre – Lacan beim Buchstaben genommen. *RISS – Zeitschrift für Psychoanalyse, 63*(2), 81–112.
Bühler, P. (2014). Der »letzte Zufluchtsort für Stürmer und Dränger«? Psychoanalytische Pädagogik in den Berner Seminarblättern und der Schulreform 1907–1930. *Schweizerische Zeitschrift für Bildungswissenschaften, 36*(1), 51–65.
Buhmann, C. (1997). *Körper – Subjekt. Therapie, Erziehung und Prävention im Werk von Françoise Dolto.* Psychosozial.
Bührmann, A. D., & Schneider, W. (2007). Mehr als nur diskursive Praxis? Konzeptionelle Grundlagen und methodische Aspekte der Dispositivanalyse. *Historical Social Research, 33*(1), 108–141.
Bürgin, D. (2013). Das Spiel, das Spielerische und die Spielenden. *Analytische Kinder- und Jugendlichen-Psychotherapie. Facetten des Spielens, 157*(1), 9–28.
Caine, D., & Wright, C. (2017). *Perversion Now!* Palgrave Macmillan.
Caïtucoli, D. (2014). L'actualité de l'expérience de Bonneuil avec et après Maud Mannoni. In G. Chaboudez & C. Gillie (Hrsg.), *Actualités de la psychanalyse* (S. 65–71). Éditions érès.
Christie, J. F., Johnsen, E. P., & Peckover, R. B. (1988). The effects of play period duration on children's play patterns. *Journal of Research in Childhood Education, 3*(2), 123–131.
Cifali, M. (1982). *Freud pédagogue? Psychanalyse et éducation.* InterEditions.
Cifali, M., & Imbert, F. (2012). *Freud und die Pädagogik.* Brandes & Apsel.
Cifali, M., & Moll, J. (1994). Die Begegnung der Psychoanalyse und der Pädagogik in den frankophonen Ländern. In D. Benner & D. Lenzen (Hrsg.), *Bildung und Erziehung in Europa. Beiträge zum 14. Kongreß der DGfE* (S. 449–452). Beltz.
Cifali, M., & Moll, J. (1995). Zur Begegnung zwischen Pädagogik und Psychoanalyse in Frankreich und in der romanischen Schweiz. In W. Datler, U. Finger-Trescher, & C. Büttner (Hrsg.), *Jahrbuch für Psychoanalytische Pädagogik 7* (S. 63–71). Matthias-Grünewald.
Clavier, B. (2017). Autismus und transgenerationelle Psychoanalyse. *RISS – Zeitschrift für Psychoanalyse, 86*(2), 9–23.
Collectif des parents des jeunes de l'école expérimentale de Bonneuil (2016). *Sauvez l'accueil thérapeutique de nuit de l'école expérimentale de Bonneuil!* https://www.change.org/p/sauvez-l-accueil-thérapeutique-de-nuit-de-l-école-expérimentale-de-bonneuil
Collins, A. W., & Russell, G. (1991). Mother-child and father-child relationships in middle childhood and adolescence: A developmental analysis. *Developmental Review, 11*(2), 99–136.

Dammasch, F. (2013). Spielfähigkeit und Geschlechtsidentität. *Analytische Kinder- und Jugendlichen-Psychotherapie. Facetten des Spielens, 157*(1), 61–80.
Dammasch, F. & Katzenbach, D. (Hrsg.) (2004). *Lernen und Lernstörungen bei Kindern und Jugendlichen. Zum besseren Verstehen von Schülern, Lehrern, Eltern und Schule.* Brandes & Apsel.
Danz, S. (2011). *Behinderung – Ein Begriff voller Hindernisse.* Fachhochschulverlag.
Danz, S. (2015). *Vollständigkeit und Mangel. Das Subjekt in der Sonderpädagogik.* Klinkhardt.
Das Unbewusste (2019, 3. September). In *Wikipedia.* https://de.wikipedia.org/wiki/Das_Unbewusste
Datler, M., Fürstaller, M., & Winninger, W. (Hrsg.) (2015). *Psychoanalytische Pädagogik: Selbstverständnis und Geschichte.* Barbara Budrich.
Datler, W. (1997). Bilden und Heilen. Auf dem Weg zu einer pädagogischen Theorie psychoanalytischer Praxis. Matthias Grünewald.
Datler, W. (2004). Wie Novellen zu lesen …: Historisches und Methodologisches zur Bedeutung von Falldarstellungen in der Psychoanalytischen Pädagogik. In Datler, W., Müller, B., & Finger-Trescher, U. (Hrsg.), *Sie sind wie Novellen zu lesen …: Zur Bedeutung von Falldarstellungen in der Psychoanalytischen Pädagogik* (S. 9–41). Psychosozial.
Datler, W., Steinhardt, K., Wininger, M., & Datler, M. (2008). Die aktuelle unbewusste Dynamik in der Interviewsituation und die psychoanalytische Frage nach dem Biographischen: Grenzen und Möglichkeiten der Arbeit mit einer Modifikation der Methode der »work discussion«. *Zeitschrift für Qualitative Forschung, 9*(1–2), 87–98.
Dederich, M., & Felder, F. (2019). Funktion von Theorie in der Heil- und Sonderpädagogik. In M. Dederich, D. Laubenstein, & S. Ellinger (Hrsg.), *Sonderpädagogik als Erfahrungs- und Handlungswissenschaft* (S. 77–96). Barbara Budrich.
Dederich, M., & Seitzer, P. (2019). Erfahrung, Wissen, Handeln. Zum Status der Empirie in der Sonderpädagogik. In Dederich, M., Ellinger, S., & Laubenstein, D. (Hrsg.), *Sonderpädagogik als Erfahrungs- und Praxiswissenschaft Geistes-, sozial- und kulturwissenschaftliche Perspektiven* (S. 13–30). Barbara Budrich.
Dederich, M., Ellinger, S. & Laubenstein, D. (Hrsg.) (2019a), *Sonderpädagogik als Erfahrungs- und Praxiswissenschaft. Geistes-, sozial- und kulturwissenschaftliche Perspektiven.* Barbara Budrich.
Dederich, M., Ellinger, S., & Laubenstein, D. (2019b). Idee zum Buch. In M. Dederich, S. Ellinger, & D. Laubenstein (Hrsg.), *Sonderpädagogik als Erfahrungs- und Praxiswissenschaft. Geistes-, sozial- und kulturwissenschaftliche Perspektiven* (S. 5–7). Barbara Budrich.
Delaisi de Parseval, G. (1981). *La part du pere.* Seuil.
Devereux, G. (2018). *Angst und Methode in den Verhaltenswissenschaften.* Psychosozial. (Original erschienen 1967)

Dilthey, W. (1894). *Ideen über eine beschreibende und zergliedernde Psychologie*. Verlag der Königlichen Akademie der Wissenschaften.
Dlugosch, A. (2018). Macht und Ohnmacht. In T. Müller & R. Stein (Hrsg.), *Erziehung als Herausforderung – Grundlagen für die Pädagogik bei Verhaltensstörungen* (S. 154–157). Klinkhardt.
Dolto, F. (1987). *Das unbewusste Bild des Körpers*. Quadriga. (Original erschienen 1984)
Dolto, F. (1989). *Fallstudien zur Kinderanalyse*. Klett-Cotta. (Original erschienen 1985)
Dolto, F. (1991). *Zwiesprache von Mutter und Kind. Die emotionale Bedeutung der Sprache*. Gustav Lübbe. (Original erschienen 1985)
Dolto, F. (1992). *Mein Leben auf der Seite der Kinder: ein Plädoyer für eine kindgerechte Welt*. Gustav Lübbe. (Original erschienen 1985)
Dolto, F. (1996). *Alles ist Sprache. Kindern mit Worten helfen*. Beltz. (Original erschienen 1987)
Dolto, F. (1996). *Über das Begehren. Die Anfänge der menschlichen Kommunikation*. Klett-Cotta. (Original erschienen 1981)
Dolto, F. (1997). *Kinder stark machen. Die ersten Lebensjahre*. Beltz. (Original erschienen 1994)
Dolto, F. (1998). *Wenn die Kinder älter werden*. Beltz. (Original erschienen 1977)
Döring-Seipel, E., & Dauber, H. (2013). *Was Lehrerinnen und Lehrer gesund hält: Empirische Ergebnisse zur Bedeutung psychosozialer Ressourcen im Lehrerberuf*. Vandenhoeck & Ruprecht.
Dörner, K., Hopfmüller, E., & Röttger-Liepman, B. (2001). *Aufforderung an die Fraktionen des Deutschen Bundestages, eine Kommission zur »Enquête der Heime« einzusetzen*. Forschungsgruppe »Menschen in Heimen«: Universität Bielefeld. http://archiv.behindertenbeauftragter-niedersachsen.de/wohnen_bblni/pics/Enquetederheime.pdf
Dornes, M. (2005). Theorien der Symbolbildung. *Psyche – Zeitschrift für Psychoanalyse, 59*(1), 72–80.
Dornes, M. (2006). *Die Seele des Kindes: Entstehung und Entwicklung*. Fischer.
Dornes, M. (2011). *Der kompetente Säugling. Die präverbale Entwicklung des Menschen*. Fischer.
Dornes, M. (2012). *Die Modernisierung der Seele. Kind-Familie-Gesellschaft*. Fischer.
Dornes, M. (2016). *Macht der Kapitalismus depressiv? Über seelische Gesundheit und Krankheit in modernen Gesellschaften*. Fischer.
Dörr, M. (2010). Über die Verhüllung der Scham in der spätmodernen Gesellschaft und ihre Auswirkungen auf die pädagogische Praxis. In M. Dörr & B. Herz (Hrsg.), *Unkulturen der Bildung* (S. 191–207). Springer VS.
Eco, U. (1996). *Zwischen Autor und Text. Interpretation und Überinterpretation*. DTV.
Eggert-Schmid Noerr, A., Pforr, U., & Voß-Davies. H. (Hrsg.) (2006). *Lernen, Lernstörungen und die pädagogische Beziehung*. Psychosozial.

Ehr, D. (2019). »*Von der Kunst ... zu bewältigen*« *Interaktion, Handlung, Angst: Eine interaktionistische Perspektive auf Handlungsregulationstheorie und Analyse anhand des Beispielphänomens Angst.* Schneider.
Ehrenreich, B. (1984). *Die Herzen der Männer. Auf der Suche nach einer neuen Rolle.* Rowohlt.
Einsiedler, W. (1984). Die Bedeutung des Spiels für die kindliche Entwicklung im Vorschulalter. In W. E. Fthenakis (Hrsg.), *Tendenzen der Frühpädagogik* (S. 337–351). Pädagogischer Verlag Schwann.
El'konin, D. B. (2010). *Psychologie des Spiels.* Lehmanns Media.
Esposito, R. (2012). The Dispositive of the Person. *Law, Culture and the Humanities, 8*(1), 17–30.
Eysenck, H.-J. (1973). *The Structure and Measurement of Intelligence.* Springer.
Fabre, M., Xypas, C., & Hétier, R. (2011). *Le tiers éducatif: une nouvelle relation pédagogique: Figures et fonctions du tiers en éducation et formation.* De Boeck.
Fainsilber, L. (2011). *La version vers le père. La fonction du père et ses suppléances. Sous la plume des poètes (Rilke, Kaftka, Mallarmé, Tournier, Flaubert).* De Boeck Supérieur.
FAPP – Frankfurter Arbeitskreis für Psychoanalytische Pädagogik e.V. (2020). *Dreijährige berufsbegleitende Weiterbildung in Psychoanalytischer Pädagogik.* https://www.fapp-frankfurt.de/index.php/dreijaehrige-weiterbildung
Fascher, R. (1997). Überlegungen zur psychodynamischen Bedeutung des Versteckspielens in der Kinderpsychotherapie. *Praxis der Kinderpsychologie und Kinderpsychiatrie, 46*(9), 660–671.
Federn, P. (1919). *Zur Psychologie der Revolution: Die vaterlose Gesellschaft.* Suschitzky.
Fengler, J. (2001). *Helfen macht müde. Zur Analyse und Bewältigung von Burnout und beruflicher Deformation.* Klett-Cotta.
Feuling, M. (2000). Spreng-Sätze. Einfälle zur Geschichte der Wohngruppe Hagenwört. In Verein für psychoanalytische Sozialarbeit (Hrsg.), *Afrika ist um die Ecke. Psychoanalytische Sozialarbeit in der »Gesprengten Institution« Hagenwört* (S. 48–63). Edition Diskord.
Feuling, M. (2018). »Systemsprenger«: Sprengen oder Gesprengtwerden – Wie und warum werden Beziehungen explosiv? In H.-P. Färber (Hrsg.), *Beziehungen professionell gestalten: In Pädagogik, Therapie und Pflege* (S. 79–92). Books on Demand.
Fickler-Stang, U. (2019). *Dissoziale Kinder und Jugendliche – unverstanden und unverstehbar? Frühe Beiträge der Psychoanalytischen Pädagogik und ihre aktuelle Bedeutung.* Psychosozial.
Figdor, H. (1993). Wissenschaftstheoretische Grundlagen der Psychoanalytischen Pädagogik. In M. Muck & H.-G. Trescher (Hrsg.), *Grundlagen der Psychoanalytischen Pädagogik* (S. 63–99). Psychosozial.
Fink, B. (2005). *Eine klinische Einführung in die Lacan'sche Psychoanalyse. Theorie und Technik.* Turia + Kant.

Fink, B. (2012). Wider den Verstehenszwang. Weshalb Verstehen nicht als ein wesentliches Ziel psychoanalytischer Behandlung aufgefasst werden sollte. In T. Storck (Hrsg.), *Zur Negation der psychoanalytischen Hermeneutik.* (S. 291–322). Psychosozial.

Fink, B. (2016). *Lacan on Love – An Exploration of Lacan's Seminar VIII, Transference.* Polity.

Fischer-Kern, M., & Fonagy, P. (2012). Die Reflective Functioning Scale. In S. Doering & S. Hörz (Hrsg.), *Handbuch der Strukturdiagnostik* (S. 225–256). Schattauer.

Flaake, K. (2014). *Neue Mütter – neue Väter. Eine empirische Studie zu veränderten Geschlechterbeziehungen in Familien.* Psychosozial.

Flaake, K. (2016). Bedeutung traditioneller Mutterbilder in Familien mit einer in Paarbeziehung geteilten Elternschaft: Beharrungstendenzen und Veränderungsprozesse. In H. Krüger-Kirn, M. Metz-Becker, & I. Rieken (Hrsg.), *Mutterbilder. Kulturhistorische, sozialpolitische und psychoanalytische Perspektiven* (S. 165–179). Psychosozial.

Flick, U. (2011). *Triangulation – Eine Einführung.* Springer VS.

Flick, U. (2020). Triangulation. In G. Mey & K. Mruck (Hrsg.), *Handbuch Qualitative Forschung in der Psychologie: Band 2. Designs und Verfahren* (S. 185–200). Springer.

Flitner, A. (2002). *Spielen-Lernen: Praxis und Deutung des Kinderspiels.* Beltz.

Fonagy, P. (1998). Die Bedeutung der Entwicklung metakognitiver Kontrolle der mentalen Repräsentanzen für die Betreuung und das Wachstum des Kindes. *Psyche – Zeitschrift für Psychoanalyse, 52*(4), 349–368.

Fonagy, P. (2006). Persönlichkeitsstörung und Gewalt – ein psychoanalytisch-bindungstheoretischer Ansatz. In O. F. Kernberg & H. P. Hartmann (Hrsg.), *Narzissmus, Grundlagen, Störungsbilder, Therapie* (S. 486–540). Schattauer.

Fonagy, P. (2018). Geleitwort. Eingeschränkte Mentalisierung: eine bedeutende Barriere für das Lernen. In S. Gingelmaier, S. Taubner, & A. Ramberg (Hrsg.), *Handbuch Mentalisierungsbasierte Pädagogik* (S. 9–13). Vandenhoeck & Ruprecht.

Fonagy, P. (2019). *Epistemic Trust and Mentalization: A new approach for social learning.* Vortrag an der PH Ludwigsburg. Unveröffentlichtes Vortragsmanuskript.

Fonagy, P. & Target, M. (1998). Mentalization and the changing aims of child psychoanalysis. *Psychoanalytic Dialogues, 8*(1), 87–114.

Fonagy, P., Gergely, G., Jurist, E., & Target, M. (2004). *Affektregulierung, Mentalisierung und die Entwicklung des Selbst.* Klett-Cotta.

Fonagy, P., Luyten, P., Allison, E., & Campbell, C. (2016). Reconciling psychoanalytic ideas with attachment theory. In J. Cassidy & P. R. Shaver (Hrsg.), *Handbook of attachment: Theory, research, and clinical applications* (S. 780–804). Guilford Press.

Forrester, J. (1990). Michel Foucault und die Geschichte der Psychoanalyse. In M. Marcelo (Hrsg.), *Foucault und die Psychoanalyse* (S. 75–129). Edition Diskord.

Foucault, M. (1977). *Der Wille zum Wissen. Sexualität und Wahrheit*. Bd. I. Suhrkamp.
Foucault, M. (1978). *Dispositive der Macht. Über Sexualität, Wissen und Wahrheit*. Merve.
Foucault, M. (2001a). Die Geburt einer Welt. In M. Foucault (Hrsg.), *Schriften in vier Bänden. Dits et Ecrits* (Bd. I, S. 999–1003). Suhrkamp. (Original erschienen 1969)
Foucault, M. (2001b). Was ist ein Autor? In M. Foucault (Hrsg.), *Schriften in vier Bänden. Dits et Ecrits* (Bd. II, S. 1003–1041). Suhrkamp. (Original erschienen 1969)
Foucault, M. (2003). *Die Ordnung des Diskurses*. Fischer. (Original erschienen 1971)
Foucault, M. (2005a). Subjekt und Macht. In M. Foucault (Hrsg.), *Schriften in vier Bänden. Dits et Ecrits* (Bd. IV, S. 269–294). Suhrkamp. (Original erschienen 1982)
Foucault, M. (2005b). Strukturalismus und Poststrukturalismus. In M. Foucault (Hrsg.), *Schriften in vier Bänden. Dits et Ecrits* (Bd. IV, S. 521–555). Suhrkamp. (Original erschienen 1983)
Fraiberg, S. (1975). Ghosts in the Nursery – A Psychoanalytic Approach to the Problems of Impaired Infant-Mother Relationships. *Journal of the American Academy of Child & Adolescent Psychiatry, 14*(3), 387–421.
Fraiberg, S. (1986). *Die magischen Jahre in der Persönlichkeitsentwicklung des Vorschulkindes*. Rowohlt.
Fraiberg, S. (2011). *Seelische Gesundheit in den ersten Lebensjahren. Studien aus einer psychoanalytischen Klinik für Babys und ihre Eltern*. Psychosozial.
Frank, M. (1991). *Selbstbewußtsein und Selbsterkenntnis. Essays zur analytischen Philosophie der Subjektivität*, Reclam.
Freinet, S. (1985). *Erziehen ohne Zwang. Der Weg Célestin Freinets*. DTV/Klett-Cotta.
Freud, A. (1968). *Wege und Irrwege in der Kinderentwicklung*. Klett-Cotta.
Freud, A. (2011). *Einführung in die Psychoanalyse für Pädagogen*. Bern. (Original erschienen 1930)
Freud, S. (1896c). *Zur Ätiologie der Hysterie*. GW I, 425–459.
Freud, S. (1900a). *Die Traumdeutung*. GW II/III.
Freud, S. (1905c). *Der Witz und seine Beziehung zum Unbewußten*. GW VI, 3–269.
Freud, S. (1905d). *Drei Abhandlungen zur Sexualtheorie*. GW V, 27, 33–145.
Freud, S. (1907a 1916). *Der Wahn und die Träume in W. Jensens Gradiva*. GW VII, 29–122.
Freud, S. (1908c). *Über infantile Sexualtheorien*. GW VII, 171–188.
Freud, S. (1908d). *Die »kulturelle« Sexualmoral und die moderne Nervosität*. GW VII, 143–167.
Freud, S. (1908e). *Der Dichter und das Phantasieren*. GW VII, 213–223.
Freud, S. (1909a). *Analyse der Phobie eines fünfjährigen Knaben*. GW VII, 241–377.

Freud, S. (1909c). *Der Familienroman der Neurotiker*. GW VII, 227–231.
Freud, S. (1910c). *Eine Kindheitserinnerung des Leonardo da Vinci*. GW VIII, 127–211.
Freud, S. (1911b). *Formulierungen über zwei Prinzipien des psychischen Geschehens*. GW VIII, 230–238.
Freud, S. (1911c 1910). *Psychoanalytische Bemerkungen über einen autobiographisch beschriebenen Fall von Paranoia (Dementia paranoides)*. GW VIII, 239–316.
Freud, S. (1912-13a). *Totem und Tabu*. GW IX.
Freud, S. (1912d). *Über die allgemeinste Erniedrigung des Liebeslebens. (Beiträge zur Psychologie des Liebeslebens II)*. GW VIII, 78–91.
Freud, S. (1912e). *Ratschläge für den Arzt bei der psychoanalytischen Behandlung*. GW VIII, 376–387.
Freud, S. (1913i). *Die Disposition zur Zwangsneurose*. GW VIII, 442–452.
Freud, S. (1913j). *Das Interesse an der Psychoanalyse*. GW VIII, 389–420.
Freud, S. (1914c). *Zur Einführung des Narzißmus*. GW X, 137–170.
Freud, S. (1914f). *Zur Psychologie des Gymnasiasten*. GW X, 204–207.
Freud, S. (1915b). *Zeitgemäßes über Krieg und Tod*. GW X, 324–355.
Freud, S. (1915c). *Triebe und Triebschicksale*. GW X, 210–232.
Freud, S. (1915e). *Das Unbewußte*. GW X, 264–303.
Freud, S. (1916-17a 1915-17). *Vorlesungen zur Einführung in die Psychoanalyse*. GW XI.
Freud, S. (1917a 1916). *Eine Schwierigkeit der Psychoanalyse*. GW XII, 3–12.
Freud, S. (1919a 1918). *Wege der psychoanalytischen Therapie*. GW XII, 183–194.
Freud, S. (1919g). *Vorrede zu Theodor Reik – Probleme der Religionspsychologie*. GW XII, 325–329.
Freud, S. (1919h). *Das Unheimliche*. GW XII, 229–268.
Freud, S. (1920g). *Jenseits des Lustprinzips*. GW XIII, 3–72.
Freud, S. (1923a). *Libidotheorie. Psychoanalyse*. GW XIII, 211–233.
Freud, S. (1923b). *Das Ich und das Es*. GW XIII, 237–289.
Freud, S. (1924c). *Das ökonomische Problem des Masochismus*. GW XIII, 371–383.
Freud, S. (1925f). *Geleitwort zu: Aichhorn, August (1925): Verwahrloste Jugend*. GW XIV, 565–567.
Freud, S. (1926d). *Hemmung, Symptom und Angst*. GW XIV, 111–205.
Freud, S. (1926f). *Psycho-Analysis: Freudian School*. GW XIV, 299–307.
Freud, S. (1927a). *Nachwort zur »Frage der Laienanalyse«*. GW XIV, 287–296.
Freud, S. (1927c). *Die Zukunft einer Illusion*. GW XIV, 325–380.
Freud, S. (1930a). *Das Unbehagen in der Kultur*. GW XIV, 419–505.
Freud, S. (1931b). *Über die weibliche Sexualität*. GW XIV, 515–538
Freud, S. (1933a). *Neue Folge der Vorlesung zur Einführung in die Psychoanalyse*. GW XV.
Freud, S. (1937c). *Die endliche und die unendliche Analyse*. GW XVI, 59–99.
Freud, S. (1937d). *Konstruktionen in der Analyse*. GW XVI, 41–56.

Freud, S. (1940a 1938). *Abriß der Psychoanalyse*. GW XVII, 63–123
Freud, S. (1941f 1938). *Ergebnisse, Ideen, Notizen (Notizen)*. GW XVII, 149, 151f.
Freud, S. (1950c). *Entwurf einer Psychologie*. GW Nachtragsband, 387–477.
Freud, S. (1968). Briefe 1873–1939. Fischer.
Freud, S. (1999). *Briefe an Wilhelm Fließ. 1887–1904. Ungekürzte Ausgabe*. Jeffrey Moussaieff Masson. Deutsche Fassung von Michael Schröter. Fischer.
Freud, S., & Breuer, J. (1895d 1893–95). *Studien über Hysterie*. GW I, 75–312.
Freud, S., & Jung, C. G. (1984). *Briefwechsel*. Fischer.
Frieberthäuser, B., Matzner, M., & Rothmüller, N. (2007). Familien: Mütter und Väter. In J. Ecarius (Hrsg.), *Handbuch Familie* (S. 179–198). Springer VS.
Fröbel, F. (1982). Die Menschenerziehung. In H. Fröbel & D. Pfaehler (Hrsg.), *Kommt, lasst uns unsern Kindern leben*. Mitteldeutsche Verlagsgesellschaft. (Original erschienen 1826)
Fröhlich, V. (1994). *Psychoanalyse und Behindertenpädagogik*. Königshausen & Neumann.
Fröhlich, V. (1997). Liebe und Haß in der Geschichte der Psychoanalytischen Pädagogik. In F.-J. Krumenacker (Hrsg.), *Liebe und Haß in der Pädagogik. Zur Aktualität Bruno Bettelheims* (S. 44–69). Lambertus.
Füssenich, I., & Geisel, C. (2008). *Literacy im Kindergarten. Vom Sprechen zur Schrift*. Mit Bilderbuch »Toni feiert Geburtstag«. Ernst Reinhardt.
Gabbard, G. O (2007). Mißlungene psychoanalytische Behandlung suizidaler Patienten. In S. Zwettler-Otte (Hrsg.), *Entgleisungen in der Psychoanalyse* (S. 119–142). Vandenhoeck & Ruprecht. (Original erschienen 2003)
Gadamer, H. G. (1990). *Gesammelte Werke: Band 1. Hermeneutik I – Wahrheit und Methode. Grundzüge einer philosophischen Hermeneutik*. J. C. B. Mohr.
Galgut, E. (2010). Reading minds: Mentalization, irony and literary engagement. *International Journal of Psychoanalysis, 91*(4), 915–935.
Garstick-Straumann, A. (1997). Elternschaft zwischen Wunsch nach Selbstfindung im Kind und Angst vor Selbstverlust in der elterlichen Funktion. *arbeitshefte kinderpsychoanalyse, 24*(1), 9–26.
Garstick, E. (2013). *Junge Väter in seelischen Krisen. Wege zur Stärkung der männlichen Identität*. Klett-Cotta.
Garstick, E. (2019). *Väter in der psychodynamischen Psychotherapie mit Kindern und Jugendlichen – Die Triangulierung und das väterliche Prinzip*. Kohlhammer.
Gast, L. (2013). Gedanken zur Psychodynamik der Mundhöhle. In H. Böhme & B. Slominski (Hrsg.), *Das Orale. Die Mundhöhle in Kulturgeschichte und Zahnmedizin* (S. 71–73). Fink.
Gehlen, A. (1993). *Gesamtausgabe. Textkritische Edition: Teilband 1. Der Mensch*. Klostermann. (Original erschienen 1940)
Geißler, P., & Heisterkamp, G. (2007). *Psychoanalyse der Lebensbewegungen – Zum körperlichen Geschehen in der psychoanalytischen Therapie – Ein Lehrbuch*. Springer.

Geoffroy, M. A. (2019). »*Gesprengte Institution*« *in der Bredouille. Die École Expérimentale de Bonneuil-sur-Marne im Spannungsfeld von Inklusion, Psychiatriekritik, Psychoanalyse und neoliberalen Veränderungen. Eine ethnografisch orientierte Dispositivanalyse*. Psychosozial.
Gerspach, M. (2008). Grundzüge einer psychoanalytischen Heilpädagogik. In T. Mesdag & U. Pforr (Hrsg.), *Phänomen geistige Behinderung. Ein psychoanalytischer Verstehensansatz* (S. 27–68). Psychosozial.
Gerspach, M. (2009). *Psychoanalytische Heilpädagogik: Ein systematischer Überblick*. Kohlhammer.
Gerspach, M. (2014). *Generation ADHS – den »Zappelphilipp« verstehen*. Kohlhammer.
Gerspach, M. (2018a). Psychoanalytische Pädagogik. *socialnet Lexikon*. https://www.socialnet.de/lexikon/Psychoanalytische-Paedagogik
Gerspach, M. (2018b). *Psychodynamisches Verstehen in der Sonderpädagogik: Wie innere Prozesse Verhalten und Lernen steuern*. Kohlhammer.
Gießner, U. (2001). Das Machtprinzip bei Nietzsche, Adler und Freud. *Zeitschrift für Individualpsychologie, 26*(1), 64–69.
Gilbert, K. (2016). The maternal: An immaculate concept. In R. Mayo & C. Moutso (Hrsg.), *The Mother in Psychoanalysis and Beyond* (S. 82–93). Routledge.
Gingelmaier, S. (2017). Pädagogische Verwicklungen mentalisierend entwickeln. In B. Rauh (Hrsg.), *Abstinenz und Verwicklung. Annäherungen in Theorie, Forschung und Praxis*. (S. 101–112). Barbara Budrich.
Gingelmaier, S. (2018). Nähe zulassen, die Balance halten, Distanz wahren. In T. Müller & R. Stein (Hrsg.), *Erziehung als Herausforderung. Grundlagen für die Pädagogik bei Verhaltensstörungen* (S. 178–190). Klinkhardt.
Gingelmaier, S., Schwarzer, N.-H., & Schiefele, C. (2020). Sozial-emotionale Bedeutungen des Spiels in der frühen Kindheit. Ein hoch aktuelles Plädoyer für das Spiel als zeitlos-grundlegenden Zugang zum Kind. *Frühförderung interdisziplinär*, (2), 63–72.
Goethe, J. W. von (1981). *Goethe Werke: Band 7. Wilhelm Meisters Lehrjahre*. Beck. (Original erschienen 1796)
Goffman, E. (1973). *Asyle. Über die soziale Situation psychiatrischer Patienten und anderer Insassen*. Suhrkamp.
Goldmann, S. (2011). »Kasus – Krankengeschichte – Novelle«. In S. Dickson, S. Goldmann, & C. Wingertszahn (Hrsg.), *»Fakta, und kein moralisches Geschwätz«. Zu den Fallgeschichten im »Magazin zur Erfahrungsseelenkunde« (1783–1793)* (S. 33–64). Wallstein.
Gondek, H.D. (2001). Vorwort. In H.-D. Gondek, R. Hofmann, & H.-M. Lohmann (Hrsg.). *Jacques Lacan – Wege zu seinem Werk* (S. 7–9). Klett-Cotta.
Göppel, R. (2015). Bin ich ein »Psychoanalytischer Pädagoge« – und falls ja, in welchem Sinne? In M. Wininger, M. Fürstaller, & W. Datler (Hrsg.), *Psychoanalytische Pädagogik: Selbstverständnis und Geschichte* (S. 53–70). Barbara Budrich.

Green, A. (2004). Pluralität der Wissenschaften und psychoanalytisches Denken. In M. Leuzinger-Bohleber, H. Deserno, & S. Hau (Hrsg.), *Psychoanalyse als Profession und Wissenschaft. Die psychoanalytische Methode in Zeiten wissenschaftlicher Pluralität* (S. 33–48). Kohlhammer.
Greiner, K. (2016). Wenn der Penis auf dem Kopf sitzt: psychoanalytische Symboldeutung und logopoietische Hermeneutik. *Psychotherapie-Wissenschaft, 6*(1), 30–40.
Grieser, J. (1998). *Der phantasierte Vater. Zu Entstehung und Funktion des Vaterbildes beim Sohn.* Edition Diskord.
Grieser, J. (2003). Von der Triade zum triangulären Raum. *Forum Psychoanalyse, 19*(2–3), 99–115.
Grolnick, S. (1990). *The work and play of Winnicott.* Jason Aronson.
Haas, N. (1980). Exposé zu Lacans Diskursmathemen, Teil II: Die Terme. *Der Wunderblock. Zeitschrift für Psychoanalyse,* (5–6), 9–34.
Habermas, J. (1968). *Erkenntnis und Interesse.* Suhrkamp.
Hamad, A. (2001). Jouer à la Maison Verte. *Enfances & Psy, 3*(15), 24–29.
Hamad, A. (2017). Kinderpsychoanalyse mit Lacans Konzeptualisierung. In P. Kuwert & M. Meyer zum Wischen (Hrsg.), *Jacques Lacan – Eine Einführung für die therapeutische Praxis* (S. 150–113). Kohlhammer.
Harm, V. (2015). *Einführung in die Lexikologie (Einführung Germanistik).* WBG.
Hartmann, K. (1973). Über psychoanalytische Funktionstheorien des Spiels. In A. Flitner (Hrsg.), *Das Kinderspiel* (S. 76–88). Deutscher Taschenbuch Verlag.
Fingscheidt, N. (Director & Hartwig, P. (Producer) (2019). *Systemsprenger* [Film]. Berlin: Port au Prince Pictures.
Hauser, B. (2016). *Spielen. Frühes Lernen in Familie, Krippe und Kindergarten.* Kohlhammer.
Hays, S. (1998). *The Cultural Contradictions of Motherhood.* Yale University Press.
Hechler, O. (2013). Metakognition und Mentalisierung. Förderung lernbeeinträchtigter Kinder und Jugendlicher durch Gruppenpsychotherapie. In C. Einhellinger, S. Ellinger, P. Hechler, A. Köhler, & E. Ullmann (Hrsg.), *Studienbuch Lernbeeinträchtigungen: Band 1. Grundlagen* (S. 313–336). Athena.
Hechler, O. (2014a). Feinfühlig unterrichten. Emotion und Interaktion im Fokus der Lehrerbildung. *Spuren, 4,* 29–35.
Hechler, O. (2014b). »... dass die Erziehungsarbeit etwas sui generis ist (...)« – Zum Verhältnis von Psychoanalyse und Erziehung am Institut für Sonderpädagogik der Goethe-Universität Frankfurt am Main. In M. Gerspach, A. Eggert-Schmid Noerr, T. M. Naumann, & L. Niederreiter (Hrsg.), *Psychoanalyse lehren und lernen an der Hochschule. Theorie, Selbstreflexion, Praxis* (S. 75–98). Kohlhammer.
Hechler, O. (2015). Strukturale Psychoanalytische Hermeneutik. In S. Ellinger & K. Koch (Hrsg.), *Empirische Forschungsmethoden in der Heil- und Sonderpädagogik* (S. 296–304). Hogrefe.

Hechler, O. (2018). Mentalisierungsfördernder Unterricht. Bindungstheoretische Grundlagen und didaktische Ansätze. In S. Gingelmaier, S. Taubner, & A. Ramberg (Hrsg.), Handbuch Mentalisierungsbasierte Pädagogik (S. 173–187). Vandenhoeck & Ruprecht.

Hechler, O. (2019). »(...) aber nicht als Therapie wollte ich sie Ihrem Interesse empfehlen, sondern wegen ihres Wahrheitsgehalts (...)« – Vom Nutzen der Psychoanalyse für die sonderpädagogische Forschung. In M. Dederich, S. Ellinger, & D. Laubenstein (Hrsg.), *Sonderpädagogik als Erfahrungs- und Praxiswissenschaft. Geistes-, sozial- und kulturwissenschaftliche Perspektiven* (S. 245–280). Barbara Budrich.

Hedervari-Heller, E., & Pedrina, F. (2018). Neuere diagnostische Ansätze für die frühe Kindheit am Beispiel der Bindungsstörung. *Kinder- und Jugendlichen-Psychotherapie, 177*(1), 109–122.

Hegi, F. (1997). *Improvisation und Musiktherapie. Möglichkeiten und Wirkungen von freier Musik*. Junfermann.

Heidegger, M. (1977). *Zur Seinsfrage*. Vittorio Klostermann.

Heil, R. (2010). *Zur Aktualität von Slavoj Žižek: Einleitung in sein Werk*. Springer VS.

Heimlich, U. (2014). Spielförderung und -therapie. In F. B. Wember, R. Stein, & U. Heimlich, (Hrsg.), *Handlexikon Lernschwierigkeiten und Verhaltensstörungen* (S. 176–179). Kohlhammer.

Heinemann, E. (1992). Psychoanalyse und Pädagogik im Unterricht in der Sonderschule. In E. Heinemann, U. Rauchfleisch, & T. Grüttner (Hrsg.), *Gewalttätige Kinder. Psychoanalyse und Pädagogik in Schule, Heim und Therapie* (S. 39–89). Fischer.

Heinemann, E. & Hopf. H. (Hrsg.) (2010). *Psychoanalytische Pädagogik: Theorien – Methoden – Fallbeispiele*. Kohlhammer.

Heinz, J. (2001). Väter in der begleitenden Psychotherapie. *Analytische Kinder- und Jugendlichenpsychotherapie, 32*(2), 245–272.

Heise, W. (1965). Über die Entfremdung und ihre Überwindung. *Deutsche Zeitschrift für Philosophie, 13*(6), 684–710.

Helfferich, C., Hendel-Kramer, A., & Klindworth, H. (2003). Gesundheit alleinerziehender Mütter und Väter. *Gesundheitsbericht des Bundes, 14*. Robert-Koch-Institut.

Hentig, H. v. (2009). Das Ethos der Erziehung. Was ist in ihr elementar? *Zeitschrift für Pädagogik, 55*(4), 509–527.

Henz, U. (2009). Couples' provision of informal care for parents and parents-in-law: Far from sharing equally? *Ageing and Society, 29*(3), 369–395.

Henze, P., Lahl, A., & Preis, V. (Hrsg.) (2009). *Psychoanalyse und männliche Homosexualität*. Psychosozial.

Herfray, C. (1993). *La psychoanalyse hors les murs*. Epi.

Herz, B., & Zimmermann, D. (2018). Beziehung statt Erziehung? Psychoanalytische Perspektiven auf pädagogische Herausforderungen in der Praxis mit emotional-sozial belasteten Heranwachsenden. In R. Stein & T. Müller (Hrsg.),

Inklusion im Förderschwerpunkt emotionale und soziale Entwicklung (S. 150–177). Kohlhammer.
Herzog, J. M. (1988). On father hunger: The father's role in the modulation of aggressive drive and fantasy. In S. H. Cath, A. R. Gurwitt, & J. M. Ross (Hrsg.), *Father and child: Developmental and clinical perspectives* (S. 163–174). Basil Blackwell.
Heß, P. (2010). *Geschlechterkonstruktionen nach der Wende. Auf dem Weg zu einer gemeinsamen politischen Kultur?* Springer VS.
Hetherington, E. M. (1972). Effects of father's absence on personality development in adolescent daughters. *Developmental Psychology, 7*(3), 313–326.
Hewitson, O. (2014). *On Absent Mothers*. LACANONLINE.COM Exploring psychoanalysis through the work of Jacques Lacan. https://www.lacanonline.com/2014/11/on-absent-mothers/
Hiebel, H. H. (1990). Strukturale Psychoanalyse und Literatur (Jacques Lacan). In K. M. Bogdal (Hrsg.), *Neue Literaturtheorien. Eine Einführung* (S. 56–81). Westdeutscher Verlag.
Hierdeis, H. (2016). *Psychoanalytische Pädagogik – Psychoanalyse in der Pädagogik*. Kohlhammer.
Hillert, A. (2013). Psychische und psychosomatische Erkrankungen von Lehrerinnen und Lehrern. In M. Rothland (Hrsg.), *Belastung und Beanspruchung im Lehrerberuf. Modelle. Befunde. Interventionen* (S. 137–153). Springer VS.
Hirblinger, H. (2011). *Unterrichtskultur: Band 2. Didaktik als Dramaturgie im symbolischen Raum*. Psychosozial.
Hofmann, W. (1983). *Die »psychothérapie institutionelle«. Theorie und Praxis einer psychiatrischen Bewegung in Frankreich*. Campus.
Holmes, J. (1993). *John Bowlby and attachment theory*. Routledge.
Hopf, H. (2014). *Die Psychoanalyse des Jungen*. Klett-Cotta.
Hopf, H. (2018). Geleitwort. In H. G. Lehle (Hrsg.), *Freiräume des Spiels. Das Spiel in der psychoanalytischen Gruppenpsychotherapie mit Kindern und Jugendlichen* (S. 9–13). Brandes & Apsel.
Horkheimer, M., & Adorno., T. W. (1968). *Dialektik der Aufklärung*. De Munter. (Original erschienen 1947)
Huizinga, J. (2013). *Homo Ludens. Vom Ursprung der Kultur im Spiel*. Rowohlt.
Huschke-Rhein, R. B. (2003). Einführung in die systemische und konstruktivistische Pädagogik. Beltz.
Ihle, W., & Esser, G. (2008). Epidemiologie psychischer Störungen des Kindes- und Jugendalters. In B. Gasteiger-Klipcera, H. Julius, & C. Klipcera (Hrsg.), *Sonderpädagogik der sozialen und emotionalen Entwicklung* (S. 49–64). Hogrefe.
Irigaray, L. (1979). *Das Geschlecht, das nicht eins ist*. Merve.
Irigaray, L. (1980). *Speculum, Spiegel des anderen Geschlechts*. Suhrkamp.
Israel, H. (1989). *Schreber – Vater und Sohn*. Verlag Internationale Psychoanalyse.
Jacoby, R. (1975). Negative Psychoanalyse und Marxismus. Überlegungen zu einer objektiven Theorie der Subjektivität. *Psyche, 29*(2), 961–990.

James, F. C., & Johnsen, E. P. (1983). The Role of Play in Social-Intellectual Development. *Review of Educational Research Spring, 53*(1), 93–115.
Jandl, M. J. (2010). *Praxeologische Funktionalontologie: eine Theorie des Wissens als Synthese von H. Dooyeweerd und R. B. Brandom.* Lang.
Jantzen, W. (2019). Inklusion und Dekolonisierung als Prinzipien jeglicher Pädagogik. In M. Dederich, S. Ellinger, & D. Laubenstein (Hrsg.), *Sonderpädagogik als Erfahrungs- und Praxiswissenschaft. Geistes-, sozial- und kulturwissenschaftliche Perspektiven* (S. 315–338). Barbara Budrich.
Jones, E. (1962). *Das Leben und Werk von Sigmund Freud.* Bern: Huber. (Original erschienen 1960)
Jung, M. (2001). *Hermeneutik zur Einführung.* Junius.
Juranville, A. (1990). *Lacan und die Philosophie.* Aus dem Französischen übersetzt von Hans-Dieter Gondek. Klaus Boer.
Kalisch, K. (2012). Mentalisierung und Affektregulation – Wie sich das kindliche Selbst entwickelt. *Praxis der Kinderpsychologie und Kinderpsychiatrie, 61*(5), 336–347.
Kasper, S., Sachs, G., Kapfhammer, H.-P., Bach, M., Baldinger-Melich, P., Conca, A., Erfurth, A., Frey, R., Gößler, R., Haller, R., Hausmann, A., Lanzenberger, R., Lehofer, M., Marksteiner, J., Naderi-Heiden, A., Plener, P., Praschak-Rieder, N., Rados, C., Rainer, M., & Winkler, D. (2018) Angststörungen. Medikamentöse Therapie. Konsensus-Statement – State of the art 2018. *CliniCum neuropsy Sonderausgabe November 2018.*
Kastl, J. M. (2017). *Einführung in die Soziologie der Behinderung.* Springer.
Kerckhoven, G. van (2000) [Rezension des Buches *Literarische Hermetik. Die Ethik zwischen Hermeneutik, Psychoanalyse und Dekonstruktion* von Artur R. Boelderl]. *Phänomenologische Forschungen Neue Folge, 5*(2), 308–312.
Kernberg, O. F. (1993). *Psychodynamische Therapie bei Borderline-Patienten.* Huber.
Kipp, H. (1993). Zur Psychoanalyse des Mutter-Ideals. *arbeitshefte kinderpsychoanalyse, 17,* 45–56.
Klafki, W. (1998). *Die Geisteswissenschaftliche Pädagogik – Leistung, Grenzen, kritische Transformation.* Marburg. http://archiv.ub.uni-marburg.de/sonst/1998/0003/k03.html
Kläui, C. (2002). Gegenübertragung und der Wunsch, Analytiker zu sein. *Jahrbuch für Psychoanalyse IV.* Edition Diskord, 54–64.
Kläui, K. (2017). *Tod – Hass – Sprache. Psychoanalytisch.* Turia + Kant.
Klauß, T. (2000). Auf dem Weg in eine moderne Organisation – Auswirkungen der Selbstbestimmung für die Einrichtungen. In VKELG (Hrsg.), *»Selbstbestimmung muss das sein?« Dokumentation der Arbeitstagung vom 18. bis 20.01.2000 in Heiligenstadt* (S. 4–10). CBP.
Klein, M. (1932). *Die Psychoanalyse des Kindes.* Internationaler Psychoanalytischer Verlag.
Klemann, M. (2014). Deuten aus der Perspektive der strukturalen Psychoanalyse Lacans. *Forum der Psychoanalyse, 30*(3), 291–307.

Klitzing, K. von (2002). Frühe Entwicklung im Längsschnitt: Von der Beziehungswelt der Eltern zur Vorstellungswelt des Kindes. *Psyche, 56*(9–10), 863–887.
Klocke, R., & Mühlleitner, E. (2004). Lehren oder lernen? Siegfried Bernfeld und die Pädagogische Arbeitsgemeinschaft am Berliner Psychoanalytischen Institut. In Th. Aichhorn (Hrsg.), *Luzifer-Amor* (S. 35–58). Edition Diskord.
Kobi, E. E. (2005). Erziehung: Der Heilpädagogik Kerngeschäft. *Vierteljahresschrift für Heilpädagogik und ihre Nachbargebiete, 74*(2), 153–155.
Koch, E., & Noëlle, B. (2020). Bildung der Affekte – Berührungspunkte und Divergenzen von Psychoanalytischer und mentalisierungsbasierter Pädagogik. In B. Rauh, N. Welter, M. Franzmann, K. Magiera, J. Schramm, & N. Wilder (Hrsg.), *Emotion – Disziplinierung – Professionalisierung. Pädagogik im Spannungsfeld von Integration der Emotionen und »neuen« Disziplinierungstechniken* (S. 273–284). Barbara Budrich.
Köhler-Weisker, A., & Wegeler-Schardt, C. (2007). »Wir wollen es besser machen als unsere Eltern …« Zur Weitergabe von traumatisch Erlebtem über drei Generationen am Beispiel einer Eltern-Baby-Psychotherapie. In A. Israel (Hrsg.), *Der Säugling und seine Eltern. Die psychoanalytische Behandlung frühester Entwicklungsstörungen* (S. 129–160). Brandes & Apsel.
Kojève, A. (1975). *Hegel: Eine Vergegenwärtigung seines Denkens. Kommentar zur Phänomenologie des Geistes*. Suhrkamp.
Koller H.-C. (2001). Bildung und die Dezentrierung des Subjekts. In B. Fritzsche, J. Hartmann, A. Schmidt, & A. Tervooren (Hrsg.), *Dekonstruktive Pädagogik* (S. 35–48). Springer.
Köllner, M., & Schultheiss, O. (2014). Meta-analytic evidence of low convergence between implicit and explicit measures of the needs for achievement, affiliation, and power. *Frontiers in psychology, 5*. doi: 10.3389/fpsyg.2014.00826
Komor, A. (2010). *Miteinander kommunizieren – Kinder unter sich. Eine empirische diskursanalytische Untersuchung zur Ausbildung kindlicher Kommunikationsfähigkeit*. Waxmann.
Kooij, R. v. d. (1983). Die psychologischen Theorien des Spiels. In K. J. Kreuzer (Hrsg.), *Handbuch der Spielpädagogik* (S. 297–336). Schwann.
Körner, J. (1995). Das Psychoanalytische einer psychoanalytisch-pädagogischen Fallgeschichte. *Zeitschrift für Pädagogik, 41*(5), 709–717.
Körner, J., & Ludwig-Körner, C. (1997). *Psychoanalytische Pädagogik. Eine Einführung in vier Fallgeschichten*. Lambertus.
Kortendiek, B. (2010). Familie: Mutterschaft und Vaterschaft zwischen Traditionalisierung und Modernisierung. In R. Becker & B. Kortendiek (Hrsg.), *Handbuch Frauen- und Geschlechterforschung. Theorie, Methoden, Empirie* (S. 442–453). Springer VS.
Kristeva, J. (1987). Credo in Unum Deum. In J. Kristeva (Hrsg.), *In the beginning was love* (S. 37–45). Columbia University Press.

Kristeva, J. (1989). Stabat Mater. In J. Kristeva (Hrsg.), *Geschichten von der Liebe* (S. 226–255). Suhrkamp.
Kristeva, J. (2012). Zehn Prinzipien für den Humanismus des 21. Jahrhunderts. *Internationale Katholische Zeitschrift Communio, 41*(4), 476–480.
Kristeva, J. (2014, 2. Januar). Frage und teile Europa, deine Mütter: Die Philosophin Julia Kristeva über eine Kultur, die von der ganzen Welt bewundert wird. *Die Zeit*, 37.
Kvale, S. (2000). The psychoanalytic interview as qualitative research. In J. Frommer & D. L. Rennie (Hrsg.), *Qualitative psychotherapy research: Methods and methodology* (S. 9–31). Pabst.
Kvale, S., & Brinkmann, S. (2009). *InterViews: Learning the Craft of Qualitative Research Interviewing*. Sage Publications.
Lacan J. (2011). *Die Objektbeziehung. Seminar Buch IV*. Turia + Kant. (Seminar von 1956–1957)
Lacan, J. (1966). *Écrits*. Seuil.
Lacan, J. (1974/1975). Lettres de l'École freudienne. *Bulletin intérieur de l'École Freudienne de Paris, 16*, 177–203.
Lacan, J. (1978). *Freuds technische Schriften. Das Seminar Buch I*. Walter. (Seminar von 1953–1954)
Lacan, J. (1980). Die Familie. Übersetzt von Friedrich A. Kittler. In N. Haas (Hrsg.), *J. Lacan: Schriften III* (S. 39–100). Walter. (Original erschienen 1938)
Lacan, J. (1980/1981, April/Mai). Le Séminaire de Caracas. *L'Âne, n° 1*, 31.
Lacan, J. (1991). Die Stellung des Unbewußten. In J. Lacan (Hrsg.), *Schriften II. Ausgew. u. hrsg. v. N. Haas. Olten* (S. 205–230). Walter. (Original erschienen 1966)
Lacan, J. (1991). *Le Séminaire. Livre XVII. L'envers de la psychanalyse*. Seuil. (Seminar von 1969–1970)
Lacan, J. (2000). *L'Objet de la psychanalyse. Séminaire XIII. Version Staferla. Auf der Grundlage der Versionen J. L. und Roussan*. (Seminar von 1965–1966) [nicht im Buchhandel erhältlich] http://staferla.free.fr/S13/S13%20L'OBJET.pdf
Lacan, J. (2000). *La logique du fantasme. Séminaire XIV. Version Staferla. Auf der Grundlage der Version J. L. und weiterer Transkriptionen*. (Seminar von 1966–1967) [nicht im Buchhandel erhältlich]
Lacan, J. (2000). *Problèmes cruciaux pour la psychanalyse, dit »Séminaire XII«. Textherstellung durch Michel Roussan. Mit Anmerkungen, kritischem Apparat und Index*. (Seminar von 1964–1965) [nicht im Buchhandel erhältlich]
Lacan, J. (2001). *Autres écrits*. Seuil.
Lacan, J. (2001). La méprise du sujet supposé savoir. In J. Lacan (Hrsg.), *Autres Écrits* (S. 329–339). Seuil. (Original erschienen 1967)
Lacan, J. (2001). Note italienne. In J. Lacan (Hrsg.), *Autres Écrits* (S. 307–312). Seuil. (Original erschienen 1973)

Lacan, J. (2001). Proposition du 9 octobre 1967 sur le psychanalyste de l'École. In J. Lacan (Hrsg.), *Autres Écrits* (S. 243–260.). Seuil. (Original erschienen 1967)

Lacan, J. (2001). Réponses à des étudiants en philosophie. In J. Lacan (Hrsg.), *Autres Écrits* (S. 203–212). Seuil. (Original erschienen 1966)

Lacan, J. (2003). *Das Seminar, Buch IV. Die Objektbeziehung.* Übersetzt von Hans-Dieter Gondek nach dem von Jacques-Alain Miller hergestellten französischen Text. Turia + Kant. (Seminar von 1956–1957)

Lacan, J. (2005). *Le séminaire, livre XXIII. Le sinthome. 1975–1976. Texterstellung durch Jacques-Alain Miller.* Seuil. (Seminar von 1975–1976)

Lacan, J. (2006). Das Symbolische, das Imaginäre und das Reale. In J. Lacan (Hrsg.), *Namen-des-Vaters. Übersetzt von Hans-Dieter Gondek* (S. 11–62). Turia + Kant. (Original erschienen 1953)

Lacan, J. (2006). Der Triumph der Religion. In J. Lacan (Hrsg.). *Der Triumph der Religion welchem vorausgeht der Diskurs an die Katholiken* (S. 61–90). Turia + Kant. (Original erschienen 1974)

Lacan, J. (2006). *Die Bildungen des Unbewussten. Das Seminar Buch V.* Turia + Kant. (Seminar von 1957–1958)

Lacan, J. (2007). *Le seminaire, livre XVII. L'envers de la psychanalyse.* Seuil. (Seminar von 1969–1970)

Lacan, J. (2008). *Die Übertragung. Das Seminar, Buch VIII.* Turia + Kant. (Seminar von 1960–1961)

Lacan, J. (2010). *Die Angst. Das Seminar Buch X.* Turia + Kant. (Seminar von 1962–1963)

Lacan, J. (2012). *R. S. I. 1974–75. Seminar XII.* Übersetzt von Max Kleiner nach dem von Jacques-Alain Miller erstellten Text. Lacan-Archiv Bregenz. (Seminar von 1974–1975)

Lacan, J. (2015). *Das Seminar, Buch II. Das Ich in der Theorie Freuds und in der Technik der Psychoanalyse.* Turia + Kant. (Seminar von 1954–1955)

Lacan, J. (2015). Die Freud'sche Sache oder Sinn der Rückkehr zu Freud in der Psychoanalyse. In J. Lacan (Hrsg.), *Schriften I* (S. 472–513). Turia + Kant. (Original erschienen 1955)

Lacan, J. (2015). Die Lenkung der Kur oder die Prinzipien ihrer Macht. In J. Lacan (Hrsg.), *Schriften II* (S. 72–145). Turia + Kant. (Original erschienen 1958)

Lacan, J. (2015). Die Wissenschaft und die Wahrheit. In J. Lacan (Hrsg.), *Schriften II* (S. 401–428), Turia + Kant. (Seminar von 1965–1966)

Lacan, J. (2015). *Encore. Das Seminar, Buch XX.* Turia + Kant. (Seminar von 1972–1973)

Lacan, J. (2015). *Über eine Frage, die jeder möglichen Behandlung der Psychose vorausgeht.* In J. Lacan (Hrsg.), *Schriften II* (S. 9–71). Turia + Kant. (Original erschienen 1959)

Lacan, J. (2015). Vom Freud'schen »Trieb« und vom Begehren des Psychoanalytikers. In J. Lacan (Hrsg.), *Schriften II* (S. 369–400), Turia + Kant. (Original erschienen 1964)

Lacan, J. (2015a). Subversion des Subjekts und Dialektik des Begehrens im Freud'schen Unbewussten. In J. Lacan (Hrsg.), *Schriften II* (S. 325–368), Turia + Kant. (Original erschienen 1960)
Lacan, J. (2015b). Position des Unbewussten. In J. Lacan (Hrsg.), *Schriften II* (S. 369–396), Turia + Kant. (Original erschienen 1960)
Lacan, J. (2016). Das Drängen des Buchstabens im Unbewußten oder die Vernunft seit Freud. In J. Lacan (Hrsg.), *Schriften I* (S. 582–626). Turia + Kant. (Original erschienen 1957)
Lacan, J. (2016). Das Seminar über »Der gestohlene Brief«. In J. Lacan (Hrsg.), *Schriften I* (S. 12–76). Übersetzt von Hans-Dieter Gondek. Turia + Kant. (Seminar von 1955)
Lacan, J. (2016). *Das Seminar, Buch VII. Die Ethik der Psychoanalyse.* Turia + Kant. (Seminar von 1959–1960)
Lacan, J. (2016). Das Spiegelstadium als Gestalter der Funktion des Ichs, so wie sie uns in der psychoanalytischen Erfahrung offenbart wird. In J. Lacan (Hrsg.), *Schriften I* (S. 109–117). Übersetzt von Hans-Dieter Gondek. Turia + Kant. (Original erschienen 1949)
Lacan, J. (2016). *Die Psychosen. Das Seminar, Buch III.* Turia + Kant. (Seminar von 1955–1956)
Lacan, J. (2016). Funktion und Feld des Sprechens und der Sprache in der Psychoanalyse. In J. Lacan (Hrsg.), *Schriften I* (S. 278–381). Übersetzt von Hans-Dieter Gondek. Wien: Turia & Kant. (Original erschienen 1953)
Lacan, J. (2016). Über unsere Vorgänger. In J. Lacan (Hrsg.), *Schriften I* (S. 77–85). Übersetzt von Hans-Dieter Gondek. Wien (Turia + Kant). (Original erschienen 1966)
Lacan, J. (2017). *Die vier Grundbegriffe der Psychoanalyse. Das Seminar Buch XI.* Turia + Kant. (Seminar von 1964)
Lacan, J. (2017). *La logique du fantasme, dit »Séminaire XIV«. Prononcé à l'E. N. S. 1965–1966.* Textherstellung durch Michel Roussan. Mit Anmerkungen, kritischem Apparat und Index. (Seminar von 1965–1966) [Nicht im Buchhandel erhältlich].
Lacan, J., & Granoff, W. (1956). Fetishism: The Symbolic, the Imaginary and the Real. In S. Lorand & M. Balint (Hrsg.), *Perversions: Psychodynamics and Therapy* (S. 265–276). Random House.
Lang, H. (1986). *Die Sprache und das Unbewußte.* Suhrkamp.
Langlitz, N. (2005). *Die Zeit der Psychoanalyse. Lacan und das Problem der Sitzungsdauer,* Suhrkamp.
Langnickel, R. (2019). Angst im Kontext der Frühen Hilfen: Psychoanalytisch-pädagogische Umgangsformen mit Angst und Ängstlichkeit im Frühbereich als Exklusionsprävention. In R. Stein, P.-C. Link, & P. Hascher (Hrsg.), *Frühpädagogische Inklusion und Übergänge* (S. 255–289). Frank & Timme.
Langnickel, R. (2020). Narzissmus als Verleugnung der Verwundbarkeit – eine psychoanalytische Perspektive. In H. Keul & Th. Müller (Hrsg.), *Verwundbar – Theologische und humanwissenschaftliche Perspektiven zur menschlichen Verwundbarkeit* (S. 201–211). Echter.

Langnickel, R., & Ambass, D. (2019). Vater-Mutter-Kind im frühkindlichen Bereich – drei gespaltene Subjekte? In Verein für Psychoanalytische Sozialarbeit Rottenburg und Tübingen (Hrsg.), *Vermeidung der Welt und des Anderen: Überwiegen des Mütterlichen – Fehlen an Väterlichem?* (S. 107–145). Brandes & Apsel.
Langnickel, R., & Link, P. C. (2018). Ist die gesellschaftliche Ordnung eine norme-male? Psychoanalytische Überlegungen zur Funktion des Vaters. *Freie Assoziation, 21*(1), 105–109.
Langnickel, R., & Link, P. C. (2019b). Um nicht blind einen wilden »Hunger nach neuen Ideologien zu stillen«. Inklusion als bernfeldsches großes Wort und Phantasma? In D. Zimmermann, B. Rauh, K. Trunkenpolz, & M. Wininger (Hrsg.), *Sozialer Ort und Professionalisierung* (S. 151–166). Barbara Budrich.
Langnickel, R., & Link, P. C. (2019c). Deutung der psychischen Realität vs. Rekonstruktion der historischen Wahrheit – Überlegungen zum Begriff des transgenerationalen Traumas. *Freie Assoziation, 20*(2), S. 67–73.
Langnickel, R., & Link, P.-C. (2019a). Inklusion als Mutterleibsphantasie? Prolegomena zur prä-, peri- und postnatalen Inklusion im Kontext von Anthropologie und psychoanalytischer Entwicklungspsychologie. In R. Stein, P.-C. Link, & P. Hascher (Hrsg.), *Frühpädagogische Inklusion und Übergänge* (S. 155–196). Frank & Timme.
Langnickel, R., & Markowitsch, H. (2009). Das Unbewusste Freuds und die Neurowissenschaften. In A. Leitner & H. G. Petzold (Hrsg.), *Sigmund Freud heute. Der Vater der Psychoanalyse im Blick der Wissenschaft und der psychotherapeutischen Schulen* (S. 149–173). Krammer.
Langnickel, R., Ambass, D., & Link, P.-C. (2019). Psychoanalytische Kleinkindererziehung nach Dolto und Bernfeld: Das Maison Verte in Paris, die Fadenspule in Zürich und die Kibbuzim als soziale Orte. In D. Zimmermann, B. Rauh, K. Trunkenpolz, & M. Wininger (Hrsg.), *Sozialer Ort und Professionalisierung* (S. 239–258). Barbara Budrich.
Laplanche, J. & Pontalis, J. B. (1975). *Das Vokabular der Psychoanalyse*. Suhrkamp.
Laubenstein, D. (2008). *Sonderpädagogik und Konstruktivismus: Behinderungen im Spiegel des Anderen, der Fremdheit und der Macht*. Waxmann.
Laubenstein, D. (2011). Über die Wirkmacht von Sprache im sonderpädagogischen Diskurs. *Journal für Psychologie, 19*(1), 1–21. https://www.journal-fuer-psychologie.de/index.php/jfp/article/view/19/92
Laurita, C. (2017). From childhood psychosis to neurosis. In C. Owens & F.-Q. Quinn (Hrsg.), *Lacanian Psychoanalysis with Babies, Children, and Adolescents* (S. 81–92). Karnac.
Le Robert (2020). *Dico on ligne*. https://dictionnaire.lerobert.com
Lefort, R. (1987). Diskurs der Institution und Diskurs des Subjekts. In M. Mannoni (Hrsg.), *Scheißerziehung. Von der Antipsychiatrie zur Antipädagogik* (S. 189–207). Athenäum.

Lehmhaus, D., & Reiffen-Züger, B. (2018). *Spiel und Spielen in der psychodynamischen Kinder- und Jugendlichenpsychotherapie.* Kohlhammer.
Lehrergruppe Laborschule (1977). *Laborschule Bielefeld: Modell im Praxistest. Zehn Kollegen ziehen ihre Zwischenbilanz.* Mit Graphiken und Fotos von K. Lambert. Rowohlt.
Lenzen, D. (1989). Vater. In D. Lenzen (Hrsg.), *Pädagogische Grundbegriffe* (S. 1552), Rowohlt.
Leuzinger-Bohleber, M. (2010). Pluralität oder Einheit? Transgenerationelle Forschung in der Psychoanalyse heute. In K. Münch, D. Munz, & A. Springer (Hrsg.), *Die Psychoanalyse im Pluralismus der Wissenschaften* (S. 109–140). Psychosozial.
Leuzinger-Bohleber, M., & Pfeifer, R. (2006a). Recollecting the past in the present: Memory in the dialogue between psychoanalysis and cognitive science. In M. Mancia (Hrsg.), *Psychoanalysis and neuroscience* (S. 63–95). Springer.
Leuzinger-Bohleber, M., & Pfeifer, R. (2006b). Embodied Cognitive Science und Psychoanalyse – Ein interdisziplinärer Dialog zum Gedächtnis. In P. Giampieri-Deutsch (Hrsg.), *Psychoanalyse im Dialog der Wissenschaften. Band 1: Europäische Perspektiven* (S. 242–270). Kohlhammer.
Leuzinger-Bohleber, M., Rüger, B., Stuhr, U. & Beutel, M. (Hrsg.) (2002). *»Forschen« und »Heilen« in der Psychoanalyse.* Kohlhammer.
Lévi-Strauss, C. (1967). Die Wirksamkeit der Symbole. In C. Lévi-Strauss (Hrsg.), *Strukturale Anthropologie* (S. 204–225). Suhrkamp. (Original erschienen 1949)
Levi-Strauss, C. (1992). *Strukturale Anthropologie II.* Suhrkamp.
Lévine, J., & Moll, J. (2001). *Je est un autre. Pour un dialogue pédagogie-psychanalyse.* ESF éditeur.
Link, P.-C. (2018a). Schule – Macht – Inklusion? Machtanalytische Überlegungen zur (sonder)pädagogischen Wissenschaft. In T. Müller & S. Gingelmaier (Hrsg.), *Kontroverse: Inklusion – Anspruch und Widerspruch in der schulpädagogischen Auseinandersetzung* (S. 94–107). Beltz Juventa.
Link, P.-C. (2018b). Zur Dialektik von Allmacht und Ohnmacht pädagogischer Beziehungsarbeit: Kultivierte Unsicherheit im Angesicht eskalierender Interaktionsdynamiken psychosozial beeinträchtigter Subjekte. *behinderte menschen – Zeitschrift für gemeinsames Leben, Lernen und Arbeiten, 41*(4–5), 37–40.
Link, P.-C., Müller, T., & Stein, R. (2017). Die sonderpädagogische Wirksamkeit von Trainings und Förderprogrammen und die Komplexität von Erziehung. In D. Laubenstein & D. Scheer (Hrsg.), *Sonderpädagogik zwischen Wirksamkeitsforschung und Gesellschaftskritik* (S. 163–170). Klinkhardt.
Lipowatz, T. (1998). *Politik der Psyche: eine Einführung in die Psychopathologie des Politischen.* Turia + Kant.
Loeken H. (2012). Sonder- und Sozialpädagogik – Abgrenzung und Annäherung. In W. Thole (Hrsg.), *Grundriss Soziale Arbeit* (S. 361–365). Springer.

Love, A. J. (2001). The future of evaluation: Catching rocks with cauldrons. *American Journal of Evaluation, 22*(3), 437–444.
Maccoby, E. E. (2000). *Psychologie der Geschlechter.* Klett-Cotta.
Mahlendorf, U. (1994). The Mystery of Mignon: Object Relations, Abandonment, Child Abuse and Narrative Structure, *Goethe Yearbook, 7,* 23–39.
Maier-Höfer, C. (1999). *Von der bösen Mutter zur gesprengten Institution. Zur Umsetzung von pädagogischen Theorien in Bildungsinstitutionen, dargestellt am Beispiel von Maud Mannonis École Expérimentale de Bonneuil.* [unveröffentlichte Dissertation]. Universität Augsburg.
Maier-Höfer, C. (2016). *Spielräume einer Sprache der Nicht-Segregation. Leben und Werk der Psychoanalytikerin Maud Mannoni.* Lehmanns.
Mannoni, M. (1972). *Das zurückgebliebene Kind und seine Mutter. Eine psychoanalytische Studie.* Walter. (Original erschienen 1964)
Mannoni, M. (1973). *Education impossible.* Seuil.
Mannoni, M. (1976). *Un Lieu Pour Vivre. Les enfants de Bonneuil, leurs parents et l'équipe des »soignants«.* Seuil.
Mannoni, M. (1978). *Ein Ort zum Leben. Die Kinder von Bonneuil, ihre Eltern und das Team der Betreuer.* Syndikat. (Original erschienen 1976)
Mannoni, M. (1983). *Der Psychiater, sein Patient und die Psychoanalyse.* Syndikat. (Original erschienen 1970)
Mannoni, M. (1987). *»Scheißerziehung«. Von der Antipsychiatrie zur Antipädagogik.* Athenäum. (Original erschienen 1973)
Mannoni, M. (1988a). *De la passion de l'être à la »folie« de savoir: Freud, les Anglo-Saxons et Lacan.* Denoël.
Mannoni, M. (1988b). *Ce qui manque à la vérité pour être dite.* Denoël.
Manz, B. (2013). Geschichtlicher Abriss zur psychoanalytischen Pädagogik. In M. Cifali & F. Imbert (Hrsg.), *Freud und die Pädagogik* (S. 154–183). Brandes & Apsel.
Marcus, S. (2004). Das Normale und das Pathologische in der Psychoanalyse. *Psyche – Zeitschrift für Psychoanalyse, 58*(5), 389–410.
Marinopoulos, S. (2012). *Jouer pour grandir.* http://www.yapaka.be/sites/yapaka.be/files/publication/60-jouer-marinopoulos-web.pdf
Martin, R. (1979). *Väter im Abseits. Mutter und Kind in der vaterlosen Gesellschaft.* Klett-Cotta.
Marty, P. (1990). *La psychosomatique de l'adulte.* Presses universitaires de France.
Massing, A., Reich, G., & Sperling, E. (1992). *Die Mehrgenerationen Familientherapie.* Vandenhoeck & Ruprecht.
Masson, J. (1984). *Was hat man dir, du armes Kind, getan? Sigmund Freuds Unterdrückung der Verführungstheorie.* Rowohlt.
Matzner, M. (1998). *Vaterschaft heute. Klischees und soziale Wirklichkeit.* Campus.
Matzner, M. (2004). *Vaterschaft aus der Sicht von Vätern.* Springer.
May, M. (2016). [Rezension des Buches *Vollständigkeit und Mangel. Das Subjekt in der Sonderpädagogik* von Simone Danz]. *Erziehungswissenschaftliche Revue, 15*(1). http://www.klinkhardt.de/ewr/978378152043.html

Mayo, R., & Moutso, C. (2016). The matemal: An introduction. In R. Mayo & C. Moutso (Hrsg.): *The Mother in Psychoanalysis and Beyond* (S. 1–20). Routledge.
McDougall, J. (1986). Identifizierungen, neuartige Bedürfnisse und neuartige Formen von Sexualität. *Psyche – Zeitschrift für Psychoanalyse, 40*(11), 1007–1029.
McMillan, C. (2015). Pedagogy of the Impossible: Žižek in the Classroom. *Educational Theory, 65(5)*, 545–562.
Mead, G. H. (1968). *Geist, Identität und Gesellschaft: Aus der Sicht des Sozialbehaviorismus*. Suhrkamp.
Meier, P. (1982). Väter in der Gegenwartsliteratur. In H. J. Schultz (Hrsg.), *Vatersein* (S. 52–62). Kreuz.
Meißner, H. (2010). *Jenseits des autonomen Subjekts. Zur gesellschaftlichen Konstitution von Handlungsfähigkeit im Anschluss an Butler, Foucault und Marx*. transcript.
Meissner, W. W. (2009). The question of drive vs. motive in psychoanalysis: A modest proposal. *Journal of the American Psychoanalytic Association, 57*(4), 807–845.
Mellody, P. (1991). *Verstrickt in die Probleme anderer. Über die Entstehung und Auswirkung von Co-Abhängigkeit*. Kösel.
Meng, H. (1933). Psychoanalyse und Heilpädagogik. In *Zeitschrift für psychoanalytische Pädagogik, 7*(5–6), 176–183.
Meng, H. (Hrsg.) (1973a). *Psychoanalytische Pädagogik des Schulkindes*. Ernst Reinhardt.
Meng, H. (Hrsg.) (1973b). *Psychoanalytische Pädagogik des Kleinkindes*. Ernst Reinhardt.
Mertens, W. (2004). *Psychoanalyse: Geschichte und Methoden*. C. H. Beck.
Metzger, H.-G. (2013). *Fragmentierte Vaterschaften. Über die Liebe und die Aggression der Väter*. Brandes & Apsel.
Metzger, H.-G. (2015). Die Bedeutung des Vaters und die neuen Formen der Elternschaft. In Aigner, J.-C., & Poscheschnik, G. (2015) (Hrsg.), *Kinder brauchen Männer. Psychoanalytische, sozialpädagogische und erziehungswissenschaftliche Perspektiven* (S. 183–199). Psychosozial.
Meurs, P., Jullian, G., & Vliegen, N. (2006). Culture sensitive developmental guidance for immigrant families with pre school children. Pathways to resilience within the first steps prevention programme. In M.-C. Foblets, J. Vrielink, & J. Billiet (Hrsg.): *Multiculturalisme ontleed. Een staalkaart van onderzoek aan de K. U. Leuven* (S. 255–285). UP.
Meyer, A.-E. (1994). Nieder mit der Novelle als Psychoanalysedarstellung – Hoch lebe die Interaktionsgeschichte. *Zeitschrift für psychosomatische Medizin, 40*(1), 77–98.
Meyer, G. (2009). *Konzepte der Angst in der Psychoanalyse: Band 2. 1950–2000. 2. Halbband*. Brandes & Apsel.

Meyer, G. (2019). Psychoanalytische Angstkonzepte – eine Übersicht über ihre Entwicklungen. *Kinder- und Jugendlichen-Psychotherapie. Zeitschrift für Psychoanalyse und Tiefenpsychologie, 181*(1), 9–54.
Meyer-Palmedo, I., & Fichtner, G. (1999). *Freud-Bibliographie mit Werkkonkordanz*. Fischer.
Michels, R. (2009). Epilog. In J. G. Allen & P. Fonagy (Hrsg.), *Mentalisierungsgestützte Therapie. Das MBT-Handbuch – Konzepte und Praxis* (S. 450–458). Klett-Cotta.
Millot, C. (1982). *Freud, Anti-Pädagoge*. Medusa. (Original erschienen 1979)
Ministerium für Familie, Kinder, Jugend, Kultur und Sport des Landes NRW (2016, 28. Juni). *Familienministerin Kampmann startet Väterkampagne. »Vater ist, was Du draus machst«*. Pressemitteilung Väterkampagne. https:// https://www.land.nrw/de/pressemitteilung/familienministerin-kampmann-startet-vaeterkampagne
Mitscherlich, A. (1953). Der Unsichtbare Vater. Ein Problem für Psychoanalyse und Soziologie. *Kölner Zeitschrift für Soziologie und Sozialpsychologie, 7*, 188–201.
Mitscherlich, A. (1963). *Auf dem Weg zur vaterlosen Gesellschaft. Ideen zur Sozialpsychologie*. Pieper.
Mogel, H. (2008). *Psychologie des Kinderspiels*. Springer.
Moij, A. W. M. (1987). Der symbolische Vater. *Der Wunderblock. Zeitschrift für psychoanalytisches Denken, 16*(1), 54–61.
Morel, G. (2017). *Das Gesetz der Mutter. Versuch über das sexuelle Sinthom. Übersetzt von Anna-Lisa Dieter*. Turia + Kant.
Moser, V. (2015): Vorwort von Vera Moser. In Danz, S., *Vollständigkeit und Mangel. Das Subjekt in der Sonderpädagogik*. Klinkhardt, S. 11.
Müller, K., & Gingelmaier, S. (2018). *Kontroverse Inklusion. Ansprüche, Umsetzungen und Widersprüche in der Schulpädagogik*. Beltz.
Müller, T. (2018). Erziehung als Herausforderung: Gegenstandsbestimmung und Fragen einer Theorie der Erziehung. In T. Müller & R. Stein (Hrsg.), *Erziehung als Herausforderung–Grundlagen für die Pädagogik bei Verhaltensstörungen* (S. 13–34). Klinkhardt.
Müller, T. & R. Stein (Hrsg.) (2018), *Erziehung als Herausforderung – Grundlagen für die Pädagogik bei Verhaltensstörungen*. Klinkhardt.
Müller-Göttken, T. (2016). *Psychoanalytische Kurzzeittherapie zur Behandlung von Kindern mit emotionalen Störungen – Entwicklung und Evaluation eines Behandlungsmanuals*. [Dissertation, Universität Kassel]. https://kobra.uni-kassel.de/handle/123456789/2017080253178
Muraro, D. (2015). *Enseigner et apprendre: un acte pédagogique*. Eres.
Nasio, J. D. (2011). *Mein Körper und seine Bilder*. Turia + Kant.
Neuburger, R. (2003). *L'autre demande*. Payot. (Original erschienen 1984)
Niederland, W. G. (1978). *Der Fall Schreber. Das psychoanalytische Profil einer paranoiden Persönlichkeit*. Suhrkamp.
Nitsch-Berg, H. (1975). Spiel und Phantasie aus psychoanalytischer Sicht. In A. Baumgartner & D. Geulen (Hrsg.), *Vorschulische Erziehung: Band 1. Gesell-*

schaftliche Bedingungen und entwicklungspsychologische Voraussetzungen (S. 147–214). Beltz.

Nitsch-Berg, H. (1978). *Kindliches Spiel zwischen Triebdynamik und Enkulturation: die Beiträge der Psychoanalyse und der Entwicklungstheorie Piagets*. Klett-Cotta.

Oelkers, J. (2011). *Eros und Herrschaft. Die dunklen Seiten der Reformpädagogik*. Beltz.

Ort, N. (2014). *Das Symbolische und das Signifikante. Eine Einführung in Lacans Zeichentheorie*. Turia + Kant.

Oury, J. (1977). La notion de sujet dans la pratique de la psychothérapie institutionnelle. In J. Oury (Hrsg.), *Psychiatrie et psychothérapie institutionnelle* (S. 257–268). Payot.

Pang, J. S., & Schultheiss, O. C. (2005). Assessing implicit motives in U.S. college students: Effects of picture type and position, gender and ethnicity, and cross-cultural comparisons. *Journal of Personality Assessment, 85*(3), 280–294.

Papousek, M. (2012). Null-Bock in früher Kindheit. In M. Cierpka (Hrsg.), *Frühe Kindheit 0–3 Jahre. Beratung und Psychotherapie mit Säuglingen und Kleinkindern* (S. 285–298). Springer.

Parin, P. & Parin-Matthèy, G. (1983). Das obligat unglückliche Verhältnis der Psychoanalytiker zur Macht. In H.-M. Lohmann (Hrsg.), *Das Unbehagen in der Psychoanalyse* (S. 17–23). Qumran.

Pazzini, C. (1993). Wer nicht hören will, muß fühlen. Einige Diskussionsbeiträge zum Hören in der Psychoanalyse und der Pädagogik. *Paragrana, 2*(1–2), 15–28.

Pazzini, K. J. (2007a). Lehren als Moment im Bildungsprozess. In H.-C. Koller, W. Marotzki, & O. Sanders (Hrsg.), *Bildungsprozesse und Fremdheitserfahrung* (S. 161–180). transcript.

Pazzini, K.-J. (2007b). Wahnhafte Momente im psychoanalytischen Setting. In K.-J. Pazzini, M. Schuller, & M. Wimmer (Hrsg.)., *Wahn – Wissen – Institution II: Zum Problem einer Grenzziehung* (S. 123–164). transcript.

Pazzini, K. J. (2019). Professionalisierung. Laie werden. Relektüre von Freuds »Die Frage der Laienanalyse«. In D. Zimmermann, B. Rauh, K. Trunkenpolz, & M. Wininger (Hrsg.), *Sozialer Ort und Professionalisierung* (S. 93–104). Barbara Budrich.

Pedrina, F. (2012). Vaterschaft im Kontext postnataler familiärer Krisen. Selbsterleben und Entwicklungsprozesse. In H. Walter & A. Eickhorst (Hrsg.), *Das Väterhandbuch. Theorie, Forschung, Praxis* (S. 243–264). Psychosozial.

Perner, A. (2000). Gesprengte und totale Institution. In Verein für Psychoanalytische Sozialarbeit (Hrsg.), *Afrika ist um die Ecke* (S. 40–47). Edition Diskord.

Perroni, E. (2014). *Play: psychoanalytic perspectives, survival and human development*. Routledge.

Person, E. S. (2001). Über das Versäumnis das Machtkonzept in die Theorie zu integrieren: Ziel und Konflikt in der psychoanalytischen Bewegung. *Zeitschrift für Individualpsychologie, 26*, 4–23.

Pestalozzi, H. (1980). *J. H. Pestalozzi über seine Anstalt in Stans*. Beltz.
Piaget, J. (1969). *Nachahmung, Spiel und Traum. Die Entwicklung der Symbolfunktion beim Kinde*. Ernst Klett.
Piaget, J. (1974). *Urteil und Denkprozeß des Kindes*. Schwann.
Picchiotti, M. (2014). *L'apprendre chez l'enfant: un acte pédagogique?: Contributions des approches clinique et psychanalytique. Psychologie*. Université Nice Sophia Antipolis.
Platon (2012). *Symposion / Gastmahl. Herausgegeben von Barbara Zehnpfennig. Griechisch-Deutsch. Übersetzt von der Herausgeberin*. Meiner.
Plessner, H. (1975). *Die Stufen des Organischen und der Mensch*. De Gruyter.
Pohl, G. (2014). *Kindheit – aufs Spiel gesetzt. Vom Wert des Spielens für die Entwicklung des Kindes*. Springer Spektrum.
Porge, E. (2000). »La solution borromeen«. In E. Porge (Hrsg.), *Jacques Lacan, un psychanalyste. Parcours d'un enseignement* (S. 163–165). Eres.
Prasse, J. (2004). »Was ist wirklich geschehen?«. In C.-D. Rath (Hrsg.) *Sprache und Fremdsprache. Psychoanalytische Aufsätze*. (S. 183–193). transcript.
Prengel, A. (1995). *Pädagogik der Vielfalt – Verschiedenheit und Gleichberechtigung in Interkultureller, Feministischer und Integrativer Pädagogik*. Springer VS.
Prengel, A. (2013). *Pädagogische Beziehungen zwischen Anerkennung, Verletzung und Ambivalenz*. Barbara Budrich.
Psychiatrische Universitätsklinik Zürich (2020). *Angststörungen*. https://www.pukzh.ch/unsere-angebote/kinder-und-jugendpsychiatrie/angebote/fachstellen-und-spezialangebote/angststoerungen/
Quentel, J. C. (2007). *Les fondements de science humaines*. Éditions érès.
Raithel, J. (2008). *Quantitative Forschung: Ein Praxiskurs*. Springer VS.
Ramberg, A. (2012). Bindung und Mentalisierung – Überlegungen zur professionellen Haltung im Kontext der schulischen Erziehungshilfe. In B. Herz (Hrsg.), *Schulische und außerschulische Erziehungshilfe. Ein Werkbuch zu Arbeitsfeldern und Lösungsansätzen* (S. 79–94). Klinkhardt.
Rank, O. (2007). *Das Trauma der Geburt und seine Bedeutung für die Psychoanalyse*. Psychosozial.
Rattner, J. & Danzer, G. (2010). *Enzyklopädie der Psychoanalyse: Band 8. Pädagogik und Psychoanalyse*. Königshausen & Neumann.
Rauh, B., Datler, M., & Weber, J.-M. (2019b), *Professionelle Triangulierung in, mit und durch Reflexive/n Praktika*. In D. Zimmermann, B. Rauh, K. Trunkenpolz, & M. Wininger (Hrsg.), *Sozialer Ort und Professionalisierung* (S. 105–125). Barbara Budrich.
Rauh, B., Datler, M., Weber, J.-M., Griesinger, T., & Meißnest, J. (2019a), Schulpraktika zwischen Meister-Lehre und reflexiver Professionalisierung. Ausgewählte Forschungsbefunde, reflexionsförderliche Formate und zentrale Interaktionsdynamiken. In D. Zimmermann, U. Fickler-Stang, K. Weiland, & L. Dietrich (Hrsg.), *Professionalisierung für Unterricht und Beziehungsarbeit mit psychosozial beeinträchtigten Kindern und Jugendlichen* (S. 132–144). Klinkhardt.

Rauh, B., Welter, N., Franzmann, M., Magiera, K., Schramm, J., & Wilder, N. (2020). Emotionen, Emotionsregulation und Psychoanalytische Pädagogik. In B. Rauh, N. Welter, M. Franzmann, K. Magiera, J. Schramm, & N. Wilder (Hrsg.), *Emotion – Disziplinierung – Professionalisierung. Pädagogik im Spannungsfeld von Integration der Emotionen und »neuen« Disziplinierungstechniken* (S. 9–28). Barbara Budrich.
Razon, L., Putois, O., & Vanier, A. (2017). The Lacanian Concept of Cut in Light of Lacan's Interactions with Maud Mannoni. *Frontiers in Psychology.* doi:10.3389/fpsyg.2017.02177
Recalcati, M. (2000). *Der Stein des Anstoßes. Lacan und das Jenseits des Lustprinzips.* Turia + Kant.
Reckwitz, A (2006). *Das hybride Subjekt. Eine Theorie der Subjektkulturen von der bürgerlichen Moderne zur Postmoderne.* Velbrück Wissenschaft.
Reich, K. (2008). Vorwort von Kersten Reich. In D. Laubenstein (Hrsg.), *Sonderpädagogik und Konstruktivismus. Behinderung im Spiegel des Anderen, der Fremdheit, der Macht.* Waxmann, S. 5–8.
Reich, K. (2009a). *Die Ordnung der Blicke. Perspektiven eines interaktionistischen Konstruktivismus: Band 1. Beobachtung und die Unschärfen der Erkenntnis.* Luchterhand. http://www.uni-koeln.de/hf/konstrukt/reich_works/bu echer/ordnung/index.html
Reich, K. (2009b). *Die Ordnung der Blicke. Perspektiven eines interaktionistischen Konstruktivismus: Band 2. Beziehungen und Lebenswelt.* Luchterhand http://www.uni-koeln.de/hf/konstrukt/reich_works/buecher/ordnung/band2. html
Reich, K. (2010). *Systemisch-konstruktivistische Pädagogik.* Beltz.
Richter, H. E. (2006). *Die Krise der Männlichkeit in der unerwachsenen Gesellschaft.* Psychosozial.
Ricoeur, P. (1974). *Die Interpretation – Ein Versuch über Freud.* Suhrkamp.
Rödler, P. (1987). *Der unmögliche Dialog – Thesen zum Verstehen jenseits der Sprache.* [unveröffentlichtes Manuskript].
Rödler, P. (1998). *Das Fremde im Gemeinsamen – zum Gegenstand Integrativer Pädagogik.* [unveröffentlichtes Manuskript].
Roedel, J. (1986). *Das heilpädagogische Experiment Bonneuil und die Psychoanalyse in Frankreich. Theorie und Praxis einer Einrichtung für psychisch schwerstgestörte Kinder.* Fachbuchhandlung für Psychologie.
Roedel, J., & Kaufhold, R. (1998). Bonneuil oder: Das Drama des zurückgebliebenen Kindes. *psychosozial 72: Psychoanalyse im Dialog, 21*(72), Heft II, 121–127.
Rohde-Dachser, C. (1989). Zurück zu den Müttern? Psychoanalyse in der Auseinandersetzung mit Weiblichkeit und Macht. *Forum Psychoanalyse, 5,* 19–34.
Rohde-Dachser, C. (1991). *Expedition in den dunklen Kontinent: Weiblichkeit im Diskurs der Psychoanalyse.* Springer.
Rollstein, W. (1999). *Männerdämmerung. Von Tätern, Opfern, Schurken und Helden.* Vandenhoeck & Ruprecht.
Rosa, H. (2016). *Resonanz – Eine Soziologie der Weltbeziehung.* Suhrkamp.

Roudinesco, E. (1996). *Jacques Lacan: Bericht über ein Leben. Geschichte eines Denksystems*. Kiepenheuer & Witsch. (Original erschienen 1993)
Roudinesco, E. (2004). *Wörterbuch der Psychoanalyse. Namen, Länder, Werke, Begriffe*. Springer.
Roudinesco, E. (2014). Maud Mannoni et l'institution éclatée. In G. Chaboudez & C. Gillie (Hrsg.), *Actualités de la psychanalyse* (S. 16–20). Éditions érès.
Rouff, K. (2007, 29. März). Bonneuil: une école pour les autistes pas comme les autres. *Lien Social*, 834. https://www.lien-social.com/Bonneuil-une-ecole-pour-les-autistes-pas-comme-les-autres
Roussillon, R. (2015). Creativity: a new paradigm for Freudian psychoanalysis. In G. Saragnano & C. Seulin (Hrsg.), *Playing and reality revisited* (S. 89–110). Karnac.
Russell, A., & Saebel, J. (1997). Mother-son, mother-daughter, father-son, and father-daughter: Are they distinct relationships? *Developmental Review, 17*(2), 111–147.
Schad, G. (2012). Evidenzbasierte Erziehung? In C. Ratz (Hrsg.), *Verhaltensstörungen und geistige Behinderung* (S. 23–38). Athena.
Schad, G. (2014). Geisteswissenschaftliche Pädagogik. In F. B. Wember, R. Stein & U. Heimlich (Hrsg.), *Handlexikon Lernschwierigkeiten und Verhaltensstörungen* (S. 249–251). Kohlhammer.
Schad, G. (2015). Evidenzbasierte Erziehung?. *Zeitschrift für Heilpädagogik, 66*(7), 335–344.
Schad, G. (2016). Miniaturen. In K. Koch, G. Schad, O. Hechler, S. Ellinger, & B. Ahrbeck (Hrsg.), *Evidenzbasierte Pädagogik: Sonderpädagogische* Einwände (S. 129–142). Kohlhammer.
Schäfer, G. E. (1994). Äquilibration und Krise. Orientierungspunkte für eine biographische Bildungsforschung. In G. Bittner (Hrsg.), *Biographien im Umbruch. Lebenslaufforschung und vergleichende Erziehungswissenschaft* (S. 56–80). Königshausen & Neumann.
Schäfer, G. E. (1997). Liebe und Haß – Vertrautheit und Fremdheit. Überlegungen zum Bild des Kindes bei Bettelheim und Mannoni oder: Von den notwendigen Grenzen der Liebe in der Pädagogik. In F.-J. Krumenacker (Hrsg.), *Liebe und Hass in der Pädagogik. Zur Aktualität Bruno Bettelheims* (S. 56–70). Lambertus.
Schäper, S. (2015). Vom Verschwinden der Inklusionsverlierer. Gouvernementalitätstheoretische Einblicke in die unsichtbaren Hinterhöfe des Diskurses. In S. Kluge, A. Liesner, & E. Weiß (Hrsg.), *Jahrbuch für Pädagogik 2015 – Inklusion als Ideologie* (S. 77–89). Peter Lang.
Schatzman, M. (1978). *Die Angst vor dem Vater. Langzeitwirkungen einer Erziehungsmethode. Der Fall Schreber*. Rowohlt.
Schiefele, C. (2012). *Die Bedeutung von Alltags- und Spielformaten für die Erweiterung sprachlich-kommunikativer Fähigkeiten. Eine empirische Vergleichsstudie über vier Kinder*. Centaurus.
Schiefele, S., Menz, M., Schwindt, N. & Gingelmaier, S. (2020). Spielen als konkrete Methode – zwei Praxisbeispiele aus den Bereichen Kommuni-

kation, Sprache und sozial-emotionale Frühförderung. *Frühförderung interdisziplinär. Zeitschrift für Frühe Hilfen und frühe Förderung benachteiligter, entwicklungsauffälliger und behinderter Kinder, (2)*, 97–105.

Schiller, F. (1992). Über die ästhetische Erziehung des Menschen in einer Reihe von Briefen. In F. Schiller, *Werke und Briefe in zwölf Bänden. Hrsg. v. Otto Dann u. a.: Bd. 8. Theoretische Schriften. Hrsg. v. Rolf-Peter Janz* (S. 556–676). Deutscher Klassiker Verlag. (Original erschienen 1795)

Schindler, R. (2017). Symbolische Mutter – Realer Vater. In R. Schindler (Hrsg.): *Fort-Da. Psychoanalyse intensiv* (S. 79–104). Vissivo. (Original erschienen 1990)

Schindler, R. (2020). Ein Liebesbrief Lacans an die Frauen in zwei Versionen. Die Logik des pas-tout / nicht-ganz, nicht-alle. *RISS Zeitschrift für Psychoanalyse. Materialien 5*, 81–100.

Schlösser, A.-M. (1990). Übergangsobjekt und Objektbeziehung. *Praxis der Kinderpsychologie und Kinderpsychiatrie, 39*(1), 6–11.

Schmid, M. (2016). Das Paradox des sozialen Bandes. Psychoanalytische Perspektiven. In T. Bedorf & S. Herrmann (Hrsg.), *Das soziale Band. Geschichte und Gegenwart eines sozialtheoretischen Grundbegriffs* (S. 335–359). Campus.

Schmid, M. (2020). Der Mythos vom Vater. In Institut für Kulturanalyse (Hrsg.), *Geschichten teilen – Konflikte verstehen. Kulturarbeit als Radikalisierungsprävention in der Einwanderungsgesellschaft* (S. 105–116). Psychosozial.

Schmidbauer, W. (1992). *Hilflose Helfer. Über die seelische Problematik der helfenden Berufe*. Rowohlt.

Schmidbauer, W. (2002). *Helfersyndrom und Burnoutgefahr*. Urban & Fischer/Elsevier.

Schmidt, T. (2010). *»Ich kratz ihr die Augen aus« – Phantasmen einer Welt ohne den Anderen. Bildungsprozesstheoretische Lektüren nach Jacques Lacan* [Dissertation, Universität Hamburg]. http://ediss.sub.uni-hamburg.de/volltexte/2012/5809/pdf/Dissertation.pdf

Schneider-Harpprecht, U. (2000). *Mit Symptomen leben: eine andere Perspektive der Psychoanalyse Jacques Lacans mit Blick auf Theologie und Kirche*. LIT.

Schneider, G., & Seidler G. H. (2013). *Internalisierung und Strukturbildung. Theoretische Perspektiven und klinische Anwendungen in Psychoanalyse und Psychotherapie*. Psychosozial.

Schrammel, S., & Wininger, M. (2009). Psychoanalytische Pädagogik in der deutschsprachigen Erziehungswissenschaft. Ausgewählte Ergebnisse einer empirischen Studie zur Situation der Psychoanalytischen Pädagogik als Gegenstand von Lehre und Forschung im Hochschulbereich. In W. Datler, K. Steinhardt, J. Gstach, & B. Ahrbeck (Hrsg.), *Der pädagogische Fall und das Unbewusste. Psychoanalytische Pädagogik in kasuistischen Berichten. Jahrbuch für Psychoanalytische Pädagogik 17* (S. 157–168). Psychosozial.

Schrübbers, C. (1986). Entwurf zu einer Geschichte der psychoanalytischen Pädagogik. *Arbeitshefte Kinderpsychoanalyse*, (5–6), 118–144.

Schüler, J., Brandstätter, V., Wegner, M., & Baumann, N. (2015). Testing the convergent and discriminant validity of three implicit motive measures: PSE, OMT, and MMG. *Motivation and Emotion, 39*(6), 839–857.
Schuller, M. (2006). Erzählen Machen. Narrative Wendungen in der Psychoanalyse nach Freud. In A. Höcker, J. Moser, & P. Weber (Hrsg.), *Wissen. Erzählen. Narrative der Humanwissenschaften* (S. 207–220). transkript.
Schultz-Venrath, U. (2013). *Lehrbuch Mentalisieren. Psychotherapien wirksam gestalten*. Klett-Cotta.
Schwarzer, N. (2019). *Mentalisieren als schützende Ressource. Eine Studie zur gesundheitserhaltenden Funktion der Mentalisierungsfähigkeit*. Springer Fachmedien.
Sears, B., & Sears, M. (2001). *The Attachment Parenting Book. A Commonsense Guide to Understanding and Nurturing Your Baby*. Little, Brown & Company.
Sears, W. (1983). *Creative Parenting: How to use the new continuum concept to raise children successfully from birth to adolescence*. Dodd, Mead & Company.
Seifert, A., & Schaper, N. (2010). Überprüfung eines Kompetenzmodells und Messinstruments zur Strukturierung allgemeiner pädagogischer Kompetenz in der universitären Lehrerbildung. *Lehrerbildung auf dem Prüfstand, 3*(2), 179–198.
Seiffge-Krenke, I. (2001a). Neuere Ergebnisse der Vaterforschung: Sind Väter notwendig, überflüssig oder sogar schädlich für die Entwicklung ihrer Kinder? *Psychotherapeut, 46*(6), 391–397.
Seiffge-Krenke, I. (2001b). Väter in der Psychoanalyse. Väter und Söhne, Väter und Töchter. *Forum Psychoanalyse, 17*(1), 51–63.
Seiffge-Krenke, I. (2009). *Psychotherapie und Entwicklungspsychologie. Beziehungen: Herausforderungen, Ressourcen, Risiken*. Springer Medizin.
Seiffge-Krenke, I. (2016). *Väter, Männer und kindliche Entwicklung. Ein Lehrbuch für Psychotherapie und Beratung*. Springer.
Seiffge-Krenke, I., & Schneider, N. (2012). *Familie – nein danke?! Familienglück zwischen neuen Freiheiten und alten Pflichten*. Vandenhoeck & Ruprecht.
Siegal, M. (1987). Are sons and daughters treated more differently by fathers than by mothers? *Developmental Review, 7*(3), 183–209.
Snow, C. P. (1987). Die zwei Kulturen. Rede Lecture. In H. Kreuzer (Hrsg.), *Die zwei Kulturen. Literarische und naturwissenschaftliche Intelligenz. C. P. Snows These in der Diskussion* (S. 19–96). DTV. (Original erschienen 1959)
Soule, M. (1990). Das Kind im Kopf – Das imaginäre Kind. In J. Stork (Hrsg.), *Neue Wege im Verständnis der allerfrühesten Entwicklung des Kindes* (S. 20–80). frommann-holzboog.
Spiegel Online (2010, 14. März). *Hartmut von Hentig im Interview. »Voll Neid habe ich auf diesen Mann gesehen«*. https://www.spiegel.de/lebenundlernen/schule/hartmut-von-hentig-im-interview-voll-neid-habe-ich-auf-diesen-mann-gesehen-a-683439.html
Stafford, T. (2014). *Why all babies love peekaboo*. BBC. https://www.bbc.com/future/article/20140417-why-all-babies-love-peekaboo

Stamenova, K., & Hinshelwood, R. D. (Hrsg.) (2019). *Methods of Research into the Unconscious*. Routledge.
Statistisches Bundesamt (2018, 17. September): *Pressemitteilung Nr. 349*. https://www.destatis.de/DE/Presse/Pressemitteilungen/2018/09/PD18349231.html
Stein, R. (2005). *Einführung in die pädagogische Gestaltarbeit und die gestalttheoretische Sicht von Störungen*. Schneider.
Stein, R. (2010). Psychologie. In B. Ahrbeck & M. Willmann (Hrsg.), *Pädagogik bei Verhaltensstörungen – ein Handbuch* (S. 77–85). Kohlhammer.
Stein, R. (2019). *Grundwissen Verhaltensstörungen*. Schneider.
Stein, R. & Müller, T. (2017). (Hrsg.). *Inklusion im Förderschwerpunkt emotionale und soziale Entwicklung*. Kohlhammer.
Stein, R., & Müller, T. (2016). *Wissenschaftstheorie für Sonderpädagogen*. Klinkhardt.
Stevenin, F. (1987). Szene und Inszenierung – Kritik einer Ideologie des Körpers. In M. Mannoni (Hrsg.), *Scheißerziehung* (S. 218–226). Athenäum.
Storck, T. (2016). *Formen des Andersverstehens. Psychoanalytische Teamarbeit in der teilstationären Behandlung bei psychosomatischen Erkrankungen*. Psychosozial.
Stroeken, H. (1992). *Freud und seine Patienten*. Fischer.
Sudaka-Benazeraf, J. (2012). Chapitre 6. La *Maison verte:* une utopie realiste. In J. Sudaka-Benazeraf (Hrsg.), *Libres enfants de la Maison verte: Sur les traces de Françoise Dolto* (S. 139–157). Éditions érès.
Sutterlütty, F. (2003). *Gewaltkarrieren. Jugendliche im Kreislauf von Gewalt und Missachtung*. Campus.
Target, M. (2008). Commentary. In F. Busch (Hrsg.), *Mentalization: Theoretical considerations, research findings, and clinical implications* (S. 261–279). Analytic Press.
Taubner, S. (2015). *Konzept Mentalisieren. Eine Einführung in Forschung und Praxis*. Psychosozial.
Taubner, S., & Sevecke, K. (2015). Kernmodell der Mentalisierungsbasierten Therapie. *Psychotherapeut, 60*(2), 169–184.
Tellenbach, H. (Hrsg.) (1978). *Das Vaterbild im Abendland*. Bd. 1 u. 2. Kohlhammer.
Tenorth, H. E. (2006). Professionalität im Lehrerberuf. Ratlosigkeit der Theorie, gelingende Praxis. *Zeitschrift für Erziehungswissenschaft, 9*(4), 580–597.
Tervooren, A., Hartmann, J., Fritzsche, B., & Schmidt, A. (Hrsg.) (2001). *Dekonstruktive Pädagogik: Erziehungswissenschaftliche Debatten unter Poststrukturalistischen Perspektiven*. Leske + Budrich.
Thomä, H., & Kächele, H. (2006). Wissenschaftstheoretische und methodologische Probleme der klinisch-psychoanalytischen Prozessforschung (1973) – wiedergelesen und ergänzt 30 Jahre später. In H. Thomä & H. Kächele (Hrsg.), *Psychoanalytische Therapie: Forschung* (S. 15–74). Springer Medizin.
Tomšič, T. (2015). *The Capitalist Unconscious. Marx and Lacan*. Verso.
Tort, M. (2005). *Fin du dogme paternel*. Editions Aubier.

Toth, T. (2019). *Crossing the Threshold in the Margins: From the Critique of Ideology Towards Emancipatory Pedagogical Praxis* [Dissertation, Eötvös Loránd University Budapest]. https://ppk.elte.hu/dstore/document/100/EDiTEEJD%20WP2_D2.13_Tamas%20Toth_Crossing_the_Threshold.pdf
Tucholsky, T. (1990). *Zur soziologischen Psychologie der Löcher.* Trümmerpress.
Turner, J. H., & Stets, J. E. (2005). *The Sociology of Emotions.* Cambridge University Press.
Twemlow, S. W., Fonagy, P., Sacco, F. C. (2005). A developmental approach to mentalizing communities. II. The Peaceful Schools experiment. *Bulletin of the Meninger Clinic, 69*(4), 282–304.
Uslar, D. v. (1996). Das Spiel in seiner Bedeutung für den Menschen. In P. Buchheim, M. Cierpka, & T. Seifert (Hrsg.), *Spiel und Zusammenspiel in der Psychotherapie – Erinnern und Entwerfen im psychotherapeutischen Handeln – Operationalisierte Psychodynamische Diagnostik – Qualitätssicherung. Lindauer Texte – Texte zur psychotherapeutischen Fort- und Weiterbildung* (S. 1–11). Springer.
Venheule, S., & Verhaeghe, P. (2004). Powerlessness and impossibility in special education: A qualitative study on professional burnout from a Lacanian perspective. *Human Relations, 57*(4), 497–519.
Venrath, U., & Döring, P. (2011a). Wie psychoanalytisch ist das Mentalisierungsmodell? – Playing With or Without Reality of Science. *Journal für Psychoanalyse, 52*, 7–27.
Venrath, U., & Döring, P. (2011b). Antwort der Autoren auf die Kommentare von Anita Garstick-Straumann, Martin Kuster und Eric Winkler. *Journal für Psychoanalyse, 52*, 54–67.
Verhaege, P. (2014). *What about Me? The struggle for identity in a market-based society.* Scribe.
Verhaege, P. (2016). *Autorität und Verantwortung.* Kunstmann.
Vornmoor, A. (2003). *Rabenmutter und Karrierefrau? Leitbilder erwerbstätiger Mütter in Westdeutschland und Frankreich.* [unveröffentlichtes Manuskript] Veranstaltungsreihe *Ortswechsel. Fragen und Ergebnisse der Frauen- und Geschlechterforschung.* Zentrum für feministische Studien (ZFS), Universität Bremen.
Vygotsky, L. S. (2010). Psychologie des Vorschulalters. Das Spiel und seine Bedeutung in der psychischen Entwicklung des Kindes. In D. B. El'konin (Hrsg.), *Psychologie des Spiels* (S. 430–465). Lehmanns Media.
Wagner, M. (2009). [Rezension des Buches *Sonderpädagogik und Konstruktivismus. Behinderung im Spiegel des Anderen, der Fremdheit, der Macht* von Désirée Laubenstein] *Sonderpädagogische Förderung heute, 54*(3), 330.
Wahsner, R. (1998). *Bibliothek dialektischer Grundbegriffe: Band 2. Naturwissenschaft.* transcript.
Warner, J. (2006). *Perfect Madness. Motherhood in the Age of Anxiety.* Riverhead.
Warsitz, R. P., & Küchenhoff, J. (2015). *Psychoanalyse als Erkenntnistheorie – psychoanalytische Erkenntnisverfahren.* Kohlhammer.

Weber, J.-M. (2015). Von der möglichen Bedeutung des psychoanalytischen Ansatzes von Lacan für das pädagogische Feld. In M. Fürstaller, W. Datler, & M. Wininger (Hrsg.) *Psychoanalytische Pädagogik: Selbstverständnis und Geschichte* (S. 175–192). Barbara Budrich.

Weber, J.-M. & Strohmer, J. (2015). *Der Bezug zum Wissen in der Lehrerbildung. Eine psychoanalytische Studie zur Transformation im Ausbildungsprozess.* Frank & Timme.

Wegener-Spöhring, G. (1995). *Aggressivität im kindlichen Spiel. Grundlegung in den Theorien des Spiels und der Erforschung ihrer Erscheinungsformen.* Deutscher Studien Verlag.

Wegner, M., Bohnacker, V., Mempel, G., Teubel, T., & Schüler, J. (2014). Explicit and implicit affiliation motives predict verbal and nonverbal social behavior in sports competition. *Psychology of Sport and Exercise, 15*(6), 588–595.

Weiß, S., Kollmannsberger, M., & Kiel, E. (2013). Sind Förderschullehrkräfte anders? Eine vergleichende Einschätzung von Expertinnen und Experten aus Regel- und Förderschulen. *Empirische Sonderpädagogik, 5*(2), 167–186.

Weissberg, R. (2020). Hass in der psychoanalytischen therapeutischen Praxis. *RISS Materialen 5*, 23–31.

Wember, F. B., Stein, R., & Heimlich, U. (Hrsg.) (2014). *Handlexikon Lernschwierigkeiten und Verhaltensstörungen.* Kohlhammer.

Wetzel, M. (1999). *Die Kindsbraut als Phantasma der Goethezeit.* Fink.

Weyl, D. (2017). La Maison Verte, un dispositif à l'envers. In La Maison Verte (Hrsg.), *Prévention, vous avez dit prévention? Actes du colloque de la Maison Verte du samedi 14 janvier 2017 à Paris* (S. 47–60). L'Harmattan.

Widmer, P. (1997). *Subversion des Begehrens. Eine Einführung in Jacques Lacans Werk.* Turia + Kant.

Widmer, P. (2006). *Metamorphosen des Signifikanten. Zur Bedeutung des Körperbilds für die Realität des Subjekts.* transcript.

Widmer, P. (2016). *Die traumatische Verfassung des Subjekts.* Bd. I. Turia + Kant.

Willmann, M. (2012). *De-Psychologisierung und Professionalisierung in der Sonderpädagogik: Kritik und Perspektiven einer Pädagogik für »schwierige« Kinder.* Ernst Reinhardt.

Wimmer, H., & Perner, J. (1983). Beliefs about beliefs: Representation and constraining function of wrong beliefs in young children's understanding of deception. *Cognition, 13*(1), 103–128.

Windelband, W. (1924). Geschichte und Naturwissenschaft. Straßburger Rektoratsrede. In W. Windelband (Hrsg.), *Präludien: Aufsätze und Reden zur Philosophie und ihrer Geschichte* (S. 136–160), Mohr.

Winnicott, D. W. (1983). Primäre Mütterlichkeit. In D. W. Winnicott (Hrsg.), *Von der Kinderheilkunde zur Psychoanalyse* (S. 157–164). Fischer. (Original erschienen 1956)

Winnicott, D. W. (2002). *Reifungsprozesse und fördernde Umwelt.* Psychosozial. (Original erschienen 1965)

Winnicott, D. W. (2008). Primäre Mütterlichkeit. In D. W. Winnicott (Hrsg.), *Von der Kinderheilkunde zur Psychoanalyse* (S. 135–142). Psychosozial. (Original erschienen 1956)
Winnicott, D. W. (2019). *Vom Spiel zur Kreativität*. Klett-Cotta. (Original erschienen 1971)
Woike, B. A. (1995). Most memorable experiences: Evidence for a link between implicit and explicit motives and social cognitive processes in everyday life. *Journal of Personality and Social Psychology, 68*(6), 1081–1091.
Woike, B. A., & Bender, M. (2009). Implicit Motives as a Way to Understand Cognitive Processes. *Social and Personality Psychology Compass, 3*(5), 702–710.
Wolf, K. (2000). Schwierige Jugendliche – ohnmächtige Erzieher? Machtprozesse zwischen Jugendlichen und Erwachsenen im Heim. *Jugendhilfe, 38*(3), 139–147.
Wolffheim, N. (1975): *Psychoanalyse und Kindergarten und andere Arbeiten zur Kinderpsychologie*. Kindler.
Wulf, C. (1994). Mimesis in der Erziehung. In C. Wulf (Hrsg.), *Einführung in die pädagogische Anthropologie* (S. 22–45). Beltz.
Zamanian, K. (2011). Attachment theory as defense: What happened to infantile sexuality? *Psychoanalytic Psychology, 28*(1), 33–47.
Zapata Galindo, M. (2006). *Der Preis der Macht. Intellektuelle, Staat und Demokratisierungsprozesse in Mexiko 1968–2000*. Tranvía/Walter Frey.
Zielinski, J. (1961). *Pater familias. Der Verfall des Vaterbildes und das Problem der Autorität in der industriellen Gesellschaft*. Girardet.
Zimbardo, P. (2008). *Der Luzifer-Effekt. Die Macht der Umstände und die Psychologie des Bösen*. Spektrum Akademischer Verlag.
Zimmermann, D. (2017a). Können wir uns aushalten? Beziehungstraumatisierungen und der Sichere Ort im pädagogischen Setting. In D. Zimmermann, H. Rosenbrock, & L. Dabbert (Hrsg.), *Praxis Traumapädagogik: Perspektiven einer Fachdisziplin und ihrer Herausforderungen in verschiedenen Praxisfeldern* (S. 35–46). Beltz Juventa.
Zimmermann, D. (2017b). Die innere und äußere Beziehungsstörung – eine (psychoanalytisch) pädagogische Perspektive auf das Phänomen Trauma. In M. Jäckle, B. Wuttig, & C. Fuchs (Hrsg.), *Handbuch Trauma – Pädagogik – Schule* (S. 87–107). transcript.
Zimmermann, D. (2018a). Mentalisierung in traumapädagogisch orientierter Supervision. Über Notwendigkeiten und Grenzen. In S. Gingelmaier, S. Taubner, & A. Ramberg (Hrsg.), *Handbuch mentalisierungsbasierte Pädagogik* (S. 241–253). Vandenhoeck & Ruprecht.
Zimmermann, D. (2018b). Pädagogische Konzeptualisierungen für die Arbeit mit sehr schwer belasteten Kindern und Jugendlichen, *VHN, 87*(4), 305–317.
Žižek, S. (1994). *The Metastases of Enjoyment: Six Essays on Women and Causality*. Verso.

Žižek, S. (1995). *Verweilen beim Negativen. Psychoanalyse und die Philosophie des Deutschen Idealismus II.* Turia + Kant.
Žižek, S. (2001). *Die Tücke des Subjekts.* Suhrkamp.
Žižek, S. (2008). *The Sublime Object of Ideology.* Verso.
Žižek, S. (2017). *Incontinence of the Void: Economico-Philosophical Spandrels.* The MIT Press.
Zollinger, B. (2014). Und wenn sie nicht spielen können? Frühe Sprachtherapie mit entwicklungsauffälligen Kindern. *SAL-Bulletin,* 153, 5–16.
Zulliger, H. (1936). Über eine Lücke in der psychoanalytischen Pädagogik. *Zeitschrift für psychoanalytische Pädagogik, 10*(6), 337–359.
Zulliger, H. (1960). *Gespräche über Erziehung.* Hans Huber.
Zulliger, H. (1961). *Horde, Bande, Gemeinschaft. Eine sozialpsychologisch-pädagogische Untersuchung.* Ernst Klett.
Zulliger, H. (1966). *Bausteine zur Kinderpsychotherapie und Kindertiefenpsychologie.* Huber. (Original erschienen 1957)
Zulliger, H. (1993). *Die Angst unserer Kinder.* Fischer.

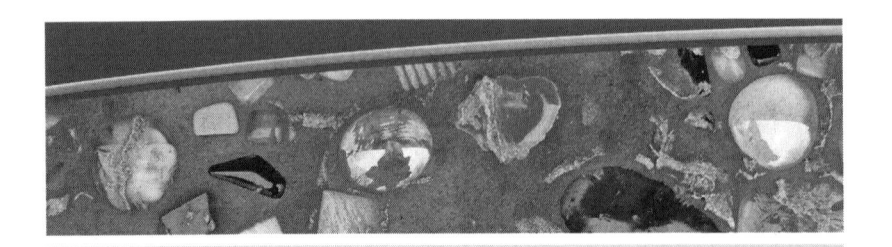

Jürgen Beushausen
Andreas Schäfer

Traumaberatung in psychosozialen Arbeitsfeldern

Eine Einführung für Studium und Praxis

utb M • 2021 • 347 Seiten • Kart. • 29,90 € (D) • 30,80 € (A)
ISBN 978-3-8252-5606-7 • eISBN 978-3-8385-5606-2

In allen Bereichen der (psycho-)sozialen Arbeit sind Fachkräfte häufig mit traumatisierten Menschen konfrontiert, was gerade für Berufsanfänger*innen und Studierende in der Praxisphase oft eine große Herausforderung darstellt. Sie benötigen daher besondere Kompetenzen und ein fundiertes Wissen über Traumatisierungen. In diesem grundlegenden Buch erhalten (angehende) psychosoziale Fachkräfte methodische Hilfen und Informationen zu Traumata sowie sozialwissenschaftlichen und gesundheitsbezogenen Konzepten.

www.utb-shop.de

Kira Gedik
Reinhart Wolff (Hrsg.)

Kinderschutz in der Demokratie – Eckpfeiler guter Fachpraxis

Ein Handbuch

2021 • 647 Seiten • Gebunden • 69,00 € (D) • 71,00 € (A)
ISBN 978-3-8474-2303-4 • eISBN 978-3-8474-1362-2

Gegenwärtig werden verstärkt tödliche Fälle von Kindesmisshandlung medial aufgegriffen und sensationsheischend aufbereitet. Hierbei kommt es oft zu Engführungen und Einseitigkeit.

Im Handbuch setzen die Autor*innen neu an und fragen: Vor welchen Herausforderungen stehen wir aktuell in der Kinderschutzarbeit? Sie entfalten ein Konzept nachhaltiger demokratischer Kinderschutzarbeit auf Basis eines neuen Grundverständnisses und eines umfassenden Konzepts der Prozessgestaltung für eine solidarische Kooperation der beteiligten Akteur*innen.

www.shop.budrich.de

Charlott Rubach
Rebecca Lazarides (Hrsg.)

Emotionen in Schule und Unterricht

Bedingungen und Auswirkungen von Emotionen bei Lehrkräften und Lernenden

2021 • 296 Seiten • gebunden • 44,90 € (D) • 46,20 € (A)
ISBN 978-3-8474-2427-7 • eISBN 978-3-8474-1565-7

Welche Bedeutung haben Emotionen für Lehr- und Lernprozesse im Unterricht? Empirische Befunde zeigen, dass sowohl die Emotionen der Lernenden, als auch die der Lehrenden im Zusammenhang mit einem gelungenen Unterricht stehen. Der Sammelband thematisiert daher Emotionen von Lehrkräften und Schülerinnen und Schülern und befasst sich mit möglichen Bedingungsfaktoren sowie Konsequenzen affektiver Merkmale in Schule und Unterricht. Dabei werden theoretische, empirische und handlungspraktisch relevante Beiträge zu Emotionen von Lernenden und Lehrkräften zusammengeführt.

www.shop.budrich.de